U0498475

书山有路勤为径，优质资源伴你行
注册世纪波学院会员，享精品图书增值服务

人力资源管理实务操作丛书

人才测评
方法与应用
（第4版）

刘远我　著

电子工业出版社

Publishing House of Electronics Industry

北京·BEIJING

图书在版编目（CIP）数据

人才测评：方法与应用 / 刘远我著. —4 版. —北京：电子工业出版社，2020.10

（人力资源管理实务操作丛书）

ISBN 978-7-121-39802-5

Ⅰ. ①人… Ⅱ. ①刘… Ⅲ. ①人才测评 Ⅳ.①C962

中国版本图书馆 CIP 数据核字（2020）第 199107 号

责任编辑：杨洪军　　　　　　特约编辑：田学清
印　　刷：北京天宇星印刷厂
装　　订：北京天宇星印刷厂
出版发行：电子工业出版社
　　　　　北京市海淀区万寿路 173 信箱　　　邮编 100036
开　　本：787×1092　　1/16　　印张：27.75　　字数：693 千字
版　　次：2007 年 7 月第 1 版
　　　　　2020 年 10 月第 4 版
印　　次：2025 年 7 月第 14 次印刷
定　　价：99.00 元

凡所购买电子工业出版社图书有缺损问题，请向购买书店调换。若书店售缺，请与本社发行部联系，联系及邮购电话：（010）88254888，88258888。

质量投诉请发邮件至 zlts@phei.com.cn，盗版侵权举报请发邮件至 dbqq@phei.com.cn。

本书咨询联系方式：（010）88254199，sjb@phei.com.cn。

序　言

自本书问世以来，先后已出版3个版本、重印20多次，许多企事业单位的管理者对本书的实用性、系统性和实践指导性给予了很高的评价，还有部分高校将这本书作为他们的教材，这让笔者备感欣慰。可以说，这本书融入了笔者多年来在人才测评领域的专业研究成果和实战经验。当一个作者能够将自己的理论探索和实践案例毫无保留地贡献给读者的时候，广大读者给予的精神回报是非常丰厚的，正是这种回报给了笔者强大的原动力，让笔者完成了本书的编写。

近十多年来，人才测评方法的框架体系变化不大，但人才测评技术的应用越来越广泛和深入。本书（第4版）为适应人才测评的应用需要，调整和增加了不少内容，不仅在整体上更具系统性和全面性，而且更加突出应用性和可读性。本书最明显的变化是增加了第4部分，该部分包括两章，一章讨论了压力的测量与管理，另一章介绍了心理健康的测量。因为压力和心理健康已经成为当今社会各个年龄段、各类职业群体非常关注的问题，在公务员录用和企事业单位招聘中，心理健康测量也受到用人单位和人力资源管理部门越来越多的关注。另外，考虑到当前管理人员竞争上岗的做法越来越少，第4版删除了第3版的第20章"测评技术在管理人员竞争上岗中的应用"。为了保持时效性，笔者还对书中的不少内容和案例进行了更新。例如，在第1章中，增加了"信息化技术在人才测评中的应用与问题"一节，讨论了"基于计算机的筛选"和"网上心理测验"等；在第17章中，介绍了目前在公务员录用考试中，应用越来越多的结构化小组面试形式；在第18章中，探讨了事业单位公开招聘考试的新模式。考虑到新增内容较多，为了不给广大读者增加阅读负担和购书成本，笔者对全书内容进行了精简。通过努力，本书在新增章节后保持了与第3版几乎相同的篇幅。

本书系统地介绍了人才测评的方法与应用。本书分为4部分，第1部分介绍人才测评基础，包括人才测评概况、人才测评原理及岗位胜任特征模型；第2部分介绍人才测评方法，包括能力测验、动力测验、人格测验、笔试、面试技术、行为性面试、情景性面试、情境判断测验、无领导小组讨论、角色扮演法、文件筐测验及评价中心技术；第3部分介绍人才测评应用，包括人才测评的流程、人才测评技术在公务员录用考试中的应用、人才测评技术在事业单位公开招聘考试中的应用及人才测评技术在企业人员招聘与选拔中的应用；第 4 部分介绍压力与心理健康测量，包括压力的测量与管理、心理健康的测量。

笔者在人才测评方面的积累得益于许多前辈的指导和支持，他们是北京师范大学心理学院的张厚粲教授（笔者的硕士导师和博士导师）、车宏生教授、郑日昌教授；中国科学院心理学研究所的徐联仓研究员（已故）、时勘研究员、王二平研究员；北京社会心理研究所的冯伯麟研究员；浙江大学管理学院的王重鸣教授；中国人才研究会的王通讯研究员，在此向他们表示崇高的敬意！同时，与许多同行朋友的合作与交流也给了笔者很大的帮助，其中有中国人民大学心理学系的李英武教授、中国人民大学商学院的章凯教授、中组部公务员局的孙泽兵巡视员、北京师范大学心理学院的徐建平教授和陈海平博士、清华大学经济管理学院的吴志明博士、华夏智业管理咨询公司的寇家伦董事长、中国人力资源研究会的谷向东博士、江苏省人社厅的陈社育博士、上海诺姆四达的苏永华总经理和彭平根博士、广州智尊企业管理顾问有限公司的张军照总经理、华南师范大学心理系的蔡圣刚博士，在此向他们表示最真诚的感谢！

人才测评是笔者二十多年来最关注和最感兴趣的领域，现在笔者的工作依然是人才选拔与测评，这对笔者来说是非常幸运的，毕竟个人的职业发展平台与价值追求相一致是比较难得的。当然，在人才测评的实践中，需要探索的问题还很多，面临的形势也日益严峻，这里想借用屈原的话来表达笔者的体会和心态——路漫漫其修远兮，吾将上下而求索。

刘远我

2020 年 10 月

目　录

第1部分　人才测评基础

第1章　人才测评概况 2

　1.1　人才测评的作用与认识误区 3

　1.2　人才测评的发展状况 6

　1.3　人才测评的主要方法 11

　1.4　人才测评的主要考查内容 15

　1.5　人才测评技术在应用中的问题与发展趋势 18

　1.6　信息化技术在人才测评中的应用与问题 21

第2章　人才测评原理 24

　2.1　人才测评的理论基础 25

　2.2　人才测评的信度 27

　2.3　人才测评的效度 33

第3章　岗位胜任特征模型 43

　3.1　胜任特征的内涵 44

　3.2　岗位胜任特征模型及其作用 46

　3.3　构建岗位胜任特征模型 53

　3.4　岗位胜任特征模型的构建方法：BEI 58

　3.5　岗位胜任特征模型在应用中的误区与对策 61

第2部分　人才测评方法

第4章　能力测验 66

　4.1　一般能力测验：智力测验 67

　4.2　职业能力倾向测验 73

　　　4.3　特殊能力测验 79

　　　4.4　创造力测验 82

第 5 章　动力测验 89

　　　5.1　价值观测验 90

　　　5.2　动机测验 95

　　　5.3　职业兴趣测验 99

第 6 章　人格测验 105

　　　6.1　人格的概念及理论 106

　　　6.2　人格的测量方法 111

　　　6.3　自陈式量表 115

　　　6.4　投射测验 119

　　　6.5　其他人格测量方法 124

第 7 章　笔试 128

　　　7.1　笔试概述 129

　　　7.2　笔试的题型 131

　　　7.3　笔试的试卷结构设计与试题编制 135

　　　7.4　笔试的实施与记分 141

第 8 章　面试技术 149

　　　8.1　面试概述 150

　　　8.2　面试的实施过程 156

　　　8.3　面试中的倾听、提问与观察 161

　　　8.4　面试评价 166

第 9 章　行为性面试 173

　　　9.1　行为性面试概述 174

　　　9.2　行为性面试的题目设计 178

　　　9.3　行为性面试的操作过程 184

　　　9.4　各类行为性面试题样例 195

第 10 章　情景性面试 202

　　　10.1　情景性面试概况 203

　　　10.2　背景性面试 205

10.3　工作模拟面试 214

第 11 章　情境判断测验 218

11.1　情境判断测验产生的背景 219
11.2　情境判断测验概述 222
11.3　情境判断测验的开发模式及步骤 224
11.4　情境判断测验样例 228

第 12 章　无领导小组讨论 230

12.1　无领导小组讨论概述 231
12.2　无领导小组讨论的题目编制 235
12.3　无领导小组讨论的实施 238
12.4　无领导小组讨论的结果评定 241
12.5　无领导小组讨论样例 244

第 13 章　角色扮演法 247

13.1　角色扮演法的概念和优缺点 248
13.2　角色扮演法的主要类别 250
13.3　角色扮演法的实施 255
13.4　角色扮演法的结果评定 258

第 14 章　文件筐测验 262

14.1　文件筐测验的特点与功能 263
14.2　文件筐测验的实施 265
14.3　文件筐测验的设计与试题编制 274
14.4　文件筐测验的结果评定 277
14.5　文件筐测验样例 282

第 15 章　评价中心技术 290

15.1　评价中心技术概况 291
15.2　评价中心的实施 294
15.3　评价中心的练习和内容 300
15.4　评价中心的应用及发展趋势 306

第 3 部分　人才测评应用

第 16 章　人才测评的流程 314

16.1　测评方案设计 315

16.2　测评的组织实施 319

16.3　撰写测评报告 321

16.4　应用案例 326

第 17 章　人才测评技术在公务员录用考试中的应用 336

17.1　公务员录用考试中的笔试设计 337

17.2　公务员录用考试中的面试设计 341

17.3　应用案例 351

第 18 章　人才测评技术在事业单位公开招聘考试中的应用 357

18.1　事业单位公开招聘考试的现状 358

18.2　事业单位公开招聘考试中的笔试技术 361

18.3　事业单位公开招聘考试中的面试技术 363

18.4　应用案例 370

第 19 章　人才测评技术在企业人员招聘与选拔中的应用 375

19.1　企业员工的招聘 376

19.2　企业中高层管理人员的选拔 380

19.3　应用案例 385

第 4 部分　压力与心理健康测量

第 20 章　压力的测量与管理 390

20.1　压力的测量 391

20.2　压力的来源与后果 399

20.3　压力的管理及其组织对策 405

第 21 章　心理健康的测量 412

21.1　什么是心理健康 413

21.2　心理健康的评估 416

参考文献 431

第1部分

人才测评基础

第 1 章

人才测评概况

人类对物质世界的认识和探索已经相当深入，但对自身的了解却少得可怜。人才测评作为了解人类自身特点的科学和技术，其重要性怎么强调也不过分。

本章导航

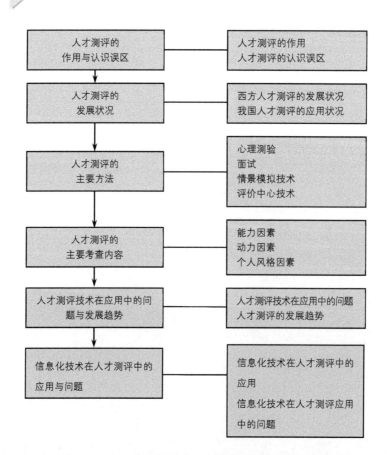

人才测评的 作用与认识误区	人才测评的作用 人才测评的认识误区
人才测评的 发展状况	西方人才测评的发展状况 我国人才测评的应用状况
人才测评的 主要方法	心理测验 面试 情景模拟技术 评价中心技术
人才测评的 主要考查内容	能力因素 动力因素 个人风格因素
人才测评技术在应用中的问 题与发展趋势	人才测评技术在应用中的问题 人才测评的发展趋势
信息化技术在人才测评中的 应用与问题	信息化技术在人才测评中的 应用 信息化技术在人才测评应用 中的问题

1.1 人才测评的作用与认识误区

1.1.1 人才测评的作用

在各级各类组织的人力资源管理中，人员的选拔、评价和发展工作至关重要，而人才测评技术是做好这些工作的基础。美国某机构对公司内部提拔经理的成功率进行了调查，结果发现：采用领导推荐加人才测评的方法，提拔的成功率可以达到 78%，而仅采用领导推荐的方法，提拔的成功率为 37%。在全球经济竞争日益加剧和强调以人为本的今天，越来越多的组织开始在员工招聘和培养中应用各种专业化的人才测评方法，而这些方法的准确性和有效性也渐渐获得了大众的认可。

微软公司的招聘

微软公司在招聘人才、使用人才时特别青睐"三心"人才。所谓"三心"人才，一是热心的人，对公司充满感情，与同事团结协作、荣辱与共；考虑公司整体利益和长远利益，视公司为家；对工作充满激情，对同事充满友情，能够独立工作，有许多新奇想法。二是慧心的人，脑子灵活、行动敏捷，能够准确把握形势及在短期内掌握所需的知识和技能。三是苦心的人，工作非常努力、勤奋，吃得了苦。

微软公司的招聘面试一般是面对面进行的，但有时也会通过电话进行。每个应聘者要同微软公司的 5~8 人面谈，有时这个人数要达到 10 人。每位考官都是以一对一的方式进行面试的。主考官全是各方面的专家，每个人都有一套问题，而且每个问题都具有不同的侧重点。问题清单通常并未经过集体商量，但有 4 个问题是各考官共同关心的：①是否足够聪明？②是否具有创新激情？③是否具有团队精神？④专业基础怎么样？

当应聘者起身离去后，每位考官都会立即给其他考官发出电子邮件，说明他对该应聘者的赞赏、批评或疑问，以及评估结果。评估结果有 4 个等级：①强烈赞成聘用；②赞成聘用；③不能聘用；④绝对不能聘用。每个应聘者在走进下一位考官的办公室时，根本不知道这位考官对其先前的表现已经了如指掌。考官在嘴上说"接着谈谈"，其实是瞄准了"哪壶不开提哪壶"。所以，微软公司的应聘者会觉得自己是在攀高峰，越到后面难关越多。当然，也有些人只经历了两三位考官就宣布结束，并未见到后面的"险峰"，但那并非吉兆。因为这两三位考官也许正在通过网络传递着同一句话："此人没戏，别再耽误工夫了。"一般来说，应聘者见到的考官越多，希望就越大。下面是微软公司面试中的一些经典问题。

- 为什么下水道的盖子是圆形的？
- 你估计北京有多少个加油站？
- 你和你的导师发生分歧时怎么办？
- 给你一个非常困难的问题，你将怎样解决它？
- 有两条不规则的绳子，每条绳子的燃烧时间为 1 小时，如何在 45 分钟内烧完这两条绳子？

对于这些问题，考官并不是想得到"正确"答案，而是想看看应聘者是否能找到更好的解题方法，看看他们是否能够创造性地思考问题。

人才测评在人力资源管理和开发中具有重要作用。

1．招聘选拔

传统的招聘选拔方法带有很强的主观性和随意性，人才评价欠缺准确性和全面性。借用人才测评技术，可以全面深入地了解人的素质状况，从而做到因事择人、人职匹配。当组织需要从外部招纳人才时，可以通过人才测评来掌握应聘者的素质状况，最后择优录用，从而给组织带来较大的经济效益。当组织内部需要进行人员调整时，人才测评可以作为这种调整的重要参考依据，做到人尽其才、才尽其用。

2．人力资源普查

对于人员管理来说，一个组织对自身人力资源状况的了解是很重要的。在传统的人力资源状况信息中，一般只包括一些简单的人员信息，如性别、年龄、学历等。这些信息已无法全面准确地反映人员的素质状况，更难以判断组织当前的人力资源状况能否满足未来发展的需要。笔者曾经应用人才测评技术给一家上市公司做过人力资源普查，发现该公司的高层管理人员和基层管理人员的素质都不错，但中层管理人员无论从能力还是管理经验方面看都难以满足公司发展的要求。这意味着该公司的管理链中出现了"断层"，长此以往必将威胁到公司的生存与发展。这个结果使公司老总大为震惊，公司据此做出了重要的人力资源管理决策，一方面从外部引进中层骨干，另一方面又请了一家咨询机构帮助公司构建"学习型组织"，从而较好地解决了问题。

3．培训与发展

在人力资源管理中，我们经常需要根据工作要求和技术进步对员工进行培训。在现实中，这种培训与员工的素质状况常常是脱节的，所以缺乏针对性。人才测评技术可以对员工的素质状况进行具体诊断，就像医生通过化验血液对病人的身体状况进行诊断一样，从化验结果中可以知道病人的血红蛋白是高了还是低了，血小板是否正常。同理，通过对员工素质状况的诊断，可以知道员工在哪些方面比较强，在哪些方面比较弱，从而制定相应的培训与发展计划，促进人和组织的共同发展。

4．员工的使用和管理

人力资源管理的核心是员工的使用与管理，要做到这点，首先必须了解员工的特点，这需要借助人才测评技术。在人员管理中，不论是对员工的领导、授权，还是对员工的激励，都需要根据员工的特点来确定管理的方式方法。例如，对于一位勤勤恳恳但工作中缺乏创新和进取的员工，可以通过布置更多的具体任务来发挥其作用；对于一位富于创新的员工，可以给予一些富有挑战性的任务发挥其积极性。就激励来说，对不同的人也应有相应的方式方法，有些人需要从工作中得到领导的认可，这样的人只要领导一句表扬的话就可大大提高工作积极性；而有些人更期望在工作中使自己得到锻炼，这样的人给予更多的工作指导便能激发其工作热情。

5．团队建设和班子搭配

团队建设越来越受到各级各类组织的关注，一个好的团队的工作成效远大于每个成员的工作成效之和。要建设一个好的团队，首先其成员之间的素质可以互补，但核心价值观念必须一致,这就有赖于人才测评技术了。例如,团队成员的异质性会提高团队的战斗力,一般来说,团队异质性越大,团队的战斗力也越强。这里的异质包括能力、态度、兴趣、个性、年龄等多个方面。同理,对于一个领导班子来说,团队成员也需要合理搭配,而人才测评可以为其提供重要参考依据。如果一个领导班子中有两个成员都很想成为"领袖",那么领导班子里就容易产生冲突和权力之争,领导班子的战斗力也会大受影响。

6. 职业生涯设计

对个体来说,人才测评可以帮助个体了解自己、知道自己的长处和兴趣、解除自己的职业困惑,从而更好地选择职业。在日常生活中,许多人热衷于随大溜,别人干什么,自己也干什么,或者什么赚钱干什么,其结果往往是目标没有达到,最后一事无成。每个人都是独特的个体,在一定的环境下人人都可以成才,关键要考虑自己的能力水平和兴趣爱好,并据此进行职业生涯设计,然后在社会中寻求自己的位置,最后实现自己的人生价值。

1.1.2　人才测评的认识误区

尽管人才测评的应用越来越受到各级各类组织的重视,但与此同时,许多人对人才测评还有各种各样的认识误区。这里针对社会上比较有代表性的几种认识误区提出一些个人意见。

1. 人才测评无用论

虽然人才测评的影响越来越广,但仍有人认为人才测评没什么用,甚至认为人才测评弊大于利。持这种观点的人总是有"充足"的理由:以往没有人才测评,企业不是也发展到今天了吗?但他们没有仔细想想,毕竟时代已经完全不同了,如果说科技人员的误用还可以弥补的话,那么管理人员的误用,特别是中高级管理人员的误用,将对组织造成无法挽回的损失。例如,施乐公司曾花费 34 万美元对 500 名销售人员和经理进行了测试,而实际增加的经济效益是 490 万美元;1998 年,美国电话电报公司投资了 3.3 亿美元咨询费,其重要工作之一就是人才测评,最后得到的综合效益是 15%,避免了 55 亿美元的经济损失。由此可见,科学的人才测评要比传统的选人用人的办法更准确、客观和有效。这就有点像医生给病人看病,过去只是看看病人的脸色和摸摸病人的脉搏,这固然能在许多情况下正确判断病情,但也经常出现判断失误的情况。而现在医生在诊断病情时会给病人化验血液、进行 B 超检查等,这些先进的技术大大降低了病情判断失误的概率。人才测评就像化验血液、进行 B 超检查等病情诊断方法一样,其准确性要比传统的选人用人办法高得多。

2. 以人才测评代替人事决策

有些用人单位过分夸大了人才测评的作用,期望人才测评可以直接取代人事决策,但人才测评只是为人事决策提供一些参考依据,它本身并不能取代人事决策。一个人是不是可以录用或晋升,不仅要看这个人本身的素质状况,而且要考虑到岗位胜任要求和环境状况。所以,再先进的测评技术也只能为决策提供一些参考依据,最终的决策是必须有主观判断的,而测评的准确性只是降低这种主观判断的失误率。这与医生看病的道理是一样的,血液化验只能提供有关血液指标是否正常的信息,如白细胞是多了还是少了,但至于得什么病,仅靠血液化验是不够的,最终还需要医生在综合各种化验结果后才能得出判断。在实践中,用人单位经常要求测评专家做出人事决策,这是很危险的,因为用人单位只能在人事决策前咨询测评专家，以有效地把握测评结果的使用尺度。对于测评专家来说，不能为了显示测评的"价值"而在测评结果报告中直接提出人事决策，因为这样做会有损人才测评在社会上的声誉。当然，在必要的情况下，可以给用人单位提供受测者的录用建议和发展建议。

3. 对测评结果的准确性缺乏认识

许多组织机构对人才测评的测评结果缺乏正确的认识。有人认为人才测评就像血型分析那样神秘，也有人认为人才测评与物理测量一样准确可信，其实，这些看法都是不对的。一方面，我们必须认识到，人才测评是通过对行为样本的测量来推测候选人在某方面的素质的，这是建立在理论和统计技术基础上的科学评价方法，其测评结果通常要比传统的选人用人方法准确得多。另一方面，我们也必须承认，这种测量的准确性无法与物理测量相比。首先，人的测量要比物理测量复杂得多，在素质测评中，测量对象的界定往往不是十分明确的，如应变能力的测量需要先界定什么是应变能力，因为不同的人会有不同的看法，而不像体重、身高等物理测量对象那样有明确的、大家都认可的界定。其次，在素质测评中，经常会受到多种因素的干扰，特别是受测者自身因素的干扰，如受测者的紧张情绪、心情、身体状况等许多因素都会影响测评结果的准确性，这在物理测量中一般也是不会发生的。由此可见，人才测评不可能是十全十美的，测评结果也不可能100%正确。一般来说，人才测评能达到80%的准确性就已经令人满意了。

4. 认为人才测评不如试用

许多用人单位认为，再好的人才测评也不如试用的效果好，这个看法也是不正确的。首先，试用在很多情况下是不现实的，我们不可能在一个职位上（如销售经理）同时试用多位候选人，以便考查他们谁更能胜任该职位的工作；其次，在某个职位上干得好并不一定在另一个职位上也干得好；最后，目前干得好，环境条件变化后未必还干得好。为了解决这些问题，我们将实际的工作场景进行浓缩并放在模拟的情景下，然后让受测者对各种各样的实际问题进行处理，这样可以在较短的时间内了解其素质，这就是情景模拟技术。大量的实践证明，情景模拟技术有较高的信度和效度，也有很好的预测价值和经济价值。

1.2 人才测评的发展状况

1.2.1 西方人才测评的发展状况

1. 人才测评的产生

人才测评学是一门既古老又年轻的科学。说古老，是因为人才测评的思想古代就有，如早在2 000多年前的汉代就有了科举考试，用于为统治者选拔官员；说年轻，是因为自20世纪初开始，人才测评才开始产生并得到越来越广泛地应用。

西方对人才测评的研究源于19世纪对智力落后者和精神病人治疗的需要。智力落后者是指在智能发展方面有明显的缺陷，需鉴别出来进行单独教育或训练的人。精神病人是指在心理素质方面变态，需要诊断出来给予特别看待和治疗的人。在这样的背景下，当时许多人开始了个别差异的研究，也开始尝试去鉴别和测量这种差异。在很长一段时间内，人们苦于找不到有效的测量指标和技术手段，就智力测量来说，刚开始人们想寻求个体的物理特征与智力之间的关系。例如，有人猜测头围的大小可能与智力有关，头围大的人是不是比头围小的人聪明？经过大量的测查发现，两者没有任何关系。于是，有人开始寻求个体的生理、心理特征与智力的关系，如反应时间、感觉灵敏度等因素，最后发现这些因素与智力也没有关系。

直到 1905 年，法国心理学家比奈把智力看作人的一种高级心理活动，并开始寻求以高级判断推理能力为核心的因素与智力的关系时，才编制了世界上第一个成功的智力测验——比奈–西蒙量表。从此以后，测验成为一种测量个别差异的工具，在西方轰轰烈烈地开展起来了。

2．人才测评的发展

1）发展历程

随着心理测验的产生，人们开始不断地编制和运用心理测验。刚开始，心理测验主要用在教育领域和临床诊断中；到了第一次世界大战时，随着美国在 1917 年宣告参战，许多心理学家开始研究战争服务的方式。他们认为，选拔和分派官兵时必须考虑到他们的一般智力水平，不过军队有 100 多万人，要实现这一想法，只能采取大规模的团体施测方法。于是，从 1917 年 3 月到 1919 年 1 月，共有 200 多万名官兵参加了测验，最后取得了令人满意的成效。

第一次世界大战后不久，用于测量官兵一般智力的陆军甲种测验和陆军乙种测验在美国社会广泛应用。20 世纪 20 年代，智力测验出现了狂热的势头，为各个阶层、各种人群设计的团体智力测验修订本也不断涌现。根据职业咨询、工业部门的人才选拔和安置工作的需要，心理学家又开始编制各种职业能力倾向测验，这些测验包括音乐、文书、机械和艺术等方面的特殊能力测验。1927 年，为了把职业选择与个人特点结合起来，世界上第一个职业兴趣测验——斯特朗男性职业兴趣表诞生了。

20 世纪 40 年代至 50 年代，许多心理学家开始在实践中评价应聘者的岗位适合度，也就是说，人们开始越来越重视人职匹配了。通常为了达到这个目标，心理学家需要事先对应聘者进行一次简单的诊断性面谈，然后进行一系列纸笔测验，测验通常包括职业能力倾向测验、兴趣测验，也经常使用投射测验。

20 世纪 60 年代以后，许多大公司开始运用评价中心技术，使得测评对象由普通员工扩展到中高层管理人员。由于评价中心技术综合运用了测验、面试和情景模拟技术，因此其测评效果比传统的选人用人方法更加可靠和有效。例如，研究表明，在利用评价中心技术选出来的经理中，工作出色的人数比用一般标准选拔方法挑选出来的工作出色的经理人数要高出 50%。通过评价中心技术获得较高评价的人比获得较低评价的人更容易得到升迁。以美国电话电报公司为例，他们在对一批经理候选人进行评价后，将评价结果保留了下来，8 年后，把评价结果与实际情况进行核对，发现在以前预测会晋升的候选人中，已经有近64% 的人升职为中层主管，而在以前预测不晋升的候选人中，只有 32% 的人升职为中层主管。由于评价中心技术的有效性较高，因此该技术已成为西方评价各级管理人员特别是中高层管理人员的主要技术工具。

2）发展现状

当前，西方有许多提供人才测评服务的公司，它们把人才测评应用于各人力资源开发领域。表 1-1 是一项关于人才测评技术的应用频率的调查结果。

表 1-1　人才测评技术的应用频率

各人力资源开发领域	人才测评技术的应用频率/%
最终的选拔决策	83
提升	76
职业发展	67
职业咨询	66
最初的应聘筛选	42
人员安置咨询	30

对于人才测评在美国企业组织中的应用情况，美国管理学会（AMA）分别在 1997 年、1998 年、1999 年对其会员单位的 1000 多名人力资源主管以邮寄问卷的方式进行了调查。调查表明，有 33%～35% 的企业应用过基本技能评价中的文字表达能力测验，有 35%～38% 的企业应用过基本技能评价中的数字计算能力测验；62% 的企业应用职业技能评价来选拔员工，41% 的企业应用职业技能评价来考核和评价在职员工。表 1-2 是职业技能评价在在职员工评价中的应用情况分布。

表 1-2　职业技能评价在在职员工评价中的应用情况分布　　　　　单位：%

在职员工评价	1996 年	1997 年	1998 年
评价	21.5	18.8	23.1
职业发展	15.8	14.2	22.2
培训	25.5	20.3	25.1
合计	38.3	34.2	40.9

从表 1-2 可以看出，人才测评并不是单纯地用于员工选拔之中，而是从一般的考核、培训需求的确定到员工职业发展的咨询，都有着广泛而日益重要的作用和良好的发展前景。从表 1-2 还可以看到，人才测评用于员工职业发展的比例有很大的提高，这表明人才测评与职业指导与咨询的有机结合将是人才测评社会化服务的一项重要功能与发展方向。

调查发现，有 46% 的企业应用过心理测验，其中，有的企业用来评价在职员工，而有的企业用来选择应聘者。调查还要求人力资源主管根据其经验对不同的心理测验的重要性做出评价。重要性依次为任务的心理模拟、认知能力测验、管理评价、个性测量和职业兴趣测验。随着经济的发展，特别是知识经济的到来，使企业对心理测验有了更高的要求，同时专业人才的缺乏也是美国企业开展此项工作的一个瓶颈。企业对面试和人际沟通测量越来越重视，面试不再仅用于选拔，企业期望通过面试为员工建立一个更为详尽的心理行为档案。

综上所述，人才测评在西方已得到广泛而深入的应用。据统计，目前在世界 500 强的企业中，有超过 76% 的企业应用评价中心技术。对于个人来说，不论是升学、就业，还是晋升、考核，几乎都要经历各种各样的测试。

1.2.2　我国人才测评的应用状况

在我国，心理测验在 20 世纪 20 年代就已开始应用了，其主要应用于教育领域，后来由于抗日战争而中断。新中国成立后，心理测验经历了一段空白时期，之后于 20 世纪 80 年代兴起，至今 30 多年过去了。回顾这短暂的 30 多年，人才测评事业在我国发生了可喜的变化。不论是人们对人才测评的认识，还是人才测评的应用，都取得了长足的进步。归结起来，我国人才测评的发展可以分为 3 个阶段，即复苏阶段、初步应用阶段和繁荣发展阶段。

1．复苏阶段（20 世纪 80 年代初期至中期）

人才测评的复苏阶段的特征是我们开始消化、吸收国外先进的人才测评技术和做法。长期以来，心理学被看作"伪科学"而被禁止研究，人才测评技术更是无人问津。1949 年至 1979 年，我国心理测验的发展一直处于停滞状态。

自 1979 年以后，心理测验在我国恢复了地位。1980 年 5 月，中国心理学会实验心理学专业委员会在武汉召开全国心理测验研究协作会议。1982 年，吴天敏修订出版《中国比内测验》；龚耀先等修订了韦氏成人智力量表及韦氏学前和学龄初期儿童智力量表；林传鼎、张厚粲等修订了韦氏儿童智力量表。在人格测验方面，宋维真等修订了明尼苏达多相人格问卷；陈仲庚、龚耀先等修订了艾森克人格问卷。由此可见，这个时期主要以修订国外有关著名的测验为特征。这些测验主要用于教育领域和临床诊断方面，在企事业单位很少有应用人才测评技术的尝试。

2．初步应用阶段（20 世纪 80 年代后期至 90 年代初期）

人才测评技术的初步应用阶段的一个显著特点是国家公务员录用考试制度开始建立，这标志着从此以后国家机关选人用人开始借用人才测评技术。国家人事部为国务院各部委多次组织了面向社会的联合公开招考，在公共科目中有一门重要的必考科目——行政职业能力测验，它涉及从事行政管理工作所必备的基本能力，包括语言理解、判断推理、数量关系和资料分析等多个部分。1993 年，我国政府正式颁布实施了《国家公务员暂行条例》；1994 年，颁布实施了《国家公务员录用暂行规定》，由此展开了从中央到地方的国家公务员录用考试制度。

在这个时期，由于行政力量的推动，人才测评技术在公务员考试中得到了初步应用。公务员的录用从前期的笔试到后期的面试，都广泛应用了人才测评技术，并取得了良好的成效。人才测评技术的应用既满足了新时期国家机关选人用人的需要，又以其公平性深得群众的赞赏。

3．繁荣发展阶段（20 世纪 90 年代中期至今）

随着市场经济的发展和深化，要求社会资源的配置按市场的规律和方式来进行，人才资源的配置方式也随之发生变化。一方面，企业有了一定的用人自主权，个人也有了职业选择的自主权。另一方面，政府通过不断努力来消除人才流动的政策性障碍，从而大大促进了人才的自由流动和交流。在这样的背景下，人才测评技术有了大力发展和应用的潜力。与此同时，政府和企业对人才测评技术的标准有了新的认识，不再坚持"唯学历论"，而有了多元化的标准，不仅对应聘者的教育背景、专业知识和技能及工作经历进行了解和考查，而且开始注重应聘者的基本潜能、合作能力、沟通能力、创新能力、领导力、心理素质等。可以说，越来越多的企业认识到了一个人的综合素质对他能否胜任一个岗位的重要性，人才测评技术开始全面应用到企业的人才选拔中。归结起来，这个时期有以下几个显著特点。

（1）人才交流日益频繁。

自 20 世纪 90 年代以来，全国各地纷纷建立了人才市场。虽然这些人才市场的建立是在政府的支持下进行的，但其根源在于市场经济的深化和发展。因为在市场经济下，各类用人机构都有了相对灵活的用人自主权，这使人才交流成为必然选择。企事业单位可以选择合适的员工，应聘者也可以选择合适的企业。根据 2003 年上海四达公司对上海、北京、广州、武汉、青岛等地 160 家企业中高层管理者的调查，人才交流会已成为企业招聘员工最主要的途径（见表 1-3）。

表 1-3　企业招聘员工的常用途径与方式

选项	职业中介	人才交流会	大专院校	猎头公司	因特网	员工推荐	上门应聘者	其他
频数	17	122	96	8	33	36	43	23
比例/%	12.1	82.4	64.8	5.4	22.3	24.3	29.1	15.5

中人网开展的《中国企业人力资源管理现状调查》显示，在众多招聘方式中，企业使用较多的方式分别是招聘会、网络招聘、人才交流中心和校园招聘。超过半数的企业会到招聘会上寻找人才，45%的企业选择通过网络招聘来获取人才信息，选择人才交流中心和校园招聘来进行人员招聘的企业所占比例分别为 37%和 32%。

（2）企事业单位越来越认识到人才测评技术在员工录用和培训中的作用。

如前所述，在 20 世纪 80 年代初，企事业单位还没有认识到人才测评技术的作用，当时只有少数的三资企业尝试应用人才测评技术来选人。近些年来，由于民营企业的发展和国企的转制，它们不仅在观念上逐渐接受了人才测评技术，而且在人才选用和晋升中也越来越多地应用了人才测评技术。

根据人事部人事考试中心对全国 13 个省市 470 多家企业应用人才测评技术的问卷调查，关于企业对评价中心技术接受情况的调查表明，在选拔中高级管理人员时，适用评价中心技术的企业所占比例高达 65.9%。从企业选拔干部的途径来看，实际在干部选拔中应用管理技能测评的企业所占比例高达 40.1%，而希望采用管理技能测评的企业所占比例更高达 68.6%（见表 1-4）。

表 1-4　企业选拔干部的途径

选拔途径	现实途径		期望途径	
	企业数量/家	百分比/%	企业数量/家	百分比/%
领导考察	359	91.7	199	52.1
群众推选	175	45.0	183	49.2
专业考核	157	40.6	206	56.2
一般能力测评	75	19.3	79	21.1
管理技能测评	145	40.1	254	68.6
个性特征评定	39	10.6	67	18.5
其他	37	10.2	37	10.7

（3）新的人才测评工具不断产生，从事人才测评研究和服务的机构不断增多。

由于人才测评的应用需求不断扩大，人才测评工具已满足不了现实的需要，这主要有两个方面的原因：一是原有的人才测评工具大多是国外修订过来的，文化差异和国情的不同使得这些人才测评工具不太适合我国的实际情况；二是已有的人才测评工具多数是用在教育领域和临床诊断方面的，在人才评价领域的适用性不强。在这样的情况下，许多机构开始考虑开发新的人才测评工具。例如，人事部人事考试中心为满足企业管理人才的评价需要，自 1994 年开始，历时 3 年多，组织国内心理学家、管理学家和企业咨询界人士开发了企业管理人才测评系统。该系统借鉴了国内外先进的人才测评技术，在对我国企业进行充分调研的基础上，自行编制了一系列针对企业管理人员的人才测评工具，主要包括企业管理职业能力倾向测验、企业管理基本技能测验、管理者组织行为动机测验、管理者职业兴趣测验、管理行为风格测验及企业管理环境评价分析问卷。该系统在评价标准的建立过程中，抽取了全国 26 个省市 224 家企业的 3 000 多名管理人员的测验信息。2001 年，人事部人事考试中心又组织开发了具有全国常模的中国成人职业心理素质测评系统。

除新的人才测评工具开发之外，各种人才测评研究和服务的机构也在不断增加。在这些机构中，有政府扶持创办的，如北京双高人才评价中心、中国南方人才测评服务中心等；还有民办和私营性质的，如中国善择（China Select）人才测评公司、北京智鼎管理咨询有限公司等。从这些机构的服务内容来看，有专门从事人才测评服务的，也有以人才测评服务为基础的管理咨询公司。从这些机构的服务对象上看，有面向普通员工的，也有面向中高层管理人员的。目前，在北京、上海、广州等经济发达地区，有很多公司和机构都涉足人才测评服务领域。

1.3 人才测评的主要方法

人才测评的方法很多，大家熟悉的考试、评定等都属于人才测评的范畴。限于篇幅，本书主要介绍技术含量比较高且在实践中又很有效的测评技术，主要包括心理测验、面试、情景模拟技术和评价中心技术。

1.3.1 心理测验

心理测验是对行为样本进行测量的系统程序。这一程序在测量内容、实施过程和记分等 3 个方面都具有系统性，从而使测量条件和测量结果具有统一性和客观性。通俗地说，心理测验就是通过观察人的少数有代表性的行为，对贯穿在人的行为活动中的心理特征，依据确定的原则进行推论和数量化分析的一种科学手段。

尽管心理测验最早应用于教育领域和临床诊断领域，但它在人才测评中的作用已受到关注，特别是智力测验和能力测验，它们在选人用人中的作用已得到了广泛认可。国外心理学家的大量研究表明，智力测验与工作成功的平均相关为 0.3 左右，这意味着一个人的智力因素只能在 10%左右的程度上决定其工作成效。人格测验在选人用人中的作用也逐渐得到人们认可，尽管迄今为止还没有发现哪种人格特质与工作成效具有正相关关系，也没有发现哪种人格类型的人能保证工作成功，但有些人格特质（如乐观、坚忍等）总是比其他人格特质与工作成效的关系更为密切。另外，针对不同的工作，总是存在一些与其关系更为密切的相应人格特质。

心理测验在人才测评应用中是具有独特价值的，其优点在于：首先，操作比较简便，一般花上一两个小时就可完成对一批人的施测；其次，记分和结果解释比较客观，因为心理测验通常都是由客观题组成的；最后，心理测验的结果反馈比较快捷，特别是随着计算机的发展，可以在计算机上施测，这样一般做完就能得到结果。心理测验的缺点在于：首先，开发周期比较长，编制一个心理测验通常要花好几个月甚至几年的时间，而且从测验内容的确定到测验的标准化，通常要耗费大量的人力、物力和财力；其次，由于心理测验在测量方式上的局限性，导致一些个人特点无法被准确地测量出来，如诚实性、社会责任感等个性品质，通常很难得到受测者真实的回答；最后，心理测验的变通性比较差，一般无法根据测量的具体情景对测量内容加以调整，因为心理测验一旦编制出来，其题目构成、记分方式和结果解释便固定不变了，如果要改变，就得重新修订，这又要花很长的时间才能完成。

根据不同的方法，心理测验可分成不同的种类。

1．认知测验和人格测验

认知测验的测评内容是认知行为，通常包括成就测验、智力测验和能力倾向测验。成就测验主要测评人的知识与技能，是对认知结果的测评；智力测验主要测评认知活动中较为稳定的行为特征，是对认知过程或认知活动的整体测评；能力倾向测验主要测评人的认知潜能，是对认知活动的深层次测评。

人格测验是用来评价和测量人的情绪、兴趣、态度、价值观、动机、性格等非认知行为特点的。

2．速度测验和难度测验

速度测验与难度测验的主要区别在于有无时间限制。一个纯粹的速度测验包括许多较容易的项目，但时间限制非常严格，几乎没有一个人能在允许的时间内完成全部测验题目。反之，难度测验的时间限制并不严格，但测验包括许多高难度的项目，它测量的是人们解答难题的最高能力。

3．个别测验和团体测验

个别测验和团体测验是根据测验的实施方式来划分的。个别测验在某一时间内只能测量一个人，如著名的智力测验——比奈–西蒙量表。团体测验则能够在某一时间内由一名主试者同时测量许多人，如美国陆军甲种测验。个别测验的优点在于主试者对受测者的行为反应有较多的观察和控制机会，其缺点在于费时、程序复杂、主试者需要经过严格培训等。团体测验的优点在于能够在短时间内收集大量的材料，主试者不必经过培训就可以担任，其缺点在于受测者的行为不易控制，容易产生误差。在有些情况下，团体测验可个别施测，但个别测验不能通过团体施测方式来实施。

1.3.2　面试

面试是人才测评中非常重要的一种方法，也是传统的选人用人方法中被广泛应用的一种手段，这主要是因为面试可以通过面对面的交谈来得到有关对方的整体印象，而其他方法很难达到这一效果。古人云"百闻不如一见",说的就是这个道理。在现代企业的人员招聘中,几乎所有的企业都使用面试的方法,而且多数企业只使用面试这一种方法来决定是否录用。在国外的调查中,56%的被调查者认为,在人才的选拔过程中,面试是最重要的(G. T. Milkovich, 1991),90%的企业在它们的人员选拔中使用了面试的方法(M. D. Hakel, 1982)。当然,人才测评中的面试与传统选人用人中应用的面试还是不同的。传统的面试通常是简单的面对面交谈,它具有主观性和随意性。人才测评中的面试则不同,因为通常在面试前都有明确的面试目的、问题设计、评分标准和相对统一的面试程序,所以比传统的方法更具有客观性。

面试可以分好几种,根据实施的规范化程度可将面试分为结构化面试、半结构化面试和非结构化面试。结构化面试是指面试实施的内容、程序和技法在面试前经过相当完整的设计的面试。非结构化面试是指面试实施的内容、程序和技法在面试前完全不确定,而在实施时随机而定的面试。半结构化面试介于结构化面试与非结构化面试之间,在面试前对面试实施的内容、程序和技法有设计,但面试中可以调整或部分自由确定。传统的选人用人中所用的面试方法主要为非结构化面试,而人才测评中主要应用结构化面试和半结构化面试。

面试的主要优点在于:一是可以考查许多在测验中难以测查的内容,如仪表、行为举止、身体状况、口头表达能力等;二是面试设计的周期比较短,通常几天时间就能编制出一套针对性比较强的面试题本,而且可根据不同的情景对面试设计做出相应的修改和调整;三是面试实施比较灵活,因为在面试中双方有信息交流的机会,可根据面试的进程灵活地调整问题。

面试的缺点在于:一是对面试考官的操作要求比较高,通常没有一定的专业知识和面试经验,很难控制面试局面,从而难以取得良好的面试效果;二是面试效率比较低,通常几个面试考官在半个多小时中才能完成一位应试者的面试;三是面试容易受面试考官主观因素的影响,包括面试考官对应试者的主观印象、面试考官的个人偏好等。

1.3.3 情景模拟技术

情景模拟技术是指模拟真实的工作环境和过程,让应试者在模拟的情景中表现自己的才干,最后由评价者在旁边观察并根据测评要素进行评定的一种方法。情景模拟技术并不是一种新发明或创造,其在人才测评的实践中一直被运用,只是人才测评对其程序和方法进行了一些规范性处理,并形成了一些比较有特色的方法。这里简要介绍几种典型的情景模拟技术。

1. 文件筐测验

文件筐测验又称公文处理测验,在这种测评方式中,应试者将扮演企业中某一重要角色(一般是需要选拔的岗位),然后把这一角色日常工作中常遇到的各种类型的公文经过编辑加工,最后设计成若干种文件筐等待应试者处理。这些待处理的公文包括各部门送来的各种报告、上级下发的各种文件、与企业相关的部门或业务单位发来的信函等,其内容涉及企业经营管理的各个方面,如生产原材料的短缺、资金周转不灵、部门之间产生矛盾、员工福利、环境污染问题、生产安全问题、产品质量问题、市场开发问题等,既有重大决策问题,也有日常琐碎小事。文件筐测验要求应试者对每份文件都要做出处理,并写出处理意见、批示，或者直接与部门的人员联系发布指示等。应试者应在规定的时间内把文件处理完。评价者待应试者处理完后，要对其处理的文件逐一进行检查，并根据事先拟定的标准进行评价。

2．无领导小组讨论

无领导小组讨论是指数名应试者集中在一起就某一问题进行讨论，事前不指定讨论会的主持人，评价者在一旁观察应试者的行为表现并对应试者做出评价的一种方法。讨论的题目内容往往是大众化的热门话题，即应试者都熟悉的话题，以使每位应试者都有开口的机会，从而充分地展示自己的才华。对于评价者来说，可以从以下几个方面进行观察：每位应试者提出了哪些观点、与自己观点不同时应试者怎么面对和处理、应试者是否坚持自己认为正确的提议、应试者提出的观点是否有新意、怎样说服别人接受自己的观点，以及谁引导讨论的进行并进行阶段性的总结等。

3．管理游戏

管理游戏有好多种，其中比较常用的是小溪练习和建筑练习。在小溪练习中，给应试者一个滑轮及铁棒、木板、绳索等工具，要求他们把一根粗大的圆木和一块较大的岩石运到小溪的另一边。这样的任务单靠个人的力量是无法完成的，必须通过所有人员的协作参与才能完成。通过这项练习，评价者可以在客观的情景下，有效地观察应试者的领导能力、组织协调能力、合作精神和社会关系特征等。

建筑练习是一项个人练习，包括一名应试者和两个测评中心的辅助人员。建筑练习要求应试者使用木材建造一个很大的木质结构的建筑。在建筑练习中，有两个"农场工人" A 和 B，他们会帮助应试者一起来建造。这两名工人实际上是测评中心的人员，他们按照预定的目的和安排行事。A 表现出被动和懒惰的特征，如果没有明确的指令，他就什么事也不干；B 则表现出好斗和鲁莽的特征，采用不现实和不正确的建造方法，A 和 B 会以各种各样的方式干扰、批评应试者的想法和建造方案。建筑练习的目的是考查个人的领导能力，更重要的是研究应试者的情绪稳定性。实践表明，几乎没有一位应试者能够圆满地完成建筑练习，其中许多人变得痛苦和心烦意乱，有些人宁愿自己单独工作也不愿使用助手，有些人则放弃了这个练习，还有一些人在这种环境下则尽量努力地工作，以便把任务完成得更好。

1.3.4　评价中心技术

评价中心不是指一个地方，而是指人才测评的一种技术，其主要用于中高级管理人员的选拔测评，是人才测评技术综合发展的高水平体现。评价中心技术的主要特点是综合利用多种测评技术，把应试者置于一系列模拟的工作情景中，让他们进行某些规定的活动，从而考查应试者是否能胜任某项拟委任的工作并预测其各项能力或潜能。在评价中心技术中，利用的具体测评技术有心理测验、面试、文件筐测验、无领导小组讨论、角色扮演、案例分析、管理游戏等。这些测评技术通常是在团体中进行的，评价时间的长短随应试者的层次而变化，评价基层管理者往往只需 1 天，而评价中高层管理者往往需要 2～3 天。评价中心技术由于综合运用了多种人才测评技术，而且它们之间互相弥补、扬长避短，因此使测评结果比较客观、有效。评价中心技术不仅是选拔管理人员的一种强有力的手段，同时是一种很有价值的培训方法。一方面，应试者可以从评价结果中得到关于自身优点和不足的反馈信息；另一方面，应试者可以从评价过程中认识到什么是管理行为中的重要因素。

以上我们简要说明了人才测评中的几种主要方法，本书将在后面详尽地介绍这些方法的关键点及其应用的问题。这些方法在企事业单位人员招聘中的应用频率很不一样，中国善择人才测评公司于 2008 年调查了全国 30 多个行业 1255 家企业和组织的聘用测评状况，表 1-5 是企业在招募从高级经理到操作工时使用的评估方法的情况。

表 1-5　企业在招募新员工时使用的评估方法

排名	评估方法	全部	高级经理	经理	大学毕业生	普通员工	操作工
1	简历	86%	92%	93%	90%	82%	71%
2	工作样本	50%	58%	64%	33%	49%	50%
3	非结构化面试	49%	55%	51%	40%	50%	47%
4	电话面试	38%	53%	49%	36%	35%	22%
5	结构化面试	37%	48%	48%	37%	29%	23%
6	一般认知能力测验	36%	39%	38%	44%	31%	29%
7	申请书	35%	40%	38%	41%	32%	26%
8	小组面试	33%	48%	42%	53%	23%	18%
9	背景调查	33%	68%	54%	18%	22%	15%
10	外语水平测试	28%	43%	38%	44%	16%	4%
11	人格测评	24%	37%	31%	29%	17%	9%
12	评价中心	11%	25%	17%	11%	5%	4%
13	笔迹分析	11%	18%	15%	11%	7%	6%
14	小组练习	10%	14%	11%	13%	6%	6%
15	星座分析	2%	6%	3%	2%	2%	1%

从表 1-5 可以看出，企业和组织在招募新员工时采用的评估方法是多种多样的。其中，简历是使用频率最高的评估方法，总体上 86% 的企业和组织使用了简历；工作样本（50%）、结构化面试（37%）、一般认知能力测验（36%）等测评技术的使用频率也比较高；相对来说，评价中心（11%）及小组练习（10%）的使用频率比较低。从发展趋势来看，近几年越来越多的企业和组织开始应用小组练习和评价中心。必须注意的是，在实践中应用最普遍的测评技术不一定是效果最好的技术。

1.4　人才测评的主要考查内容

人才测评的主要考查内容是个人稳定的素质特点，这与我们传统的人员评价内容是不一样的。在传统的人员评价中，人们更强调掌握知识的多少，而事实上，一个人的知识水平很难反映其工作能力或将来成就的大小。在生活中，我们经常看到，有的人知识水平很高，但由于运用知识的能力较差，干起事来不行。由此可见，知识水平只是人们做好事情的一些基础而已。人的知识水平还有一个特点，就是不够稳定。假如你是一个对经济法知识毫无了解的人，经过一个月的学习，也许你在经济法方面的知识比许多企业老总还要多。由此可见，人的知识水平有可能在短时间内发生变化。尽管掌握知识的多少不能反映一个人的工作能力的大小，而且知识水平有时还不稳定，但传统的人员评价还是很重视知识水平因素的。我们曾对企业面试考查的内容状况进行了调查，结果排在第一位的就是专业知识，而且考查频率高达 75.8%。这在客观上是由于知识水平比较容易测量造成的，因为只要知道一个人的文化程度及其专业，就大概能推测出一个人的知识水平。如果这样还不够清楚的话，那么只要设计一份试卷就可以判定一个人在某方面的知识水平。相对来说，要考查一个人稳定的素质特点很难，但这很重要，所以人才测评将个人稳定的素质特点作为主要考查内容。

那么个人稳定的素质特点包括哪些方面呢？从人才测评的应用来看，个人稳定的素质特点包括 3 个方面（见图 1-1）：一是能力因素，二是动力因素，三是个人风格因素。

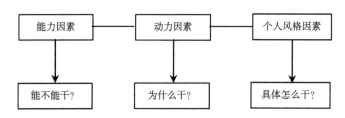

图 1-1　个人稳定的素质特点

1.4.1　能力因素

国内有人主张把能力按其来源不同划分为科学智能和社会智能。前者来自人与自然交往过程中的直接经验或人通过书本学习而得到的间接经验；后者则来自社会实践，通过人与人之间的交往、联系、竞争与合作来获得。

人才测评不仅重视科学智能的测量，而且重视社会智能的测量。长期以来，我们国家很重视科学智能的测查与开发，学生的各种智力开发措施和成人教育几乎是围绕科学智能进行的，相对来说，对社会智能的测量与培训的重视度不够。事实上，科学智能和社会智能对人的工作、生活都是非常重要的。如果一个人的科学智能很高而社会智能很低，那么这种人将是一个不懂人情世故的"研究者"。对于正常人来说，一般都具有一定的科学智能和社会智能，但不同的人具有这两种智能的水平差异很大。这两种智能拥有程度的不同将影响一个人的职业类型及其相应的成就（见表 1-6）。

表 1-6　智能结构与职业类型的关系

智能结构	职业类型
科学智能高，社会智能低	技术、教育、研究等专业性的工作
科学智能低，社会智能高	管理、公关、商人、中介、经纪人等
科学智能高，社会智能高	高级管理人才（上述二者之和）
科学智能低，社会智能低	非技术性、非关键性的普通人均能胜任的工作

对于管理者来说，有时社会智能甚至比科学智能还重要。美国著名教育家戴尔·卡耐基在调查了无数的明星巨商、军政要员之后，得出这样的结论：一个人事业上的成功，只有 15% 是由于他的专业技术（科学智能），另外 85% 要靠人际关系、处世技巧。

我国过去只重视科学智能的测查与开发，部分原因是科学智能比较容易考查，不仅知识性考试可以反映这方面的情况，而且就连文凭、职称也能较有效地反映人的科学智能水平。相对来说，社会智能的考查要难得多，所以尽管社会智能非常重要，但人们不知道如何去测量它，以至于对这种智能的认识还不够。

1.4.2　动力因素

一个人要做成某件事，不仅取决于他的能力水平如何，还取决于动力因素，即他愿不愿意干。许多人在某方面的能力水平不差，但自己却不想做那方面的事，这样显然是不可能做好的。反过来，当一个人在某方面的能力水平比较低，但很想在某方面干点事出来，这样往往能在一定程度上弥补能力的不足，从而把事情干好。由此可见，动力因素（愿不愿意干）是很重要的行为条件。在人才测评技术的心理测验中就有专门测量动力因素的工具。

在动力因素中，价值观是层次最高、影响面最广的因素。价值观是指人们关于目标或信仰的观念，它使人们的行为带有个人的、一致的方向性。国外的价值观测验很多，其中最著名的价值观测验把价值观分为 6 种类型：理论型、经济型、审美型、社会型、政治型、宗教型。在 2003 年，我国组织有关心理学专家编制开发了职业价值观测验。除价值观之外，动机也是动力因素的重要组成部分。动机是指推动一个人行为的内在原因。动机的强烈与否往往决定行为过程的效率和结果。例如，一个成就动机强的人往往表现出积极上进的一面，并且最终很可能会成就一番事业，反之可能碌碌无为，一事无成。在动力因素中，兴趣是层次最低的因素。兴趣是指个体对某种活动或某种职业的喜好。当人的兴趣与行为一致的时候，可以使行为更加有效，而当人的兴趣与行为不一致的时候，则会影响行为的效果。图 1-2 给出了在动力因素中 3 个因素之间的关系，越内核的东西（如价值观），其对行为的影响将越深远。

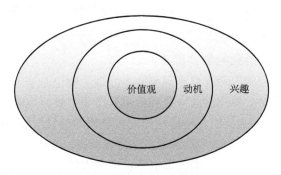

图 1-2　动力因素中 3 个因素之间的关系

1.4.3　个人风格因素

每个人在行动的时候总会表现出自己独有的行为方式，这便是个人风格因素。例如，同样做一件事，有的人说干就干，并且很快就完成了；有的人则慢条斯理，但最终也保质保量地把事情完成了。在个人风格方面，早在古希腊就有人做过探讨，他们根据一定的原则把人分为 4 种气质类型：多血质，具有过多的血液，充满活力和动力；胆汁质，具有过多的黄胆汁，易激怒；抑郁质，具有过多的黑胆汁，通常表现为忧郁和悲哀；黏液质，具有过多的黏液，使人迟缓或懒惰。尽管这一划分的科学性还有待验证，但它说明了气质类型对人的行为风格的影响。国外一个具有影响力的人格测验从 4 个方面来考查人的行为风格：一是一般心理倾向（外倾和内倾），外倾型的人易沟通、好交际、坦率随和，内倾型的人比较缄默；二是接收信息的方式（感觉和直觉），感觉型的人善于观察，对细节敏感，直觉型的人关注整体和事物的发展变化，思维活跃；三是处理信息的方式（思考和情感），思考型的人考虑问题比较客观理智，情感型的人考虑问题以个人情感为重；四是行动方式（判断和知觉），判断型的人善于组织和决断，知觉型的人比较开放，灵活多变。

由此可见，不同行为风格的人，不论是考虑问题的方式还是解决问题的风格都很不一样。但行为风格并不存在好坏之分，只有当它与具体工作联系起来的时候，才会有好坏的可能。例如，一个很内向的人去做公关工作，可能就会不太适应。

上面我们简单介绍了人才测评的主要考查内容，还有人认为，品德因素也是人才测评的考查内容之一。但我们认为，品德测评是否有效是一个未知数，其中的一个原因是品德的界定很困难。国外有很多专家编制和开发了诚信度测验（Integrity Test），尝试对一个人的诚实品质进行测量，但究竟什么样才算诚信？这个答案往往很不明确。另一个原因是品德很难测量出来，受测者对问题的回答往往会与心里的真实想法不一致，因为此类问题的社会敏感性太高，人们不愿意在表面上"违背"社会价值取向。所以，从应用的角度看，我们暂不把品德因素作为人才测评的主要考查内容。

1.5　人才测评技术在应用中的问题与发展趋势

1.5.1　人才测评技术在应用中的问题

当前我国人才测评事业的发展态势很好，但在应用中也存在许多问题，突出表现在以下几个方面。

1. 人才测评技术的研究与创新严重滞后

人才测评技术在我国的应用源自心理测验，心理测验也是当前应用最为广泛的测评技术。但是多年来，我们对心理测验的研究和自主开发还不够，主要依赖对国外测验量表的修订，这导致目前我国人才测评机构中使用的大多数软件都只是简单的"舶来品"，如 16PF、MBTI、CPI、MMPI、EPQ 等量表，几乎都是从西方引进、修订的。然而，西方心理测验的文化背景未必完全适合中国人。在人才选拔中，中国人因为过于"钻空子"而往往使西方人编制的心理测验失效。例如，中国人在做 16PF 问卷时常常无法避免高社会赞许性，因此，如何针对中国人特有的文化背景和心理特性，建立适合中国人的测验试题和评价体系就显得至关重要了。

另外，在人才测评技术应用中，对于包括面试在内的各种动态测评工具的创新也严重滞后。应付各种测评技术的培训力量非常强大，如果在这样的环境下还不去创新，那么任何一种测评方法都将面临失效的危险。以目前机关单位、企事业单位广泛使用的结构化面试为例，广大应试者对这种测评手段已经非常熟悉，针对各类问题也有很好的应答措施，如果不对结构化面试的方式方法进行研究和创新，那么这种方法测量的可能不再是应试者的工作胜任力，而是"应试能力"，这是很危险的。

2．人才测评服务水平不高

许多用人单位对测评技术的重视不够，舍不得在人才招聘或测评技术方面投入人力物力，于是随意委托没有资质和信誉的中介机构或个人从事人才测评工作，从而导致人才评价服务水平不高。就当前盛行的招聘考试来说，严峻的就业形势往往导致几十人甚至几百人应聘一个职位，而一些单位对招聘考试的公平性、公正性缺乏认识，导致考试服务中错误不断。例如，在大规模招聘考试中，有人随便从网上下载一套试题作为招聘笔试的试卷，导致数千人重考的考试事故；有的招聘考试中，在几十分的主观题上附有答案，还解释说"由于疏忽忘了删除答案"，社会影响非常恶劣；还有的考试中，一张试卷上居然有10道重题……这些极其低级的错误让人感到非常痛心，它不仅让大家感受到人才测评服务领域的从业人员的素质和服务水平的低下，而且严重影响了人才测评工作的严肃性和客观公正性，影响了广大考生的切身利益。

3．专业人才相对匮乏

由于人才测评涉及对人员素质的测量和评价，因此这要求从事此项工作的人员应具有很强的责任意识和较高专业水平。在美国，必须由专业人员来执行人才测评的操作，并对测评结果给予建设性的说明和解释。在发达国家，这种专业人员必须是博士，并经过专业考核获得专业资格认证，还必须经过反复培训。而我国的现实情况是专业人员相对于社会需求来说比较匮乏，于是一些根本不懂人才测评的人常常充当专家主持测评项目。长此以往，势必会损坏人才测评的声誉，阻碍人才测评事业的发展。其实，人才测评工作对从业人员的要求是很高的，根据笔者多年的实践经验，人才测评工作的从业人员不仅要有较高的专业素养，而且要有较强的责任心、严谨细致的工作作风，甚至还要有吃苦耐劳的精神品质。当前，我们急需加强人才测评队伍的选拔和培养工作，扩充专业人才数量，并提高其质量。

4．人才测评行业秩序混乱

打开搜索网站，可以看到各种人才测评机构提供测评服务的各种"广告"，人才测评软件是支撑它们发展的重要支柱，但这些人才测评软件往往不是自主开发的。营利是许多市场化人才测评机构成立的根本目的，这种商业化运作的弊端是显而易见的，首先，会误人子弟。有的人才测评机构为节约为本，引进了一些粗制滥造的人才测评软件，这些软件没有中国常模，问卷编制也很随意，再加上从业人员缺乏专业知识，因此很容易误导参加测试的人。其次，影响了人才测评行业的整体声誉。在招聘会上，只需一台计算机，就能花几十元钱做一个测验，并当场打印测验结果，告诉受测者适合什么工作，不适合什么工作。很多商家在利益驱动下对受测者很不负责任，自己不懂测评也敢对受测者指手画脚，这样势必严重破坏人才测评行业的良性发展。当前，急需有行业协会来规范人才测评行业的市场行为。

5. 相关法律法规缺失

有专家指出，导致人才测评行业发展受阻的根本原因是有关人才测评的法律法规不健全，管理跟不上。的确，在人才测评领域，至今尚无"行业标准"。一方面，任何一种测评工具，无须批准即可投入使用，而其效果如何，却无人过问。另一方面，测评工具的优劣难以判断，致使人才测评市场中，未经科学论证和测试，以及没有通过严格评审和认定的测评工具鱼目混珠。这样就造成了测评结果失真，从而加深了人们对人才测评的误解。因此，制定相关的法律法规，对人才测评市场进行有效的监督和管理成为当务之急。

首先，建立从业人员资格认证制度。从业人员的素质在一定程度上影响着该行业的发展，因此，规范人才测评市场，必须对从业人员进行资格认证。通过资格认证，按照国际惯例，参照国际标准，并结合中国实际，一方面加强对从业人员的培训，提高现有从业人员的素质，另一方面吸纳更多优秀的符合认证资格的人员加入人才测评行业。

其次，完善中介机构管理。目前从事人才测评活动的还是以一些测评服务中介为主，因此，完善中介机构管理乃当务之急。其一，应该建立人才测评机构注册、审批制度，培育和发展人才测评市场。其二，对测评结果准确率过低、弄虚作假、违法乱纪的测评中介机构，要严加查处，情况严重的，取消经营资格直至追究刑事责任。其三，对受测者的测评结果应予以保密，保护受测者权益。

最后，加强技术专利保护。由于目前尚缺乏法律法规约束，因此各种盗版测评软件在市面上盛行，如韦氏智力测验。这样需要保密的重要测评工具甚至出现了盗版，所以必须制定有关人才测评技术专利保护的法律法规，保护知识产权，保障人才测评技术的发展。

1.5.2 人才测评的发展趋势

当前，人才测评的发展趋势呈现以下几个特点。

1. 对人才测评的要求越来越高，各种测评技术综合应用的趋势越来越明显

随着社会经济的发展，人才竞争日益激烈，一方面，用人单位对人才测评的要求越来越高；另一方面，人自身的多样性和复杂性也在增加，同时有心理健康问题的人也有不断增加的趋势，这在客观上对人才测评提出了更高的要求。在这种背景下，人才测评实践中出现越来越多地把各种测评技术综合应用的倾向，而不再局限于笔试、面试等单一的方法。一个很明显的事实，在人才测评实践中，除了传统的测评技术，心理测验和情景模拟技术作为一种补充测评手段而被广泛应用。本书在第 4 部分将专门讨论压力和心理健康的测量问题。

2. 在人才测评模式上，从关注个体到更关注团队搭配

过去的人才测评更多地关注个人素质，而如今的人才测评越来越多地关注团队成员间的搭配。以中高层管理者的选拔为例，以前的人才测评更多地关注管理者本身的素质，而现在则更关注领导班子的搭配。假如班子里的现有成员都是谨慎有余而大胆不足的人，那么在选拔新管理者时可能更看重其大胆的开拓创新精神；假如班子成员行业经验很丰富，但对未来的业务发展态势缺乏分析把握能力，那么选拔新管理者时可能更看重其宏观思维和分析判断能力。这样的做法，也许最终选拔出来的候选人并不是综合素质最强的，但却是团队中最需要的。

3．在人才测评内容方面，从只关注人职匹配到开始关注人与组织的匹配

人职匹配更多地强调人与职位、知识、技能等方面的匹配，而随着现在各类单位越来越强调组织文化建设，个人价值观与组织文化的匹配问题受到越来越多的关注。虽然国内外尚无人对人职匹配和人与组织的匹配这两种测评模式进行比较研究，但可以预见，随着经济全球化的进一步发展，以及职业类型变化的加剧，以后的选拔模式将是人职匹配和人与组织匹配的有机结合。

4．人才测评技术的创新将受到越来越多的关注

前面我们提到，人才测评技术的研究和创新严重滞后，但现在，人才测评技术的创新已开始引起各方面的重视。以面试来说，结构化面试的评价要素和题型开始得到改进，情景性面试和半结构化面试技术也得到越来越多的应用。以笔试来说，靠死记硬背的知识性考试正被考查知识应用能力的考试所替代。笔者在笔试、面试、无领导小组讨论、文件筐测验等各种测评技术的应用中探索了一些新的做法，得到了良好的应用效果。

5．基于胜任特征的人才测评逐步兴起

传统的人才测评关注对候选人的经验、知识、技能等表面因素的考查，忽略了其潜在动机及未来发展潜力，而基于胜任特征的人才测评（Competency-based Talent Assessment，CbTA）能在这些方面为组织选拔人才提供更有效的支持。CbTA 的测评内容更加侧重在岗位关键胜任特征上，测评方法更加强调各种情景模拟技术的应用。将胜任力的理念应用于人才选拔和招聘中，能够大幅度提高人才测评的针对性、准确性和有效性。正因如此，基于胜任特征的人才测评越来越受到各类组织的欢迎。

1.6　信息化技术在人才测评中的应用与问题

1.6.1　信息化技术在人才测评中的应用

当前信息化技术在人才测评中的应用越来越广泛，大数据、人工智能等新技术也不断地应用于人才测评中。笔者认为，信息化技术的应用对人才测评来说，绝不仅仅是测评方式的改变，即把传统的纸笔测试放到计算机上去进行，而是一场深刻的变革，它会在测评内容、评价模式等很多方面带来革新性的变化。随着信息化技术的深入应用，以前无法实现的测评技术将得以广泛应用，测评内容和模式将发生根本性的变化。例如，视频模拟技术可以通过视频的方式让应试者根据具体情景来选择应对办法，从而大大提高测评的生态效度；计算机自适应考试可以根据应试者的问题回答，即时评估应试者的能力水平，并据此不断地选出更合适的试题让应试者回答，这不仅能有效地缩短测评时间，而且能提高测评精度。限于篇幅，这里重点介绍基于计算机的筛选和网上心理测验等信息化测评技术。

1．基于计算机的筛选

利用互联网，公司可以在全球范围内进行每天 24 小时、一周 7 天的基于计算机的筛选（Computer-Based Screening，CBS），以及对工作申请表、结构化面试和其他类型测验结果的管理。CBS 可以简便地将筛选工具由纸张转变为电子化测试，这类 CBS 的互动性还不

高。越来越多的公司通过充分利用信息化技术，如电话、视频等互动交流的方式来筛选申请人。美国空军、ETS 等大型考试机构还经常使用计算机适应性测验技术（Computer-Adaptive Test，CAT）：首先给所有应试者呈现一组难度一般的项目，如果回答正确，就会呈现更高难度的项目；如果回答不正确，就会呈现较低难度的项目。CAT 根据应试者回答的正确或不正确来确定项目的相对难度，采用项目反应理论来评定应试者在潜在特质上的水平。CAT 不是试题呈现方式的改变，而是考试理念的重大突破，它通过计算机给每位应试者建立一个个性化的考试来达到更为准确的知识或能力水平测量，因为每个人答的题不同，所以作弊很难，而且应试者做过的题不能更改，即使做到后面发现自己前面的题做错了也不能更改。

CBS 具有很多有优点。例如，由于计算机呈现统一的指导语，避免了考官指导语的不同带给申请人的不利影响，因此标准化程度达到最大化，公平公正性更令人信服，而且自动记录和存储答案也有助于减少数据输入和转换中的错误。另外，远在异地的人也可以参加测试，由此可以增加申请人的数量。当然，这种方式的测试成本相对较高，而且如果实施时控制不好，存在潜在的欺骗风险（如远程面试时有高手在应试者旁边指导等）。

2．网上心理测验

近十多年来，在心理测验领域已出现明显的信息化趋势。在网上随便搜索一下，就可以找到大量的心理测验试题。可以说，在心理测验诞生的这一百多年中，没有任何因素可以超过互联网对心理测验的影响。网上心理测验有很多优点，第一，网上心理测验可以使全球的应试者很容易地接触到相关测验，而且做完就能拿到测验结果；第二，网上心理测验的开发商可以利用网络收集到海量的数据，并对测验结果进行分析和研究，从而不断改进测验，这对传统测验的修订工作将带来极大的便利性和时效性；第三，网上心理测验的公司用户很容易通过网络获得测验的手册和其他细节信息，从而能帮助他们从众多的测验提供商中选择适合自身使用目的的测验；第四，在计算机施测、自动记分、测验结果分析和解释、测验数据管理、测验数据统计分析、数据文件管理、测验相关设备管理等方面，计算机技术都将发挥重要作用。当然，在心理测验信息化发展过程中，测验版权保护问题、测验软件适用时效问题、施测刺激标准化问题、软件数据规范化问题等应重点关注。还有一个非常重要的问题是，网上心理测验用于人才选拔时往往会面临着结果失真的问题，因为很多应试者会让高手来帮助自己通过网上心理测验的筛选，也有的应试者会通过不断地练习来提高通过率。国外已有学者研究发现，网上心理测验的成绩数据没有形成预期的正态分布，这说明如果网上心理测验在实施中缺乏控制，那将面临失效的风险。笔者认为，对于那些通过测验来了解自己、帮助自己更好发展的应试者来说，网上心理测验将会是很有效的；对于选拔性测验来说，在使用时要加强施测过程中的控制和监督，以保证测验结果的有效性。

1.6.2 信息化技术在人才测评应用中的问题

从更宏观的层面来说，信息化技术在人才测评应用中面临着一系列问题。

1．数据的来源涉及个人隐私

由于信息化技术在人才测评中的广泛应用，数据无所不在，因此员工线上线下的所作所为均成了测评素材。基于网络或企业内部人力资源系统上的受测者的行为记录可以客观的反映受测者的真实情况，这些行为包含人们在社交工具上的言行（如关注的网站和话题、乐于分享的内容，以及网上发帖的频次、内容、语气等），或者企业人力资源系统内的行为记录（如出勤记录、培训记录、项目参与记录、团建及工会活动记录，以及工作时间内访问的网站及线上的活动信息等）。利用员工的这些自然表现，再结合受测者的人格、兴趣、价值观、领导力、敬业度等特点，有助于公司或组织对受测者进行判断，最后帮助公司或组织做出正确的人事决策。

人们的许多日常行为也可以用来分析其个性特点和行为方式。例如，我们点餐的行为可以反映我们对饮食的偏好，这与个人的出生地和居住地的饮食习惯有关，甚至有研究证实其与性格有关；我们在网上的买书行为，可以反映我们的兴趣和专业的倾向、学习和发展的需要、品味和价值观等；我们平时的购物清单，可以反映我们的消费水平、品味和生活品质、对新事物的追求、消费习惯等。总之，网络一方面提供给我们很多方便，另一方面也暴露了我们很多的个人信息，所以隐私数据需要受到尊重，这个问题将随着科技的快速发展和人工智能的普及而日益凸显。

2．测评结果的使用

随着信息化技术在人才测评中的深入应用，有些数据可能是在应试者不知情的情况下收集的，如社交网络数据的收集。根据这些数据的分析结果，数据用于什么目的是人们广泛关注的问题。国内外不少网站利用政府监管不足的漏洞，发布各种各类的免费测评信息，其实那些测评只是幌子、鱼饵，其背后真正的用意是收集个人信息，然后出售个人信息而获利。传统的人才测评是被邀请参加的，应试者明确知道数据被用于选拔、晋升和培养。必要的时候，我们还会与应试者或组织签订保密协议，保证测评结果只用于某一特定目的，不会用于其他方面，并对应试者的个人信息进行保密。总之，随着新技术的规范应用，商业道德问题会越来越凸显。

3．雇主与雇员的关系

在企业中使用新技术时，应该照顾到雇主与雇员的关系。从理论上讲，在信息化技术时代，人们获取信息的渠道更多了，雇主和雇员之间信息沟通的渠道也更多了，信息更加透明化。但在现实中，雇员相对于雇主来说是弱势群体，雇主可能会利用大数据等信息化技术，在雇员不知情的情况下收集相关数据并由此做出相关的人事决策，这是一个令人担忧的问题。在收集相关数据时，雇主是否应该提前通知雇员，或者在使用时让雇员知晓并获得同意和授权，这也是一个伦理问题。

第 2 章

人才测评原理

在人才测评中，有许多无法回避的基本问题，包括人才测评的理论基础、人才测评的信度和效度。这些问题不仅可以揭示人才测评存在的价值和意义，而且有助于我们在实践中评价各种测评工具的技术质量指标。

本章导航

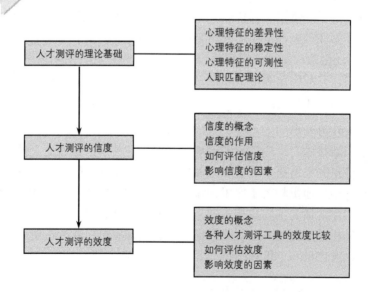

人才测评的理论基础	心理特征的差异性 心理特征的稳定性 心理特征的可测性 人职匹配理论
人才测评的信度	信度的概念 信度的作用 如何评估信度 影响信度的因素
人才测评的效度	效度的概念 各种人才测评工具的效度比较 如何评估效度 影响效度的因素

2.1　人才测评的理论基础

人才测评主要是针对人的心理特征的测量与评价。人与人之间的心理特征是否有差异、是否具有稳定性、能否通过一些办法进行测量，这些基本问题直接关系到人才测评存在的必要性和可能性，是人才测评的重要基石。另外，人才测评的根本目的是帮助组织寻求合适的候选人，帮助个体寻求合适的工作职位，所以人职匹配理论是人才测评的另一重要基石。

沃尔玛和 UPS：招聘讲究人职匹配

世界 500 强企业中的零售业巨子沃尔玛曾连续两天在人才市场"摆擂台"，为即将开业的上海五角场店招募各类基层员工，而 UPS 也现身航运物流人才市场，大招分拣操作工等。两家名企都在招聘过程中不约而同地传递出人职匹配的理念。据称，沃尔玛在华企业平均每开一家门店，就能解决约 400 人的就业问题，其中还不包括促销员等厂方人员，而且张榜公布的 10 余项职位大多只需具备"高中学历及以上"学历，这是因为与管理人员职位相比，基层员工大多需要的是动手能力和实践技能。与其他零售类企业相比，资产保护部防损员和索赔文员是沃尔玛招聘启事上"人无我有"的职位名称，前者职责为维护安全有序的公司交易和工作环境，保护商品和公司财产不受损失，通常这些职责在其他零售企业中被简单归入"保安"职责，而在沃尔玛，防损员还需具备"查账"等技能；索赔文员较防损员的学历要求虽然稍高，却也止于"大专学历及以上"学历，招聘条件很实际，具体地注明"需具备票据、索赔、条形码等方面的工作经验"。

在招聘现场，一位名校珠宝鉴定专业的应届高校毕业生踯躅场外，对照招贴上的"沟通协调能力、团队精神"等软指标反复自问，仍心生疑虑。据称，沃尔玛将对新进员工进行为期两个月的培训，而这位毕业生虽已做好了当"营业员"的心理准备，却仍对应聘成功与否缺少足够的把握。外资名企用人讲求的是实效，在一名毫无经验的初出茅庐者和拥有成熟行业经验者之间，取舍标准不言自明。

"高学历、低就业"的还不止于此。桌上堆积了厚厚一叠硕士学历、博士学历人才简历的 UPS 现场招聘人士说："最好的未必是最合适的，应届生大多冲着名企或品牌的魅力和光环而来，殊不知 UPS 的雇用理念是需要'终身为之服务'的雇员，这一点高学历人才未必能做得到。类似当天的招聘职位，只需要高中学历、勤奋等就行了，本科学历当然也可以做，却是一种人才浪费，硕士学历、博士学历人才冲着名企光环来应聘一线岗位是一种不理智的盲目行为。"

2.1.1　心理特征的差异性

正像没有完全相同的两片树叶一样，世界上也没有完全相同的两个人。即使有相同基因的双胞胎（同卵双胞胎），也会分别发展成有着不同价值观和个性的人。单从外表或身体方面来看，人与人之间的差异已经非常明显。我们中的大多数人都能列出人与人之间在身体方面的差异，如身高、体重、外貌等。心理特征则没有身高和体重那么明显，但大量理论知识和实践都证明了，人与人之间的心理特征存在着巨大差异。

由于遗传和环境的共同作用，人们的心理特征千差万别，其主要表现在能力、个性和行为等 3 个方面。就能力来说，有的人逻辑思维能力很强，有的人形象思维能力很强；就个性来说，有的人脾气暴躁，有的人性格温和；就行为来说，有的人做事认真，有的人行事草率。心理特征的这种个体差异性，是推动人才测评产生和发展的永恒动力，也是人才测评的重要依据。没有人与人之间的差异，人才测评就无从谈起。

2.1.2　心理特征的稳定性

人与人之间的心理特征不仅具有差异性，而且具有稳定性。也就是说，一个人的心理特征不是个人身上表现出来的暂时的特点，而是稳定的个人特点。一个人在出生后，经过长期的社会生活，逐步形成了对待生活的态度和个人的行为风格，这种特点一旦形成，就不容易改变。例如，一个性格开朗的人，不仅在家里爱说爱笑，而且在单位也好与人打交道，在社交场合也会是一个活跃分子；不仅最近是这样开朗，而且过去乃至多年前也是这样，我们还可以预测他明年还会是这样。

正因为个人心理特征的这种稳定性，才使人才测评具有意义，我们才能够根据测评结果做出适当的推论，即从过去的表现推论将来的表现，从一种情景中的表现推论到更大范围的情景中的表现。在选人的时候，也是通过一个人在接受选拔时表现出来的能力、个性和行为等特点来推论他在日后可能的表现。

2.1.3　心理特征的可测性

既然心理特征是稳定的，那么能否通过一定的手段进行测量呢？心理学家曾对此进行了很长时间的摸索，但心理特征看不见、摸不着，无法直接测量。于是，心理学家通过人对外界刺激的反应来间接测量心理特征。这就像我们不能直接测量温度而是通过水银汞柱的体积变化来测量体温一样，是一种间接测量。人才测评正是通过人的外显行为来推断其心理特征的。例如，一个人喜欢拆卸各种机械设备、热心于修理家用电器，由此我们可以推断此人具有机械方面的兴趣的心理特征。另外，我们对人的行为的测量，要看每个人在群体中处于什么位置，一个人能力的高低、兴趣的强弱，都是与所在团体的大多数人的行为中的某种人为确定的标准相比较而言的。大量的人才测评实践表明，其对人的行为的测量既具有一定的可靠性，又具有一定的准确性。这说明人的心理特征是可以有效地加以测量的。目前，国际上已形成了三大心理测量理论，分别是经典测量理论（Classical Test Theory，CTT）、概化理论（Generalizability Theory，GT）、项目反应理论（Item Response Theory，IRT）。

2.1.4　人职匹配理论

人职匹配理论是关于人的心理特征与职业性质相一致的理论。人职匹配理论认为，个体差异是普遍存在的，无论是能力水平还是个性特征，不同个体之间都存在巨大的差异。每种职业由于其工作性质不同，要求从业人员具备的知识、技能、能力，以及性格等心理特征也不同。当一个人的心理特征与他所从事的职业要求协调一致时，即人职匹配时，他的工作效率就会提高，事业成功的可能性就会增大。反之，当一个人的心理特征与他从事的职业要求不一致时，他的工作效率就会降低，事业成功的可能性也会降低。因此，无论是个人选择职业还是组织招聘人员，必须考虑人职匹配问题。要做到人职匹配，首先需要对人和职位有一个客观的认识与评价。为了了解和评价人，就产生了职业能力测验、结构化面试、评价中心技术等人才测评手段；为了了解职位，就有了工作分析、岗位胜任特征分析等岗位评价和分析手段。心理特征与职位要求的匹配关系如图 2-1 所示。目前，影响力较大的人职匹配理论有特性—因素理论和人格类型理论。

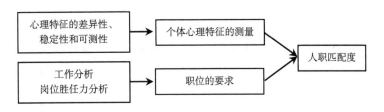

图 2-1 心理特征与职位要求的匹配关系

2.2 人才测评的信度

信度是衡量测量工具质量的一个重要指标。若测量工具的信度不理想，则测量结果就无法被认为是应试者的一致、稳定和真实的行为表现，测量也就没有任何意义。

2.2.1 信度的概念

信度主要是指测量结果的可靠性或一致性。在接受测量时，应试者的行为可能会由于各种原因而产生变动，从而偏离其真实行为，这就会导致测量结果产生误差。测量结果的可靠性与测量结果受误差影响的程度密切相关，误差大，测量结果的可靠性就降低。信度是说明测量的可靠性或一致性的指标。这个概念表述起来似乎有点费劲，但其实道理很简单。大家都知道，在物理测量中，拿一把尺子去量一张桌子的长度，今天量的结果和明天量的结果总是一样的，张三量的结果与李四量的结果也会是一样的，这就说明同一物体在不同测量间的一致性很高，所以对同一位应试者在不同测量间也应该有一致性。当然，由于人才素质的测量比物理测量要复杂得多，所以不同的人在不同的测量间会有差异，但这种差异应该有一个范围，否则我们就认为测量信度太低，测量结果不可信。

为了说明人才测评的误差类型，我们不妨用物理测量来增进理解。假如用一根皮尺来测量人的身高，每次测量都会有一定的误差。首先，皮尺作为一种量具是有一定的精度限制的，也就是说，量具本身就有误差，这种误差是必然的，同时又是有规律的，这种误差叫作系统误差；其次，每次测量都可能有操作上的差异，或者由于不可预见的外界因素的影响，从而造成误差，这些误差也是难免的，却是毫无规律的，这种误差叫作随机误差。一个好的测量工具不仅要有尽可能高的精度，还必须能把误差控制在一个有规律的范围内，这样测量得到的结果才比较稳定可信。信度实际上就是对随机误差的一种度量。

在考查测量工具的信度时，首先要考虑测量结果的稳定性问题，包括：

（1）测量结果的一致性程度，即不同时间、不同条件下所得测量分数之间的一致性有多大。

（2）一个人获得的分数与"真实分数"之间的接近程度如何。

（3）测量一致性是否可以达到实际应用的程度。

其次，要考虑影响测量结果稳定性的原因，即分数不稳定、不一致的原因，包括：

（1）什么因素造成了这种差异。

（2）这些效应的相对作用如何。

2.2.2 信度的作用

信度高低的指标称为信度系数（Reliability Coefficient），通常以相关系数表示。信度系数一般是同一样本所得的两组资料的相关，在理论上表示为实得分数与真实分数相关的平方：

$$r_{xx} = r_{xr}^2 = \frac{S_r^2}{S_x^2}$$

式中，r_{xr} 有时也称为信度指数，它是真实分数标准差与实得分数标准差的比率。

误差的大小与测量的信度有直接关系：两次测量分数的差异越大，信度就越低。

在测量中，确定信度系数通常有以下两方面的作用。

（1）解释真实分数与实得分数的相关。信度可以解释为总的方差中有多少比例是由真分数的方差决定的，即测量分数的变化中有多少是真正反映了应试者分数的变化的。例如，当 r_{xr}=0.90 时，我们可以说，实得分数中有 90%的方差来自真实分数的差别，只有 10%来自测量的误差。在极端情况下，若 r_{xr}=1，则表示完全没有测量误差，所有的变异均来自真实分数；若 r_{xr}=0，则所有的变异和差别都反映的是测量误差。信度系数的分布是从 0.00 到 1.00 的正数范围，代表了从缺乏信度到完全可信的所有状况。

（2）说明可以接受的信度水准。信度多高才可以接受呢？一般来说，信度系数不能低于 0.70，当信度系数大于 0.70 时，可以用于团体间的比较；当信度系数大于 0.85 时，可以用于鉴别个人的某些特性。不同的测量工具对信度的要求有一定的差别，实践中对不同类型的测量工具有不同的标准。表 2-1 给出了几种测量工具的信度系数。

表 2-1　几种测量工具的信度系数

测量工具	信度		
	低	中	高
成套成就测验	0.66	0.92	0.98
学术能力测验	0.56	0.90	0.97
成套倾向性测验	0.26	0.88	0.96
客观人格测验	0.46	0.85	0.97
兴趣问卷	0.42	0.84	0.93
态度量表	0.47	0.79	0.98

一般来说，当 r_{xx} 小于 0.70 时，不能对个人进行评价，也不能在团体间进行比较；当 r_{xx} 大于 0.70 时，可用于团体间比较；当 r_{xx} 大于 0.85 时，可用于鉴别个人的某些特性。

2.2.3 如何评估信度

1. 重测信度

重测信度又称稳定性系数，它的计量方法是采用重测法，即用同一测量工具，在不同时间对同一群体施测两次，两次测量的分数的相关系数即重测系数。根据重测系数的高低，可以得知测量结果在经过一段时间之后的稳定程度。重测信度越高，说明测量结果越一致、越可靠。例如，我们选用测验 A 测量某儿童的智商，第一次的测量结果是 100（中等智商），而一周以后再测，发现他的智商变成 150（超常儿童）了，若没有特殊原因，一个儿童的智商不应该在一周之内发生如此大的变化，由于两次测量的结果不一致，我们很难下结论说这个孩子的智商是多少。所以，在一般情况下，我们会认为这个测验的重测信度很低，是不可信的。

在评估测量工具的重测信度时，必须注意重测间隔的时间。间隔时间太短，应试者对测试题记忆犹新，必然会造成假性高相关；间隔时间太长，测量结果又会受应试者的身心特质改变的影响，使重测系数降低。重测间隔时间的长短，必须根据测验的性质和目的来确定。如果希望测量结果能够预测较长时间的变化，则重测间隔的时间应该长一些。表 2-2 给出了一项有关智力测验实行重测法的信度系数的例子。

表 2-2 重测法的信度系数

重测时间	信度系数
同日或次日	0.85 ~ 0.90
1 年	0.85
2 ~ 2.5 年	0.80
5 年	0.75 ~ 0.80
9 年	0.78

在进行重测信度评估时，还应注意以下两个重要问题。

（1）重测信度一般只反映随机因素导致的变化，而不反映应试者行为的长久变化。例如，应试者智力的发展和能力的提高，不是重测信度考虑的因素，这些因素导致的重测系数的降低，不能说明测验的重测信度低。

（2）不同的行为受随机误差的影响不同。例如，手指敏捷性就比推理能力更易受疲劳、环境等因素的影响。因此，我们必须分析测验的目的和了解测验预测的行为。当测量的行为或特质较为稳定时，重测信度的解释才有效。

2. 复本信度

复本信度又称等值性系数，是以两个测验复本（功能等值但题目内容不同）测量同一个群体，然后求得应试者在这两个测验上得分的相关系数。复本信度的高低反映了这两个测验复本在内容上的等值性程度。两个等值的测验互为复本。

计算复本信度的主要目的在于考查两个测验复本的题目取样或内容取样是否等值。同样是测量数学运算能力的测验，如果一个测验复本侧重于考查加减法运算，而另一个测验复本侧重于乘除法运算，那两者之间的相关性必定不会太高，即复本信度低。

复本信度的主要优点在于：

（1）能够避免重测信度的一些问题，如记忆效果、练习效应等。

（2）适用于进行长期追踪研究或调查某些干涉变量对测量结果的影响。

（3）降低了辅导或作弊的可能性。

复本信度也有其局限性：

（1）如果测量的行为易受练习的影响，则复本信度只能降低而不能消除这种影响。

（2）有些测验的性质会因为重复而发生改变，如某些问题解决型的测验，如果了解掌握了试题原则，就有可能产生迁移。

（3）有些测验很难找到合适的复本。

3．内部一致性信度

重测信度和复本信度分别注重考查测量的跨时间的一致性和跨形式的一致性，而内部一致性信度主要反映的是测验内部题目之间的关系，考查测验的各题目是否测量了相同的内容或特质。内部一致性信度又分为分半信度和同质性信度。

1）分半信度

分半信度系数是通过将测验分成两半，然后分别计算这两部分测验之间的相关性而获得的信度系数。一般采用奇偶分半的方法，即将测验按奇数题和偶数题分成两半，并分别计算每位应试者在这两部分测验上的得分，再求出这两个分数的相关系数。这个相关系数代表了两部分测验内容取样的一致性程度，因此也称为内部一致性信度系数。

计算分半信度系数可以采用常用的积差相关方法。但是，这种相关系数实际上只是半个测验的相关系数，如100道题的测验，两半的分数实际上是从50道题中得到的，而在重测信度和复本信度中，分数是从所有100道题中得到的。在其他条件相同的情况下，测验越长，信度系数越高，而分半测验经常会低估信度，因此必须进行修正。常用的修正方法是斯皮尔曼–布朗公式（条件是分半的两部分测验的方差相等）

$$r_{xx} = \frac{2r_{hh}}{1 + r_{hh}}$$

式中，r_{hh} 是分半测验的相关系数；r_{xx} 是估计或修正后的信度。

2）同质性信度

同质性是指所有测验题目测量的只是单一的特质或内容，表现为所有测验题目得分的一致性。例如，"3+4=？"和"4+5=？"这两个加法题是高度同质的，而"8+13=？"就与上面的题目有些不同质，因为后面涉及进位加法。

同质性是保证测验只测量单一特质的必要条件。如果同质性差，则测验中可能混合了不同的内容，其结果就无从判断究竟反映了应试者的什么特征。例如，在考查管理技能时，预测与决策、监督与控制等都是不太容易区分的，因此对题目的设计要求相当高，否则就会把不同技能混合起来，导致结论错误和用人失误。

同质性信度是指测验内部的题目在多大程度上考查了同一内容。同质性信度低时，即使各测验题目看起来似乎是测量同一特质的，但实际上测验是异质的，即测验测量了不止一种特质。例如，在测量小学数学工程类应用题时，题干表述过长且难以理解，这样一个看似测量数学应用题解决能力的测验，实际上还测量了语言理解能力，而那些语言理解能力差的人根本不可能答对试题。

4. 评价者信度

在有些测量情形中，评价者的评判也是误差的来源之一，如投射测验、无领导小组讨论、评价中心技术等，都依赖于评价者的判断。这种判断的主观性往往会造成不同评价者的评分不一致，因此有必要考虑评价者信度。

评价者信度是指不同评价者对同样对象进行评判时的一致性。最简单的估计方法就是随机抽取若干份答卷，由两个独立的评价者打分，再求每份答卷两个评判分数的相关系数。如果评价者在 3 人以上，而且又采用等级记分时，就需要采用肯德尔和谐系数来求评价者信度，其公式为

$$W = \frac{S}{\frac{1}{12}K^2(N^3 - N)}$$

式中，K 为评价者的人数；N 为应试者的人数或答卷数；$S = \sum_{i=1}^{N} R_i^2 - \frac{1}{N}(\sum_{i=1}^{N} R_i)^2$，$R_i$ 为每位应试者的被评等级。

如果有 4 位评价者对 6 份答卷进行了评分，则所评等级如表 2-3 所示。

表 2-3 等级结果

评价者	答卷编号					
	一	二	三	四	五	六
甲	4	3	1	2	5	6
乙	5	3	2	1	4	6
丙	4	1	2	3	5	6
丁	6	4	1	2	3	5
R_i	19	11	6	8	17	23

可求得：

$$\sum R_i = 19+11+6+8+17+23=84$$

$$\sum R_i^2 = 19^2+11^2+6^2+8^2+17^2+23^2=1400$$

$$S = 1400-84^2 \div 6 = 224$$

$$W = \frac{224}{\frac{1}{12} \times 4^2 \times (6^3 - 6)} = 0.80$$

最后，我们将各信度系数类型相应的误差方差来源进行列表（见表 2-4）比较。

表2-4　各信度系数类型相应的误差方差来源

信度系数类型	误差方差来源	信度系数类型	误差方差来源
重测信度	时间取样	分半信度	内容取样
复本信度（连续施测）	内容取样	同质性信度	内容的异质性
复本信度（间隔施测）	时间和内容取样	评价者信度	评价者差异

一般情况下，间隔施测的复本信度系数最低；修正后的分半信度系数最高。

2.2.4　影响信度的因素

测验的信度会受到各种因素的影响，因此在解释信度时要充分考虑这些因素，在测验实施过程中要力图避免这些因素的影响。总体来说，对测验的信度造成影响的因素主要有样本团体的性质、测验的长度、测验的难度。

1. 样本团体的性质

样本团体的性质对信度的影响主要有以下3个方面。

1）样本团体的分数分布

任何以相关系数表示的信度系数都会受样本团体分数分布的影响。样本团体分数分布越广，信度系数就会越高；样本团体分数分布越窄，信度系数就会越低。

2）样本团体的异质性

信度系数还受到样本团体异质性的影响。一般来说，样本团体的异质性越大，信度系数就相对越高。例如，我们用一项数学测验来测试A、B两组应试者，A组应试者较为同质（某校数学实验班的学生），分数分布为70～90分；B组应试者较为异质（多个学校的各类学生），分数分布为20～90分。显然，由于B组应试者的分数分布比A组要广得多，所以，采用B组应试者作为样本团体得到的信度要比采用A组应试者作为样本团体得到的信度高。

3）不同团体间能力水平的差异

施测的团体的平均能力水平的不同也会对信度产生影响。例如，在斯坦福-比奈量表中，不同年龄段的团体的信度从0.83到0.98不等。因为对于年幼的团体，他们的平均能力水平低，他们的分数基本上是凭猜测获得的，其靠猜测的测验结果总是不会很稳定的，所以信度值较低。这种情况导致的信度偏差，很难用一般的统计公式来校正，只能通过对各年龄段及能力水平的团体进行检验来确定。

2. 测验的长度

信度还会受到测验长度（题目的多少）的影响。一般来说，测验越长，信度值越高。一方面，测验越长，题目取样或内容取样就越充分，结果就越可靠。举个极端的例子来说，如果英语词汇量的测试只包含一道题，仅依据应试者对一个单词的记忆来确定其词汇量，其结果肯定是不可靠的。另一方面，较长的测验也不容易受到猜测的影响。

需要指出的是，在增加测验长度时要注意：只有增加的题目和原题目在性质上相同时，才能达到提高信度的效果。

3．测验的难度

测验的难度也会对信度产生影响。如果一个测验的难度太低，测验分数会非常集中并聚在高分端，即出现天花板效应；如果一个测验的难度太高，测验分数也会非常集中并聚在低分端，即出现地板效应。所以，测试难度太低或太高都会使测量分数分布太窄，导致信度降低。

只有当测验的难度水平能够使测验分数分布范围最大时，测验的信度才会比较理想。一般来说，当所有应试者的平均分为测验总分的一半（50%），并且分数从零到满分均匀分布时，测量的信度最高。由此可知，测验的长度和难度会共同起作用，所以如果只增加测验的长度，但没有控制测验的难度，使测验分数不能充分散开，那么增加测验长度也是徒劳的。

2.3　人才测评的效度

效度是衡量测量工具质量的另一个重要指标，效度的作用比信度的作用更为重要。如果一个测量工具的效度很低，无论它的信度有多高，这个测量工具都没有应用价值。

2.3.1　效度的概念

效度是一种测量工具测到所要测量的东西的程度，其可以反映测量的准确性。在物理测量中，尺子测量的总是长度，磅秤测量的总是重量，但是在人才测评中，有时会发生用"尺子"测量"重量"、"磅秤"测量"长度"的现象，这种测量就缺乏效度。另外，就算测量的特质没有问题，但结果也未必准确。例如，一台磅秤，由于长期使用，弹簧已经变形，一个20kg重的人站上去，显示的却是55kg，一天称10次，显示的都是55kg，测量的"信度"足够好，但准确度并不高，也就是说效度并不理想。影响测量效度的因素很多，主要包括对测量要素的界定是否清晰、试题是否能考查应试者的相关素质、评价者是否准确把握了要素的内涵及其操作定义等。

从测量理论的角度讲，效度可以定义为与测量目标有关的真实方差与总方差的比率。真实方差是由所要测量的目标变量产生的方差。效度的定义用公式表示为

$$r_{xy} = \frac{S_v{}^2}{S_x{}^2} \tag{2-1}$$

式中，r_{xy} 为效度；$S_v{}^2$ 为真实方差；$S_x{}^2$ 为总方差。

效度的定义也可以通过真分数的概念和方差分析方法来加以说明。我们知道，一组测验分数的总方差等于真实方差与误差方差之和：

$$S_x{}^2 = S_r{}^2 + S_E{}^2 \tag{2-2}$$

真实方差还可以分为有关方差（由应试者的变化引起的变化）和无关但稳定的方差（与应试者无关但由于量具的原因而有规律地存在的度量值的变化）两部分。无关但稳定的方差就是所谓系统误差带来的方差：

$$S_r{}^2 = S_v{}^2 + S_l{}^2 \tag{2-3}$$

式中，$S_v{}^2$ 代表有关方差；$S_l{}^2$ 代表无关但稳定的方差。将式（2-3）代入式（2-2），可得

$$S_x^2 = S_v^2 + S_I^2 + S_E^2$$

因此，一组测验分数之间的方差是由有关方差、无关但稳定的方差和测量误差的方差 3 部分决定的。也就是说，造成测验分数变化的原因的三大来源：测量对象本身的变化、量具的精度造成的系统误差、量具使用中造成的随机误差。

信度是效度的必要条件，但并不充分，效度要进一步解释经验水平的指标与理论概念的联系。因此可以把效度大体上分为两大类：一类是经验效度，这是比较普遍的一类，它的主要表征为一些可观测变量之间的关联程度，因此，这类效度通过分析两个或两个以上变量之间的关系，可以用一些观测变量预测另外一些观测变量；另一类是理论效度，它主要表征观测变量与理论概念之间的关系，这些理论概念往往是潜在变量，不可直接观测。

2.3.2　各种人才测评技术的效度比较

大量人事选拔的有效性研究表明，在人事选拔中，各种人才测评技术的效度是不一样的。墨菲（Murphy，1997）发现不同的预测源适合预测不同的效标，如能力适合预测个体任务绩效和有关技术熟练性方面的绩效；责任心适合预测组织公民行为；人格适合预测工作动机、团队合作、人际有效性等。

施密特和亨特（Hunter，1998）对 17 种人才测评技术的效度进行了分析，当选用总体工作绩效评定（一般是上级评定）作为效标时，这 17 种人才测评技术的预测效度从高（认知能力和正直测验的结合效度为 0.65）到低（兴趣测验效度为 0.10）存在不同的分布。在效度校正的研究方面，Eran 发现高效度的人才测评技术包括结构化面试和认知能力测验，它们的平均校正效度超过 0.45；中等效度的人才测评技术包括传记资料、非结构化面试、人格测验和正直测验，它们的平均校正效度在 0.25 ~ 0.45；低效度的人才测评技术包括五大人格测验，它们的平均校正效度在 0 ~ 0.25，其中效度由低到高依次为开放性、愉悦性、外倾性、情绪稳定性和责任心。

1986 年至 1998 年，M.Smith 在英国曼彻斯特理工大学对常见的人才测评技术的效度问题进行研究后公布了研究结果（见图 2-2）。

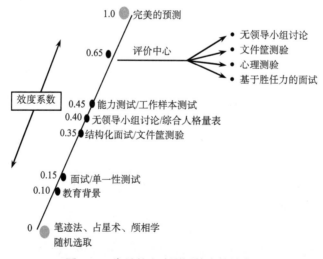

图 2-2　常见的人才测评技术的效度比较

根据两个比较有影响的元分析结果，各种人才测评技术的效度如表 2-5 和表 2-6 所示。效度是预测结果与实际工作绩效的相关系数。

表 2-5　各种人才测评技术的效度比较（一）

人才测评技术	效度	人才测评技术	效度
评价中心	0.31 ~ 0.63	个人履历资料法	0.24 ~ 0.37
工作取样	0.31 ~ 0.54	个性测验	0.15 ~ 0.22
能力测验	0.25 ~ 0.53	申请表	0.14 ~ 0.26
行为性面试	0.25 ~ 0.40	非行为性面试	0.11 ~ 0.23

表 2-6　各种人才测评技术的效度比较（二）

人才测评技术	效度	人才测评技术	效度
评价中心——提升	0.68	个性测验	0.38
结构化面试	0.62	非结构化面试	0.31
工作取样	0.55	申请表	0.13
能力测验	0.54	占星术	0.00
评价中心——绩效	0.41	笔迹法	0.00
个人履历资料法	0.40		

尽管表 2-5 和表 2-6 不完全相同，但总体上是一致的。各种人才测评技术效度的高低与其应用的普遍性并没有必然的联系，也就是说，效度高的人才测评技术并不一定用得最多，如评价中心的效度最高，但其应用却不是最普遍的，而申请表的效度比较低，但其应用却非常广泛。不过这种状况正在发生转变，在人事选拔中，评价中心和心理测验的使用越来越多，就英国来说，1971 年仅有 11% 的组织使用评价中心技术（Kingston）；到 1986 年，这个比例增加到了 21.4%（Robert & Makin）；而到了 20 世纪 90 年代，有 58.9% 的组织在人事选拔的某个阶段使用了评价中心技术（Shackleton & Newell，1991）。当然，这并不是说申请表之类的方法正逐渐被评价中心等人才测评技术所代替，而是随着科技的发展，人才测评技术也正在传统方法的基础上不断地充实、完善，更全面深入地对候选人进行观察和了解，从而使选拔的准确性日益提高。

2.3.3　如何评估效度

随着效度概念的发展，效度评估理念也在发生着变化。早期的效度概念关注的是两个变量之间的相关，随后关注重点转向效度的多种类型，后来则注重考查测验的构想效度。当前，效度验证被看作一个持续不断的动态过程，在这个过程中，运用各种技术不断地评价、质疑和检查由测验分数进行推论和解释的有效性。根据传统效度评估方法的不同，效度可以分为内容效度、效标关联效度和构想效度 3 类。下面对这 3 类效度及其评估方法分别加以介绍。

1．内容效度

1）内容效度的定义

内容效度是检查测验内容是不是所要测量的行为领域的代表性取样的指标。在实际工作中，我们编制的测验不可能包含所要测量的行为领域的全部材料或情景，因此只能选择一个有代表性的样本，通过观察应试者对个别题目的反应，来推测他的总体行为表现。因此，取样的恰当性就是影响测量效果的一个重要因素。如果选择的题目偏重于某部分内容，或者过难或过易，就会使测验难以对目标行为或特点进行准确、全面的测量。

2）内容效度的评估方法

内容效度的确定一般没有可用的数量化指标，只能靠推理和判断来进行评估。较好的内容效度的测验依赖于两个条件：

（1）测验内容的范围明确。

（2）测验内容的取样有代表性。

因此，要保证良好的内容效度，应该从开始编制测验时就谨慎地选择合适的测验题目。

内容效度的评估方法通常是由专家根据测验题目和假设的测验内容范围进行系统的比较和判断的。如果专家认为测验题目恰当地代表了所测内容，则测验具有内容效度。这种评估方法的主要问题：缺乏一种数量化指标来描述内容效度的高低；不同专家的判断可能不一致；如果测验内容的范围缺乏明确性，会使效度的判断十分困难。

为了使内容效度的评估过程更为客观，可以依次采用如下步骤。

（1）确定总体范围，即描述相关的知识与技能及所用材料的来源。

（2）编制双向细目表，确定内容和技能各自所占的比例，并由测验编制者确定各题目所测的是何种内容与技能。

（3）制定评定量表来测量测验的整个效度及其他特点，如测验包括的内容、技能、材料的重要程度、题目对内容的适用性等，由每位评价者在评定量表上做出判断，总结获得测验内容效度的证据。

3）内容效度的应用

内容效度比较适合评估教育和职业成就测验。在这种测验中，通过对内容效度的评价可以回答两个问题：一是该测验是不是考查某种技能和知识的代表性样本；二是该测验的成绩是否不受无关因素的影响。其中，内容效度对效标参照测验尤为重要，因为在效标参照测验中，应试者的表现往往通过测验内容来解释。效标参照测验应用的基本条件是具备足够的内容效度。

内容效度也适合评估某些用于选拔和分类的人事测验。在这种测验中，测验内容是实际工作的一个样本，应包含实际工作需要的技能和知识。在这种情况下，应该通过内容效度的分析来确定测验是否测量了实际工作中需要的知识和技能。

内容效度的评估一般不适合能力倾向和人格测验。能力倾向和人格测验不太要求测验题目与所取样本的行为领域的内在相似性，其测验题目的选择更多地受某种假设的指导，这种假设的正确与否由测验的其他效度形式来确定。此外，能力倾向和人格测验与成就测验不同，前者不是建立在某种教学课程或工作知识与技能的基础上的。在对相同测验题目做出反应时，每位应试者使用的方法和心理过程是不同的，同一测验对不同的应试者来说，测量的是不同的心理过程。在这种情况下，不可能由检查测验的内容来确定测验测量的功能。

2. 效标关联效度

效标关联效度也称效标效度，它反映的是测验分数与外在标准（效标）的相关程度，即测验分数对个体的效标行为表现进行预测的有效性程度。

效标是考查测验效用的外在参照标准。例如，一个机械能力倾向测验，其效标可以是某人成为机械师后的工作表现；对于一个管理能力测验而言，其效标可以是某人将来管理工作的绩效。效标效度往往用于预测性测验，在这种测验中，根据测验分数做出的预测一般用于甄选决策。所以，只有当测验分数确实能够预测所需研究的行为表现时，这种决策才可能是正确的。

效标效度主要考查测验分数与效标的关系。因此，效标效度也可以定义为测验分数与效标的相关程度。效标材料可以在与测验开始实施时间大致相同的时间获得，也可以在测验实施很长时间后获得。根据效标材料的收集时间不同，可以将效标效度进一步分为预测效度和同时效度。

1）预测效度和同时效度

预测效度的效标材料往往是测验结束后隔一段时间才获得的，它反映的是测验分数对任一时间间隔后应试者行为表现的预测程度。预测效度适用于对人员进行选拔、分类和安置的人事测验，这些测验需要对应试者未来的工作绩效进行可靠的预测。

通常用追踪法来评估预测效度，具体可通过长期观察、积累材料，以衡量测验结果对应试者未来表现的预测能力。例如，可以对应试者进行长期观察，获得他们隔一段时间后的工作绩效的情况，然后看测验分数是否正确预测了他们的工作绩效。

同时效度的效标材料可以和测验分数同时收集。有时，同时效度可以替代预测效度，因为当测验施测于已存在有效效标材料的团体中时，就不必经过一段时间后再进行比较。例如，大学生的测验成绩可以与其在学校的功课成绩直接比较，选拔测验的得分也可以与应试者在现在工作中的绩效进行比较。因为同时效度的评估不需要长期追踪，所以应用更为普遍。

同时效度和预测效度的差异的根源不是收集效标的时间，而在于测验目的的不同。前者多用于诊断现在的状态，后者多预测未来的结果。这种差异可以用两种不同的询问方式来说明：

（1）"某人成功了吗？""某人患病了吗？"

（2）"某人会成功吗？""某人会患病吗？"

第一类问题属于具有同时效度性质的测验要求回答的问题；第二类问题属于具有预测效度性质的测验要求回答的问题，针对的是未来会发生的情形。

2）效标和效标测量

效标是衡量测验有效性的参照标准，是一种可以直接、独立测量的行为。换句话说，要测量效标，就必须把效标行为转化为某种可以操作的测量指标，以便进行比较。这种可操作的测量指标就称为效标测量。因此，从效标的概念来看，其可以细分为观念效标（效标的实质概念内容）和效标测量（效标的具体测量方法）。例如，对于用于筛选销售人员销售技巧的测验而言，其观念效标是"销售工作的成功"，而效标测量往往用"年销售量"来表示。

效标测量要求能真正反映效度，即它们的相关要高。例如，技术水平可以作为某种机械能力倾向或职业选拔测验的观念效标。如果产品主要由个人的技术水平决定，而与工作环境和个人的其他因素无关，那么产品数量可以作为技术水平的效标测量。另外，效标测量还必须具有较高的信度。

效标测量的一个重要特性是客观性。首先，避免偏见的影响，尤其当效标测量是等级评定时，可能会受评价者印象或成见的影响。其次，应防止效标污染。效标污染是指由于评价者知道测验分数而影响个人的效标成绩的情形。为避免效标受到污染，应该注意不让评价者看到测验分数，等效标评定材料收集完毕后再公布分数。这样可以保证效标测量结果与测验分数的独立性。例如，一方面要评价管理者的管理技能，另一方面要评价管理者的管理业绩以作为效标，但在效标评价时，由于评价者知道管理者的管理技能评分，因此影响其对管理者业绩的评价。所以，最好将这两种评价分开操作。

3）常用的效标

由于每个测验的用途不同，因此会有不同的效标。常用的效标有以下几种。

（1）学术成就。这种指标常作为智力测验的效标，其逻辑假设是智力高（以高 IQ 分数为标志）的人，其学术成就也应当越大。常见的效标还有在校成绩、学历、标准成就测验分数、教师对学生智力的评定、工作中的研究成果、有关的奖励和荣誉等。这些指标属于对学术能力倾向测量的精确描述，因此，也可以作为某些多重能力倾向测验和人格测验的效标。

（2）特殊训练成绩。能力倾向测验常用的效标是应试者在将来某种特殊训练中取得的成绩。例如，机械能力倾向测验的效标可以是在工厂的技术培训中的成绩。以特殊训练成绩作为效标，其测量值往往采用完成训练后的某种成就测验的成绩、正式安排工作的等级、指导教师的评定等指标。多重能力倾向测验常采用学校中类似课程的成绩作为效标的测量值。例如，言语智商以语文成绩作为比较标准，空间视觉能力以地理成绩作为比较标准。

（3）实际工作表现。在许多情况下，比较令人满意的效标是实际工作表现，这种效标可用于起选拔作用的一般智力测验、人格测验及能力倾向测验等。

（4）团体对比。采用团体对比法确定测验有效性的方法：用两个在效标表现上有差别的团体，比较他们在预测源分数上的差别。例如，一个音乐能力倾向测验的效度，可以由比较音乐学院学生的分数与一般大学生的分数而获得；一个机械能力倾向测验的效度可以由比较机械学院学生的分数与一般大学生的分数而获得。这种对比团体几乎可以在任何效标的基础上进行选择，如学校成绩、评定或工作表现，也可以使用现行的类别（如不同的级别、岗位、部门之间的对比）。团体对比法在人格测验中很常用，如社交特质测验的效度可以比较推销员或行政官员的测验成绩和工程技术人员的成绩之间的差别。各种职业团体的比较常可作为兴趣测验的效标，而有些态度量表也常通过不同政治、宗教、地理的团体对比来确定效度。

（5）等级评定。等级评定往往由应试者的老师、同学、上级、同事等观察者进行。这种评定不局限于对应试者某种成就（如工作绩效）的评定，可以包括观察者根据测验所要测量的心理特质在应试者身上的表现而做出的一种个人判断。例如，对应试者的支配性、领导能力、诚实性、独创性或智力等进行评定。等级评定可以作为任何测验的效标，尤其适合人格测验，因为人格测验的客观效标很难找到。虽然这种评定是主观的，但只要在严格控制的条件下，它仍不失为效标材料的有效来源。

（6）先前有效的测验。一个新测验和先前有效的测验的相关经常作为效度的证据，这种效度叫作相容效度。当新测验只是现有有效测验的简式时，现有有效测验的成绩完全可以作为一种效标。同样，纸笔测验可用效度已知的操作测验成绩作为效标；团体测验可用个体测验作为效标。必须指出，只有当新测验比先前有效的测验更简单、更省时、更经济时，才能用先前公认的有效测验作为效标。

3．构想效度

测验的构想效度是指测验能够测量到理论上的构想或特质的程度。构想通常指一些抽象的、假设性的概念或特质，如智力、创造力、言语流畅性、焦虑等。这些构想往往无法直接观察，但是每个构想都有其心理上的理论基础和客观现实性，都可以通过各种可观察的材料加以确定。例如，言语流畅性可以通过语速、语句间的逻辑性、口误的次数等可观察的指标进行确定。构想效度关注的问题：测验是否能正确反映理论构想的特性。例如，一项言语流畅性测验测量的是不是真正的言语流畅性，是否对言语流畅性的理论概念中包含的所有特点（如语速、语句间的逻辑性、口误的次数等）进行了测量。

1）确定构想效度的步骤

一般而言，确定一个测验的构想效度包括以下 3 个基本步骤。

（1）建立理论框架，以解释应试者在测验上的表现。

（2）依据理论框架，推演出各种与测验成绩有关的假设。

（3）以逻辑和实证的方法来验证假设，根据某些累积材料决定某种理论是否能恰当地解释现有材料。如果不能做出恰当的解释，则应该修正上述假设，直到能做出恰当的解释为止。

构想效度的确定过程可以用一个简单的例子来说明。例如，某人对创造力这个构想感兴趣，他假设那些具有创造力的个体与那些不具有创造力的个体有某些不同，因此可以建立一个理论（或理论体系）来说明那些有创造力的个体（或具有创造力构想的个体）的行为与其他人不同，从而使人们能够通过观察个体的行为和根据某种理论分类来辨别具有创造力的个体。如果希望编制一个测验来测量创造力，那么这个创造力测验必须具有构想效度，即测验分数与根据创造力的心理学理论观察应试者行为做出的判断相关。如果这种关系不成立，则该创造力测验缺乏构想效度的支持；如果关系不太大，可能有多种原因，如测验可能没有真正测量创造力，或者关于创造力的理论是错误的。如果测验分数与根据创造力的心理学理论观察应试者行为做出的判断相关很高，则表明测验具有构想效度。

由此可见，构想效度不是通过简单的逻辑分析或统计分析来确定的，而是通过从各种来源中逐渐累积资料来确定的。

2）常用的确定构想效度的指标

确定构想效度的一般方法可以分为以下几种。

（1）测验内部的方法，如采用测验内容效度、内部一致性等指标。

（2）测验间的方法，如采用相容效度、因素分析、会聚效度和区分效度等指标。

（3）效标效度的研究方法，如采用发展变化等指标。

（4）实验和观察方法，检验是否有构想效度。

常用的确定构想效度的指标如下。

（1）发展变化。智力测验中最常用的标准是年龄差异，通常是通过考查实际年龄来观察测验分数是否逐年增加。在儿童期，一般认为人的能力是逐年增强的，因此如果测验有效，则测验分数应该反映这种变化。所以，在验证智力测验的构想效度时，可以检查不同发展水平的儿童的表现。在工作中，人们的经验会随时间的推移而积累，所以如果要考查某项技能的效标，可以假定该技能在一定时间范围内是随从事该项工作的年限的增加而增加的。工龄增加，经验更丰富，技能增加，对组织的贡献也就增大，报酬自然也应该多。这个假定实际上也是年资工薪的理论基础之一。当然，这个假定并不是对所有的人在所有的时间段内都成立的，需要加以考查验证。

（2）与其他测验的相关。测量相同特质或构想的测验，彼此之间应该有高相关。因此，一个新测验与相似的旧测验之间的相关，可以作为衡量新测验测量相同行为的程度的标准。这种新旧测验的相关系数又称为相容效度。与效标效度不同，这类相关虽然较高，但不是特别高。如果一个新测验与现有的有效测验的相关很高，而且不是更简便或易于实施的，那么没有必要编制这个测验。与其他测验的相关还有另一种用途，就是表示新测验是否受到某些无关因素的影响。一般来说，测量不同特质或构想的测验之间的相关很低，因此一个能力倾向测验不应该和人格测验有高相关，学术能力测验不应该与管理技能测验有太高相关。

（3）因素分析。因素分析是确定心理特征的一种统计方法，比较适合用于构想效度的研究。通过因素分析可以找出测验中包含的特质。卡特尔就是通过因素分析的方法从一系列特质中归纳出 16 种共同特质，最终按照这 16 种特质构造成 16 因素人格测验的。

采用因素分析的方法对材料的构想效度进行分析：首先对测验的所有项目进行因素分析统计，抽取出能够解释测验结果的大部分变异的共同因子，这些共同因子可以用来对测验的组成进行描述，然后比较由这些共同因子描述的测验组成是否与测量目标（某种特质或能力）的理论构想一致。

（4）内部一致性。有些测验，尤其是人格测验，多以内部一致性作为构想效度的指标，这是因为如果测验的所有题目被验证为具有很高的内部一致性，则说明它们都是关于同一内容的，符合同一种构想。一般来说，这种方法常以测验的总分为标准，有时也用获得不同总分的应试者的差异为标准。用来考查内部一致性的方法主要有以下 3 种。

- 考查总分较高和较低的两类人在各题目上的通过率大小，比较每道题目上总分最高的 27% 的应试者与总分最低的 27% 的应试者，如果前者在该题上的通过率显著大于后者（一般要求在 30%～40%），则认为题目是有效的，否则应淘汰或修改。
- 计算题目与总分的相关，如未达到显著水准，则应淘汰；采用以上两种方法选择题目，其结果的内部一致性必然较高。
- 求分测验与总分的相关。例如，许多智力测验大多包括多个分测验（如词汇、算术、推理等）。在编制这种测验时，常要求各分测验与总分有显著相关，如果这一相关未达到显著水平，则应删除。

（5）会聚效度和区分效度。坎贝尔指出，要确定一个测验的构想效度，则该测验不仅应与测量相同特质或构想等理论上有关的变量有高相关，而且应与测量不同特质或构想等理论上无关的变量有低相关，前者称为会聚效度，后者称为区分效度。这就是坎贝尔和菲斯克（D.W.Fiske）在 1959 年提出的构想效度的一种考验方法。例如，一个数学推理能力测验与数学课成绩的相关就是会聚效度，而该测验与阅读理解能力测验的相关很低，则该相关就是区分效度。因为在测验设计时，已将阅读理解能力作为数学推理能力的无关因素来考虑了。区分效度特别适合人格测验，因为人格测验比较容易受到各种无关变量的影响。

2.3.4　影响效度的因素

影响效度的因素有很多，包括测验、样本团体、效标、信度等。前面已经介绍了信度对效度的影响，现将前 3 种影响因素分别加以说明。

1. 测验

凡是能造成测验结果误差的因素都会影响测验的效度。一个测验的效度高低，很大程度上取决于该测验受无关因素影响的程度。受无关因素影响越小，则效度越高。由测验带来的影响因素有以下几点。

1）测验题目的质量

测验题目的指导语不明确、题目的表达不清晰、题目太难或太容易、题目中出现额外的线索、诱答设计不合理、题目过少、题目的安排和组织不恰当、题目不符合测验目的等，都会使测验的效度降低。

2）实施测验时的干扰因素

实施测验的环境太差、应试者不遵从指导语、记分错误等，都会使测验的效度降低。对于效标效度，效标获取的时间与测验的时间相隔越长，测验结果与效标的关系受无关因素的影响就越大，所求得的效度必定越低。显然，这些因素使得测验分数反映的不单是测验内容，而且有无关因素的干扰。

细心的读者会注意到，这些因素同样也会影响信度，因为它们会使测验结果波动不定。

3）应试者的影响因素

应试者的反应定势、测验动机、情绪和身心状态都会对测验结果造成影响，所以这些也会影响测验效度。

4）测验的长度

一般来说，增加测验的长度通常可以提高测验的信度，而效度系数能否达到最大值也受信度的影响，因此，增加测验的长度往往也能提高测验的效度。不过，效度增加的前提是这些增加的测验题目必须与测验的目标相关。

测验的长度对效度的影响可以用公式来表示：

$$r_{(nx)y} = \frac{nr_{xy}}{\sqrt{n(1 - r_{xx} + nr_{xx})}} \tag{2-4}$$

式中，$r_{(nx)y}$ 是测验的长度增长到原来的 n 倍后，测验（X）与效标（Y）的相关系数（增长后的效度系数）；n 为测验的长度增长的倍数；r_{xy} 为原测验的效度系数，r_{xx} 为原测验的信度系数。根据公式可以推知，要达到满意的效度水平，测验的长度需要增加几倍。

2. 样本团体

效度往往是通过对样本团体的测验分数进行各种分析而得到的，所以样本团体的性质也会对测验的效度产生影响。这种影响体现在以下 3 个方面。

（1）同一个测验对不同的团体测量的功能可能是不同的。例如，同一个算术测验，对于能力较差的应试者可能测量的是数学推理能力，但对于能力较强的应试者，可能测量的只不过是对以前所学内容的回忆能力和计算能力。在评价效度时，我们要力求使样本团体的性质与所要测量的团体的性质尽量相似，这样求得的测验效度才会较高。

（2）对于同一个测验，样本团体的性质不同，效度也会有较大的差别。样本团体的性质包括年龄、性别、教育水平、智力水平、动机水平、职业等有关特性。同一个测验对不同性质的团体可能有不同的预测能力，因此我们将这些对测验的效度产生影响的因素称为干涉变量。例如，对出租车司机实施能力倾向测验后发现，测验成绩与司机的工作成绩的相关仅为 0.20，这是相当低的预测效度，但是当把对开车有兴趣的司机抽取出来单独计算效度时，却发现效度为 0.60。这说明该测验虽然对所有司机的工作成绩没有预测能力，但对于"有工作兴趣的司机"这一亚团体却有较好的绩效预测能力。在这个例子中，兴趣就是一个干涉变量。

在进行效度分析时，必须将影响效度大小的干涉变量找出来。美国测量学家吉谢利（E.E.Chiselli）提出了一种确定干涉变量的方法，其步骤如下。

- 用回归方程求得团体的预测效标分数，将其与实际效标分数相比较，可以得到差数 D，如果 D 的绝对值很大，说明测验中可能存在干涉变量。
- 根据样本团体的构成选择不同的对照组进行分析，分别计算效度，从而找出干涉变量。
- 根据干涉变量将想要测量的团体分为高预测性和低预测性两个亚团体，高预测性团体获得的测验的效度较高。

（3）样本团体的异质性对效度也会有影响。用相关系数表示的效度系数会受到样本团体分数分布的影响。如果其他条件相同，那么样本团体越同质，效度越低；反之，效度越高。

3. 效标

在采用效标效度时，效标的性质会影响测验效度的高低。一般来说，如果其他条件相同，测量的行为或心理特质与效标行为或特质越相似，效度值就越高。例如，假设我们要进行一项管理能力测验，现在要为这个测验选定效标。也许有人会考虑采用以下效标来源：学历、升入现任职位的速度（年限）、近三年管理工作的业绩、同行的评价、上司的评价等。显然，这些效标与测验内容的同质性并不高，将测验分数与它们求相关时，得到的效度值的大小也就不同。

另外，效标与测验分数之间是否线性相关也是皮尔逊积差相关的重要影响因素。因为，皮尔逊积差相关的前提条件是，两个变量的关系是线性相关的。如果测验分数与效标之间的关系是非线性相关的，采用皮尔逊积差相关将会低估相关的程度，造成效度偏低。

第 3 章

岗位胜任特征模型

近几十年来，如何建立更加有效的人力资源管理系统，寻求有效的人力资源管理的切入点和企业管理模式，一直是各国企业界普遍关注的热点和难点。企业实施人力资源管理的一个基础条件就是了解企业对人力资源素质的要求，建立基于企业战略发展需求的岗位胜任特征模型。一个先进的岗位胜任特征模型能够作为组织从事员工培训、改善员工绩效水平、在招聘中定义能力及其他人力资源管理的基础。

本章导航

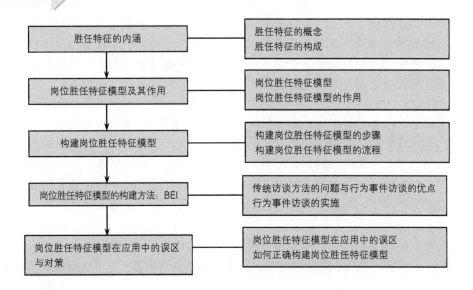

胜任特征的内涵	胜任特征的概念 胜任特征的构成
岗位胜任特征模型及其作用	岗位胜任特征模型 岗位胜任特征模型的作用
构建岗位胜任特征模型	构建岗位胜任特征模型的步骤 构建岗位胜任特征模型的流程
岗位胜任特征模型的构建方法：BEI	传统访谈方法的问题与行为事件访谈的优点 行为事件访谈的实施
岗位胜任特征模型在应用中的误区与对策	岗位胜任特征模型在应用中的误区 如何正确构建岗位胜任特征模型

3.1 胜任特征的内涵

3.1.1 胜任特征的概念

DHL 注重岗位胜任特征模型的构建

中外运敦豪国际航空快件有限公司（DHL）为了选拔优秀且适合本公司企业文化的人才，采用了一些先进的管理理念和人员甄选技术。其中，基于胜任力的人员选拔方案是一种主要的选拔方式，力求做到人职匹配。

首先，DHL 根据自身的企业文化和业务发展，建立了符合公司特点的岗位胜任特征模型。在建模时，DHL 分两步进行：第一步，以岗位说明书和著名咨询公司合益集团为其量身定制的职位评估系统为主要依据，参考原有胜任素质，归纳总结岗位关键胜任要素，形成岗位胜任特征模型框架；第二步，通过管理访谈、管理层研讨，对模型框架进行有针对性的调整和修正，并细化胜任特质的典型行为，在初步形成的岗位胜任特征模型的基础上，形成评估要素列表，然后制定评估框架并选择、组合评估方法，从而建立起完整的岗位胜任特征模型。

其次，根据岗位胜任特征模型评估各岗位应该具备的能力。通过外部专家、内部管理人员及被评价岗位的直接上司、在岗人员及其下属共同对该岗位所需的胜任力水平做出评估，同时，参考同类组织对相应岗位的要求，建立 DHL 所有岗位的胜任力标准。

再次，通过对公司管理的诊断和评估，建立发展评价中心，并用于选拔和招聘公司需要的员工。DHL 的发展评价中心包括心理测验、情景模拟（包括文件筐测验、无领导小组讨论、角色扮演、管理游戏、案例分析等）和专家面试（包括结构化面试、半结构化面试和非结构化面试）。

最后，根据建立的岗位胜任特征模型和发展评价中心对现有人员进行评估，力求达到人职匹配。DHL 应用已经建立的发展评价中心，对在关键岗位任职的人员进行素质评估，根据岗位胜任特征模型和参照标准，在胜任力的各个维度上进行比较，对达不到任职要求的人员进行调整和针对性的培训，从而保证组织调整的顺利完成，并建立自身独特的人才选拔系统，将岗位胜任力变成企业的核心竞争力之一。

胜任力这个概念最早是由哈佛大学教授麦克兰德（David McClelland）于 1973 年正式提出来的。胜任特征是指能将某一工作（或组织、文化）中表现优秀者与表现一般者区分开来的个人潜在的、深层次的特征，它可以是动机、特质、自我形象、态度或价值观、某领域的知识、认知或行为技能等任何可以被可靠测量或计算的，并且能显著区分优秀绩效和一般绩效的个体特征。岗位胜任特征模型是指担任某一特定任务的角色必须具备的胜任特征的总和。

从胜任特征的概念中，我们可以知道胜任力具有以下 3 个重要特征。

（1）胜任力与工作绩效有密切的关系，或者从某种角度来看，它可以预测员工的未来工作绩效。

（2）胜任力与员工所在工作岗位的要求紧密联系，也就是说它在很大程度上会受工作环境、工作条件及岗位特征的影响。在某一工作岗位上非常重要的知识技能，在另外一个工作岗位上可能会成为制约其发展的阻碍因素，所以，胜任力具有相对性。

（3）运用胜任力这一概念能够将组织中的绩效优秀者与绩效一般者加以区分。换句话说，优秀员工与一般员工在胜任力上会表现出显著的差异，组织可以将胜任力作为员工招聘、考评及提升的主要依据之一。

只有满足上述 3 个特征，员工才能被认为具有胜任力。由此不难看出，胜任力是有针对性的、动态的能力新概念，它有着非常强的岗位、职业特征。在一个组织中，不同的工作岗位要求员工具备的胜任力内容和水平是不同的；在不同组织和不同行业的相同或类似工作岗位上，员工的胜任特征也不尽相同。因此，组织需要根据人员-职位-组织三者相互匹配的原则，从组织的愿景、使命、目标和战略发展要求出发，对组织中不同工作岗位要求的胜任力做出全面细致的分析与描述。这样建立起来的岗位胜任特征模型才能够满足组织的需要。有的专家从更广泛的角度来定义胜任力，认为胜任力包括职业、行为和战略综合 3 个维度，职业维度是指处理具体的、日常任务的技能；行为维度是指处理非具体的、任意的任务的技能；战略综合维度是指结合组织情景的管理技能。

3.1.2 胜任特征的构成

根据现有的研究与实践，一般认为胜任特征主要包括以下几个方面。

（1）知识：个人在某一特定领域拥有的事务性与经验性信息，如对某类产品营销策略的了解等。

（2）技能：个人掌握和运用某种专门技术的能力，如商业策划能力等。

（3）社会角色：个人对于社会规范的认知与理解，如以企业领导的形象展现自己等。

（4）自我认知：个人对自己身份的知觉和评价，如将自己视为权威、参与者或执行者等，它表现出来的是个人态度、价值观与自我形象。

（5）特质：一个人的个性、心理特征对环境与各种信息表现出的一贯反应，如善于倾听、处事谨慎、做事持之以恒等。

（6）动机：推动个人为达到一定目标而采取行动的内驱力，如总想把自己的事情做好、总想控制或影响别人、总想让别人理解或接纳自己等。

上述胜任特征常用水中漂浮的一座冰山来描述。知识、技能属于表层的胜任特征，漂浮在水面上，很容易被发现；社会角色、自我认知、特质和动机属于深层的胜任特征，隐藏在水下，且越往下越难被发现。深层的胜任特征是决定人们行为表现的关键因素。下面以客户服务人员为例，说明胜任特征的构成。

客户服务人员的胜任特征如图 3-1 所示，其通常由浅及深包含以下几个方面。

（1）知识：对所从事的行业的服务信息或业务信息的学习、组织、理解和应用。

（2）技能：掌握和运用服务技术的能力和技巧，如电话沟通技能、信息处理技能等。

（3）社会角色：员工基于对社会规范和职业规范的认识，在他人面前表现出来的社会形象。例如，有些员工热爱集体、遵守纪律、富于同情心、为人正直诚实、乐于奉献，能够积极、主动、自信地帮助客户解决问题，努力兑现承诺；有些员工自由散漫、冷酷无情、自私自利，对集体漠不关心，被动、消极、冷漠地服务客户。

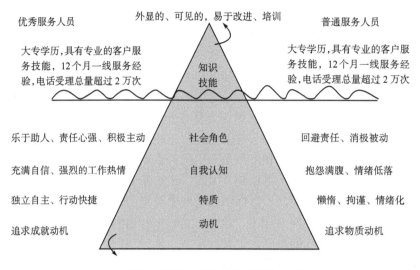

图 3-1　客户服务人员的胜任特征

（4）自我认知：对自己身份的认识或知觉。例如，有些员工自卑、羞怯、自暴自弃，认为自己的角色只是个接线员，把客户服务工作看作一个低声望职业；有些员工自信、大方、自尊自重，积极致力于成为客户的咨询专家、营销专员、业务顾问，认为客户服务工作可以实现自我价值，是个高声望职业。

（5）特质：个人人格特征及典型的行为方式。例如，有些员工热情奔放、当机立断、独立自主、善于交往、行动快捷、情绪稳定；有些员工做事拘谨、顾虑重重、交往面窄、疑虑困惑、不善言辞、主动性差、情绪易波动等。

（6）动机：激发、维持、调节并引导员工从事某种活动的内在心理过程或推动力量。例如，有些员工的工作动机是追求物质利益或社会地位；有些员工的工作动机是追求职业成功或实现自我价值等。

员工业绩的优劣是由深层的动机引发的。改变一个人很困难，如果员工自身没有改变的动机或不努力配合，改变特质几乎是不可能的，而且被改变的人也会很难受，往往事倍功半。因此，作为管理者，与其试图改变人，不如去做选拔人的工作。员工个体所具有的胜任特征有很多，但企业需要的不一定是员工所具有的胜任特征，企业会根据岗位的要求及组织环境，明确能够保证员工胜任该岗位的工作，确保其发挥最大潜能的胜任特征，并以此为标准对员工进行挑选。

3.2 岗位胜任特征模型及其作用

3.2.1 岗位胜任特征模型

1. 岗位胜任特征模型的结构

如前所述，岗位胜任特征模型是指担任某一特定任务的角色时必须具备的胜任特征的总和。由此可见，不同文化环境、不同行业、不同职位的岗位胜任特征模型是不同的。例如，营销人员除要具备行业相关的知识之外，还需要具备沟通能力、人际敏感性等胜任特征，具体内容需要通过后面谈到的胜任特征分析方法来获得。就营销人员来说，不同行业的要求也会有较大的差异。例如，对于某制药企业的新产品营销岗位来说，营销人员需要开拓新市场、经常往医院跑、耐心地向大夫说明药理、说服他们试用新药，以及向药品部负责人甚至医院院长说明新产品的特点……，所以，这个岗位很可能需要营销人员具备医学专业知识、有与医院打交道的经验、有韧性、能吃苦等；对于某卫生纸生产企业的营销岗位来说，关键的工作可能是维持与客户的长期关系，因为卫生纸是一种日用消费品，所以这个岗位很可能需要营销人员具有良好的言行举止、正直诚恳的品性、关注客户的需求并主动服务的意识等。由此可见，即使对于同类岗位来说，不同行业的同类岗位的任职要求也会有很大的差异。

岗位胜任特征模型的一般结构如图 3-2 所示。

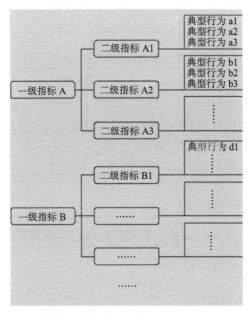

图 3-2　岗位胜任特征模型的一般结构

每个二级指标都有相应的关键行为指标（分不同层级）。假如图 3-2 中"二级指标 A1"的关键行为指标为"以服务为导向"，则胜任力的关键行为指标如表 3-1 所示。

表 3-1　胜任力的关键行为指标

胜任力名称	定义	关键行为指标
以服务为导向	预测、了解并满足客户需要；关注客户对服务的满意度，集中精力发现客户的需要并给予满足	0. 缺乏满足客户需求的愿望和态度 1. 与客户保持沟通，跟踪了解客户的问题、要求和不满 2. 对客户的问题做出快速的反应 3. 了解客户的潜在需求并为客户的利益发展提供建议

2．通用岗位胜任特征模型

在实践和应用中，职业的通用岗位胜任特征模型有五大类，它们分别针对专业技术人员（见表3-2）、企业家（见表3-3）、销售人员（见表3-4）、经理（见表3-5）和社区服务人员（见表3-6）。这五大类通用岗位胜任特征模型对企业进行的员工素质测评具有一定的参考价值。

表 3-2 专业技术人员的通用岗位胜任特征模型

权重	胜任特征
6	成就欲
5	影响力
4	分析性思维、主动性
3	自信、人际洞察力
2	信息寻找、技术专长、团队协作
1	客户服务意识

表 3-3 企业家的通用岗位胜任特征模型

权重	胜任特征
6	成就欲、主动性、捕捉机遇、坚持性、信息寻找、质量与信誉意识
5	系统性计划、分析性思维
4	自信、专业经验、自我教育
3	影响力
2	指挥能力
1	发展他人、公关能力

表 3-4 销售人员的通用岗位胜任特征模型

权重	胜任特征
10	影响力
5	成就欲、主动性
3	人际洞察力、客户服务意识、自信
2	公关能力、分析性思维、概念性思维、信息寻求、权限意识
1	相关技术或产品专业知识

表 3-5 经理的通用岗位胜任特征模型

权重	胜任特征
6	影响力、成就欲
4	团结协作、分析性思维、主动性
3	发展他人
2	自信、指挥能力、信息寻找、团队领导能力、概念性思维
1	权限意识、公关能力、技术专长

表 3-6　社区服务人员的通用岗位胜任特征模型

权重	胜任特征
5	影响力、发展他人
4	人际洞察力
3	自信、自我控制、个性魅力、组织承诺、技术专长、客户服务意识、团结协作、分析性思维
2	概念性思维、主动性、灵活性、指挥能力

3. 常用的胜任特征

经研究指出，能预测大部分行业工作成功的常用胜任特征有 20 个，可分为以下六大类。

（1）成就特征：成就欲、主动性、关注秩序和质量。

（2）助人/服务特征：人际洞察力、客户服务意识。

（3）影响特征：影响力、权限意识、公关能力。

（4）管理特征：指挥能力、团队协作、发展他人、团队领导。

（5）认知特征：技术专长、综合分析能力、判断推理能力、信息寻找。

（6）个人特征：自信、自我控制、灵活性、组织承诺。

3.2.2　岗位胜任特征模型的作用

岗位胜任特征模型在人力资源管理活动中起着基础性、决定性的作用。它为企业的职位分析、员工招聘与选拔、员工培训、员工绩效管理、员工职业发展及员工激励提供强有力的依据，是现代人力资源管理的新基点。

1. 职位分析

传统的职位分析注重工作的组成要素，是一种职位导向的分析方法。随着信息技术的发展和组织变革的不断进行，传统的职位分析已经不能在动态的人力资源管理环境中占据中心和基础的位置。这样，如何使职位分析适应工作环境的变化，是近年来学者和管理者们共同关心的重要问题。职位分析的重大进展主要在于以胜任力为基础的职位分析方法的提出和应用。基于胜任力的职位分析是以胜任力为基本框架，通过对优秀员工的关键特征和组织环境与组织变量的分析，来确定职位胜任要求和组织的核心能力。这是一种人员导向的职位分析方法，具有很强的工作绩效预测性。表 3-7 是基于胜任力的客户服务员职务分析样例。

表 3-7　基于胜任力的客户服务员职务分析样例

工作名称：客户服务员
年龄范围：20～35 岁
性别要求：不限
学历要求：大专及以上
工作经验：具有 12 个月以上的电信业务从业经验
体能要求：视力良好，听力正常　　语言表达流畅、条理清晰，普通话标准、无不良表达习惯

续表

体能要求：手指灵活
体力充沛、体态稳健
无严重的疾病和传染病
知识与技能： 对电信业务知识有一定的了解
能熟练操作、运用计算机，熟悉办公自动化软件
良好的人际沟通能力
良好的记忆力
较强的学习能力
有独立工作和解决问题的能力
深层人格特性： 积极的客户服务意识
良好的主动性和工作责任心
较强的灵活性与亲和力
喜欢微笑
情绪稳定
自信但不夸耀
乐于协作
有创造性
追求成就动机和关系动机

基于胜任力的职位分析要求把胜任力作为人力资源开发与管理的一种新思路，并贯穿到人力资源管理的各项职能中去，使人员-职位-组织匹配成为企业获取竞争优势的一个关键途径。随着战略性人力资源管理的发展，基于胜任力的职位分析越来越趋向于未来导向和战略导向，即按照组织未来发展的要求重构岗位职责和工作任务，以确认职务要求。

2. 人员招聘与选拔

胜任特征分析对人员招聘与选拔来说具有重要作用，基于胜任力的人员选拔，挑选的是具备胜任力和能够取得优异绩效的人，而不是仅能做这些工作的人。以前我们过分关注知识与技能的作用，而对人的心理素质重视不够。从20世纪90年代开始，人们发现心理素质与人的工作绩效有很密切的关系。实践表明，人们的职业成功主要不是取决于其智力水平（简称IQ）的高低，而是更多地取决于各种非智力因素。有人将拉美地区227位取得极大成功的主管与23位失败的主管进行对比后发现：失败者的IQ与拥有的知识与技能几乎是很高的，他们的致命弱点在于个性品质方面，即自大、过分依靠脑力、不能适应地区偶发的经济波动、蔑视合作或团队协作。在德国和日本也曾进行过类似的调查分析，得到了相同的结论：尽管失败者的IQ及其知识与技能较优，但个性品质方面的不足使他们无能为力。还有人对全世界121家公司与组织的181个职位的胜任特征模型进行调查分析后发现：67%的胜任特征与非智力因素有关。由此可见，人的个性品质比知识与技能更能解释和预测人们在职业活动中的成就。在更严谨的研究中，有学者曾将IQ分数与人们在职业生涯中的成就进行相关分析，结果 IQ 最高仅能解释 25%的变异，更严密的分析表明，这个数字不会高于 10%，甚至可能会低至 4%。这就意味着工作中的成功有 75%～96%是不能用高 IQ 解释的。对于个体的职业成功而言，人的价值观、动机、兴趣和各种性格特征才是至关重要的。

上述事实和研究提示我们，在人员招聘与选拔中，应该将候选人的深层胜任特征作为一个重要方面来考查。从各种胜任特征是否易改变的角度来说，由于知识与技能比较容易通过短时间的培训来获得，而深层胜任特征是个体在长期的社会实践中逐渐形成的，因此这些特征的改变通常是漫长的、艰难的和昂贵的，从人事选拔的经济有效性原则来说，我们更应该关注与工作相关的深层胜任特征，即前面提到的社会角色、自我认知、特质和动机等胜任特征，而不是知识与技能。特别是在当今的人员选拔中，组织不再只强调人职匹配的理念，而是越来越强调人与组织的适合性，这就要求人员选拔工作需要从组织的角度出发，考虑个人在态度、人格和价值观上与组织的一致性与认同感。在现实生活中，我们也经常看到，公司处于初创阶段时，几个合伙人艰苦创业，可发展到一定规模后，合伙人各自为政，其分歧的根源往往就在于价值理念、合作意识等方面的差异。

在实际操作中，人员招聘与选拔的重点在于设计哪些情景可以考查这些胜任特征，怎样的测验或面试设计才是有效的。

总之，运用岗位胜任特征模型能够帮助企业提高录用人员的质量，有利于降低人员流动率和管理成本，促进员工和企业的共同发展。

3. 员工培训

基于岗位胜任特征模型设计的培训，是对员工进行特定岗位的关键胜任特征的培养，培训的目的是增强员工取得高绩效的能力、适应未来环境的能力和胜任力发展潜能。组织员工培训是一个系统的过程，主要包括 3 个方面：确定培训内容、培训设计和培训效能评价。

培训内容源于组织当前或以后发展的潜在需要，依据胜任特征分析中构建的岗位胜任特征模型，重点培训内容是高绩效者比普通绩效者表现突出的特征。对于组织中不同层次的员工，其胜任特征培训的内容应该有不同的侧重。据研究发现：正、副总经理的管理岗位胜任特征模型包含的成分不尽相同，对正职来说，岗位胜任特征模型包含价值取向、诚信正直、责任意识、权力取向、协调监控能力、战略决策能力、激励指挥能力和开拓创新能力等 8 个要素；副职的岗位胜任特征模型则包含价值取向、责任意识、权力取向、经营监控能力、战略决策能力和激励指挥能力等 6 个要素。正职与副职相比，前者更加突出了诚信正直和开拓创新能力这两个要素。这意味着，在副总经理升任正总经理的培训中，需要培养他们诚信正直的品性与表现，增强开拓创新能力。据另一项研究发现，对于研发人员来说，虽然他们在工作中主要是处理与机器、数字或实物工序相关的问题，但优秀的研发人员不是依靠自己一个人，而是运用人际技能和团队合作来完成的。优秀的研发人员的岗位胜任特征模型包括成就导向、影响力、概念性思维和分析性思维、主动性、自信心、人际理解、注重秩序和质量、团队合作和协作、专业知识、客户服务导向等 10 个要素。因此，对研发人员的培训不能仅包括专业知识培训，还应该包括影响力培训、成就导向培训、思维风格培训、人际技能培训、团队合作和协作培训、客户服务意识培训等方面。由此可见，基于岗位胜任特征模型的员工培训在理念与技术上不同于岗位知识与技能培训，在知识的培训上也不能局限于陈述性知识，还要加强结构性、程序性知识的培训。

以往的培训研究注重的主要是培训内容，而胜任特征分析则为培训研究提供了新的思路。以管理胜任力培训为例，斯滕伯格认为，管理胜任力的核心是"知道怎样做"与"知道由谁来做"的内隐知识，而管理实践是培养这种知识的最佳途径，但这种学习带有较大的偶然性。在此过程中，管理人员形成的学习风格具有更多倾向于行动和具体体验的特征，因此管理胜任力培训设计要根据经验学习的特点，设计相应的培训方法，从而使这种"自然"的、非结构化的学习，成为结构化的、有计划的培训活动，得到良好的培训效果。目前，在工商管理教育中，对管理人员的胜任力培训方法有很多种，如课堂讲授、问题讨论、团队作业、现场教学、情景模拟、案例研究、方案设计等，根据培训重点和受训人员行为方式的不同，通过不同培训形式的交叉运用，来提高培训的效果。

4. 绩效管理

胜任特征分析也为绩效管理提供了新的思路和技术基础。首先，基于胜任力的绩效管理在绩效标准的设计上既要设定任务绩效目标，又要设定胜任力发展目标。绩效标准的设计应对员工的贡献和胜任力发展、目前的价值和对组织长远发展需要的重要性、短期绩效和长期目标等做出适当的平衡。其次，胜任特征分析用于绩效管理可以更好地指导绩效考核，企业在绩效评估时，应从目标的完成、任务绩效的提高和胜任力的发展3个方面来进行。最后，沟通是绩效管理的一个关键环节，基于胜任力的绩效管理为绩效沟通增添了新的内涵，同时为绩效管理确立了新的发展方向。

将岗位胜任特征模型应用于绩效管理，需要建立公正的、具有发展导向和战略性的绩效管理体系。这样一个绩效管理体系应包括4方面的内容：第一，绩效目标是建立在认同和信任的基础上的，员工参与绩效目标的制定，并通过管理沟通形成绩效承诺；第二，在整个绩效管理过程中，管理者应针对下属的胜任力特点，给予相应的指导、支持和授权，不断提高下属的工作自主权，推动员工与企业共同成长；第三，绩效考核应做到公平、公正，绩效沟通应着眼于胜任力发展与绩效提高；第四，绩效管理不能局限于员工个人的绩效，应注意胜任力中人际技能与团队合作和协作能力的培养与发展，合理设计工作群体，努力提高群体绩效。

5. 员工职业生涯规划与职业发展

指导员工进行职业生涯规划，帮助下属实现职业发展，这是现代人力资源开发的一个基本理念，也是人本管理的一项基本要求。就人本管理的本质而言，企业用系统的观点看待自己的目标与使命，尊重和平衡处理各相关者的利益关系（包含员工、顾客、股东、供应商等），用人性化和个性化的方式领导和激励员工，把促进个人实现其合理的愿望和梦想作为管理的出发点，在相互尊重、真诚、信任和支持的环境中实现企业和员工的共同发展，让员工对自己的未来充满憧憬和信心，在工作中感受到生命的价值与意义。成长与发展是人的一项基本而重要的需求，提高岗位胜任力和就业能力是员工职业发展的重要方面，同时员工的发展又促进了企业的发展，使企业的竞争力得到提升。通过开发岗位胜任特征模型，对员工的胜任力潜能进行评价，帮助员工了解个人特质与工作行为特点及发展需要，指导员工制定符合个人特质的职业生涯规划和职业发展目标，并在实施规划和目标的过程中对员工提供支持和辅导。这样不仅能帮助员工实现自身的发展目标和发挥职业潜能，也能促使员工努力开发提高组织绩效的关键技能和行为，实现个人目标与组织经营战略之间的协同，达到员工和企业共同成长和发展的目的。

3.3　构建岗位胜任特征模型

3.3.1　构建岗位胜任特征模型的步骤

1．定义绩效标准

定义绩效标准就是要制定一套客观明确的定性与定量的基准指标，用来衡量和判定什么样的绩效是优秀的，什么样的绩效是差的。根据多数企业日常绩效考核的实践经验，通常可以将绩效标准区分为硬性指标和软性指标。有些职位的绩效标准是显而易见的，并且是比较容易确定的，如销售人员的销售额，操作工的日常劳动生产率、次品率等。对于大多数职位而言，其工作重点在于满足客户及内部员工的需要，为业务运营的顺利开展提供支持与保障，因此除考虑该职位对工作成果的数量、质量及完成的及时性等方面的适当要求之外，还要考虑该职位的上级、同级及其他相关人员对该职位在协作、配合、互助等方面的合理要求，并将其作为确定该职位绩效标准的依据之一。一个职位的绩效标准最好包括以上两个方面的指标。例如，对于少年犯的教导员，干得好的人有什么样的行为标准呢？一个很重要的硬性指标就是经过他教育的少年犯，在出狱后的一年里有多少人恢复了正常的学习或工作，有多少人又重新成为犯罪分子；软性指标可能包括上级领导、同事、少年犯对其工作态度与工作业绩方面的评价。通常软性指标是能够预测硬性指标的行为结果的。绩效标准一般采用工作分析和专家小组讨论的方式来确定。

2．选取分析效标样本

应用第一步建立的绩效标准，在从事该岗位工作的员工中，分别从绩效优秀和绩效普通的员工中随机抽取一定的人数进行调查，以便对两组群体进行对比分析。每个岗位工作的分析样本最好能包括至少 20 位员工：12 位绩效优秀员工和 8 位绩效普通员工，这样可减少随机因素的影响，也便于进行简单的统计分析。更高的取样标准应该是优秀绩效员工和绩效普通员工各取 30 位，这样可以对所得的结果进行更广泛的统计分析。

3．采集效标样本有关胜任特征的数据资料

可以采用行为事件访谈法、专家小组讨论法、问卷调查法、全方位评价法、专家系统数据库和观察法等获取效标样本有关胜任特征的数据资料，一般以行为事件访谈法为主。行为事件访谈法是一种开放式的行为回顾式调查技术，它要求被访者列出他们在管理工作中发生的关键事件，并且让被访者详尽地描述整个事件的起因、时间、相关人物、过程、结果、涉及的范围及影响层面等，同时要求被访者描述自己当时的想法或感想。让人们谈论他们曾经遇到的关键事件，会得到有关他们的最重要的技能和胜任力的资料。在胜任力

分析中得到的大多数资料是从高绩效的工作群体中归纳出来的。关于行为事件访谈法的具体实施，我们将在下一节进行详细介绍。

4. 建立岗位胜任特征模型

通过行为事件访谈报告提炼胜任特征，对行为事件访谈报告进行内容分析，记录各种胜任特征在报告中出现的频次。然后对优秀组和普通组的要素指标的发生频次和相关程度统计指标进行比较，找出两组的共性与差异特征。按照不同的主题进行特征归类，并根据频次的集中程度，估计各类特征组的大致权重。笔者曾在青海省对县处级正职领导干部进行过为期一年的胜任特征分析，并建立了县委书记和县长的岗位胜任特征模型。

5. 验证岗位胜任特征模型

验证岗位胜任特征模型可以采用回归法或其他相关的验证方法，采用已有的优秀与普通的有关标准或数据进行检验，其中的关键在于企业选取什么样的绩效标准来进行验证。更为可靠的验证方法是根据优秀绩效者和普通绩效者的另一个标准样本来收集行为事件访谈资料，然后对两类样本的行为事件进行打分，验证第一次研究得到的岗位胜任特征模型是否可以预测第二个样本中优秀绩效者和普通绩效者的行为。还有一个有效方法：利用胜任力来选拔或培训人，并且看看这些人在将来是否真的工作得更好。

以对某大型电器营销公司的销售经理进行岗位胜任特征模型构建的研究为例，首先要选取该公司不同地区的销售经理进行工作分析，明确销售经理的工作内容和工作要求，并结合该公司的实际情况，确立对各销售经理的绩效考核指标。在该公司现有的优秀绩效表现与普通绩效表现的销售经理中随机挑选 45 名，然后对他们进行行为事件访谈。访谈的内容主要包括 3 个部分：一是被访者的基本资料；二是被访者列举出自己做过的 3 件成功的事件及 3 件不成功的事件；三是对被访者的综合评价。在实施行为事件访谈的过程中，对销售经理进行管理素质测评及管理知识测评，以验证岗位胜任特征模型的有效性。根据各销售经理的访谈报告，归纳整理出销售经理胜任特征频次表，并以此构建销售经理岗位胜任特征模型。根据该岗位胜任特征模型明确合格的销售经理应具备的胜任特征，并以此为依据开发公司销售经理培训体系，帮助销售经理找到自己的短板，并有针对性地对销售经理进行培训，同时为公司的人员选拔与招聘提供依据。

3.3.2 构建岗位胜任特征模型的流程

在当前的管理实践中，很多公司由于专业力量不够，往往会邀请外部测评咨询公司为本公司构建各类人员的岗位胜任特征模型。

这里以诺姆四达测评咨询公司为例，说明咨询公司构建岗位胜任特征模型的一般流程（见图 3-3）。

请咨询公司构建岗位胜任特征模型的最大优点是，它们的专业性比较强，经验比较丰富。例如，广州市浩华企业管理咨询有限公司在以往的大量咨询实践中，建立了丰富的岗位胜任特征模型数据库，数据库中共有 150 个岗位胜任特征模型（下面给出影响力和团队精神两个胜任特征的行为描述样例）。

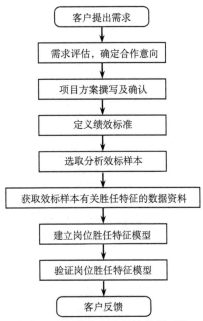

图 3-3　咨询公司构建岗位胜任特征模型的一般流程

1．影响力

影响力是指说服或影响他人接受某一观点、采用某一议程或从事某一具体行为的能力。影响力的胜任特征描述与典型行为如表 3-8 所示。

表 3-8　影响力的胜任特征描述与典型行为

级别	胜任特征描述	典型行为
一级	运用直接说服法试图产生影响；呈现合理的论据、数据和具体的实例；清楚地组织事实与论据。 　行为示范： 　1．清晰地解释相关事实；呈现合理的准备充分的案例。 　2．运用直接的证明，如利用关于实质特征的数据、意见一致范围与利益等进行说服。 　3．提出有说服力的论据以支持个人观点，要求对方做出承诺或保证	1．在提出论点之前，深思熟虑，组织好观点。列出提纲，确保论点清晰、简洁；提出问题的方式更具影响力。 　2．准备论点时，检查一下哪种强有力的证据可以支持你的主张。找出这些证据并在提出问题时使用它。当试图影响他人时，数据总是有价值的。开会时注意观察别人是怎么发挥影响力的。记下他们发布信息或搜索信息、表达原理、证实和总结的重点，以及对反对意见的处理和建立联盟的语言行为，然后判断你能否在必要时运用其中的一些技巧
二级	采用语言或行动的方法以引起别人的兴趣和想法；预测你的语言或行动将会造成何种影响。 　行为示范： 　1．通过指出他们的忧虑及强调共同利益来说服他人。	1．尽可能多地了解将要会见的人的情况，并在第一次会面时运用。将兴趣放在个人事务上，使对方更易于接受你和你的观点。 　2．预测听众的反应，为他们可能提出的批评意见准备可供选择的论据。既然不是人人都有相同的动机，那设计出偶然性论据是非常重要的。通过

续表

级别	胜任特征描述	典型行为
二级	2．预估别人的反应，并采取相应的表现方式。 3．根据相应的需要采取合适的风格和语言应对。 4．用案例或论据创造出一个双赢的解决方案，然后实现双方目标	大量的论据为你的观点辩护，增加影响听众的可能性。 3．熟知听众关心、忧虑的问题，试图说服这些人时，应查明哪种资料是最具影响力的并汇集这些资料，以此提出你的观点。知道什么能激发别人是很关键的。当试图获得听众的支持时，诱发这些动机极为重要
三级	采取多元化、习惯化的影响战略：采用多样的行为去影响听众，每种行为要适应相应的目标听众。 行为示范： 1．运用新的宣传媒介吸引听众。 2．开发有选择性的信息发送媒介，每种媒介适合不同的听众。使用的宣传方式适于整合关键听众的"兴奋点"，并结合其他关键事件和策略提高你的影响力	1．花时间准备可选择的论据并应用在说服性上。优先使用可能对听众更具诱惑力或影响力的术语。 2．当设计一份决定性议题计划时，要密切关注重要的股东，查明他们的利益、动机和对其施加影响的个人，然后利用这些资源发展你的论据。针对他们的需要设计你的论据，并获得那些影响股东的人们的支持以确保成功。运用大量的说服性资料将使你产生更多的影响力。理解你的合作者和客户，查明每个合作者或客户独有的问题、关心事件和动机，记录下的这些信息，将直接或间接地影响他们的决策
四级	运用复杂的间接影响：通过第三方或专家来施加影响。结成联盟，建立幕后支持，构成影响别人行为的有利形势。 行为示范： 1．游说关键人物，证实并解决他们的忧虑和担心，利用这些人来支持自己的观点并影响他们。 2．通过确保他们的参与给人们带来影响。 3．精心策划事件以间接影响他人（如计划时间的安排、策划关键事件、预测关键联盟的提议、影响证言等）	1．非正式组织影响他人时，采取直接的方法，包括给出提议和预测，做些幕后工作以获取关键人物的支持等。 2．在本组织内外与有影响力的个人建立联系时，可以利用他们的影响力和声望来支持你的立场。 3．加深对非正式组织的理解，经常了解组织内部工作运行的实际情况

2．团队精神

团队精神是指善于赢得团队成员的信赖和支持，并与他人共同完成目标的意愿和能力。团队精神的胜任特征描述与典型行为如表 3-9 所示。

表 3-9　团队精神的胜任特征描述与典型行为

级别	胜任特征描述	典型行为
一级	信息共享：使员工及时了解公司的成绩，分享所有有关信息。 行为示范： 1. 大方地传播别人需要的信息，让同事跟上自己的行动。 2. 书面文件要准确，以方便别人阅读与理解。 3. 推动团体会议的举行	1. 定期举行小组会议，实现信息与主意的共享。 2. 鼓励成员提出问题。 3. 为成员提供对了解自己角色有帮助的数据或资料
二级	征求意见：评价他人意见和经验的价值；征求他们的意见、创意和经验，并通过这些来做出决定/计划。要求公司的员工都参与到这一工作中。 行为示范： 1. 重视每个员工的评论。 2. 确保每个员工的参与，请他们解释支持的原因。 3. 让员工参与能够影响他们的活动或工作（如问题解决、计划、决策、目标设立等）	1. 每次会议主要解决团体的问题。 2. 会上鼓励成员评价问题或提出解决问题的办法。 3. 只要有可能，就尽量达成一致，避免在所有成员未达成一致前就仓促做出决策
三级	鼓励与授权：公开表扬对工作有贡献和有出色业绩的员工；鼓励并授权给他们，促进良好的品行和合作关系的形成。把团队的冲突公开化。 行为示范： 1. 为他人提供展示自己成果的计划。 2. 了解能激励不同员工的动力，有针对性地选择最有效的赞誉方式。 3. 只要发现有冲突，就亲自过问并帮助解决问题，弄清问题的实质	1. 鼓励团体做出决策，允许团体成员决定怎样达到目标。 2. 在发现团体成员从事额外工作帮助解决团体问题时，要提出表扬与感激。 3. 庆贺团体的成绩，如计划一次活动庆祝团体获得的成绩
四级	解决冲突：对于团队中的冲突和问题，采取有益的解决方法。 行为示范： 1. 亲自或通过第三人劝告冲突当事人。 2. 必要时，重新分配工作、职责和上下级关系。 3. 当冲突因绩效问题引起时，收集所有相关信息，通过适当的培训或纪律程序来解决	1. 识别需要一起友好地工作才能实现目标的两个团体成员，与他们分别交流，找出问题根源。 2. 与发生冲突的双方面谈，解释对方需要彼此才能做的工作，建议双方能够达成一致，以实现集体目标。 3. 设立一系列需要大家一起工作才能完成的任务

　　必须指出的是，请咨询公司来构建岗位胜任特征模型也有一个问题，那就是他们对公司的企业文化、战略目标和行业背景往往比较陌生。这就要求公司内部的中高层管理人员紧密配合咨询公司的相关专家开展工作，单靠咨询公司自身的力量是远远不够的，毕竟构建岗位胜任特征模型不是做一次漂亮的研究，而是为企业做好人力资源管理工作奠定基础。

3.4　岗位胜任特征模型的构建方法：BEI

行为事件访谈（Behavioral Event Interviewing，BEI）是构建岗位胜任特征模型的重要方法，其目的是了解应聘者的真实素质，并通过应聘者过去的行为预测其未来可能的表现。行为事件访谈的优势是传统访谈方法所不能比的。这种访谈方法是让应聘者在指定的范围内描述出非常具体的工作事件，并以具体的问题进一步追问，从而了解应聘者的真实情况。

3.4.1　传统访谈方法的问题与行为事件访谈的优点

1. 传统访谈方法

行为事件访谈是胜任力评价过程的核心，而传统访谈方法不能很好地分析胜任力。

首先，大多数人并不知道他们的胜任力是什么、他们的强项和弱项在哪里，甚至他们不知道什么是自己真正喜欢和不喜欢的工作。我们常发现，那些自认为强项在于"处理人际关系"的人，并没有受到他们的合作者的喜欢和信任。哈佛大学心理学家阿吉瑞斯（Chris Argyis）的研究表明，受人们拥护的"行动理论"（他们说他们要做的事情）与他们的"应用理论"（他们真正做的事情）并没有什么关系。

其次，人们可能并没有说明他们的动机和能力。传统访谈方法的大部分访谈问题是"指导性的"，而大多数人给予的也是"社会称许性"的答案：他们考虑的是访谈者希望听到的回答。因此，人们的背景报告、强项和偏爱就不能为他们的胜任力评价提供可信的信息。

胜任力测量方法的基本原理是，人们对于自己的动机所解释的东西是不可信的，只有当他们面对大多数关键事件时真正做的一切才是可信的。行为事件访谈的真正目的是，解析人们说的他们要做的事情，以寻找他们真正做的事情。这个过程是通过人们在描述某些事情上如何行动时完成的。

2. 传统的访谈策略及其问题

传统的访谈者在访谈中常常把自己置于以下角色。

（1）事实发现者：询问有关人们背景的某些信息。他们对有关人的动机、价值、自我评定等问题涉及得很少，也很少问及在关键事件上如何行动等问题。所以这些资料不足以说明许多重要的胜任力。

（2）治疗家：询问有关人们经历的感觉、态度和动机等问题。这个过程获得的资料主要依赖于治疗家对受访者反应的理解，而这种理解往往是不可信的。感觉性资料很少讲关于一个人能做什么或实际做了什么。一个人可以对某个工作感到很消极，却做得很好，这可能因为其成就动机较高，或者具有较高的技能水平，而从胜任力评价的观点来看，感觉性资料可能是毫不相干的。胜任力就是成就动机和技能，治疗家却没有收集到这些资料。

（3）理论家：询问的是关于人们做某件事的信心或价值等问题，如"你为什么……"这样得到的结果——一个人考虑他该做某些事情，但实际上却没有行动。如前所述，关于人们做什么的理论，与他们真正的行动或胜任力的关系并不密切。

（4）预言家：询问的是人们在未来的某个立场上会做些什么，如"如果……你会做些什么"？预言家就是理论家的方法用在未来时。

（5）商人：通过询问指导性的问题来赢得人们对他的观点的赞同。一个典型的探测方式是"你不认为这是做好工作的最佳方案吗"。

3．行为事件访谈的优点

行为事件访谈是在克服了上述传统访谈方法问题的基础上产生的。与传统访谈方法相比，行为事件访谈的优点如下。

（1）客观性。在行为事件访谈中，受访者谈的是具体的事件，这大大提高了访谈的客观性。

（2）针对性。在行为事件访谈中，访谈者可根据该岗位的特点，要求受访者有针对性地说出自己过去的工作事件，并且要描述这些工作事件是有效的还是无效的，这大大增加了招聘面谈的针对性。传统的招聘面谈只让受访者讲述过去的经验和曾从事的活动，而受访者的许多报告只是泛泛而谈，访谈者对于其工作业绩的好坏不得而知。

（3）准确性。行为事件访谈关注受访者在过去的事件中做出的具体行为，而在传统的招聘面谈中，受访者会自己评价自己，如描述自己的优缺点、爱好、理想、态度及人生哲学等，这些方面并不能说明个人的实际行为表现。

（4）真实性。在行为事件访谈中，由于要求受访者讲述具体的事件及自己在其中的表现，而非想象其会怎么做，因此行为事件访谈的真实性不容置疑。

3.4.2 行为事件访谈的实施

1．准备行为事件访谈

（1）了解受访者的基本信息：姓名及如何称呼、工作名称及工作涉及的东西等。不应该知道受访者是高级工作者还是一般工作者，以免产生偏见。

（2）安排一个隐蔽的地方进行一两个小时不间断的访谈。访谈不应该安排在其他人可以旁听到的地方，最好远离受访者办公室。

（3）安排访谈录音。录音可以提供行为事件访谈的完整信息，而访谈者的笔记常常会漏掉大量能帮助他们判断胜任力的详细资料。

（4）明确你要说什么。在行为事件访谈中，每完成一步，就要考虑下一步要谈的内容。提前准备好访谈中每一步要讲的话，对于行为事件访谈的实施是很重要的。

2．行为事件访谈提纲

（1）简介和解释。访谈者简单介绍自己，并解释访谈的目的和访谈形式。

（2）职业经历。询问受访者的受教育状况和以前的工作经历。

（3）工作职责。请受访者描述其比较重要的工作和对工作的态度。

（4）行为事件。请受访者尽可能详细地描述工作中的 5~6 个比较重要的工作职责，其中的 2~3 个是高层次的或获得了较大成功的，2~3 个属于低层次的或以失败告终的。

（5）执行该工作必须具备的特性。要求受访者描述一下他让某些人更有效地完成该工作时都想了什么。

（6）结论和总结。感谢受访者花时间接受访谈，然后从访谈中总结出主要的事件和发现。

3．行为事件访谈技巧

（1）从好的事件开始询问。让受访者非常简单地描述关键事件的概要，在受访者详细讲完一个工作事件之前，不要让其注意力转到别的事件上。

（2）引导受访者按事件发生的先后顺序进行报告。一旦发现受访者的报告中有跳跃，立即提出问题请其提供详细的资料。

（3）请受访者讲述过去发生的事件，而非假定的事情或抽象的思想观点。如果受访者讲的是抽象的观点，立即让其举例予以说明，从而达到探求细节的目的。例如，如果受访者说"我们大家都很能吃苦"，则需要就这句话进行追问："能否举出一件最近的实例，表明你在工作中很能吃苦的情况。"

（4）尽量使用简单的问话引导受访者讲出事件的细节，而且要让受访者讲过去而非现在的看法或行为。

（5）如果受访者在叙述中提及"我们"，一定要问清楚"我们"是指谁，目的在于了解受访者在当时的情景中做了什么，从而可以追问受访者行为背后的思想。例如，"你是如何做出那个决定的""你当时是怎么想的"。

（6）如果受访者在面谈中变得很情绪化，则应暂时停止发问直到其平静下来。

（7）如果受访者不能想到任何具体事件，访谈者可以通过自己的经历举例，向其描述一个完整的事件，或者让受访者思考和回忆以前的经历。

（8）不要过多地重复受访者的话，一来得不到新的信息，二来很可能被受访者理解为一种引导性的问题。

（9）不要过多地限定受访者的报告范围，不要给受访者提供过多建议。如果受访者向访谈者咨询意见，可顺势将问题返还。

以下是行为事件访谈的一个具体案例。

访谈问题：请告诉我一件你最近在工作中与其他人共同解决问题的事。

行为事件访谈要点：这件事发生在什么情况下？与你一起工作的是什么人（进一步了解其合作的动机）？你当时承担什么样的职责？你们采取什么样的工作方式？在这一过程中，你们对问题的看法有没有不同（深层次的了解）？任务完成后，你的合作者如何评价你？

受访者陈述："还是在 2010 年 5 月的时候，当时我和我的一个同事在编写一个应用软件时发生了一些分歧。应该说是在一个算法的实现上应该怎么做，我们两个意见不一样，当时时间特别紧，大概还剩 10 天的时间就要给结果了，但是就因为那个问题，我们吵了 3 天。这 3 天我们什么事也不干，就争论这个问题应该怎么做，吵到没有结果的时候，我们就在我们那个学校里面兜一圈，回来又接着吵。我觉得两个人一起做事情，肯定会有意见不一致的时候，而且争论也是有必要的，争论的目的是可以找到最好的解决办法。最后得到的结果好像不是我们两个人原始的意见，我们还去过图书馆，查过一些资料，可以说最后还是一起做出来的吧。"

应该说，这个受访者谈的内容还是比较对路的。但是，在面谈过程中，也常常会碰到一些非行为事件访谈的描述语句。还是上面的访谈问题，在访谈过程中，经常会碰到如下回答：

"这样的事情很多，我基本上都是和同事一起完成工作的。我这个人不会和同事发生争执，基本上都是大家一起做，也没有什么矛盾。有时我们也会加班，其实大家在一起工作时还是比较愉快的……"

这样的回答根本就不是行为事件，这就需要我们尽可能多地引导受访者回到实际事件的描述中来。

行为事件访谈强调受访者在回答的问题中提供信息的真实性、客观性，即可编码性。编码的作用在于将行为事件访谈收集的故事细节分类并量化，在分类和量化前还必须判断手中的信息是否可编码，其基本条件包括：

（1）受访者描述的内容是否为受访者的亲身经历？

（2）受访者的行为是否已完成？

（3）事件是否足够具体？

凡是不符合以上条件的都属于不可编码的信息。例如，"我们在 3 个月内就高效地完成了这个项目"，从这句话中不能确定受访者在事件中起的作用，受访者在"我们"中起的作用有多少还需要进一步追问。又如，"在遇到客户投诉的情况下，我会亲自打电话给客户"，这不是一个已完成的具体行为，受访者是否真的打了电话，在访谈中应该进一步追问。

3.5　岗位胜任特征模型在应用中的误区与对策

3.5.1　岗位胜任特征模型在应用中的误区

岗位胜任特征模型先在西方国家的政府部门推行，后逐步延伸至学校、医院、研究机构、企业等各类组织中，并得到了广泛的应用。目前，我国也有部分大型企业已经或正在构建岗位胜任特征模型。但是，不管在国外还是在国内，都有部分岗位胜任特征模型的应用效果不尽如人意。对于我国的一些大型国有企业而言，在构建及应用岗位胜任特征模型以提升本企业整体人力资源管理水平方面存在一些误区，其中主要的误区体现在以下几个方面。

1. 岗位胜任特征模型过多地关注行为而不是结果

大多数企业的岗位胜任特征模型都使用精练、准确的语言描述优秀领导者区别于普通领导者的行为特征，但是未能解释为什么领导者具备这些行为特征会与企业的运行有关联，即无法解释具备这些胜任力与达到最终结果之间的关系。

如前所述，一个完整的岗位胜任特征模型应该是通过行为事件访谈或其他方法，比较每类岗位优秀表现者和普通表现者之间的行为特征，然后进行编码分析，找出造成两组对象产生差距的最具有影响力的行为特征，确定为该类岗位的胜任力。这一工作需要耗费大量人力、时间和金钱，周期很长，成本较高，因此有些企业为了尽快建立岗位胜任特征模型，往往采取替代方式。例如，通过专家小组与员工座谈来确定岗位胜任特征模型，然后由专家对预先设定的胜任力进行排序并选取比较适合本企业的若干种胜任力，甚至将其他企业的岗位胜任特征模型进行简单修正之后作为本企业的岗位胜任特征模型，这些替代方式影响了岗位胜任特征模型的应用效果。

2. 岗位胜任特征模型雷同，缺乏特色

一个企业领导者的管理思路和行事风格直接决定了这个企业的岗位胜任特征模型的构

成。当多个企业的领导者接受了时下流行的同一类管理理论及观念时，将发生企业的岗位胜任特征模型雷同的情况，这时领导者也就无法通过岗位胜任特征模型来选择和发展适合本企业的管理者和员工了。

3．岗位胜任特征模型的确定以过去的表现为基础，没有考虑未来发展

许多岗位胜任特征模型的构建是根据当前员工的表现将他们区分为优秀者和普通者的，分别对两组人员进行行为事件访谈，然后统计分析访谈结果，确定将两组人员区分开来的行为特征，即胜任力。这种做法存在一定的问题，它用来区分优秀者和普通者的标准是他们已经实现的工作成果，而不是他们为推动企业发展而应该实现的工作成果。只有与企业未来发展战略紧密相关的岗位胜任特征模型才是高效的。

4．重视岗位胜任特征模型的构建而非实际应用

大多数企业都将更多的时间和精力投向岗位胜任特征模型的构建而非实际应用上，因为岗位胜任特征模型的实际应用可能会比岗位胜任特征模型的构建遇到更多来自企业内部和外部的阻力。

5．岗位胜任特征模型更多地被人力资源部控制而不是企业的领导者控制

一般来说，由于企业的领导者需要处理大量的日常管理事务，因此经常授权人力资源部或外部咨询专家来完成岗位胜任特征模型的构建及应用工作，这就可能导致岗位胜任特征模型虽然得到了领导者的批准甚至赞许，却得不到下属的执行。

3.5.2　如何正确构建岗位胜任特征模型

企业构建岗位胜任特征模型可以识别适合企业发展战略的人员，衡量相应层级或职位上的人员的能力是否达到了企业的岗位要求，以及能否为实现企业的战略目标和可持续发展起到强大的支撑和促进作用。企业构建岗位胜任特征模型必须注意以下 4 类问题。

1．从企业的发展目标出发，建立结果导向型岗位胜任特征模型

研究表明，岗位胜任特征模型必须以企业的预期目标为导向，两者联系越紧密，关系越明确，岗位胜任特征模型对企业的效用越大。要建立一个结果导向型的岗位胜任特征模型，应从以下两方面入手。

一方面，在描述胜任特征时，尽量使用结果导向型的语言，以"培养人才"这个胜任特征为例，在定义这个胜任特征时，应描述为"经常为下属提供有建设性的反馈意见，激励其改进工作方法以使其迅速实现职业发展"而不仅仅是"经常为下属提供有建设性的反馈意见，激励其改进工作方法"。前一种描述明确了该项行为的结果，企业在使用岗位胜任特征模型时，能使员工清楚地了解满足该项胜任特征期望的结果而不仅仅是行为本身。

另一方面，要平衡胜任特征对企业各方的影响，既要满足企业所有者的利润目标，又要满足员工的生存及发展目标，还要满足外部客户及其他各方的利益要求。这就对胜任特征的定义及选取提出了非常高的要求，一个通行的做法是建立胜任特征矩阵。对于每个胜任特征，分"企业管理能力""员工发展""客户发展"和"投资者结果"等几个方面进行定义，将各方面的要求综合起来就构成了一个完整的岗位胜任特征模型。

2．结合企业当前的发展战略、核心竞争力和价值观，构建反映企业特色的岗位胜任特征模型

一个有效的岗位胜任特征模型必须与企业当前的发展战略、核心竞争力和价值观紧密相连，它必须支持企业达到预设的目标，而不是单纯总结过去的成功经验。因此，在构建岗位胜任特征模型时，应重点确定并延伸能反映对企业实现其战略目标至关重要的具体行为的胜任特征。这样做的另一个好处是，可以帮助企业建立区别与其他企业的管理理念和风格，避免出现管理理念和风格雷同的现象。此外，在岗位胜任特征模型中反映企业的价值观，一方面能使价值观这类比较模糊的概念通过行为描述更易被员工理解和接受，另一方面能使岗位胜任特征模型与众不同，具有独特性。

需要注意的是，要真正做到将岗位胜任特征模型与企业当前的发展战略、核心能力和价值观相结合，还必须根据企业的发展和变化不断地对岗位胜任特征模型进行调整，这是一项不能间断更不能忽视的工作。有的企业在构建岗位胜任特征模型后就将其作为检验员工的唯一不变的标准，这直接导致了岗位胜任特征模型使用效果不佳。

3．岗位胜任特征模型必须覆盖企业从高到低各层级的员工

构建一个成功的岗位胜任特征模型，必须关注两方面的问题。一方面，一个企业的岗位胜任特征模型对所有的员工而言应该具有可比性，一个员工可以通过岗位胜任特征模型评估自己与优秀者之间的差距，并针对性地进行提高以实现个人职业发展。当其晋升到一个更高层次的岗位后，仍应使用与其前一层级岗位使用的胜任特征具有可比性的岗位胜任特征模型。有的岗位胜任特征模型割裂了不同层级的岗位胜任特征模型的可比性和连续性，导致员工在其职业发展道路上得不到进步，影响了岗位胜任特征模型的应用效果。

另一方面，在岗位胜任特征模型中，每个胜任特征都应该根据员工的不同职责需求设定不同级别，这样员工就能清楚地了解自己在每个胜任特征上的发展方向和最终目标了。现在大多数的岗位胜任特征模型都对胜任特征进行了级别的划分，但有些划分的科学性较差，级差不明显。

4．岗位胜任特征模型必须与企业的人力资源管理相结合

如果岗位胜任特征模型不能与企业的人力资源管理相结合，那么其就无法发挥预定的作用。

首先，岗位胜任特征模型应适用于企业的招聘与人才选拔工作。企业可以依据应聘者或员工的表现与岗位胜任特征模型的匹配程度，做出聘用和升降级的决策，并以此促进企业战略目标的实现。

其次，岗位胜任特征模型应有助于企业员工的潜力开发与发展。企业可以将员工的实际能力与岗位胜任特征模型的要求进行比较，根据差距进行员工的潜力开发与培养，并据此安排培训投资计划。

最后，岗位胜任特征模型应适用于企业员工的绩效考核及管理工作。胜任特征是根据企业的结果导向选择的，那么按照胜任特征的要求评价员工的绩效并据此进行激励和开发就能引导企业向既定的方向发展，实现其战略目标。因此，要在绩效管理工作中灵活运用岗位胜任特征模型。

第 2 部分

人才测评方法

第 4 章

能力测验

能力是我们顺利完成某种活动必须具备的基本条件。能力与活动联系紧密，能力既在活动中形成和发展，又在活动中表现出来。能力测验可以划分为一般能力测验（如智力测验）、职业能力倾向测验和特殊能力测验。考虑到创造力的重要性，我们将创造力测验从特殊能力测验中分离出来，在最后一节进行专门讨论。

本章导航

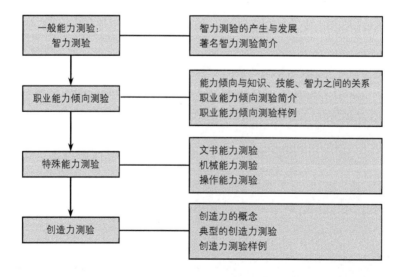

一般能力测验：智力测验	智力测验的产生与发展 著名智力测验简介
职业能力倾向测验	能力倾向与知识、技能、智力之间的关系 职业能力倾向测验简介 职业能力倾向测验样例
特殊能力测验	文书能力测验 机械能力测验 操作能力测验
创造力测验	创造力的概念 典型的创造力测验 创造力测验样例

4.1　一般能力测验：智力测验

如果将能力分为一般能力和特殊能力两种，那么智力属于一般能力的范畴。对于智力的高低，我们常用 IQ 表示，但对于能力，目前还没有一个一般意义上的、定量的衡量指标。因此，在本章中，我们将智力作为能力中的一个特例对待。能力测验在人才选拔和招聘中起着重要的参考作用。

英特尔公司的招聘应用标准化心理测验

英特尔公司需要技术、财务、管理等多方面的人才。在确定了自己所需人才的基本条件后，英特尔公司的招聘就围绕这一要求展开了。

第一步是面试，通常由公司人力资源部主管主持，通过双向沟通，公司可以了解应聘者的工作经历和个人背景，同时应聘者也可以了解公司的状况及其对应聘者的期望。面试结束后，人力资源部要对每位应聘者进行评估，以确定进入下一轮应试的人员名单。

第二步是进行标准化心理测验，通常由公司外聘的心理学专家主持。通过该测试进一步了解应聘者的基本能力素质和个性特征，包括智力、认知的思维方式、内在驱动力，也包括管理意识、管理技能。目前，这类标准化心理测验主要有适应能力测验、欧蒂斯心智能力自我管理测验、16 种人格因素测验（16PF）、明尼苏达多相人格测验、温得立人事测验等。测验结果为最后确定人选提供参考依据。

第三步是进行模拟测验，这是决定应聘者是否被录用的关键，其具体做法是，应聘者以小组为单位，根据工作中常碰到的问题，由小组成员轮流担任不同的角色，以测试其处理问题的能力。模拟测验的整个过程由心理学专家和公司内部的高级主管组成专家小组来监督，一般历时两天左右。最后，对每位应聘者做出综合评价，并提出录用建议。

4.1.1　智力测验的产生与发展

1. 智力测验的理论基础

在能力测验中，最早产生与发展并得到广泛应用的是智力测验。尽管现代社会中人们对智力这个词并不陌生，但智力到底是什么？智力的实质究竟是什么？一百多年来，心理学家、教育学家、人类学家等对此纷纷提出了自己的理论观点。由于智力测验的编制必须涉及对智力的实质的看法，因此我们对一些常见的智力理论进行简单介绍。

1）智力的二因素论

人类对于智力的研究已有很长的历史，但最早从理论上对智力进行阐述的是英国心理学家斯皮尔曼。他认为，智力是由两种因素组成的，即普通因素和特殊因素。普通因素也称一般因素，简称 G 因素；特殊因素简称 S 因素。G 因素代表一个人的普通能力，是智力的基础。人与人之间的智力差异主要取决于每个人拥有的 G 因素的多少。S 因素代表一个人的特殊能力，只有在某些特殊情况下（特殊活动）才会表现出来。因此，代表每个人智力水平的，实际上只是 G 因素，所以智力测验的内容应只包括测量 G 因素的题目。

自 1904 年斯皮尔曼提出 G 因素的存在之后，这一理论观点不仅对今后关于智力的实质的理论研究产生了巨大的影响，而且成为智力测验产生的理论基础，此后所有采用单一IQ 分数的测验都是依据这种智力理论编制的。

2）智力的多因素论

对于斯皮尔曼的智力二因素理论，首先站出来挑战的是美国心理学家桑代克。他认为，一个人的智力结构并不是由两种因素组成的。他在 1926 年发表论文，提出智力结构包括抽象的智力、具体的智力和社会的智力 3 种。桑代克的学生凯利在 1938 年指出，智力有 5 种因素：空间关系的操作、计数的敏捷、处理言语材料的敏捷、记忆力、速度。

1930 年，桑代克的观点受到了瑟斯顿的挑战。瑟斯顿利用当时先进的统计方法，在对智力的研究中提出了智力的群因素论。他认为智力的核心不是单一的 G 因素，而是许多主要的、彼此相关的能力因素群。他经过研究提出智力是由言语理解、言语流畅性、推理、空间表象、数字、记忆和知觉速度 7 种能力组成的。

美国心理学家吉尔福特受桑代克智力多因素论的影响，于 1967 年创立了智力的三维结构模型。他认为智力包括 3 个维度：第一个维度为内容，指智力活动的对象或材料，包括听觉、视觉、符号、语义、行为 5 种；第二个维度为操作，指由各种对象或材料引起的智力活动过程，包括认知、记忆、发散思维、会聚思维、评价 5 种；第三个维度为结果，指运用各种智力活动对各类问题进行处理的结果，包括单位、类别、关系、系统、转化和应用 6 种。因此，吉尔福特认为，从理论上讲，人的智力有 5×5×6=150（种）。这些不同的智力可以通过不同的测验来检验。吉尔福特曾经宣布他已经通过测验发现了 150 种智力中的近百种智力。

英国心理学家唯农（P.E.Vernon）以斯皮尔曼的智力二因素理论为基础，提出了智力的层次结构理论。他认为智力的最高层次是 G 因素，其下分为言语和操作两个大的因素群。每个大的因素群下分别有自己的小因素群，小因素群下才是斯皮尔曼的 S 因素。这一理论的提出将智力二因素论与多因素论统一了起来。

3）新近的智力理论

目前，对于大多数智力测验来说，其编制的理论依据都是那些早期提出的智力理论。但人类对于智力理论的探讨并没有固步不前，仍不断有人提出新的智力理论。1980—1990年，在世界上受到重视且比较著名的智力理论有美国心理学家加德纳（H.Gardner）于 1983年提出的多重智力理论；斯滕伯格（R.J.Sternberg）于 1985 年提出的三元智力理论。这些智力理论或侧重于对原有智力测验的批判，或侧重于人类的高级认知过程，但都从不同的角度和层面对智力的实质进行了探讨。关于这些理论的具体情况，在第 11 章介绍情境判断测验时会进行详细介绍。

2．智力测验的兴起和发展

尽管心理学家、教育学家等早就采用了一些比较古朴的方法对智力进行了测量，如我国清代的七巧板。但科学意义上的第一个智力测验或世界上第一个智力测验是 1905 年由法国心理学家比奈编制出来的。

比奈是法国的心理测量学专家，他很早就开始研究个体差异，并从多个方面探索测量智力的方法。经过多年的研究和对前人经验的批判总结，比奈于 20 世纪初提出，智力包含一切高级的心理过程，非单一的、简单的直接方法所能测量。此后，他编制了画方形、比较线的长短、记忆数目、语句重组、折纸、填字、图片解释、回答有道德判断的问题、了解抽象文章的意义等测验来测量智力。他认为，心理测量的根本原理在于将一个人的行为与他人进行比较并归类。这是近代测验理论的基本思想。

1）智力年龄的提出

比奈-西蒙量表由 30 道题目组成，按照题目的难度由易到难排列，它将通过题数的多少作为鉴别智力高低的标准。这些题目中有一部分是感觉与知觉的内容，但大多数是语言，尤其是判断、推理和理解方面的题目。比奈与西蒙分别于 1908 年和 1911 年对比奈-西蒙量表进行了两次修订，比奈-西蒙量表的题目由 30 个增加至 59 个，并采用智力年龄的方法计算成绩。智力年龄是比奈首次提出的，也是比奈-西蒙量表的特色。比奈认为，智力是随年龄的增长而发展的，基于此，80% ~ 90% 的同龄人通过的题目数就可以作为达到这一年龄的儿童的智力水平标准，这一智力水平即智力年龄或心理年龄。具体来说，在测验题目的编排上，比奈将测验题目按难度和年龄分组。如果一个人通过了 8 岁组的测验而不能通过 9 岁组的测验，那么不论此人实际年龄是多少，他的心理年龄都为 8 岁。因此，比奈将常模的概念引入了测验领域。所谓常模，是指测验应用的团体（如某年龄的儿童）的平均水平和分数分布状态，是对某个人的测验分数进行评价时的比较标准。

2）比率智商的提出

比奈-西蒙量表鉴别智力低下的儿童非常有效，于是它被迅速传到世界各地并修订。其中，以美国斯坦福大学的推孟教授在 1916 年完成修订的斯坦福-比奈儿童智力量表最为完善，而且应用最广。在该量表中，推孟在比奈的智力年龄的基础上，首次提出并采用了比率智商的概念来记分。所谓比率智商，就是一个人的心理年龄与实际年龄之比乘以 100。智商概念的提出为不同年龄者之间的智力比较提供了方便。例如，以心理年龄均为 10 岁的两个儿童为例，8 岁儿童的智商是 125，而 10 岁儿童的智商则是 100。这样，智力水平谁高谁低就很清楚了。

3）离差智商的提出

智力并非永远随年龄的增长而发展，心理学研究表明，智力发展的趋势随着年龄的增长先快后慢地发展，在达到高峰期（18 ~ 25 岁）并保持一段时间后，便开始缓慢下降。因此，如果对成人仍用比率智商来衡量智力的高低，则会导致成人的智商随着年龄的增长而下降，而这是不符合实际的。针对这一问题，美国心理学家韦克斯勒有了新的突破。

韦克斯勒在第一次世界大战中追随著名心理学家波林参与编制并使用著名的陆军甲种和乙种测验为美国军队甄选新兵，从而对测验的编制积累了丰富的经验。1939 年，他发表了第一个韦克斯勒-贝尔韦量表（W-BI）（后来的韦氏成人智力量表）。此后，他又发表了不同年龄阶段的一系列智力量表。在韦克斯勒-贝尔韦量表中，他提出了离差智商的概念。韦克斯勒认为，如果从人类总体来看，人的智力测验分数是常态分布的，且平均数为 100，标准差为 15。某个人的离差智商应为

$$IQ=100+15Z$$

$$Z=\frac{(X-\overline{X})}{S}$$

式中，Z 为标准分数；X 为个体的测验分数；$\overline{X}$ 为团体的平均分数；S 为团体分数的标准差。

离差智商是将个体的智力放在同龄人中的相对位置来度量的，解决了比率智商中个体的智商受年龄增长影响的问题。现在离差智商已被广泛用于智力测验中，并被用作评估智力高低的指标。

比奈-西蒙量表问世不久，便爆发了第一次世界大战。美国政府出于甄选新兵的需要，委托心理学家编制了陆军甲种测验和乙种测验（非言语测验）。第一次世界大战后，这类测验修改后用于社会中，适用于教育和工商业等各个领域。20 世纪 30 年代，由于统计方法的发展，智力理论及智力的测量得到了长足发展。其中，最典型的因素分析方法被引入智力量表的编制和研究，这使智力测验的发展达到了巅峰。随着因素分析方法的发展和新的智力理论的提出，智力测验开始从测量单一的智力，发展为测量各种特殊能力，如音乐能力、美术能力、机械能力等。同时，对于智力的测量也开始转向多元化，注重探讨智力的结构和构成智力的各个方面。对于智力测验的结果，不再是给出一个笼统的智商分数，而是给出反映个体智力特点的一组测验分数，即智力轮廓图。

智力测验的迅猛发展，推动了特殊能力、人格、兴趣、态度及其他方面测验的迅速发展。如今，智力测验已被广泛应用于教育、医疗、科研、军队、商业等领域。

4.1.2 著名智力测验简介

智力测验可以分为两类：一类是个别智力测验，即一个主试者在同一时间内只能对一位应者施测的测验；另一类是团体智力测验，即众多应试者可以同时受测的测验。比较著名的个别智力测验有如下几种。

（1）比奈-西蒙量表。这是世界上最早编制的智力量表，有 3 种不同的版本，但目前已很少应用。国内有吴天敏于 1982 年修订的中国比奈测验。

（2）斯坦福-比奈智力量表。它也有许多不同的版本，最近的一次修订是 1972 年。该量表的权威性使它成为测量智力的标准，至今很多智力测验都要与它进行对照再加以校正。

（3）韦克斯勒智力量表。它包括一系列量表：两个韦克斯勒-贝尔韦量表（W-BI 和 W-BII）、韦氏儿童智力量表及其修订本（WISC 和 WISC-R）、韦氏成人智力量表及其修订本（WAIS 和 WAIS-R）、韦氏幼儿智力量表（WPPSI）。韦克斯勒智力量表是目前影响较大、应用较广泛的智力测验之一。在国内，林传鼎和张厚粲等人于 1979 年对韦氏儿童智力量表进行了修订，称为韦氏儿童智力量表中国修订本（WISC-RC）；龚耀先等人分别于 1981 年和 1984 年对韦氏成人智力量表和韦氏幼儿智力量表进行了修订，分别更名为中国修订韦氏成人智力量表（WAIS-RC）和中国-韦氏幼儿智力量表（C-YWCSI）。

比较著名的团体智力测验有如下几种。

（1）陆军甲种测验和乙种测验。前者是言语性量表，后者是操作性量表（适用于有阅读困难的人）。它们是第一次世界大战期间由心理学家为美国军方组织编制的。前者有多种版本，最近的一个版本为陆军 a-9 测验。现在在美国的军队中还经常采用军人资格测验（AFQT）选拔士兵。

（2）多维度能力倾向测验（Multidimensional Aptitude Battery，MAB）。这是一个用于成人的团体智力测验，目前在美国应用较为广泛。

（3）团体儿童智力测验（GITC）。该测验是我国编制的用于学龄儿童的团体智力测验，目前在教育领域应用较为广泛。

某些智力测验既可个别施测，也可团体施测，比较著名的有韦克斯勒智力量表、瑞文标准推理测验等。

1. 韦克斯勒智力量表

韦克斯勒智力量表是世界上非常有影响力且应用十分广泛的智力测验。韦克斯勒自 1939 年发表第一个成人智力量表后，又陆续推出了儿童智力量表和幼儿智力量表，并进行了多次修订。韦克斯勒智力量表的几个量表在结构上非常相似，下面我们就以韦氏成人智力量表为例，进行简单介绍。

韦克斯勒认为："智力是个人有目的地行动、理智地思考及有效地应付环境的整体或综合能力。"基于这一定义，韦氏成人智力量表中设计有 11 个分测验，其中第 1 个、3 个、5 个、7 个、9 个、11 个分测验组成了言语量表，第 2 个、4 个、6 个、8 个、10 个分测验组成了操作量表。韦氏成人智力量表的内容如表 4-1 所示。

表 4-1　韦氏成人智力量表的内容

分测验名称		所测内容
言语量表	常识测验	知识的广度、一般学习能力及对日常事务的认识能力
	背数测验	注意力和短时记忆能力
	词汇测验	言语理解能力
	算术测验	数学推理能力、计算和解决问题的能力
	理解测验	判断能力和理解能力
	类同测验	逻辑思维和抽象概括能力
操作量表	填图测验	视觉记忆能力、辨认能力、视觉理解能力
	图片排列测验	知觉组织能力和对社会情景的理解能力
	积木图测验	分析综合能力、知觉组织及视动协调能力
	图形拼凑测验	概括思维能力与知觉能力
	数字符号测验	知觉辨别速度与灵活性

在韦氏成人智力量表中，每个分测验均可单独记分。所有分测验的原始分数都要转化成平均数为 10、标准差为 3 的标准分数。将标准分数相加，我们便可得到言语量表、操作量表的得分和总分数，再将这些分数转换成离差分数，即可得到言语智商分数、操作智商分数和总智商分数。这些智商分数可与同一个年龄组的常模团体进行比较，以便明了应试者在他们同年龄组中的相对位置。

韦氏成人智力量表是典型的个别智力测验，它要求主试者严格按照测验手册的说明对应试者施测。如果在人员招聘与选拔中使用类似的测验，无疑会加大工作量，但由于该测验在提供结果时，不仅可以给出一个可与他人进行比较的总智商分数，还可以给出每个分测验的分数及分量表的分数，即智力的轮廓图，这使我们可以得知应试者智力的详细情况，这在人员选拔和培训时是非常有用的。

下面我们编选一些简易的测验题目，供读者参考（有作答时间限制）。

1. 如果 M 在 N 和 O 之上，N 在 O 之上在 P 之下，以下 4 种说法，哪种是正确的？（答案：C）

A. M 不是在 O 和 P 之上　　　　B. O 是在 N 之上

C. P 是在 O 之上　　　　　　　D. O 在 P 之上

2. 下星期我要去亨利饭店用午餐，去美术馆参观，去税务所，还要去彼得医院看眼科。亨利饭店星期三关门，税务所星期六和星期天关门，美术馆星期一、星期三、星期五开，彼得医生星期二、星期五、星期六在家，那么我该星期几去才能在一天内完成这些事呢？（答案：星期五）

2. 瑞文标准推理测验

瑞文标准推理测验（Raven's Standard Progress Matrices，SPM）是英国心理学家瑞文（R. J. Raven）于 1938 年设计的一种非文字智力测验。在 1947 年和 1956 年，瑞文分别对该测验进行了小规模的修订。另外，为了扩大该测验的使用范围，瑞文于 1947 年编制了适用于更小年龄的儿童和智力落后者的瑞文彩色推理测验（Raven's Color Progressive Matrices，CPM）和适用于高智力水平者的瑞文高级推理测验（Raven's Advanced Progressive Matrices，APM）。自这些测验问世以来，许多国家对它们进行了修订，直至现在仍被广泛使用。

瑞文标准推理测验的编制在理论上依据斯皮尔曼的智力二因素论。该测验共有 60 道题目，依次分为 A、B、C、D、E 共 5 组，每组 12 道题。从 A 组到 E 组，难度逐步增加，同时每组内部的题目由易到难排列。每组内部的题目用的解题思路基本一致，但各组间的解题思路有差异。直观上看，A 组题目主要测量辨别力、图形比较、图形想象等；B 组题目主要测量类同、比较、图形组合等；C 组题目主要测量比较、推理、图形组合；D 组题目主要测量系列关系、图形套合；E 组题目主要测量套合、互换等抽象推理能力。

瑞文标准推理测验的构成是每道题目都有一定的主题图，但是每张大的主题图都缺少一部分，大主题图下有 6~8 张小主题图，其中有一张小主题图可填补大主题图的缺失部分，从而使整个图案合理、完整。应试者的任务就是从每题下面给的小主题图中找出适合填补大主题图的一张，并把该小主题图的序号填在答卷纸内相应题目序号下面（见图 4-1）。

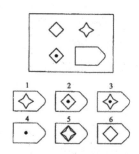

图 4-1　瑞文标准推理测验题目举例

记分时，对照标准答案表为应试者记分，每答对一题给一分。在测验 A、B、C、D、E 各组时先分别记分（各组满分为 12 分），然后把 5 项分数加起来即可得到测验总分（满分为 60 分）。由于该测验已建立了中国城市常模，因此对于得到的分数，即原始分，必须根据测验手册将其转化为标准分数，并对照常模对应试者的智力水平进行合理、科学地评价。

瑞文标准推理测验经常用于智能诊断和人才的选拔与培养。据笔者了解，到目前为止，该测验是中国企业在人员招聘与选拔时使用得较多的一种能力（智力）测验。该测验具有以下特点：

（1）适用年龄范围非常广，对 6 岁以上（包括 6 岁）的人均可施测。

（2）适用于各种文化背景的人和各种类型的人。由于该测验由一系列图形组成，是一种典型的非文字智力测验，因此不受测验对象的文化、种族与语言的限制，并且可用于有聋、哑等生理缺陷的人，所以该测验可以进行跨文化研究，以及正常人、聋哑人、智力迟滞者之间的比较研究。

（3）使用方便，结果可靠。该测验既可个别施测，也可团体施测，而且施测时间短，结果直观简单；同时，该测验具有较高的信度和效度。

4.2　职业能力倾向测验

4.2.1　能力倾向与知识、技能、智力之间的关系

知识涉及一个人知道什么。从整体而言，知识是指人类在从事各种社会认识与实践活动的过程中，逐步形成的对客观事物运动规律的系统认识成果；对个体而言，知识是指一个人对事实、理论、系统、惯例、规则和其他一些与工作有关的信息的知晓和理解。它既包括处于零散、个别、孤立、肤浅或不完整的感性认识阶段的感性知识，也包括达到理性认识高度的理论化、系统化和科学化的理性知识。知识是通过后天学习和实践得到的。

技能和智力涉及一个人能做什么。智力可以概括为能胜任某种工作或完成某项任务的主观条件，这种主观条件可以由先天因素决定，也可以通过学习和实践得到。不论智力来自先天遗传还是后天习得，其都是指当时已经具备而不需要进一步训练的主观条件。技能可以定义为通过一定练习而形成的，使个体得以完成一定任务的动作和智能的操作系统，常体现为一定的熟练性。

能力倾向是指经过适当训练或被置于适当的环境下完成某项任务的可能性，而不是当时就已经具备的现实条件。换言之，能力倾向是指一个人能学会做什么，即一个人获得新的知识、技能和能力的潜力。

智力、知识、技能和能力倾向都是人的认知能力的组成部分，要对它们进行严格区分并不容易。心理学上一般认为它们相互联系，而且处于人的认知能力结构的不同层次上，如图 4-2 所示。

能力倾向既不同于人的智力（人的最基本的认知能力，或者一个人聪明与否，影响一个人从事一切活动的效率），又不同于在某方面由于教育和训练获得的专业知识技能。

能力倾向具有以下特点。

1）相对广泛性

智力的高低几乎影响人的一切活动的效率，但这是一种间接的影响；能力倾向影响一

个人在某一职业领域中多种活动的效率，而专业知识技能则仅仅影响某一有限或具体的活动。例如，人的手指灵活性指一种能快速而正确地活动手指、用手指很准确地操作细小东西的能力。它有利于从事手指活动的一系列职业活动，如计算机录入、打字、制版、描图，甚至舞蹈。而通过教育或训练获得的技能，如绣花，不过是绣花的技能而已。

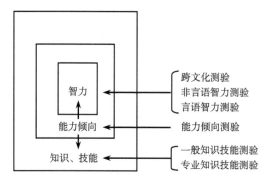

图 4-2　能力倾向与知识、技能、智力的关系

2）相对稳定性

能力倾向是相对稳定的，几乎很难改变，不同于容易通过强化训练而在短期内提高或由于遗忘而丧失的具体的专业技能。例如，人的手指灵活与否，不是通过练习就可以很快提高的，但纺织女工接线头的技能却可以很快掌握。

3）相对影响性

一个人的能力越强，成功的可能性就越大。例如，一个人的空间想象力强，那么他在与空间关系密切的活动领域就有取得成功的可能，但这仅是可能而已，这个人也许并没有机会实现他的优势。

4.2.2　职业能力倾向测验简介

职业能力倾向是指一个人具有的有利于其在某个职业领域成功的能力素质的总和，即为有效地进行某类特定活动必须具备的特殊能力素质，也指经过适当学习或训练后，或者被置于一定条件下，能完成某种职业活动的可能性或潜力。若再具体些，职业能力倾向又可细分为与特定职业相联系的各种职业能力倾向，如音乐（职业）能力、美术（职业）能力、机械操作（职业）能力、行政（职业）能力等。

职业能力倾向测验可以有效地测量某人的某种能力，从而预测此人在一定的职业领域中成功的可能性，或者筛除在该职业领域中没有成功可能性的个体。人们编制了许多针对不同职业领域的能力测验，用于人员的选拔、安置和职业设计。例如，在选择计算机操作员时，会着重考查应试者对数据的计算、加工能力，以及应试者的手指灵活性、眼手配合能力等；在选择汽车驾驶员时，则考查应试者是否具有一般的学习能力、机械推理能力、空间感、手动灵巧及眼、手、足、肢体的配合能力。公务员录用考试把对应试者的行政职业能力的评价作为一个重要方面，它有利于帮助人事部门了解应试者从事行政工作的能力与差异，从而避免在选人过程中可能出现的"高分低能"现象，提高选人用人的准确性。

4.2.3　职业能力倾向测验样例

这里以全国各地公务员录用考试中的行政职业能力测验为例，说明职业能力倾向测验的结构和题目。该测验包括 5 个相对独立的分测验，即数量关系、言语理解与表达、判断推理、常识判断和资料分析，共有 100～150 道题，测试内容以文字、图形、数表 3 种形式出现，一律采用客观性试题。下面对各分测验及其题型进行简单介绍。

1．数量关系

数量关系测验主要用于考查应试者对数量关系的理解和计算的能力，其主要包括数字推理和数学运算两种题型。

1）数字推理

例题：0，6，24，60，120，（　　　）。

A．186　　　　　B．210　　　　　C．220　　　　　D．226

解答：答案为 B。这是一道有难度的题目，其规律是第一个数是 1 的立方减 1，第二个数是 2 的立方减 2，第三个数是 3 的立方减 3，第四个数是 4 的立方减 4，依次类推，空格处应为 6 的立方减 6，即 210。

2）数学运算

例题：假设今天是星期二，那么再过 45 天应是星期（　　　）。

A．三　　　　　B．四　　　　　C．五　　　　　D．六

解答：答案为 C。这种题目可以这样考虑：由于一个星期有 7 天，而 45=7×6+3，所以 45 天包含了 6 个星期还多 3 天。在星期二的基础上加 3 天就是星期五。可见，在解决这类问题时，我们的注意力应主要放在余数上。

2．言语理解与表达

言语理解与表达着重考查应试者对文字材料的理解、分析、运用和书面表达能力。

例题：阅读下面文字，并回答题后的问题。

人类正面临着全球变暖的挑战。联合国的一份报告向我们描述了气候变化产生的灾难性后果。森林的消失和沙漠的扩大，将使非洲成为受气候变化影响最广的地区：热带流行的疟疾和寄生虫病将向北蔓延，使欧洲出现流行病，地中海地区由于严重缺水会半沙漠化，滑雪运动在欧洲将荡然无存；在英国，肆虐的冬季风暴将变得司空见惯，东部的某些地方可能变得过于干旱而无法种植各类作物。另外，一些河流的水量将大大减少甚至干涸，饮用水水源遭到破坏；昔日绕道而行的台风将频频袭击日本，致使短时间内大量降水，洪水泛滥、城市淹没、山体滑坡、交通中断。最为严重的影响，将是地球上数以百万计的人由于海岸线受到侵蚀、海岸被淹没和农业生产遭到破坏而被迫离开家园。

最新的一项研究表明，到 21 世纪末，地球平均气温将比现在高 3℃。这一预设是以近年来地球气温升高的现象和温室效应为依据的。在物理学上，温室效应是指透射阳光的密闭空间由于与外界缺乏对流等热交换而产生的保温效应。大气层中的二氧化碳是主要的温室气体，它可以减少地表热量向空间散失，使大气层保持一定的热能。在大气层中，二氧

化碳的含量直接影响地表气温，当大气层中二氧化碳的含量增加时，地表气温就相应升高。科学家认为，大气中的二氧化碳在地球环境的演化中起到了极其重要的作用，如果没有大气层的保温作用，全球平均气温将为−40℃，而现在全球平均气温为16℃。有科学家预言，如果人类不采取果断和必要的措施，到2030年，大气中二氧化碳的含量将比1850年工业革命时上升一倍。

导致大气层中二氧化碳含量上升的原因是显而易见的。工业革命以后，化石燃料（煤炭、石油、天然气）的燃烧量越来越大，使大气中二氧化碳的含量不断增加。同时，雷击、虫害、砍伐造成的森林火灾、草地衰退和森林破坏也使能够吸收二氧化碳的绿色植物遭到破坏。

所以，要控制全球变暖，必须改变能源结构，大力植树造林。有科学家指出，只有以核燃料代替化石燃料，才能从根本上防止温室效应的加剧。

气候是人类赖以生存的条件，全球气候变暖是人类自身活动造成的灾难。我们必须树立全球共同性的大气环境观念，为了自身的生存和发展，爱护头顶的这片蓝天。

（1）下列对温室效应的概念的理解，准确的一项是（   ）。

A．指由于与外界缺乏对流等热交换，使能够透射阳光的一定的密闭空间中产生的一种保温效应

B．指二氧化碳等温室气体剧增以后，又与外界缺乏对流等热交换，从而使地表气温相应升高的效应

C．指在接受阳光的密闭空间中，能够影响地表气温的二氧化碳的含量增加，使地表气温相应升高的效应

D．指大气层中主要的温室气体，通过减少地表热量向空间散失，在特定密闭空间中产生的保温效应

（2）根据原文，全球变暖带来的影响最严重的一项是（   ）。

A．河流的水量减少甚至干涸，饮用水水源遭到破坏，导致不少地区沙漠扩大，疾病流行

B．肆虐的冬季风暴将变得司空见惯，一些地区会因为过于干旱而无法种植各类作物

C．数以百万计的人因海岸线受到侵蚀、海岸被淹没和农业生产遭到破坏而被迫离开家园

D．台风频频袭击，致使短时间内大量降水，洪水泛滥、城市淹没、山体滑坡、交通中断

（3）根据原文所提供的信息，以下推断不正确的一项是（   ）。

A．非洲是受全球变暖影响最广的地区，人类如果能从根本上防止温室效应的加剧，那么非洲因此而受益的面积也将是最广的

B．人类一旦能够控制大气中二氧化碳的含量，从而在根本上防止温室效应加剧，那么滑雪运动在欧洲将能继续，台风将远离日本

C．为避免增加大气层中二氧化碳的含量，一些科学家主张用核燃料代替化石燃料，可见使用核燃料不会产生二氧化碳

D．假如大气层中二氧化碳的含量持续降低，即全球气温就有可能持续降低，人类也许将面临另一场全球变冷的挑战

解答：本阅读材料选自《希望月报》杂志1997年第8期（原刊于《中国科技画报》），原文的题目是《全球变暖——目前的和未来的灾难》。在全球变暖、沙尘暴日益严重、环境保护问题越来越受到重视的今天，选择这样的文章自然是很恰当的。文章内容涉及全球气候如何变暖，气候变化产生的种种灾难性后果，温室效应产生的原因及人类应该怎样行动

才能改善大气环境等。

（1）本题重点考查"理解重要词语的含义"的能力，究竟什么是温室效应，本题共列出了 4 个备选项，要求选出最准确的一项。原文说："在物理学上，温室效应是指透射阳光的密闭空间由于与外界缺乏对流等热更换而产生的保温效应。"这一定义有 4 个关键词，"透射阳光""密闭空间""热交换"和"保温效应"。而 4 个选项中只有 A 项保留了这 4 个必要条件，所以答案非 A 莫属。

（2）本题考查筛选并提取文中信息的能力。本题围绕"全球变暖带来的严重影响"，列出了 4 种表述，这 4 种表述都出自原文，只是有些稍加变化。要从中选出"最严重"的一项，首先要把这 4 个选项一一还原到原文中去。不难发现它们的有效阅读区间在原文第一段，"联合国的一份报告向我们描述了气候变化产生的灾难性后果"之后都是"灾难性后果"的种种表现，而此题的 4 个选项都是从中抽取出来的。根据原文"最为严重的影响将是许多人被迫迁居，数以百万计的人由于海岸线受到侵蚀、海岸被淹没和农业生产遭破坏而被迫离开家园"，显然，C 项是正确选项。

（3）本题重点考查根据文章内容进行推断和想象的能力。本题的答案为 B，因为此项推断找不到依据，原文的说法显然只是一种假设："人类一旦能够控制大气层中二氧化碳的含量，从而在根本上防止温室效应加剧。"并非充要条件，由此并不能推出"滑雪运动在欧洲将能继续，台风将远离日本"。A 项的依据是"森林的消失和沙漠的扩大，将使非洲成为受影响最广的地区"，"人类一旦能从根本上防止温室效应的加剧，那么非洲因此而受益的面积也将最广"这一推断是正确的。C 项的依据是"有科学家指出，只有以核燃料代替化石燃料，才能从根本上防止温室效应的加剧"。显然，科学家提出这个建议，是基于"核燃料不会产生二氧化碳"这一点来立论的。D 项的依据尽管也是一种假设，但却是基于二氧化碳的含量增加会带来温室效应来立论的，所以也是正确项。

3. 判断推理

判断推理主要考查应试者的逻辑推理与判断能力，其主要包括 4 种类型的题目。

1）图形推理

每道题给出一套或两套图形，要求应试者认真观察，然后找出图形排列的规律，最后选出符合图形排列规律的一项。

例题：

A　　B　　C　　D

解答：在例题中，黑点在正方形中顺时针移动。根据前面 4 个图形的变化规律，在第 5 个图形中，黑点应该正好移动到正方形的左上角。因此，正确答案是 B。

2）定义判断

每道题先给出一个概念的定义，然后分别列出 4 种情况，要求应试者严格依据定义，选出一个最符合或最不符合该定义的答案。

例题：健康是指一个人智力正常，行为合乎情理，能够适应正常工作、社会交往或学习，能够抵御一般疾病。根据健康的定义，下列属于健康的是（　　）。

A．大学教授老李，虽然五十多岁且工作起来仍然精力充沛，但在今年春天患流感

B．张婶十九岁的儿子肖聪，读书十一年还是小学二年级水平，但是从小到大没生过什么大病，体力活可以干得很好

C．小胡硕士毕业后，工作表现一直很优秀。自一次事故后，当工作压力比较大时，他就会精神失常

D．小刘的身体很好，工作也非常努力，但是很多同事说他古怪，不愿与其交往

解答：此题的正确答案为 A。

3）类比推理

每道题给出一对相关的词，然后要求应试者在备选答案中找出一对与之在逻辑关系上最为贴近或相似的词。

例题：义工：职员（　　）

A．球迷：球员　　　　B．学生：老师　　　　C．初学者：生手　　　　D．志愿者：雇员

解答：志愿者与义工、雇员与职员词义相同，故正确答案为 D。

4）逻辑判断

每道题给出一段陈述，这段陈述被假设是正确的、不容置疑的。要求应试者根据这段陈述，选择一个最恰当的答案。该答案应与所给的陈述相符合，不需要任何附加说明即可从陈述中直接推出。

例题：彭平是一个计算机编程专家，姚欣是一位数学家。其实，所有的计算编程专家都是数学家。我们知道，国内大多数综合性大学都在培养计算机编程专家。据此，我们可以认为（　　）。

A．彭平是由综合性大学培养的

B．大多数计算机编程专家是由综合性大学培养的

C．姚欣并不是毕业于综合性大学

D．有些数学家是计算机编程专家

解答：观察 A、B、C、D 4 个选项，似乎都有一定的道理，但只有结论 D 是由陈述"所有的计算机编程专家都是数学家"直接推出来的，是不需要附加任何假设和补充而得出的结论。因此，正确答案为 D。

4. 常识判断

常识判断主要侧重考查应试者的法律知识运用能力，涉及宪法、民法、商法、行政法、经济法、刑法、诉讼法等。

例题：下列属于地方性法规的是（　　）。

A．××省人大常委会通过的《××省人才市场管理暂行条例》

B．××省人事厅颁布的《××省人才流动管理暂行办法》

C．××省人民政府制定的《××省城市供水管理办法》

D．××省人事厅转发人事部制定的《公务员录用面试考官管理暂行办法》

解答：根据《中华人民共和国立法法》第六十三条"省、自治区、直辖市的人民代表大会及其常务委员会根据本行政区域的具体情况和实际需要，在不同宪法、法律、行政法规相抵触的前提下，可以制定地方性法规。较大的市的人民代表大会及其常务委员会根据本市的具体情况和实际需要，在不同宪法、法律、行政法规和本省、自治区的地方性法规相抵触的前提下，可以制定地方性法规，报省、自治区的人民代表大会常务委员会批准后施行"的规定，正确答案为 A。

5．资料分析

资料分析着重考查应试者对文字、图形、表格 3 种形式的数据性、统计性资料进行综合分析、推理与加工的能力。针对一段资料一般有 1～5 个问题，应试者需要根据资料提供的信息进行分析、比较、计算，最后从 4 个备选答案中选出符合题意的答案。

例题：根据图 4-3 回答下列问题。

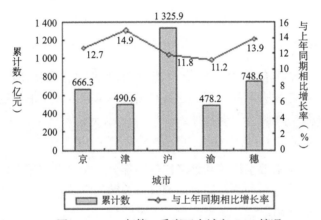

图 4-3　2003 年第一季度五个城市 GDP 情况

（1）2003 年第一季度 GDP 总量和增速均居同一位的城市有（　　）。

A．1 个　　　　　B．2 个　　　　　C．3 个　　　　　D．4 个

（答案：C）

（2）下列陈述正确的是（　　）。

Ⅰ．2003 年第一季度五个城市的 GDP 总量均实现了两位数增长。

Ⅱ．2003 年第一季度广州的经济总量首次超过了北京。

Ⅲ．2002 年同期重庆的 GDP 总量也是第五位。

A．Ⅰ　　　　　B．Ⅰ和Ⅲ　　　　　C．Ⅰ和Ⅱ　　　　　D．Ⅰ、Ⅱ和Ⅲ

（答案：A）

4.3　特殊能力测验

特殊能力测验实际上是一种特殊能力倾向测验，它与一般能力（智力）测验不同。智

力测验测量更多的是一个人当时所具有的能力；而特殊能力则不仅测量一个人身上已具有的能力，还测量一个人在某方面的潜在能力。例如，美术能力测验是一种特殊能力测验，它测量的并不是一个人目前是否具有美术水平，而是该个体在未来有没有潜在的美术能力，以及以后在美术方面能否有所成就。

飞行能力测验是较早编制并应用于实践的一种特殊能力测验。该测验测量的并不是一个人当前的飞行能力水平，而是一个人是否具有潜在的飞行能力。这种特殊能力测验最早应用于第二次世界大战时的美国空军，被用于飞行员的选拔，而且使飞行员的淘汰率有了神奇的降低。值得一提的是，我国的特殊能力测验的编制，最早也是始于空军的招飞选拔测验。该测验是由空军有关部门组织一批测量专家和飞行专家共同编制的，在实际应用中取得了明显的效果。

目前，世界上比较著名的特殊能力测验有飞行能力测验、音乐能力测验、美术能力测验、文书能力测验、机械能力测验、操作能力测验和多种能力倾向测验。

美术能力测验和音乐能力测验较多地应用于未成年人，而飞行能力测验则适用于特定的单位。由于这些测验较少应用于企业中人员的选拔和招聘，因此我们不在本书中进行介绍。

4.3.1　文书能力测验

针对文书工作中要求具有言语能力、数学能力、动作敏捷性及快速察觉异同点的特点，文书能力测验通常包括与智力测验类似的题目和测量知觉速度（文书速度）与准确性的题目。比较著名的文书能力测验有以下几种。

1．明尼苏达文书测验

明尼苏达文书测验包括数字比较和姓名比较两部分。它要求应试者检查数字的匹配和姓名的匹配是否正确。这是一种非常简单的测验，关键看应试者在一定的时间内能完成的题目有多少、准确率有多高。

2．一般文书能力测验

一般文书能力测验主要包括知觉速度与准确性、言语能力和数字能力。由此可见，该测验包括知觉运动任务，也包括一般智力测验任务。

在文书能力测验中，数字能力测验部分在前面一节中已有详细的介绍，这里主要介绍知觉速度和准确性测验。该测验主要包括词表对照、字符替换、字符核对、数字定位、字符双向替换、同符查找、数字核对，以及字符置换、计算与区间核对等。下面以词表对照为例，部分样题如下。

下面是一个包含 15 个词的词表，词表后面的每道试题中均有 5 个词，请应试者将每道试题中所给的 5 个词与词表中的词相对照，找出被包含在词表中的词的个数，这个"个数"即本题的正确答案。如果试题中的 5 个词没有一个被词表包含，那么该题的正确答案为 0。请应试者找出正确答案。

功德　市容　建设　立场　表达
供养　投入　违反　贯彻　承受
思考　信誉　风俗　网络　供奉

1. 资本 联系 思考 基本 风俗
2. 表白 调动 教育 立场 执行
3. 交通 建筑 形式 忠诚 廉政
4. 决心 固守 功德 供奉 表达
……
15. 投入 前提 象征 信誉 风俗
参考答案示例：
（1）本题中只有"思考""风俗"两个词在词表中可以找到，故本题答案为2。
（2）本题中只有"立场"一词为词表所包含，故本题答案为1。
（3）本题中没有一词能在词表中找到，故本题答案为0。

4.3.2　机械能力测验

通常所指的机械能力有空间关系、机械理解、动作敏捷性等，相应的机械能力测验也有许多不同的种类。心理学研究表明，对于不同的机械能力，存在着性别差异。例如，男性在空间关系能力和机械理解能力方面比较占优势，而女性则在动作敏捷性方面占优势。这与我们一般的感觉和体会也是相符的。

1. 明尼苏达空间关系测验

明尼苏达空间关系测验要求应试者尽快将木块放入木板特定的凹陷处。对于空间关系能力的测验，目前在人事测评中也用旋转图形和镶嵌图形来进行测试。

2. 贝内特机械理解测验

贝内特（G.R.Bennett）编制的机械理解测验，原来是第二次世界大战时用来预测飞行员飞行能力的，效果非常好，战后广泛用于企业中。该测验主要测试应试者对机械关系和物理定律的理解能力，测验的形式是每道题都有一幅图和一个问题，要求应试者根据图形回答问题。贝内特机械理解测验样题如图4-4所示。

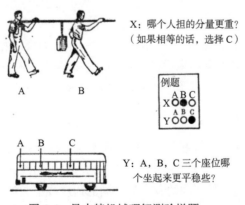

图 4-4　贝内特机械理解测验样题

4.3.3　操作能力测验

对于某些工作，尤其是某些装配线或流水线上单调又重复的工作，有的人的适应性比较好，有的人则不然。为了更好地选出具有较好的适应能力，并具有这方面潜力的人，心理学家编制了操作能力测验，用作选拔人员的工具。

下面介绍一些著名的操作能力测验。

1. 珀杜插板测验

珀杜插板测验主要用于测量手指的灵活性，以及手指、手和手臂的大幅度动作技巧。该测验模拟了装配线上的工作情况。该测验的内容是要求应试者尽快把栓柱插进一系列孔中，每只手插 30 秒，两只手交替进行。另外，该测验还要求应试者用双手把栓柱、环和垫圈装配到孔中。

2. 克劳福德灵活性测验

克劳福德灵活性测验主要用于测量眼和手的配合准确性，适用于测量电器和电子产品装配工的能力倾向。该测验的第一部分要求应试者用镊子将栓柱插入孔中，然后将一个环套在栓柱上；第二部分要求应试者用螺丝刀将螺钉拧进螺母里。尽管该测验的两个部分都比较简单，但由于它与实际工作比较接近，因此在选拔人员时具有很好的预测效度。

3. 奥康纳测验

奥康纳测验主要用于测量手指的灵活性，适用于选拔缝纫机操作工和其他需要准确操作技能的工作人员。该测验要求应试者以最快的速度用手和镊子把栓柱插入小孔中。研究表明，尽管这种测验比较简单，但它的预测效度比较好。

这些操作能力测验都大同小异，主要用于选拔流水线上需要一定操作技能的员工，如明尼苏达操作速度测验等。这类测验有一个共同的特点，即测验的情景与实际工作的情景比较接近，预测效度也比较好。操作能力测验在单独使用时，主要用于人员的选拔，也可被整合到一般能力倾向测验中，作为一般能力倾向测验的分测验，可用于职业指导和咨询。

4.4 创造力测验

对于高层次的人才，我们常要求其具有创新精神；对于某些技术型人才，我们也要求其具有创新精神。事实上，我们可以将其归结为一点，即要求相应人才具有创造力。创造力对于今天这个瞬息万变的世界来说极为重要。心理学家早在 20 世纪 50 年代就对创造力进行了系统的科学研究，并编制了一系列测验来测量创造力。

4.4.1 创造力的概念

提起创造力，人人都懂，但事实上连专门研究创造力的专家都不明白它的实质究竟是什么。创造力这个心理学术语和智力一样，是一个非常模糊的概念。虽然对于创造力的定义有很多，但那些定义充其量只是不同的专家从不同的角度或层面揭示了创造力的某些特性。

最早对创造力进行科学研究的是高尔顿。其后，心理学的各个学派都将创造力作为一个重要的研究方向。例如，弗洛伊德特别强调无意识的动机在创造活动中的作用；格式塔学派的魏特墨认为，创造性思维就是打破旧的框架而形成新的结构，即顿悟。这些研究限于时代背景和研究工具，并没有对创造力做出一个令人信服的解释。

20 世纪 50 年代，吉尔福特用心理测验作工具，经过因素分析，发现可以把人的思维分为发散性思维和聚合性思维。他认为发散性思维的外在表现就是一个人的创造力。经过研究，他认为发散性思维，即创造性思维，有如下 3 个特征。

（1）流畅性，即思维活动流畅，不受阻滞，能在较短的时间内表达出较多的观点。

（2）独特性，又称新颖性，即解决问题时提出的观点新颖、独特。

（3）变通性，即不易受已有框架的影响，能触类旁通，提出新的观点。

在吉尔福特之后，对于创造力的研究大多采用心理测验作为工具，研究方法也更为科学。研究创造力的人认为，创造力包含：敏锐的观察力、抽象概括能力、想象力、灵活的思维能力、预见能力等。这条从智力的角度出发的研究路线着重探讨创造力的结构。

另一条研究路线是从人格角度出发，对创造力进行研究的。人们早就注意到，一个人能否取得成功，以及是否具有创造力，不在于他的智力，而更多地在于他的人格。一个人的创造性行为的实现，有赖于他的人格品质。反过来说，一个人是否具有创造力，可以从他的人格特征上得到体现。如果一个人具有一些创造性人格特征，那么他的创造性倾向就大。于是，许多学者对有创造力、生活事业上取得成功的人进行研究，以得到创造性人格特征。关于这方面的研究成果非常多，一位心理学家对此进行了总结，他认为创造性人格主要有以下 10 个方面的特征。

（1）独立性强。

（2）自信心强。

（3）敢于冒风险。

（4）好奇心强。

（5）有理想，有抱负。

（6）不轻易听从他人意见。

（7）对于复杂奇怪的事物会感到一种魅力。

（8）具有艺术上的审美观。

（9）富有幽默感。

（10）兴趣爱好既广泛又深入。

4.4.2　典型的创造力测验

由于对创造力的认识不同，因此创造力的测验方式也多种多样。比较著名的创造力测验有 3 种。

1. 托兰斯创造性思维测验

托兰斯创造性思维测验是托兰斯在吉尔福特关于创造性思维的 3 个特征的基础上编制的。它包含托兰斯图形创造性思维测验、托兰斯语文创造性思维测验、托兰斯声音和词的创造性思维测验 3 种。该测验测量的是表现在学校教育背景中的创造力，适用于从幼儿园至研究生的在校学生。

2．威廉斯创造力测验

威廉斯创造力测验是著名心理学家威廉斯在总结了不同专家从人格角度研究创造力的成果的基础上编制的。该测验包括发散性思维测验、发散性情意测验及威廉斯量表 3 个分测验。该测验是为适合认知情意互动的教学模式而设计的，因而较多地适用于在校学生，尤其是儿童。

3．南加利福尼亚大学测验

南加利福尼亚大学测验是吉尔福特及其同事在大规模的能力倾向研究中发展起来的，主要用于测量发散思维。该测验主要包括词语流畅性、观念流畅性、联想流畅性、表达流畅性、非常用途、解释比喻、用途测验、故事命题、推断结果、职业象征、组成对象、构图、火柴问题、装饰等创造力测验。

4.4.3 创造力测验样例

为了使读者对常见的创造力测验有一个基本了解，我们选编了一份创造力测验，具体如下。

指导语

这项测验分为两个部分。第一部分是测验你在一般情况下的创造力，一共有 6 道题。请记住，每道题只能用时两分钟，在答下一道题时可以休息一段时间（最好是 15 分钟），当然你也可以分几个晚上来作答。做完第一部分的 6 道题之后，才能开始做第二部分的题目，最后再看评分分析和得分情况。

第一部分　测验你的创造力

1．请你随便想一个字或念头，然后把你紧接着联想到的东西写下来，再把这个东西使你联想到的第二个东西写下来，以此类推，你可以充分发挥你的想象力。这些联想是否有意义无关紧要。

2．这张图可以代表哪些东西？

3．请你把你记得的树的名字写下来。

4．发挥你的想象力，把你能想到的白色柔软且能吃的东西的名称写下来。

5．你能想象出一张褐色的纸有多少种用途吗？

6．请你尽可能多地写出带有"火"字旁的字。

第二部分　测验你在日常生活中的创造力

1．如果有人让你去做一件以前从没做过的事，你会（　　）。

（1）拒绝去做

（2）对此十分感兴趣，但又有几分恐惧，从而犹豫不决、拿不定主意

（3）很乐意去做

2．去朋友家拜访时,你发现他家的家具摆设很不合理,看着特别别扭,这时你会(　　)。

（1）对此不发表意见

（2）心想如果这是你的家你会怎样去改变这个屋子的摆设

（3）直抒己见

3．你对大多数人深信不疑的东西表示过怀疑吗?（　　）

（1）很少

（2）经常

（3）有时候

4．当你翻到设计标语的比赛广告时,你会（　　）。

（1）看也不看一眼便把它翻过去了

（2）毫不在意地看一眼

（3）细看其内容,以求对这次比赛的要求有进一步的了解,有时还真想设计些东西出来拿去比赛

5．当你读到有趣的东西时,你会（　　）。

（1）把它牢记在脑子里以供将来使用

（2）看过便忘

（3）把它剪下来或抄在卡片上,并归入应属的类别里

6．如果让你整个下午照顾一个孩子,而这孩子又吵着闹着说没劲,你会（　　）。

（1）想出一些有趣的游戏,让他度过一个愉快的下午

（2）让他别吵,一边儿玩去

（3）教他如何找些东西自己去玩

7．当你自己装配东西或烧菜时,你会（　　）。

（1）想出一种新的装配方法或做法,而不是按照说明书或食谱去做

（2）严格按照说明书或食谱去做

（3）按照说明书和食谱做了几次以后,就想换个法儿来做

8．你是否想要改变你的工作条件?（　　）

（1）经常会想到

（2）难得会想到

（3）从来不会想到

9．如果在第8题中你所选择的答案是（1）或（2）,那么你会（　　）。

（1）把你的想法藏在心里,决不告诉别人

（2）把你的想法告诉别人,至于怎么办你的心中还没谱

（3）拟定出一份详细周密的计划,把它递交给你的上司

10．如果你看了一部情节古怪的电影,以至于看完整部电影你还不知道它在说些什么,那么你的感觉会是什么样的呢?（　　）

（1）心里觉得不舒服,非要把它搞清楚不可

（2）对此兴趣极浓,希望能依靠自己想出一个头绪来

（3）虽然觉得不可理解,但事后也就把这件事给忘了

11．当你的朋友遇到麻烦,让你给出主意时,你会（　　）。

（1）同情地听他讲

（2）心里暗暗想着："如果我是他，我会怎么做呢？"但是很少说话

（3）向他提供建设性的意见

12．下列表述中最适合你的一句是（　　）。

（1）我喜欢那种循规蹈矩的安宁生活

（2）我喜欢丰富多彩的带有一定刺激的生活

（3）我喜欢生活中有一点刺激，但又不能太多

13．如果你的生活发生了变化，如离家出走、迁任新职、结婚或离婚等，这时你会（　　）。

（1）对于吉凶未卜的未来没有信心

（2）在新环境、新条件下可能会变得比原先更积极

（3）时而兴奋、时而失望，两种心理交替出现

14．假如你继承了父母的房产，你会（　　）。

（1）让它维持原来的样子，以留住对他们的回忆

（2）改变它，使它能适合你的个性和生活习惯

（3）局部改变，同时使一部分保持原样以纪念他们

15．如果两个情投意合的人违背传统而发生了性行为，那么你对此事怎么看？（　　）

（1）觉得恶心

（2）他们自有他们的道理

（3）也许是一件很有趣的事吧

16．你希望怎样度过你的生日及某些特殊的周年纪念日？（　　）

（1）到一家喜欢的饭店去吃一顿

（2）在家里安安静静地度过

（3）到一个没去过的地方玩一圈

17．假如你迷上了某项实用性很强的工作（如缝纫或种花），但你做得很不顺手，你很可能会（　　）。

（1）厌烦地放弃它

（2）仍耐着性子做下去

（3）动脑筋想办法改进

18．当你阅读到世界性的贫穷问题时，你会（　　）。

（1）觉得那是没办法的事，人类只得忍受这种艰苦的环境

（2）虽然感到愤怒和难过，但同时感到这的确是无能为力的事

（3）想努力做点事，贡献自己的一份微薄力量

19．你几乎坠入了情网，但你的朋友和同事们都不赞成你跟那人谈恋爱，你会（　　）。

（1）对他们的话置之不理，我行我素

（2）仍然继续和那人好，但对你们的约会会稍做掩饰

（3）感到不快，慢慢地疏远那人

20．下面 3 种情况，你最怕的是（　　）。

（1）无聊

（2）寂寞

（3）举棋不定

评分分析

现在请你查看一下后面的第二部分评分表，看看你的得分情况，然后把各题的得分加起来，算出你在第二部分的总得分。

第一部分的评分，请看下面的分析。

第一部分：

创造力的本质是独创性，然而如何测量这种无从捉摸的观念性的东西呢？心理学家经过多年的研究发现，当人们遇到问题时——无论是简单的问题还是复杂的问题——他们都会想出多种办法去解决它，或对它有多种不同的理解，这个数量就能反映出人的创造力的高低。换句话说，当你遇到问题时，你想到的解决方案越多，你的创造力也就越高。

1. 你能想到的答案，每个算 1 分，两分钟之内你能想出多少个就得多少分。如果你的得分低于 10 分，表明你的创造力偏低；11～20 分，表明你的创造力中等；超过 20 分，表明你的创造力很高。

2. 你能想到的答案，每个算 1 分。0～5 分，表明你的创造力偏低；6～10 分，表明你的创造力中等；10 分以上，表明你的创造力很高。

3. 你能想到的答案，每个算 1 分。0～7 分，表明你的创造力偏低；8～15 分，表明你的创造力中等；15 分以上，表明你的创造力很高。

4. 每个答案算 1 分。0～5 分，表明你的创造力低；6～10 分，表明你的创造力中等；10 分以上，表明你的创造力很高。

5. 每个答案算 1 分。评分时，必须想想你有多少种反应，以便评估答案的创造性。包东西是一种反应，可是如果你想到了用那张褐色的纸包多种东西，就应该想到除了可以用它来包东西，还可以有别的用途（如用来做成百叶窗），后者显得更富有创造性。每种完全不同的用途可以多给 2 分。0～5 分，表明你的创造力偏低；6～10 分，表明你的创造力中等；10 分以上，表明你的创造力很高。

6. 每个答案算 1 分。0～5 分，表明你的创造力低；6～10 分，表明你的创造力中等；10 分以上，表明你的创造力很高。

如果你在这 6 个测验题中的总得分是 20～40 分，表明你的创造力中等；40～60 分，表明你的创造力较高；70～80 分，表明你的创造力特别高。

第二部分：

这一部分是关于你在日常生活中潜在的创造力。得高分的原因可以通过以下 7 个问题来概括说明。

1. 你接受新经验的能力如何？

2. 出于什么原因使你想从环境中获得某种刺激？

3. 对于举棋不定或模棱两可的事，你准备忍受到什么时候？

4. 你爱冒险吗？

5. 对于每个问题的性质，你可以领悟到什么样的程度？

6. 在你的思维过程中，你的变通能力如何？

7. 你对权威的态度如何？

你的总分应该在0～40分。10分以下，表明你的创造力偏低；11～20分，表明你的创造力中等；20～30分，表明你的创造力高；30～40分，表明你的创造力相当高。

第二部分评分表

1.（1）0（2）1（3）2
2.（1）0（2）1（3）2
3.（1）0（2）2（3）1
4.（1）0（2）1（3）2
5.（1）1（2）0（3）2
6.（1）2（2）0（3）1
7.（1）2（2）0（3）1
8.（1）2（2）1（3）0
9.（1）0（2）1（3）2
10.（1）0（2）2（3）1
11.（1）0（2）1（3）2
12.（1）0（2）2（3）1
13.（1）0（2）2（3）1
14.（1）0（2）2（3）1
15.（1）0（2）2（3）1
16.（1）1（2）0（3）2
17.（1）0（2）1（3）2
18.（1）0（2）1（3）2
19.（1）2（2）1（3）0
20.（1）2（2）1（3）0

第 5 章

动力测验

动力是决定一个人的发展方向、促进人们行为发生的根本原因。动力主要包括价值观、动机和兴趣。其中，价值观是一系列信念，它决定人们发展和行为的方向；动机是引发和指引人们从事某种活动的内在动力，它影响人们的态度和行为；兴趣是喜欢与不喜欢的一种持久的倾向，它关系到人们从事某项活动的积极性。

本章导航

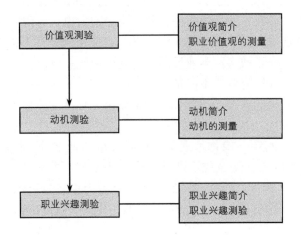

丽嘉酒店的心理测验

上海波特曼丽嘉酒店（简称丽嘉酒店）被《亚洲华尔街日报》和《远东经济评论》评为"中国最佳雇主"，同时名列"亚洲最佳雇主"榜首。该酒店 90% 以上的岗位的薪酬都是市场首位的，经理层岗位的薪酬更是远高于同行。

丽嘉酒店信奉的是"Y 理论"，提倡尊重他人与自己。公司给员工以自信，让他们受到无微不至的关怀，感到自己的工作很重要。"一流的公司要用一流的员工，支付一流的薪水"是丽嘉酒店的信条。对于人力资源部来说，这一战略的最大挑战是要在市场中找出一流的员工。要成为酒店的一流员工，必须要有服务的天赋，如热情、乐意与人交往等。为了找到这些有天赋的员工，丽嘉酒店在招聘时有 5 道程序，其中包括心理测验，从总经理到普通员工，无一例外。市场上真正既有服务天赋，又有培养潜力的员工实在很少，所以只有他们才有资格拿市场的最高价。

5.1 价值观测验

某位男士 1989 年研究生毕业后直接进入国务院某部委工作，由于人品好、业务能力强，1994 年被提拔为副处长，1997 年又晋升为处长。1998 年，正当仕途发展前景一片光明时，他却离职去了一家外企，从事人力资源管理工作。最近十几年，他一直是一家咨询公司的 CEO。

在上述实例中，许多人为之惋惜：这个选择实在太糟糕了。本来在国家机关是很有发展前途的，年纪轻、有知识、有能力，当个司（局）级干部是很轻松的，机遇好的话没准还能成为一名部级领导。而在企业干得再好，其社会影响力也是有限的。

也有人认同他的选择：在机关工作工资太低，事业发展受许多外在因素的制约，而在企业从事管理工作，不仅赚钱多，事业发展也更具可控性。所以，这个选择是很明智的。

那么，这位男士的选择究竟值不值得呢？

这个问题并没有正确的答案，只要你认为值就值，你认为不值就不值，这就是你的个人价值观。

其实，生活中很多问题不像物理现象那样有长短高低之分。我们常听到人们的一些议论："张×这样能干的人，怎么找了那么一个丑媳妇？""小王大学毕业后怎么不留在大城市而去乡镇？"你之所以会有这样的疑问，是因为你将自己的价值观强加给了当事人，而实际上当事人的价值观与你的价值观是不一样的，所以他认为值的事情你会认为不值。

5.1.1 价值观简介

价值观是一系列信念，是一种有关什么是"值得的"的看法。价值观是推动并指引一个人做出决策和行动的原则、信念和标准，它决定了人们可能会选择何种行为方式来生活和工作。例如，有的人追求社会地位，那么他在职业选择、工作行为等方面都会以是否有利于社会地位的提高为标准；有的人追求经济利益，那么他会以是否能赚更多的钱来衡量一切，为此有的人甚至会牺牲自己的友情、亲情和人格。

价值观是一个人在长期的生活实践中形成的。当我们还是孩子的时候，父母会告诉我们"要说真话""不要拿别人的东西"等，通过父母潜移默化的影响，我们会形成"做人应该诚实"等价值观。这种价值观一旦形成，就会成为我们许多行为的准则，通常很难改变。在每种文化里，都有一些特定的价值观。例如，在北美，成就、和平、合作、公平和民主等社会价值观，一直是社会所推崇和人们所向往的。

价值观可以分为不同的类型。美国心理学家奥尔波特（Allport）及其助手是最早对价值观进行分类的学者，他们将价值观分为以下 6 种。

（1）理论型，重视以批判和理性的方法寻求真理。

（2）经济型，强调有效和实用。

（3）审美型，重视外形与和谐匀称的价值。

（4）社会型，强调对人的热爱。

（5）政治型，重视拥有权力和影响力。

（6）宗教型，关心对宇宙整体的理解和体验的融合。

奥尔波特及其助手据此编制了问卷，以测量 6 种价值观对每位受测者的重要程度，并以此确定每位受测者的价值观类型。结果发现，在不同的工作环境下，这 6 种价值观对不同的人有不同的重要性。例如，对于宗教领导者来说，宗教价值观是最重要的，而经济价值观是最不重要的；对于采购代理商来说，经济价值观是最重要的。

上述关于价值观的分类比较笼统，更具体的分类方法是美国心理学家罗克奇于 1973 年在《人类价值观的本质》（*The Nature of Human Values*）中提出来的，他将价值观分为如下 13 种。

（1）成就感：提升社会地位，得到社会认同；希望工作能受到他人认可；对工作的完成和挑战成功感到满足。

（2）美感的追求：能有机会多方面地欣赏周围的人、事、物，或者任何自己觉得重要且有意义的事物。

（3）挑战：能有机会运用聪明才智解决困难；能舍弃传统的方法，选择创新的方法处理事物。

（4）健康：身体和心理健康，工作能够免于焦虑、紧张和恐惧，能够心平气和地处理事物。

（5）收入与财富：在工作中能够有效地改变自己的财务状况；能够得到金钱所能买到的东西。

（6）独立性：有弹性的工作，可以充分掌握自己的时间和行动，自由度高。

（7）爱、家庭、人际关系：关心他人，与别人分享生活，协助别人解决问题；体贴、关爱，对周围的人慷慨。

（8）道德感：与组织的目标、价值观、宗教观和工作使命不冲突，而且能紧密结合。

（9）欢乐：享受生命，结交新朋友；与别人共处，一同享受美好时光。

（10）权力：能够影响或控制他人，使他人按照自己的意愿去行动。

（11）安全感：能够满足基本的需求，有安全感；远离突如其来的变动。

（12）自我成长：能够追求智能上的刺激，寻求更圆满的人生；在智慧、知识与人生的体会上有所提升。

（13）协助他人：能够感受到自己的付出对团体是有帮助的；别人因为你的行为受惠颇多。

5.1.2 职业价值观的测量

职业价值观是个体对工作和与工作相关的各个组织侧面持有的价值偏好。它是人对工作行为、工作方式、工作成果等进行价值判断时依据的稳定心理系统。作为职业价值观的测量工具，职业价值观测量和维度的确认至关重要。下面列举了一些在职业价值观测量和维度确定方面具有代表性的工作。

1971 年，Wollack 等人在职业价值观的调查中将行为偏好、工作参与、工作自豪感、对收入的态度、社会地位和向上发展列为考查的内容。

1980 年，Hofstede 根据对某一跨国公司的 115 000 名管理者和职员做的有关职业价值观的调查，总结出 4 个维度：个人取向-集体取向、男性化-女性化、权力距离、不确定性回避。

1982 年，Larcebeau 抽取了名望、利他、满意和个人发展 4 个因素。Raths 在其颇具影响的职业价值观训练方案（价值澄清方案）中提出职业价值观的 10 个内容：待遇、福利、环境、学以致用、工作时间、进修、休闲、升迁、同事、自主。

1998 年，马剑虹等人通过对 6 家企业的 64 位职工的职业价值观的主成分因素进行分析，抽出了组成职业价值观的工作行为评价、组织集体观念、个人要求 3 个主成分因素。工作行为评价反映在努力工作、做好工作、承担更多的工作职责和任务、干一行爱一行、忠诚于事业等工作行为衡量标准上；组织集体观念表现为遵守组织的规章、服从上级、服从组织、服从大局、忠于组织等评价标准上；个人要求包括个人利益与理想、个人发展前途、工作本身的意义等方面。

1999 年，凌文辁等人通过对大学生职业价值观的主成分因素进行分析，抽出了声望地位、保健、发展 3 个主成分因素。声望地位包括易成名成家、单位知名度高、较高社会地位、单位级别高、较高经济地位、晋升机会多、有出国机会、单位规模大、单位在大城市；保健包括有劳保、职业稳定、福利好、有住房、能解决两地分居、职业环境优雅、收入高；发展包括兴趣爱好、学以致用、能发挥自己才能、机会均等、公平竞争、交通便利快捷、自主性大不受约束、能得到受教育机会。

通过上述对职业价值观的内部因素结构进行的探讨，可以看出，职业价值观的内容分类有很多种。下面我们给出一个职业价值观测验，该测验将人的职业价值观分为利他主义、审美主义等 13 种类型。

职业价值观测验

指导语

本测验的目的是了解你的社会偏好。人的社会偏好无好坏之分，只存在对个人所处的环境是否适宜的问题。如果你想在社会偏好方面对自己加强了解，希望你在回答问卷时能如实地表述自己的观点。

本问卷共有 52 道题，请你根据自己的真实想法对题中陈述的重要性进行评价，其中，5 表示非常重要，4 表示比较重要，3 表示一般重要，2 表示不重要，1 表示很不重要。

1. 你的工作必须经常解决新的问题。

2. 你的工作能为社会福利带来看得见的效果。

3. 你的工作奖金很高。

4. 你的工作内容经常变换。

5. 你能在你的工作范围内自由发挥。

6. 你的工作能使你的同学、朋友非常羡慕你。

7. 你的工作带有艺术性。

8. 你的工作能使人感觉到你是团体中的一分子。

9. 不论在工作中表现如何，你总能和大多数人一样晋升、加薪。

10. 你的工作可能使你经常变换工作地点、工作场所或工作方式。

11. 在工作中，你能接触到各种不同的人。

12. 你的工作的上下班时间比较随意、自由。

13. 你的工作使你有不断取得成功的感觉。

14. 你的工作赋予你高于别人的权力。

15. 在工作中，你能实施一些自己的新想法。

16. 在工作中，你不会因身体、能力等因素，被人瞧不起。

17. 你能从工作的成果中，知道自己做得不错。

18. 你的工作经常要外出、参加各种集会和活动。

19. 只要你做了这份工作，就不会再被调到其他意想不到的单位或工种上去。

20. 你的工作能使你的世界更美丽。

21. 在工作中，不会有人常来打扰你。

22. 只要努力，你的工资会高于其他同龄人，升职或加薪的可能性比做其他工作大得多。

23. 你的工作是一项对智力的挑战。

24. 你的工作要求你把一些事务管理得井井有条。

25. 你的工作单位有舒适的休息室、更衣室及其他设施。

26. 你的工作有可能使你结识各行各业的知名人物。

27. 在工作中，你能和同事建立良好的关系。

28. 在别人的眼中，你的工作是很重要的。

29. 在工作中，你经常接触到新鲜的事物。

30. 你的工作使你可以常常帮助别人。

31. 在工作单位中，你有可能经常变换工种。

32．你的作风使你被别人尊重。

33．工作单位的同事和领导人品较好，相处比较随便。

34．你的工作会使许多人认识你。

35．你的工作场所很好。例如，有合适的灯光，舒适的座椅，安静、清洁的环境，宽敞甚至恒温的工作空间等。

36．在工作中，你为他人服务，使他人感到很满意，你自己也跟着高兴。

37．你的工作需要计划和组织别人的工作。

38．你的工作需要敏锐的思考能力。

39．你的工作可以使你获得较多的额外收入，如常发实物、常发商品的提货券、有机会购买进口货等。

40．在工作中，你是不受别人差遣的。

41．你的工作成果是一种艺术品，而不是一般的产品。

42．在工作中，你不必担心因为所做的事情会让领导不满意而受到训斥或经济惩罚。

43．在工作中，你能和领导相处融洽。

44．你可以看见你努力工作的成果。

45．在工作中，常常要你提出许多新的想法。

46．由于你的工作，经常有许多人来感谢你。

47．你的工作成果常常能得到上级、同事或社会的肯定。

48．在工作中，你能做一个负责人，虽然可能只领导很少几个人，但你信奉"宁做兵头，不做将尾"。

49．你从事的工作经常在报刊、电视中被提到，因而在人们的心目中很有地位。

50．你的工作有数量可观的夜班费、加班费、保健费或营养费等。

51．你的工作在体力上比较轻松，在精神上也不紧张。

52．你的工作涉及电影、电视、戏剧、音乐、美术、文学等艺术方面。

评价方法

请按以下题号统计分数（各小题得分加到一起），并找出得分最高的三项和得分最低的三项，最后参照后面的13种职业价值观类型的含义进行解释。

一、（2，30，36，46）　　　　二、（7，20，41，52）

三、（1，23，38，45）　　　　四、（13，17，44，47）

五、（5，15，21，40）　　　　六、（6，28，32，49）

七、（14，24，37，48）　　　　八、（3，22，39，50）

九、（11，18，26，34）　　　　十、（9，16，19，42）

十一、（12，25，35，51）　　　　十二、（8，27，33，43）

十三、（4，10，29，31）

得分最高的三项分别是＿＿＿＿、＿＿＿＿、＿＿＿＿。

得分最低的三项分别是＿＿＿＿、＿＿＿＿、＿＿＿＿。

该测验将人的职业价值观划分为13种类型，各类型的基本含义如下。

一、利他主义：总是为他人着想，把为大众谋幸福、谋利益作为自己的追求。

二、审美主义：能不断地追求美的东西，得到美的享受。

三、智力刺激：不断进行智力开发、动脑思考、学习和探索新事物，解决新问题。

四、成就动机：不断创新、不断取得成就、不断得到领导和同事的赞扬或不断实现自己想要做的事。

五、自主独立：能够充分发挥自己的独立性和主动性，按照自己的方式、想法去做事，不受他人干扰。

六、社会地位：从事的工作在人们的心目中有较高的社会地位，从而使自己得到他人的重视与尊敬。

七、权力控制：获得对他人或某事的管理权，能指挥和调遣一定范围内的人或事物。

八、经济报酬：获得丰厚的报酬，使自己有足够的财力去获得自己想要的东西，使生活过得较为富足。

九、社会交往：能和各种人交往，建立比较广泛的社会联系和关系，甚至能和知名人士结识。

十、社会稳定：不管自己能力怎样，在工作中有一个安稳的局面，不会因为奖金、加薪、调动工作或领导训斥等经常提心吊胆、心烦意乱。

十一、轻松舒适：将工作作为一种消遣、休息或享受的形式，追求比较舒适、轻松、自由、优越的工作条件和环境。

十二、人际关系：一起工作的大多数同事和领导人品好，在一起相处感到愉快、自然。

十三、追求新意：工作的内容经常变换，使工作和生活显得丰富多彩，不单调枯燥。

5.2　动机测验

> 某大学计算机系 2017 届的一名毕业生，应聘到一家银行从事网络维护工作。尽管收入不错，但干了不到两年，他就不想再待下去了，因为他觉得这份工作没有带给他成就感。

许多人不理解这位大学生的想法，一些亲朋好友纷纷劝告他要珍惜这份工作，再找一份待遇这么好的单位是很不容易的。事实上，人们不知道这位大学生的苦衷：他的成就动机非常高（经过测验，其成就动机分数在 100 位专业人员中只有 5 位可以达到），这类人很想做出一点成就，实现自己的价值。尽管网络维护工作需要一定的技术，但主要是一些日常事务性工作，无须太多创新。所以刚开始工作还有点新鲜感，可时间一长就觉得挺没意思。由此可见，人们在选择职业的时候，还得考虑到自己的职业动机特征，因为职业动机是维持人们职业行为的基本动力。

5.2.1　动机简介

1. 动机的概念

动机是引起、维持和指引人们从事某种活动的内在动力。例如，当你渴了，你就会产生找水喝的动机。动机是人类行为动力系统中调控机制的重要组成部分，是人类行为的原动力。动机不仅指引着个体行为的方向和任务选择，还决定了行为动力的大小、努力的程度及行为的坚持性、克服困难的决心。

动机是在需要的基础上产生的。需要是在有机体生存和发展的过程中，感受到的在生理和心理上对客观事物的某种要求。需要是个体内部的一种不平衡状态，其反映了某种客观的要求和必要性，并成为个体活动的积极性的来源。当某种需要没有得到满足时，它就会推动人们去寻找满足需要的对象，从而产生活动的动机。诱因的存在也是激发动机的一个重要条件。所谓诱因，是指能够激发有机体的定向行为，并能满足某种需要的外部条件或刺激物。诱因可分为正诱因和负诱因。正诱因使人产生积极的行为，使其行为趋向或接近某一目标；负诱因使人产生消极的行为，使其行为偏离或回避某一目标。

在动机形成的过程中，需要与诱因是紧密联系的。需要比较内在、隐蔽，是支配有机体行为的内部原因；诱因是与需要相连的外界刺激物，它吸引有机体的活动，并使需要有得到满足的可能。当有机体达到了某种目标，满足了相应的需要后，就会降低相应的动机，从而使有机体处于相对不活跃的状态。因此，没有需要，就不会有行为的目标与诱因；没有行为的目标与诱因，也就不会有某种特定的需要。所以，在实际生活中，人们的行为往往取决于需要与诱因的相互作用及个体对这种关系的认识。

2. 动机的种类

动机的种类复杂多样，不同的心理学家有不同的划分方法。不过，有3种动机是大家普遍认可、同时与人们的职业行为密切相关的，即成就动机、权力动机和亲和动机。最早系统地提出这3种动机的学者是美国心理学家麦克兰德，在对动机特质的研究过程中，他提出成就动机、权力动机和亲和动机是推动员工在组织中的行为的主要力量。考虑到这3种动机与职业选择的关联性，下面我们分别予以介绍。

1）成就动机

成就动机是追求卓越、争取成功的内驱力。研究发现，成就动机对个体的活动具有重要作用。高成就动机者与低成就动机者的区别在于高成就动机者想把事情做得更好。麦克兰德从宏观的角度探讨了社会集体成员的成就动机水平与社会的经济科技发展之间的关系。他认为，国家经济发展成功的原因不仅取决于经济制度、政治背景和地理环境，而且社会成员的成就动机在一定程度上具有不可忽视的影响作用。国家如此，组织亦如此。一个组织的成功与进步，与其成员的成就动机水平，以及高成就动机者的多寡有着密不可分的联系。因为成就动机对个体、组织和国家而言意义重大，所以不断有研究者致力于成就动机的结构探讨与量表开发工作。研究者认为，成就动机的特质使人们为自己设置困难但又是可以实现的目标，追求完美、计算风险、面对不确定性，对问题采用新颖、创新的解决方法，并愿意为自己的行为结果承担责任。

2）权力动机

争取权力是个体的一种重要动机或品质。所谓权力动机，是指一个人有意识地影响另一个人的行为和情感的能力或潜力。由此可见，权力动机是试图影响他人和改变环境的一种内驱力。Litwin和Striger提出，在权力动机的支配下，人们表现出更多主动进取的精神及成为某一团体的领导者的愿望。高权力动机的个体经常试图影响他人——提出建议，承担更多责任，给出他们的观点和评价，试图说服别人；他们寻求团体中的领导位置；他们是否能够成为领导或者仅被看作"重要人物"，依赖于其他因素（如能力和社会能力）；他们比较健谈，有时好争论。麦克兰德把权力需要定义为影响或控制他人且不受他人控制的需要。他提出，权力需要较高的人喜欢支配、影响他人，喜欢对别人"发号施令"，注重争取地位和影响力；喜欢具有竞争性和能体现较高地位的场合或情景，追求出色的成绩，但他们这样做并不是为了个人的成就感，而是为了获得地位和权力或使自己与已具有的权力和地位相匹配。麦克兰德指出权力需要有两种形式：个人权力需要与组织权力需要。受个人权力需要支配的个体常常为了满足个人的权力欲望而争取领导权力和控制权力，他们常常回避组织的责任；由组织权力需要驱使的管理者为了整个组织的利益而影响他人的行为，他们较多地考虑组织的各种问题，以及自己如何解决这些问题。具有组织权力需要的个体通过正常手段来获得权力，通过成功的表现提升到领导岗位，他们能够得到别人的认可和支持。在组织环境中，组织权力需要与组织的有效性密切相关。麦克兰德发现，与高成就需要的管理者相反，高权力需要的管理者主要通过他人的行动达到目标，而高成就动机的管理者通常自己做事情。研究者还发现，权力需要可通过不寻常的职业选择来表现。例如，高权力需要的学生对教育、心理学、政府部门、企业、国际政策最感兴趣；低权力需要的学生对医药、法律、创造性艺术和建筑更感兴趣。教师、心理学家、部长等职业的从业者，通常在每天的工作中对他人运用相当多的控制。

（3）亲和动机

亲和动机是一种愿意与别人保持友好亲密关系的内驱力，亲和动机反映的是个体对建立、保持或恢复与他人或群体的积极情感关系的关注。麦克兰德将亲和需要定义为建立友好亲密的人际关系的需要。他认为亲和动机是寻求被他人喜爱和接纳的一种愿望。高亲和动机的个体更倾向于与他人进行交往或为他人着想，这种交往会让自己感到愉快。高亲和需要者渴望友谊，喜欢合作而不是竞争的工作环境，他们对环境中的人际关系更为敏感，希望彼此之间能进行沟通与理解。有时，亲和需要也表现为对失去某些亲密关系的恐惧和对人际冲突的回避。亲和需要是保持社会交往和人际关系和谐的重要条件。研究发现，在亲和动机支配下的个体，其行为具有以下突出特点。

一是保持良好的人际关系。高亲和动机的个体能够较快地学会社会亲和，因此他们能够与人很好地交流，并表现出愿意与人亲和的积极倾向。高亲和动机的个体多选择朋友而非专家作为自己的工作伙伴。

二是具有合作精神。在高亲和动机支配下的个体倾向于在群体中创造一种合作的氛围，他们力图减少冲突，回避竞争。对于高亲和动机的个体（特别是男性）来讲，良好的愿望比各种理由更有助于解决人们的各种问题。

三是害怕拒绝。高亲和动机的个体害怕被别人拒绝，希望获得他人与社会的赞许，这也是他们回避冲突与竞争的重要原因之一。

一方面，高亲和动机的个体注重与他人保持友好的关系，注重与上下级保持良好的工作关系。在日益强调团队管理的今天，这种动机品质无疑在组织环境中有着相当积极的作用。但另一方面，由于高亲和动机的个体过于注重情感，所以在一定程度上可能会失去对问题的客观、理性的分析。他们总是力图避免冲突与竞争，因此可能为了顾全关系而丧失原则和立场，从而影响组织利益和组织目标的实现。另外，由于他们注重个人关系的建立，因此有可能形成宗派小团体，在组织中偏袒私人。

5.2.2 动机的测量

动机的测量主要以自陈式量表为主。下面是一个成就动机测验。

成就动机测验
指导语

本问卷共 30 道题，请你根据题中的陈述与自己的看法的相符程度做出判断。

A．完全符合　　　B．基本符合　　　　C．有点符合　　　D．完全不符合

1．我喜欢对没有把握解决的问题坚持不懈地努力。

2．我喜欢新奇的、有难度的任务，甚至不惜冒风险。

3．即使给我的任务有充裕的完成时间，我也喜欢立即开始工作。

4．面临没有把握克服的难题时，我会非常兴奋、快乐。

5．我会被那些能了解自己有多大才智的工作吸引。

6．我会被有难度的任务吸引。

7．面对能测量我能力的机会，我感到是一种鞭策和挑战。

8．我在完成有难度的任务时，感到快乐。

9．对于有困难的活动，即使没有什么意义，我也很容易卷进去。

10．能够测量我能力的机会，对我是有吸引力的。

11．我希望把有难度的工作分配给我。

12．我喜欢尽了最大努力才能完成的工作。

13．如果有些事不能立刻理解，我会很快对它产生兴趣。

14．那些我不能确定能否成功的工作，最能吸引我。

15．对我来说，重要的是做有困难的事，即使无人知道也无关紧要。

16．我讨厌在完全不能确定会不会失败的情景中工作。

17．我在结果不明的情况下会担心失败。

18．在完成我认为困难的任务时，会担心失败。

19．一想到要去做那些新奇的、有难度的工作，我就感到不安。

20．我不喜欢那些测量我能力的工作。

21．我对那些没有把握胜任的工作感到忧虑。

22．我不喜欢做我不知道能否完成的事，即使别人不知道也一样。

23．在那些测量能力的情景中，我感到不安。

24．对需要有特定机会才能解决的问题，我会害怕失败。

25．在做那些看起来相当困难的事时，我很担心。

26．我不喜欢在不熟悉的环境下工作。

27．如果有困难的工作要分配人做，我希望不要分配给我。

28．我不希望做那些要发挥我能力的工作。

29．我不喜欢做那些我不知道我能否胜任的事。

30．当遇到我不能立即弄懂的问题时，我会焦虑不安。

记分方法

每题选 A 记 4 分；选 B 记 3 分；选 C 记 2 分；选 D 记 1 分。

第 1～15 题的总分记为 M_S（成就动机），第 16～30 题的总分记为 M_{af}（害怕失败）。当 $M_S-M_{af}>0$ 时，分值越高，成就动机越高；当 $M_S-M_{af}=0$ 时，追求成功和害怕失败的倾向相当；当 $M_S-M_{af}<0$ 时，分值越低（负数），成就动机越低。

结果解释

成就动机指在面对任务情景时，朝向高标准，设置具有挑战性的工作目标，并为实现这一目标进行艰苦努力，希望获得优秀成绩的欲望。

各分数段对应的解释如下。

$M_S-M_{af}<0$：成就动机弱。通常不愿意面对挑战性的任务，不喜欢参加与他人竞争的活动，在工作中可能会表现得比较保守；在具体活动中不太愿意承担责任，出现问题时，可能会抱怨他人，回避责任，听之任之。

$M_S-M_{af}=0$：成就动机中等。有时愿意承担具有一定难度的任务，并能承担一定的责任。

$M_S-M_{af}>0$：成就动机强。有追求成功的强烈愿望，喜欢有挑战性的任务，愿意为自己设置高目标，肯冒风险，喜欢尝试新事物，希望在竞争中获胜；在活动过程中积极主动，愿意承担责任。

5.3　职业兴趣测验

> 某位女士在做了几个月出纳工作以后，实在做不下去了，因为她不喜欢与枯燥的数据资料打交道，而喜欢与人打交道，所以她想去做营销或公关工作。

兴趣与人们的工作积极性密切相关，做有兴趣的工作是一种享受，而做无兴趣的工作是一种负担。所以，对这位女士来说，做出纳工作简直就是受罪，而做营销工作会显得比较轻松。

5.3.1　职业兴趣简介

兴趣是喜欢与不喜欢的一种持久的倾向，表现为对某种事物、某项活动的选择性态度和积极的情绪反应。职业兴趣是指对职业或具有职业特征的活动的心理倾向。职业兴趣的类型是多种多样的，如美国心理学家从人与职业的匹配程度出发，将职业大致分为 3 类：D-Data 类职业，关于数据、文件等方面的工作；P-People 类职业，关于与人打交道的工作；T-Thing 类职业，关于同机器、自然界等打交道的工作。Holland 将职业兴趣分为 6 类：现实型、研究型、艺术型、社会型、企业型和常规型。Holland 的这 6 种职业兴趣类型代表了

6 种不同的兴趣与人格特质的人，它可以帮助个人了解哪种类型的工作比较适合自己，同时可以协助个人了解工作的内容及其环境。

（1）现实型的人。他们偏好与物体打交道，喜欢摆弄和操作工具、机械、电子设备等具体有形的实物，不喜欢和人打交道；喜欢从事机械、电机、制造等领域的工作。

（2）研究型的人。他们喜欢依自己的方法来解决问题并追根问底；喜欢提出新的想法和策略，但对实际解决问题的细节无兴趣；喜欢从事数学、物理、生物、化学等领域的研究工作。

（3）艺术型的人。他们喜欢用文字、音乐、色彩等不同形式来表达情绪或美的感受；喜欢创造，不喜欢受束缚；喜欢从事音乐、写作、戏剧、绘画、设计等领域的工作。

（4）社会型的人。他们关心自己和别人的感受，喜欢倾听和了解别人，愿意付出时间和精力去解决别人的冲突，并帮助他人成长；喜欢从事教育、咨询、福利等领域的工作。

（5）企业型的人。他们希望拥有权力去改善不合理的事情，善用说服力和组织能力，希望自己的表现被他人肯定；喜欢从事管理、行政等领域的工作。

（6）常规型的人。他们做事规矩而精确，喜欢按部就班、精打细算的工作；不喜欢改变或创新，也不喜欢冒险或领导他人；喜欢从事文书事务、金融、统计等领域的工作。

Prediger 提出了两个更基本的维度：数据—观念，物—人。Prediger 根据这两个维度定义了 4 种工作任务。

（1）数据任务。这种工作任务通过与事物、记录、文件、数字及系统程序打交道，服务于人们的日常消费和服务消费。例如，图书保管员、交通管理员。

（2）观念任务。这种工作任务涉及概括、理论、知识、洞察力及以新方法呈现事物等方面。例如，科学家、作曲家、哲学工作者。

（3）事物任务。这种工作任务涉及仪器、材料、工具、生物机制等方面。例如，建筑工人、实验室技术人员、司机。

（4）人物任务。这种工作任务与人打交道，涉及看护、游说、娱乐、训练等方面。例如，小学老师、社会工作者、职业咨询师。

5.3.2　职业兴趣测验

职业兴趣测验

指导语

本问卷共 90 道题，请你根据自己的真实情况对题目中的陈述进行评价，如果陈述符合实际情况，则在相应的题号前打“√”，否则打“×”，注意不要漏答。

1．强壮而敏捷的身体对我很重要。

2．我必须彻底了解事情的真相。

3．我的心情受音乐、色彩、写作和美丽事物的影响极大。

4．与他人的关系丰富了我的生命并使它有意义。

5．我相信我会成功。

6．我做事时必须有清楚的指引。

7．我擅长自己制作、修理东西。

8．我可以花很长时间去想通事情的道理。

9．我重视美丽的环境。

10．我愿意花时间帮别人解决个人危机。

11．我喜欢竞争。

12．在开始一个计划前，我会花很多时间去计划。

13．我喜欢用双手做事。

14．探索新构思使我满意。

15．我总是寻求新方法来发挥我的创造力。

16．我认为把自己的焦虑和别人分担是很重要的。

17．成为群体中的关键任务执行者对我很重要。

18．我为自己能重视工作中的所有细节而感到骄傲。

19．我不在乎工作时把手弄脏。

20．我认为教育是个发展及磨炼脑力的终身学习的过程。

21．我喜欢非正式的穿着，喜欢尝试新颜色和新款式。

22．我常能体会到某人想要和他人沟通的需要。

23．我喜欢帮助别人不断改进。

24．做决策时，我通常不愿冒险。

25．我喜欢购买小零件，并做成成品。

26．有时，我可以长时间地阅读、玩拼图游戏，或者冥想生命的本质。

27．我有很强的想象力。

28．我喜欢帮助别人发挥他们的天赋和才能。

29．我喜欢监督事情直至完工。

30．如果我将面对一个新情景，那么我会在事前做好充分的准备。

31．我喜欢独立完成一项任务。

32．我渴望阅读或思考任何可以引发我好奇心的东西。

33．我喜欢尝试创新。

34．如果我和别人发生摩擦，我会不断地尝试化干戈为玉帛。

35．要成功，就必须定高目标。

36．我不喜欢为重大决策负责。

37．我喜欢直言不讳，不喜欢拐弯抹角。

38．在解决问题前，我必须对问题进行彻底分析。

39．我喜欢重新布置我的环境，使它们与众不同。

40．我经常通过和别人交谈来解决自己的问题。

41．我经常起草一个计划，而由别人完成细节。

42．准时对我而言非常重要。

43．从事户外活动令我神清气爽。

44．我不断地问：为什么？

45．我喜欢自己的工作能够抒发我的情绪和感觉。

46．我喜欢帮别人找出可以和其他人互相关注的方法。

47．能够参与重大决策是件令人兴奋的事。

48．我经常保持环境整洁，喜欢有条不紊。

49．我喜欢周边环境简单而实际。

50．我会不断地思考一个问题，直到找出答案为止。

51．大自然的美深深地触动我的灵魂。

52．亲密的人际关系对我来说很重要。

53．升迁和进步对我来说是极其重要的。

54．当我把每日的工作计划好时，我会比较有安全感。

55．我不害怕过重的工作负荷，我知道工作的重点是什么。

56．我喜欢能使我思考、带给我新观念的书。

57．我期望能看到艺术表演、戏剧及好电影。

58．我对别人的情绪低潮相当敏感。

59．影响别人使我感到兴奋。

60．当我答应做一件事时，我会竭尽所能地监督所有细节。

61．我希望粗重的肢体工作不会伤害任何人。

62．我希望能学习所有使我感兴趣的科目。

63．我希望能做些与众不同的事。

64．对于别人的困难，我乐于伸出援手。

65．我愿意冒一点危险以求进步。

66．当我遵循规则时，感到安全。

67．选车时，我最先注意的是好的引擎。

68．我喜欢能刺激我思考的对话。

69．当我从事创造性事物时，我会忘掉一切旧经验。

70．我会关注社会上许多需要帮助的人。

71．说服别人依计划行事是件有趣的工作。

72．我擅长检查细节。

73．我通常知道如何应付紧急事件。

74．阅读新发现的书是件令人兴奋的事。

75．我喜欢美丽、不平凡的故事。

76．我经常关心孤独、不友善的人。

77．我喜欢讨价还价。

78．我花钱时小心翼翼。

79．我通过运动来保持强壮的身体。

80．我经常对大自然的奥秘感到好奇。

81．尝试不平凡的新事物是件相当有趣的事。

82．当别人向我诉说他的困难时，我是个好听众。

83．做事失败了，我会再接再厉。

84．我需要确切地知道别人对我的要求是什么。

85．我喜欢把东西拆开，看是否能够修理它们。

86．我喜欢研读所有事实，再有逻辑地做决定。

87．对我而言，没有美丽事物的生活是不可思议的。

88．人们经常告诉我他们的问题。

89．我经常能借着网络资讯和别人取得联系。

90．小心谨慎地完成一件事是件有成就感的事。

评分方法

记分：下表中的数字代表上述职业兴趣测验中的题号，请将你的答案"√"或"×"，画在各题号上。

现实型	研究型	艺术型	社会型	企业型	常规型
1	2	3	4	5	6
7	8	9	10	11	12
13	14	15	16	17	18
19	20	21	22	23	24
25	26	27	28	29	30
31	32	33	34	35	36
37	38	39	40	41	42
43	44	45	46	47	48
49	50	51	52	53	54
55	56	57	58	59	60
61	62	63	64	65	66
67	68	69	70	71	72
73	74	75	76	77	78
79	80	81	82	83	84
85	86	87	88	89	90

请算出每种职业兴趣类型中打"√"题目的总数，并将它填在下面的横线上。

现实型＿＿＿＿＿　　　研究型＿＿＿＿＿　　　艺术型＿＿＿＿＿

社会型＿＿＿＿＿　　　企业型＿＿＿＿＿　　　常规型＿＿＿＿＿

请将上述分数，按照从高到低的顺序依次排好，并填在下面的横线上。

第一高分＿＿＿＿＿　　　第二高分＿＿＿＿＿　　　第三高分＿＿＿＿＿

第四高分＿＿＿＿＿　　　第五高分＿＿＿＿＿　　　第六高分＿＿＿＿＿

请算出每种职业兴趣类型中打"×"题目的总数，并将它填在下面的横线上。

现实型＿＿＿＿＿　　　研究型＿＿＿＿＿　　　艺术型＿＿＿＿＿

社会型＿＿＿＿＿　　　企业型＿＿＿＿＿　　　常规型＿＿＿＿＿

如果考虑打"×"的题目，是否会改变原有的职业兴趣类型？

各种职业兴趣类型的解释如下。

艺术型：喜欢艺术性工作，如音乐、舞蹈、歌唱等。这种类型的人往往具有某些艺术技能，喜欢创造性的工作，富有想象力。他们通常喜欢同观念而不是同事务打交道的工作，比较开放、好想象、独立、有创造力。

常规型：喜欢传统性的工作，如会计、秘书、办事员，以及测算等。这种类型的人有很好的数字计算能力，喜欢室内工作，乐于整理、安排事务。他们往往喜欢同文字、数字打交道的工作，比较顺从、务实、细心、节俭，做事利索、有条理、有耐性。

企业型：喜欢如推销、服务、管理等类型的工作。这种类型的人通常具有领导才能和很好的口才，对金钱和权力感兴趣，喜欢影响、控制别人。他们喜欢同人和观念打交道的工作，而不是同事务打交道的工作，喜欢户外交际、冒险；他们精力充沛、乐观、和蔼、细心、抱负心强。

研究型：喜欢各种研究性工作，如实验室研究人员、医师、产品检查员等。这种类型的人通常具有较高的数学能力和科学研究能力，喜欢独立工作，喜欢解决问题；喜欢同观念而不是同人或事务打交道的工作。他们的思维逻辑性强，且好奇、聪明、仔细、独立、俭朴。

现实型：喜欢现实性的、实在的工作，如机械维修、木匠活、烹饪、电气技术等，也称"体能取向""机械取向"。这种类型的人通常具有机械技能和较好的体力，喜欢户外工作，乐于使用各种工具和机器设备；喜欢同事务而不是同人打交道的工作。他们真诚、谦逊、敏感、务实、朴素、节俭、腼腆。

社会型：喜欢社会交往性工作，如教师、咨询顾问、护士等。这种类型的人通常喜欢周围有别人存在，对别人的事很有兴趣，乐于帮助别人解决难题，喜欢同人而不是同事务打交道的工作。他们乐于助人、有责任心、热情、善于合作、富于理想、友好、善良、慷慨、有耐心。

兴趣淡漠型：

测验结果表明，你的各项兴趣的得分都非常低。这种现象的基本含义是，你对各类活动、事务或工作都不大感兴趣，也不会动员自身的心理资源去关注它们，不会把它们当作自己生活或工作的主要内容和支柱，更不会执着地去追求。

造成这种结果的原因有许多。例如，可能出于一种特殊的个人生活哲学，如"无为"，或者的确对现实的各种事物均无兴趣；可能对测验中给出的内容没有兴趣，但对测验以外的其他内容有兴趣；可能是身体状况不佳，导致对生活中的任何事物都丧失兴趣；可能因一时或经常的挫折，对工作或生活丧失信心；可能是你在测验当中回答问题时，过于谨慎，你的标准过于严格，以至于只对很少的题目做出肯定的选择；还可能是你漏答的题目太多所致。

兴趣分散型：

测验结果表明，你对很多方面的职业都有几乎相同程度的兴趣水平，呈现"天花板"似的结果。也就是说，你的兴趣分布比较广泛，同时对许多方面都很投入，但这样可能会分散你的心理资源，如果调节不当，有可能会妨碍你在某些方面的潜在成就。

造成这种结果的原因有许多，可能是出于心理资源丰富、能量充沛、精力旺盛；可能是出于资质聪颖，对许多不同方面的学习、技能、活动都能驾轻就熟而并不感到有任何困难；还可能是出于热情，缺乏理性的思考和抉择。一般来说，最理想的还是将对不同方面的兴趣区分出不同水平的层次，形成有主有次、有重有轻的格局，这样才能更好地、更经济而科学地分配有限的心理资源，从而确保在工作、生活中最重要的方面投入心理资源。

第 6 章

人格测验

长期以来，由于人们的个性特征没有好坏对错之分，因此人格测验没有得到应有的重视。近十多年来，人们认识到不同的个性特征在特定的岗位或环境中具有不同的适合度，因此各级各类组织开始普遍关注人格测验在选人用人中的应用。

本章导航

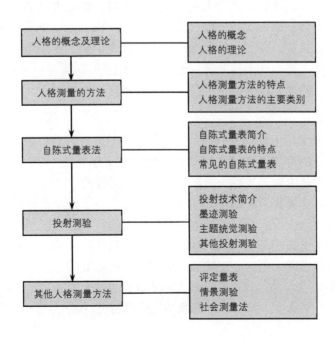

6.1 人格的概念及理论

美国联合航空公司的招聘测试

　　1985 年，美国联合航空公司的一项调查揭示了一个令人震惊的结果：在过去的 20 年中，世界各地共发生过 50 000 多起空难事件，其中只有 1/5 是属于机器故障。这项调查报告发表以后，立即受到各航空公司的重视，并促使他们着手改变过去只凭技术、资历和飞行时速对驾驶员进行测试的惯例。各航空公司开始引进心理测验，在甄别待录用驾驶员的智力高低、能力大小的同时，鉴定驾驶员的个性类型等，以便录用的驾驶员能组成一个最佳状态的飞行组。

　　1926 年，美国飞行学校的学员中，有 87% 的学员因飞行不佳被淘汰，其原因之一为空中飞行心理适应性不佳。直到第二次世界大战及其后，客观的要求促使心理测验在人事测评中得到不断发展和完善，因飞行不佳被淘汰的人数才开始下降。在美国，空军学员的淘汰率由 70% 降至 36%；在法国，空军学员的淘汰率由 61% 降至 36%。

6.1.1 人格的概念

　　假如在一个可以坐一万人的会场中问一句："有谁认为人与人是不同的？请把手举起来。"恐怕每个人都会把手举起来。正如世界上没有两片完全相同的叶子一样，世界上也没有两个完全相同的人。在大多数人心中，人与人之间的不同不是指外表上的不同，也不是指能力上的不同，那么人与人之间的不同是什么呢？

　　从你周围的生活中随便找出两个人——张三和李四，请你说出他们有什么不同。你可能会说，张三比较外向，李四比较内向；你可能会说，张三比较急躁，李四比较细致；你可能会说，张三比较古板，李四比较灵活；你可能会说，张三比较果断，李四比较优柔寡断……这些差异就是人在个性上的差异，也就是人格上的差异。《三字经》中的"人之初，性本善；性相近，习相远"说的也是人在人格上的差异。

1. 人格的定义

　　关于人格，心理学界还没有一个统一的定义。我们可以将其简单地理解为人们所具有的个体独特的、稳定的对待现实的态度和习惯化了的行为方式，它是一个人区别于其他人的稳定的心理特征，是由先天和后天因素的交互作用形成的。

　　在这里，我们有必要提及两个与人格有关的概念。一个概念是性格。性格一词不是一个心理学的概念，而是一个大众化的词语，在日常的语言中，我们经常听人们说一个人的性格怎样。性格基本上指的是一个人的性情、脾气、禀性等。另一个概念是气质。通俗来讲，气质是指人整体表现出来的心理特征，如"某人很有气质""贵族气质""现代气质""高雅气质"等。在心理学中，气质是指与人的先天神经特点有关的心理特征，是指人的神经反应速度、强弱、平衡性、灵活性等高级神经活动特征。

2．人格的主要特性

只有了解人格的特性，才能更好地了解每个人的人格特征，才能更好地将其应用到人员的招聘与选拔之中。

人格具有以下几种主要特性。

1）整体性

人格的整体性是指组成人格的各个要素不是孤立的、互不相关的，而是统一在一个有机的整体之中的。人格具有内在的统一性，一个人人格的整体性也就是在一个人的人格结构中，其各方面特质是否彼此协调一致。这是一个人是否心理健康的一个重要标志。我们在考查一个人的时候，也要考查一个人是否具有人格的整体性。另外，我们在看待一个人的人格特征时，也要将单个的特征放在整体中加以考虑，这样才能准确而全面地了解一个人。例如，一个人的独立性，在有些人身上就要理解为其在做决策时有自己的主见，在有些人身上就要理解为不喜欢与他人交往。

2）独特性和共同性

一个人既具有自己独特的人格特征，又具有其从属团体的共同特征。例如，北方人有一些共同的人格特征，南方人可能具有另一些共同的人格特征。当某个人属于某个特定的群体时，我们就可以推论他可能具有某些特定的人格特征。

3）稳定性

一个人在不同的时间和场合常常表现出一些一致性和持久性的人格特征。人格的这种稳定性为我们从一个人目前的行为表现推论其未来可能的行为表现提供了可能性。

4）可塑性

人格并不是一成不变的东西，一个人在成长的过程中，受到外界环境和其他一些因素的影响，人格特征往往会发生一些变化。因此，在对人格进行解释的时候要格外谨慎。

3．人格在人员选拔中的作用

在过去的人员选拔工作中，我们往往只注重一个人在专业和业务方面的能力，而忽视了其在人格方面的特征。其中，一个很重要的原因是人们认为个性与职业成功之间没有关系。例如，一个成功的企业家既有外向性格的，也有内向性格的。但在 20 世纪 80 年代，心理学家研究发现，成功的人确实未必具有特定的人格特征，但是某些人格特征又确实是许多成功人士的共同特点，如自信心、韧性等。而且，有些工作确实更适合具有某种人格特征的人来做；有些人更适合与具有某种人格特征的人共同工作。合理的人事安排可以带来更高的工作效率。例如，一个性格内向、不善言辞、不喜欢过多地与他人打交道的人，应尽量避免从事产品推销或公关一类的工作；一个性情急躁、做事粗枝大叶的人，不适合从事文字校对、整理资料等需要耐心细致的工作。20 世纪 80 年代末期和 90 年代初，人格测验在人员选拔中的应用受到人们的广泛关注。1984 年，64% 的公司声称从未在人员选拔中使用过人格测验；1989 年，只有 36% 的公司没有使用过人格测验。由于人格测验有利于提高选聘工作的有效性，因此此类测验在选拔和雇用人才中正受到越来越多的关注和重视。

6.1.2 人格的理论

在对一个人的人格进行描述时，最简单直接的方法就是以一个人最突出的心理特征来刻画一个人的人格特征。例如，一个人最突出的人格特征是外向，那么我们就说这个人是一个外向型的人。这种以人的最突出的心理特征为依据将人分类并加以描述的人格理论称为人格的类型理论。另一种人格描述的方法是用多种心理特征来刻画一个人的人格特征，即把一个人划分为多种特质，再通过多种特质来描述人格特征的人格理论，这种理论被称为人格的特质理论。人格的类型理论和特质理论是人格的两大基本理论。

1. 人格的类型理论

1）关于气质类型的理论

气质是一个人在心理活动和行为动力方面的稳定心理特征。

早在 1800 年前，古希腊的医生加伦认为，人的健康和性格特点与体内的血液、黏液、黑胆汁和黄胆汁这 4 种体液的比例有关。通过观察人的行为特征，他认为，当血液、黏液、黑胆汁和黄胆汁这 4 种体液分别在体内占优势时，分别构成多血质、黏液质、胆汁质和抑郁质 4 种不同的气质。这 4 种气质类型在行为方式上的表现是不同的（见表 6-1）。

表 6-1　不同气质类型的典型行为表现

气质类型	典型行为表现
多血质	这种气质的人的行动具有很高的反应性。他们会对一切吸引他注意力的事物，做出生动的、兴致勃勃的反应；他们行动敏捷、灵活，容易适应新的环境，喜欢与人交往；他们具有言语表达力和感染力；他们在活动中表现得积极主动、精力充沛。他们的热情产生得比较快，消退也比较快，对于简单的重复性工作，他们会厌烦或表现出萎靡不振的样子。多血质的人一般属于外倾型
黏液质	这种气质的人反应比较慢，情感不易发生，也不易外露。他们对自己的行为有较大的自制力，心理反应速度缓慢，遇事不慌不忙；他们能稳定地、有条理地、持久地工作。他们缺乏灵活性，注意力容易保持而不易转移。黏液质的人一般表现为内倾型
胆汁质	这种气质的人具有较高的反应性和主动性。他们脾气暴躁、易怒、不稳重、好挑衅、态度直率、精力旺盛；他们能以极大的热情投入工作，并努力克服前进道路上的障碍，但有时会表现得缺乏耐心。他们的可塑性比较差，兴趣较稳定。胆汁质的人也属于外倾型
抑郁质	这种气质的人有较高的感受性，往往能够觉察出许多别人不易觉察的细节。他们心理反应速度缓慢，动作迟缓；他们多愁善感，容易发生情绪变化，但表现得微弱而持久；他们在困难面前表现得优柔寡断，在遭受挫折之后，常常心神不安，不能迅速转向新的工作；他们的主动性较差，不能将事情坚持到底。他们往往富有想象力，比较聪明。抑郁质的人一般表现为内倾型

有人曾做过形象的比喻，这个比喻充分说明了 4 种气质类型者的突出特征。有 4 位分别属于不同气质类型的人一同去看电影，走到电影院门口，电影已经开演了，看门的人不让他们进去。这时，胆汁质的人会同看门的人争吵，甚至不顾看门的人的阻拦而闯入电影院；多血质的人看到楼下的入口处看门的人很严，他可能会溜到楼上去看；黏液质的人可能会一直等着；抑郁质的人可能会叹息："真不走运，偶尔来了一次电影院就这样倒霉。"然后，转头回去了。

近代实验心理学的先驱，德国著名的心理学家冯特认为，多血质和胆汁质可归为可变的特性，抑郁质和黏液质可归为不变的特性，他将可变性和不变性作为第一人格维度。他还认为，多血质和黏液质属于非情绪性的，而胆汁质和抑郁质属于情绪性的，他将情绪性和非情绪性作为第二人格维度。

苏联心理学家巴甫洛夫将气质类型与人的高级神经活动特征联系在一起。巴甫洛夫认为，高级神经活动的兴奋和抑制过程具有强弱、平衡性和灵活性3种基本特征。这3种特征的不同组合构成不同的气质类型：强、平衡、灵活的称为活泼型，相当于多血质；强、平衡、不灵活的称为安静型，相当于黏液质；强而不平衡型相当于胆汁质；弱型相当于抑郁质。

2）荣格的心理类型学说

精神分析学派的著名心理学家荣格在1923年出版了《心理类型》一书。他认为，人与人之间存在个别差异，可以分为内倾型和外倾型两种心理类型。外倾型的人，其心理能量指向外部的物体或事件，依据客观标准来看待一切。他们性格开朗活泼，善于交际，适应力强。内倾型的人，其心理能量指向主体内部。他们性情孤僻、优柔寡断、深思熟虑。荣格还认为，个体的差异可进一步分为思维、情感、感觉和直觉4种心理机能。这4种心理机能可以分为两对，思维和情感为理性的机能，感觉和直觉为非理性的机能。这样就出现了以下8种人格模式：

- 外倾思维型
- 外倾感觉型
- 内倾思维型
- 内倾感觉型
- 外倾情感型
- 外倾直觉型
- 内倾情感型
- 内倾直觉型

3）克雷奇默的类型论

德国精神病学家和心理学家克雷奇默研究了精神病患者与体型的关系，提出了体型、气质与行为倾向的关系，如表6-2所示。

表 6-2　克雷奇默的体型、气质与行为倾向的关系

体型	气质	行为倾向
瘦长型	分裂气质	不善交际、孤僻、沉静、神经过敏
矮胖型	躁郁气质	善交际、活泼、乐观、感情丰富
运动型	黏着气质	固执、认真、迟钝、易情绪爆发

2. 人格的特质理论

人格的类型理论具有简单、直观的特点，但过于粗糙，而且这种将人划分为几种简单类型的方法未免过于机械化。由于人的个性非常复杂，因此很难将复杂的个体归于某种单一的人格类型，而且人的人格类型存在很多中间类型。人格的特质理论是假设人有多种特质，且每个人都不同程度地具有这些特质，而人与人之间的差异在于特质水平上的差异。

最早提出特质概念的是美国的心理学家奥尔波特。他将特质定义为一种一般性的神经心理结构，而神经心理结构是因人而异的。这种结构可以综合不同的刺激，使人对这些刺激做出相同的反应。特质是指人们稳定的、经常表现的行为方式。一个偶然发生的行为不能称为特质，因为即使最外向的人也有偶尔沉默不语的时候，最内向的人偶然也有情绪爆

发的时候。特质表现为一个人在不同情景中经常、稳定的行为方式。例如，一个具有"温和性"特质的人，在工作中对上级的命令比较服从，对其他人的错误比较容忍，对待自己的朋友比较客气、谦让；在社交情景中会回避冲突，不易与人发生争执；对待自己的父母可能会比较孝顺和关心；不会有太激进的政治主张。这种在各种情景中经常表现出来的一致性行为方式就是特质。

1）奥尔波特的人格特质理论

奥尔波特认为，特质是一般化了的个人所具有的神经心理结构，它具有指挥个体行为的能力。他将特质划分为共同特质和个人特质。共同特质是在一定的文化形态下，所有人都具有的心理倾向性。个人特质是个人具有的特点，表现为个人的个性倾向性。共同特质又分为重要特质、中心特质和次要特质。重要特质在人的生活中居统治地位，支配着人的基本行为。中心特质比重要特质的概括性要低，通常用中心特质来描述人的个性。次要特质是只有在特殊的情景中才能显示出来的特质。奥尔波特的人格特质划分如图 6-1 所示。

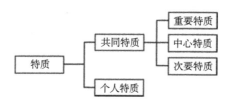

图 6-1　奥尔波特的人格特质划分

2）卡特尔的特质理论

美国心理学家卡特尔接受了奥尔波特的人格特质理论，他认为特质就是在不同的时期和情景中都保持的行为形式的一致性。他主张人格的基本结构元素是特质。卡特尔对描述人格的词汇进行了相关分析，得出了 35 个特质群，他将这些特质群称为表面特质。他对这些表面特质进行了因素分析，又得到了 16 个基本特质，他将这 16 个基本特质称为根源特质。他认为根源特质是构成人格的基本要素，是行为的属性和功能的决定因素。卡特尔编制的 16 种人格因素测验至今仍然是全球使用较广的人格测验之一。

3）艾森克的人格三维学说

英国心理学家艾森克认为，人格的 3 个基本因素是内外倾性、情绪稳定性和精神性。这 3 个因素构成了人格相互垂直的 3 个维度。人们在这 3 个因素方面的不同倾向和表现程度，构成了他们不同的人格特征。

4）大五人格模型

大五人格模型源于人格的词汇学研究。词汇学的基本假设是，在各种文化下，自然语言中包含了所有能够描述人格的词汇，也就是说，所有人格特质都被包含在自然语言中了。

奥尔波特从《韦氏新国际词典》中挑选出 55 万个描述人的词汇，精心筛选后保留下 1.8 万个词汇。他对这些词汇进行了分类，并将其分为 4 类：

（1）描述潜在个人特质的词汇。

（2）描述人格的暂时状态、心境和活动的词汇。

（3）评价性描述的词汇。

（4）与身体特征、能力和才能有关的词汇。

卡特尔的特质理论也是对词条进行聚类分析和因素分析的结果，最终形成 16 种人格因素。费斯克等人从卡特尔的 16 种人格因素中进一步抽取，发现 5 个大的因素。不同的人研究出的 5 个因素不尽相同，但均有一定的相似之处。一般认为，这 5 个因素包括：

（1）情绪稳定性（Neuroticism）。

（2）外倾性（Extraversion）。

（3）经验开放性（Openness）。

（4）随和性或宜人性（Agreeableness）。

（5）尽责性（Conscientiousness）。

细心的读者会发现：这 5 个因素的英文首字母正好组成海洋（OCEAN）一词，这似乎暗示着这 5 个因素正好容纳了人类人格的"海洋"。本章后面将对这 5 个因素进行说明。

6.2　人格的测量方法

6.2.1　人格测量方法的特点

首先提倡用科学的方法测量人格的是英国的高尔顿。他在 1884 年发表了《品格测量》一文，文中指出，构成我们行为的品格是一种明确的东西，所以应该加以测量。他还编制了一个评定品格的量表，可以说是人格测验的初步尝试。人们公认的人格测验的先驱是克雷培林，他是一个临床心理学家。他最早在临床中使用自由联想测验。他的自由联想测验就是给受测者呈现一些刺激词，这些词是经过专门筛选的，要求受测者对每个词做出反应，并让他们说出最先想到的词。这其实就是人格测验的一种。后来这种方法不仅在临床中使用，还用于其他测验中。

由于人格具有多维度、多层面的特点，所以人格的测量方法也是多种多样的。没有任何一种人格测验是完美的，所以只用一种测验方法达到全面地测量人格的效果是不可能的。在实际的人事测评工作中，你可能会遇到五花八门的人格测量方法。这些方法是由心理学家设计和编制的，它们之间有相同的地方，也有不同的地方，但每种方法的特征可以从以下两极性的维度上进行描述和比较，这就是人格测验的特征维度。

人格测验主要的特征维度有以下 13 项。

1．封闭式与开放式

这一维度是指受测者自由回答的程度。有些测验要求受测者按照规定的方式来回答问题，受测者回答的自由程度比较小，所以这种测验就是封闭式的，一般的问卷式量表都是封闭式的。有些测验对回答的内容没有严格的规定，受测者可以自由地做出反应，这种测验是开放式的，如情景测验、投射测验等。

2．测验刺激的明确性与模糊性

在某些测验中，呈现给受测者的刺激是一种明确的刺激，而大部分的自陈式量表中给出的刺激都是明确的，如明尼苏达多相人格问卷（MMPI）中的"我常常觉得头上有绷得紧紧的带子"，这样的题目给出的刺激就是明确的。在某些测验中，给出的刺激是比较模糊的，大多数投射测验中给出的刺激是比较模糊的。例如，一个完成句子的测验，"有些人_____"，这样的刺激就是比较模糊的。

3. 测验形式的言语性与非言语性

有些测验的材料及受测者的反应都使用言语的方式，如人格问卷。有些测验的材料或受测者的反应采用非言语的方式，如画人测验、画树测验、罗夏克墨迹测验等。

4. 测验目的的伪装性与非伪装性

由于人们在测验中会猜测测验的意图，因此其在测验中的表现会受到社会称许性的影响。也就是说，他们会故意表现出一些可能会被评价为好的人格特征，而掩饰自己的一些不良人格特征，因此很多人格测验都带有伪装性。所谓伪装性，是指从测验的名称和测验指导语中，受测者并不知道这是一个测量人格的测验，而以为是测量能力或其他什么东西的测验。例如，儿童在接受一个关于诚实性的人格测验时，他并不知道这是一个测量诚实性的测验，还以为是看谁完成的测验任务多，看谁完成得好。这就是伪装测验。有些测验是非伪装性的，从名字上就可以看出它是测什么的，如艾森克个性问卷、明尼苏达多相人格问卷等。

5. 单相性与多相性

如果一个人格测验能够反映多种人格特征，那么这个测验就是多相人格测验，如卡特尔16 种人格因素测验、明尼苏达多相人格问卷。如果一个人格测验仅能反映一种人格特征，那么这个测验就是单相人格测验，如测量内倾—外倾人格的测验、测量场依存性与场独立性的测验。

6. 对测验结果的定性分析与定量分析

在对测验结果进行整理和解释的时候，有明确记分系统的称为定量分析，反之称为定性分析。例如，人格问卷一般都是定量分析的，而投射测验一般是定性分析的。

7. 随意性的与非随意性的

根据对受测者反应的正确性的限定性要求，人格测验分为随意性的人格测验与非随意性的人格测验两种。随意性的人格测验对受测者的反应的正误进行记分，即受测者的反应是没有正误之分的，大多数的人格测验都是随意性的。非随意性的测验是指受测者的反应有正误之分。

8. 临床的解释与统计的解释

对人格测验的结果进行分析的方式分为临床的解释与统计的解释。临床的解释强调人格的动态性，强调个体差异。它主要分析人与人之间的整体差异，注重过去经验在人格形成中的作用，强调富有弹性的观察，是凭直觉和主观经验进行描述性的、非机械性的、个别的分析方式。一般非结构性的测验多使用这种分析方式。统计的解释是指对人格测验的结果进行统计的分析方式，它强调科学严谨性，主张用数据说话。具有机械性、结构性的测验采用的是统计的解释。

9. 意识与潜意识

意识与潜意识是指不同的测量方法所测量的内容的不同意识层次。有些测验测量的是意识水平的内容，如一般的个性问卷。有些测验测量的是无意识（潜意识）的内容，如一些投射测验。

10. 意识的与行为的

有些测验侧重于对个体意识和心理结构的测量，如 Q 分类技术。有些测验侧重于个体行为上的测量，如行为评定量表法。

11. 标准参照和常模参照

标准参照是用一种绝对的标准来解释分析测验结果，如区分正常人格与变态人格。常模参照利用的是一种相对的标准，它是以个体在一个常模群体中的位置来解释个体的测验结果的。所谓常模团体，就是多个具有共同特征的人组成的群体中的一个代表性样本。

12. 特质测验与整体测验

受不同的人格理论影响，人格测验分为特质测验与整体测验。例如，卡特尔 16 种人格因素测验就是一种典型的特质测验，因为它是基于人格的特质理论，而主题统觉测验（TAT）则是一种整体测验。

13. 重个体的测验与重环境的测验

有些人格测验是针对个体进行的，称为重个体的测验；有些人格测验是从个体与外部环境的关系上去认识个体的人格特征的，称为重环境的测验。后者是受社会生态学的研究模式影响而产生的，这是人格测验的一大进步。例如，社会测量法多是将个体置于其所处的环境中再对其进行评价的。

6.2.2 人格测量方法的主要类别

每种人格理论都假定个体存在差异，并假定这些差异是可测量的。测量就是在特定情况下对个体行为和与某特定刺激有关联的行为进行系统的观察。人格的测量方法的范围很广，包括观察、行为评定、问卷和投射测验等。人格测验的分类方法各不相同，但通常可将其分为三大类：自陈式量表、投射测验，以及其他人格测验（如评定量表）等。

1. 自陈式量表

自陈式量表主要指自陈式人格问卷或人格调查表，又称结构化人格测验。该量表是由牵涉个人特质、思想、情感、行为的真假或多项选择题组成的，它要求受测者根据自己的经验、态度选择一个答案。此类测验具有一些共同特征：一是结构明确，受测者可以在几个有限的选项中进行选择；二是测验目的不隐蔽，主试者和受测者双方都了解测验的目的；三是记分简便、易做解释，稍经训练的人员就可应用；四是广泛应用于人格研究、精神疾病诊断与咨询、教育领域、职业选择等多个方面。此类测验很多，以下是一些比较知名的自陈式量表：

（1）明尼苏达多相人格问卷（MMPI）。

（2）加利福尼亚心理调查表（CPI）。

（3）艾森克个性问卷（EPQ）。

（4）卡特尔 16 种人格因素测验（16P）。

（5）爱德华个人偏好调查（EPPS）。

（6）瑟斯顿（Thurstone）气质量表。

（7）Guilford-Zimmermen 气质调查。

（8）Tennessee 自我概念量表（TSCS）。

（9）NEO 人格问卷。

2. 投射测验

投射技术（Projective Techniques）最早由 Frank 提出，其基本假设是：个体不是被动地接受外界刺激的，而是主动地、有选择地给外界刺激赋予某种意义，然后表现出适当的反应，人们可以从这些反应中推论他的人格。利用投射技术编制的测验叫作投射测验。投射测验与其他人格测验相比，通常有以下特征：一是呈现给受测者的是一个相对模糊而无结构的刺激情景，这使受测者有机会表达他内心的需求和许多特殊的知觉，以及对该情景所做的许多解释。许多潜意识的东西在问卷式的人格测验中常常不能显露出来。二是投射测验的目的对受测者来说是隐藏的，即受测者不知道测验的目的，因此，受测者不易伪装。三是受测者可以通过各种方式自由回答问题，而不像问卷那样要求特定的回答方式。四是投射测验注重人格的整体分析，而一般的人格测验往往只能测量某些人格特征。此外，投射测验也可以用来考查人的智力、创造力、解决问题的能力等。目前，比较知名的投射测验包括：

（1）洛夏测验。

（2）主题统觉测验（TAT）。

（3）儿童统觉测验（CAT）。

（4）Holtzman 的墨迹技术。

（5）填句测验。

（6）画人测验（DAP）。

3. 其他人格测验

其他人格测验主要有词联想技术、校核表（Checklist）、态度量表，还有发展较晚的场独立和场依存测量、内外控制感测量等。校核表是一种相对简单的人格测验，它比人格问卷、评定量表更易编制。校核表有自我报告和观察者报告两种，它要求受测者圈出适合评价自己或他人的词或短语。通常认为评定量表的测量效果优于校核表，但不如人格问卷准确。态度量表在设计和结构上与评定量表相似。场独立和场依存测量主要反映个体知觉或认知能力特征，即从复杂的、易混淆的整体中区分部分的能力。那些不受干扰、较好解决问题的受测者属于场独立；而完成任务困难，易受干扰的受测者属于场依存。内外控制感测量主要评价个体的认知态度，即认为自己的行为是受自我或内部因素控制还是受外部因素控制，认为行为受自我或内部因素控制的人为内控，认为行为受外界因素控制的人为外控。

知名的其他人格测验包括：

（1）形容词校核表（ACL）。

（2）Q 分类法。

（3）Bern 性别角色问卷。

（4）镶嵌图形测验。

（5）Rotter 的内外控制感（I-E）量表。

6.3　自陈式量表

6.3.1　自陈式量表简介

自陈式量表是问卷式量表的一种。简单地说，问卷式量表就是书面的"问"和"答"。问卷式量表一般可以分为两类：一类是自我报告量表，由受测者自己作答；另一类是问卷式评定量表，由熟悉受测者的人作答或对受测者进行观察的人作答。

自陈式量表是人格测验中最常用的方法。所谓自陈，就是让受测者提供关于自己的人格特征报告。自陈式量表的基本假设是，只有受测者最了解自己，因为自己可以随时随地地观察自己，而任何其他观察者都不可能了解受测者行为的所有方面，而且人格特征具有内隐性，有时从外部难以观察得到。但这一假设的基础其实是很不牢靠的，因为一个人不是总能对自己的各方面情况做出正确的观察和判断。实际上，受测者在报告自己的行为时常常会带有某种偏向。社会称许性是自陈式量表经常遇到的一个问题，每个人都希望自己被评价为好的，因此，他们在作答时会刻意地表现出社会称许的一些态度和行为，这将严重影响人格测验的有效性。

自陈式量表的题目一般都是关于人格特征的态度和具体行为的描述。从特征维度上看，自陈式量表的刺激是明确的，测验目的一般是不伪装的，受测者的回答是封闭式的，大多数量表都经过了标准化。因此，自陈式量表是客观和定量的测量，对结果的解释有可以参照的常模资料。从应用方面来看，由于其客观性和经济性，应用较为广泛。

最早的自陈式量表是武德沃斯在第一次世界大战期间设计的个人资料调查表。该调查表主要用于考查士兵对军队生活的适应情况，并用以甄别不适合服役的严重精神病人。该量表的题目涉及一些精神症状和行为偏差，如病态恐惧、强迫观念、强迫行为、睡眠障碍和其他一些身心症状（如"你经常做白日梦吗？""你尿床吗？"）等。这实际上是把与精神病人的谈话进行标准化并使之适用于团体施测的一种尝试。第一次世界大战后，有人对此量表进行了修订并在学校中使用。武德沃斯的个人调查表被奉为人格自陈式量表特别是情绪适应量表的蓝本，各种自陈式量表就是在此基础上发展起来的。

6.3.2　自陈式量表的特点

自陈式量表有以下特点。

（1）自陈式量表的测量工具一般为调查表。所谓调查表，就是了解受测者情况的细目表，相当于一个标准化的访谈提纲。

（2）自陈式量表的题目比较多。由于人格特质种类繁多，且大多数没有明确的定义，而人的行为又是由多种因素决定的，因此很容易受具体情景影响。所以如果题目太少，就不可能测出较完整的人格结构和受测者的典型行为。

（3）同一个自陈式量表中往往包含几个分量表，每个分量表用于测量一种人格特质。

（4）自陈式量表的测量形式通常采用纸笔形式，可以进行团体施测。

（5）在自陈式量表中，受测者本应按自己的实际情况作答，但有的受测者为了给别人以好印象或把自己装扮成具有某种人格特征的人，会做出不符合实际的回答。有时，受测者还会表现出一些特殊的反应倾向，如猜测、折中、默认等。

6.3.3　常见的自陈式量表

1．卡特尔16种人格因素测验（16PF）和15种人格因素问卷加强版（15FQ+）

16PF是由美国伊利诺伊州立大学个性与能力测验研究所的卡特尔教授编制的，适用于16岁以上的青年人和成年人。该测验在学业预测、职业预测和心理健康预测方面得到了广泛应用。该测验共有187道题目，题目的形式为折中是非型，分为16个分量表，分别测量卡特尔的16种根源人格特质。16PF测量的特质名称及高分者与低分者的特征如表6-3所示。

表6-3　16PF测量的特质名称及高分者与低分者的特征

人格因素	特质名称	低分者特征	高分者特征
A	乐群性	缄默、孤独	乐群、外向
B	聪慧性	迟钝、学识浅薄	聪慧、富有学识
C	稳定性	情绪激动	情绪稳定
E	恃强性	谦逊、服从	好强、固执
F	兴奋性	严肃、审慎	轻松兴奋
G	有恒性	权宜、敷衍	有恒、负责
H	敢为性	畏怯退缩	冒险敢为
I	敏感性	理智、着重实际	敏感、感情用事
L	怀疑性	信赖、随和	怀疑、刚愎
M	幻想性	现实、合乎成规	幻想、狂妄不羁
N	世故性	坦白、直率、天真	精明能干、世故
O	忧虑性	安详、沉着、有自信心	忧虑抑郁、烦恼多端
Q1	实验性	保守、服从传统	自由、批评、激进
Q2	独立性	依赖、附和	自立、当机立断
Q3	控制性	冲突多发、不明大体	知己知彼、自律严谨
Q4	紧张性	心平气和	紧张、困扰

16PF不仅能明确地描绘出一个人的16种人格特质，而且可以推论出一些次元人格结构，表6-4是16PF的次元人格结构及高分者与低分者的特征。

表6-4　16PF的次元人格结构及高分者与低分者的特征

次元人格结构	高分者特征	低分者特征
适应—焦虑	容易激动、焦虑	心满意足，生活适应顺利
内向—外向	善交际，不拘小节，不受约束	羞怯，审慎，与人相处拘谨、不自然

续表

次元人格结构	高分者特征	低分者特征
感情用事— 安详机警	刚毅，安详，机警，有进取精神， 忽视生活情趣	感情用事，情绪困扰不安，对问题反复思 考才能决定，讲究生活艺术
怯懦—果断	独立，果断，有气魄，锋芒毕露， 主动寻找机会表现创造性	依赖，人云亦云，优柔寡断，迁就别人

16PF 题目举例：

1．我很明了本测验的说明。（　　）

A．是的　　　　　　　　　B．不一定　　　　　　　　　C．不是的

3．如果有机会的话，我愿意（　　）。

A．到一个繁华的城市旅行　　B．介于 A 和 C 之间　　　C．游览清静的山区

15．对于性情急躁、爱发脾气的人，我仍能以礼相待。（　　）

A．是的　　　　　　　　　B．介于 A 和 C 之间　　　　C．不是的

34．如果人们知道我内心的成见，他们会大吃一惊。（　　）

A．是的　　　　　　　　　B．不一定　　　　　　　　　C．不是的

187．我确定没有遗漏或漫不经心地回答上面的任何问题。（　　）

A．是的　　　　　　　　　B．不确定　　　　　　　　　C．不是的

15FQ+是全球顶尖心理测验供应商 Psytech International 于 1992 年开发的。15FQ+基于卡特尔的 16PF，在心理测验方面进行了大胆创新，并充分利用了现代信息技术的最新发展成果，受到了全球 20 多个国家的关注和使用。2006 年，中国善择人才测评公司从 Psytech International 取得了 15FQ+的简体中文版的修订权，并进行了本土化开发，获得了中国大陆专业和管理人员、大学生和其他应用目标群体的常模数据。目前，15FQ+在国内企事业单位中得到了比较广泛地应用。15FQ+在测评 16 种根源人格特质时，共有 200 道题，受测者需在 30 分钟内完成在线作答。作答完毕，测验供应商可根据受测者、HR 和公司管理者的不同使用需要，提供多种形式的测验结果报告。

2．爱德华个性偏好量表（EPPS）

1）量表的结构与理论基础

爱德华个性偏好量表是根据莫里的个性需要理论编制的。该量表共有 225 道题，其中有 15 道是重复性的题目，用以考查受测者作答的认真程度，因此，实际的题目数量为 210 道。

爱德华个性偏好量表在形式上的一个特点是采用了迫选式作答方式。该量表的每道题中都包含 A、B 两个陈述句选项，要求受测者从 A、B 两个选项中选出最符合自己情况的一句话。例如：

A．我喜欢跟别人谈我自己。

B．我喜欢为我自己确定的目标工作。

A．当我失败时，我感到沮丧。

B．当我在一群人面前演讲的时候，我感到紧张。

当 A、B 选项均能表现受测者的特征时，受测者要选择最能表现自己特征的一个。当两个陈述都不能表现受测者的特征时，或者当两种情况受测者都不喜欢时，受测者应该选择相对来说讨厌较轻的一个。受测者必须在 A、B 两个选项中选择一项，没有中间答案，也不允许空缺。

爱德华个性偏好量表的理论基础是莫里的个性需要理论。美国心理学家莫里认为，个性是有目的的、动态的、连续的活动模式，贯穿于人一生的发展之中。他非常强调需要，并提出了 20 多种需要，其中，一些需要与相应的行为表现如下。

（1）谦卑：屈服，接受处罚。

（2）成就：为实现目标而努力，追求完美、胜利。

（3）亲近：得到友谊。

（4）攻击：以力量取胜，伤害他人。

（5）自主：追求个人的独立性。

（6）逆反：克服困难，战胜失败。

（7）崇拜：心甘情愿地为之服务。

（8）防御：保护自己，为自己辩解。

（9）支配：控制或影响他人。

（10）表现：引人注目，兴奋，惊讶。

（11）躲避伤害：躲避疼痛和危险。

（12）躲避屈辱：躲避蒙受耻辱。

（13）慈善：给予不幸者以帮助和保护。

（14）秩序：力求整洁、干净、有条理。

（15）玩耍：轻松。

（16）拒绝：拒绝自己不喜欢的人。

（17）隐居：与他人保持距离。

（18）爱抚：给予他人肉体方面的爱抚。

（19）性爱：与异性形成性爱关系。

（20）求助：寻求养育、爱与支持。

（21）优胜：克服和战胜阻力。

（22）理解：思考和求解疑问。

爱德华从莫里提出的需要中选择并形成了 15 种重要的需要，即成就、崇拜、秩序、表现、自主、亲近、探究欲、求助、支配、谦卑、慈善、变异、坚毅、性爱、攻击。

2）题目举例

1．A．当我的朋友有麻烦时，我喜欢帮助他们。

　　B．对我承担的一切事情，我都尽最大努力去做。

28．A．我喜欢我的所有东西都很精确、清楚、有条理。

　　B．我喜欢广交朋友。

58．A．在开始工作前，我喜欢做好组织和计划。

　　B．我喜欢旅行和到处观光。

100．A．我觉得自己处处不如人。

　　　B．我喜欢回避责任和义务。

212．A．我喜欢搬家，住在不同的地方。

　　　B．我喜欢长时间地工作而不受干扰。

3．NEO-PI 五因素调查表

有关大五人格模型的测验称为 NEO-PI 五因素调查表（NEO-PI Five-Factor Inventory），该测验包括 300 道题目，受测者要在五点量表（从完全同意到完全不同意）上指出每道题目的陈述表示他们自身特点的程度。除了在这 5 个因素上的得分，受测者还有在 6 个次级量表上或与 5 个因素的每个因素相联系的层面上的得分。这些层面提供了有关五因素的每个因素内的行为的更大区分性（见表 6-5）。

表6-5　大五人格模型的特质因素和特质量表样例

高分者特征	特质量表	低分者特征
情绪稳定性（N）		
烦恼、紧张、情绪化、不安全、不准确、忧郁	评鉴顺应与情绪不稳定。识别那些容易有心理烦恼、不现实的想法、过分的奢望或要求及不良应对反应的个体	平静、放松、不情绪化、果敢、安全、自我陶醉
外倾性（E）		
好社交、活跃、健谈、乐群、乐观、好玩乐、重感情	评鉴人际互动的数量和强度、活动水平、刺激需求程度和快乐的容量	谨慎、冷静、无精打采、冷淡、乐于做事、易退让、话少
经验开放性（O）		
好奇、兴趣广泛、有创造力、有创新性、富于想象、能实现传统	评鉴对经验本身的积极寻求和欣赏，喜欢接受并探索不熟悉的经验	习俗化、讲实际、兴趣少、无艺术性、非分析型
宜人性（A）		
心肠软、脾气好、信任人、乐意助人、宽宏大量、易轻信、直率	评鉴某人思想、感情和行为方面在同情至敌对这一连续体上的人际取向的性质	愤世嫉俗、粗鲁、多疑、不合作、报复心重、残忍、易怒、好操纵别人
尽责性（C）		
有条理、可靠、勤奋、自律、准时、细心、整洁、有抱负、有毅力	评鉴个体在目标取向行为上的组织性、持久性和动力性，把可靠的、严谨的人与那些懒散的、邋遢的人进行对照	无目标、不可靠、懒惰、粗心、松懈、不检点、意志弱、享乐

6.4 投射测验

6.4.1 投射技术简介

所谓投射，就是让人在不自觉的情况下，把自己的态度、动机、内心冲突、价值观、需要、愿望、情绪等下意识水平的人格特征，在他人或他物上反映出来的过程。我们通过投射测验获得的资料来揭示人格深层的无意识内容。投射测验是向受测者提供一些未经组织的刺激情景，让受测者在不受限制的情景下，自由地表现出他的反应，再通过分析反应，就可以推断他的人格结构了。在这里，受测者对刺激情景的反应并不重要，它的作用只是像银幕一样，让受测者把自己的人格特征投射到银幕上来。利用这种投射技术编制的测验叫作投射测验。

投射技术的基本假设：

（1）人们对外界刺激的反应都是有原因的，而不是偶然发生的。

（2）人们对外界刺激的反应固然决定于当时的刺激或情景，但当时个人本身的心理状态、过去的经验、对将来的期望，以及他的整个人格结构，都对当时的知觉与反应的性质和方向，起到了很大的作用。

（3）自陈式量表是让受测者自己说明自己，而大部分的人格结构处于潜意识之中，很难凭意识进行说明，所以当个体面对一种不明情景时，常常可以将隐藏在潜意识中的欲望、需求、动机等"泄露"出来，这就是投射技术的原理。

从特征维度上看，投射测验具有以下显著特点。

（1）在测验的刺激上，投射测验使用的是模棱两可的刺激，如云迹图、墨迹图等。

（2）测验目的多是伪装性的。

（3）受测者完全可以自由回答，因此测验是无组织的。

（4）在结果分析上，以定性分析为主，有许多推论。

（5）在结果解释上，多是参照人格障碍标准进行衡量的。

（6）注重对人格结构的整体分析。

（7）测验难以标准化，因此多由训练有素的专家进行。

（8）测验的内容以潜意识为主。

根据受测者的反应方式，可以将众多投射测验分为 5 类。

1．联想法

要求受测者根据刺激说出自己联想的内容，如荣格的文字联想测验和罗夏克的墨迹测验等。

2．构造法

要求受测者根据看到的内容，编造一个包括过去、现在和未来发展的故事，然后从故事中探测其个性，如主题统觉测验等。

3．构成法

要求受测者对一些不完整的句子、故事进行自由补充，使之变得完整，然后从中探测其个性，如句子完成测验等。

4．选排法

要求受测者根据一定的准则（如意义、美观等）来选择项目或做出排列，受测者在选择和排列的过程中会显露出其人格特征。

5. 表达法

要求受测者通过某种方法（如绘画、游戏、心理剧等）来自由地表露其人格，如画人测验、画树测验等。

6.4.2　墨迹测验

瑞士的精神病医生罗夏克创造了墨迹测验，他最早用墨迹图来测量精神病人的人格特征。墨迹图的制作方法：在一张纸的中间滴上墨汁，然后将纸对折，用力压下，这样墨汁就会向四面八方流动，形成对称但形状不定的图形，如图 6-2 所示。

图 6-2　罗夏克墨迹图

罗夏克的墨迹图共有 10 张，其中有 5 张是黑白的；3 张是彩色的；2 张除黑色之外，还加上了鲜明的红色。墨迹测验要个别施测，主试者按既定的顺序，逐一出示图片，并问受测者"你看到了什么""这像什么东西""这使你想到了什么"等问题。

罗夏克墨迹测验一般从 4 个方面进行记分，每个方面都有规定的符号和符号代表的意义。

1. 反应的部位

根据受测者对墨迹图的着重反应部位，可以将反应分为以下几种。

W（整体反应）：受测者对全部或几乎全部的墨迹进行反应。W 分数过高可能提示受测者的思维有过分概括的倾向或愿望过高；W 分数过低或没有，表示受测者缺乏综合能力。

D（明显局部反应）：受测者对墨迹图的空白、浓淡或色彩所隔开的大部分进行反应。受测者有较多数量 D 答案，表示可能有良好的常识。

d（细微局部反应）：受测者对墨迹图的空白、浓淡或色彩所隔开的少部分进行反应。

Dd（特殊局部反应）：受测者对墨迹图极小的或不同于一般方式分割的部分进行反应。Dd 分数高的受测者，可能有刻板或不依习俗的思维。

S（空白部分反应）：受测者将墨迹图作为背景，将空白部分作为对象，对白色空间进行反应。

2. 反应的决定因素

受测者进行反应的决定因素是什么？是墨迹的形状还是颜色？把图形看成静的还是动的？反应的决定因素一般有以下 4 方面。

F（形状）：知觉由形状或形式决定。受测者的反应与墨迹形状甚为接近，表示受测者具有现实性思维；极差的外形相似性可能意味着受测者思维过程混乱。

M（运动）：受测者在墨迹中看到人或动物在运动，M 得分多表示情感丰富，M 得分少可能意味着人际关系差，M 也是内向性符号。

C（彩色反应）：受测者的反应由墨迹的色彩决定。受测者的 C 分高表示外向，情绪不稳定。

K（阴影反应）：受测者的反应取决于墨迹的阴影部分，K 被认为是焦虑的指标。

3．反应的内容

罗夏克墨迹测验的记号及意义如表 6-6 所示。

表 6-6　罗夏克墨迹测验的记号及意义

记号	意义	记号	意义
H	人	Pl	植物
（H）	非现实的人	Na	自然
Hd	人的部分	Obj	物体
（Hd）	非现实的人的部分	Arch	建筑物
Ar	人的解剖	Map	地图
Sex	性	Lds	风景
A	动物	Art	艺术
（A）	非现实的动物	Abst	抽象
Ad	动物的部分	Bl	血液
（Ad）	非现实的动物的部分	Cl	云、烟
Aobj	动物制品	Fire	火
A．Ar	动物解剖	Expl	爆发

4．反应的普遍性

根据受测者的反应与一般人的反应是否相同，反应可分为两种：普遍反应（P）表示多数人共有的反应；独特反应（O）表示比较特殊的反应。做出特殊反应的受测者，可能是基于创造性的思想，也可能是病态思想的反映。只有经验丰富的主试者才能进行准确的区分。

在罗夏克之后，有许多人使用了墨迹测验。例如，何曼兹的墨迹测验共有 90 张墨迹图，其要求受测者对每张图只做一个反应。他的墨迹测验制定出了常模，这可以说是罗夏克墨迹测验的发展。

6.4.3　主题统觉测验

主题统觉测验是一个著名的人格投射测验。该测验最早由莫里和默根创制，其理论基础就是前面我们提过的莫里的个性需要理论。

全套的主题统觉测验包括 30 张图片（全部为黑白色，见图 6-3），另加一张空白卡片。图片的内容多为人物，兼有部分景物。

主题统觉测验的基本假设是，个人对图画情景编造的故事与其生活经验有着密切的关系。受测者在编造故事时，会不自觉地将隐藏在内心的冲突和欲望穿插在故事的情节中，然后借故事中的人物行为宣泄出来，把个人的心理历程投射到故事之中。

图 6-3　主题统觉测验

对测验结果的解释，莫里认为应该从以下 6 个方面进行分析。

1．主人公

在分析一个故事时，首先要辨别受测者在故事中认同的角色，如领袖、隐士、罪犯等。有时故事里的主人公并非只有一个。

2．主人公的动机倾向和情感

在分析一个故事时，要注意主人公的行为，特别是非常行为，或者受测者提到的次数较多的行为。主人公身上表现出来的需要和情绪的强度，都可以进行等级评定。

3．主人公所处的环境力量

主人公所处的环境力量有时是图画中没有的，而是受测者自己杜撰出来的。

4．结果

把主人公的力量和环境的力量进行对比，他经历了多少困难和挫折？结果是成功的还是失败的？他快乐还是不快乐？

5．主题

主人公的需要与环境压力相互作用，最后与故事结局构成一个简单主题，简单主题的联合形成复杂主题。主试者要从中分析出受测者最严重、最普遍的难题是来自环境压力，还是来自自身的需要。

6．兴趣和情操

受测者在编造故事时，对主题的选择、角色的表现是积极的还是消极的？例如，对于图片中的角色，有的受测者描述为正面人物（正的方向），有的受测者描述为反面人物（负的方向）。

6.4.4　其他投射测验

1．完成句子测验

完成句子测验是从联想测验发展来的，测验时给受测者提供一些未完成的句子，要求他自由地填写余下的部分，以表达他的真实情感、态度和观念。例如：

我喜欢＿＿＿＿＿＿＿＿＿＿＿＿＿＿＿＿。

妻子经常对我_____。

我恨_____。

2. 绘图测验

1）画人测验

画人测验要求受测者画一个人（或一男一女），然后根据所画人像的大小、在纸上的位置、线条的粗细轻重、正面或侧面、身体各部分的比例、短缺或畸形，以及画中阴影和擦抹情况等来分析和评分。该测验既可用于人格评价，又可用于儿童智力研究，还可用于跨文化研究。

2）画树测验

画树测验要求受测者随意画一棵树，然后把画好的树与事先定好的 20 种标准进行比较，便可以发现受测者的人格特征。例如，树有根，表示受测者稳重、不投机、不做轻率之举；树无根，且无横线离开地面，说明受测者缺乏自觉，行动无一定规律；树干短，树冠大，表示受测者富有雄心，有要求赞许之欲望，骄傲。

6.5 其他人格测量方法

6.5.1 评定量表

一个人的人格特征可以从他产生的社会效果上去观察，也就是可以从他对周围人的各种影响上去估量。这种通过观察给人的某种行为或特质确定一个分数（通常为等级）的方法叫作评定法，表达评定结果的标准化程序叫作评定量表。

严格地说，评定量表并不是一种测验，它是以观察为基础的，是由他人做出的评价，而不是由被评定者对测验项目做出的反应。评定量表依据的资料虽然是通过非正式的方式收集到的，却是在真实条件下获得的，因此评定法可看作观察法的延伸。

评定量表在形式上与自陈式量表有些相似，自陈式量表是以受测者对问题的回答为依据的，实际上相当于受测者的自我评价。而一般的评定量表是针对要测的人格特征列举若干项目或问题，然后由评定者从中选择与被评定者最相符的一项，最后转化为数量予以评定的。

由于评定方式的不同，评定量表可以分为许多不同的种类。

1. 数字评定量表

数字评定量表提供一个具有一定顺序的数字系列，由评定者给被评定者的行为确定一个等级，如评价学生的书法，可在下面的数字量表上确定一个等级。例如：

1 2 3 4 5 6 7

劣　　　　　　　　优

2. 描述评定量表

描述评定量表为所要评定的行为提供一组具有顺序性的文字描述，如好、中、差等，然后由评定者选择一个适合被评定者的描述。也可以将描述评定量表与数字评定量表结合起来，给每种描述确定一个等级。

3．标准评定量表

标准评定量表事先提供不同类型的人的行为标准，然后由评定者将这些标准与被评定者的行为进行对照，最后看被评定者最像哪类人。这种量表与描述评定量表的区别在于标准之间不具有顺序性，社会测量法中的猜人测验就属于这种量表。

4．捡选量表

捡选量表是一个由许多形容词、名词或陈述句构成的表，评定者将表中所列的内容与被评定者的行为逐一对照，将其中所有能描述被评定者人格的项目选出来，最后对结果加以分析。最常见的是形容词检核表，其提供了几百个描述人格特质的形容词，让被评定者或评定者选择。

5．强迫选择评定量表

强迫选择评定量表提供许多组词汇或陈述句，评定者必须在每组词汇或陈述句中选出一个最能代表被评定者的行为或人格的词汇或陈述句，这种方法与自陈式量表中的强迫选择法相似，如莱氏品质评定量表。莱氏品质评定量表共有 40 道题，每道题后面有 5 个不同的陈述短句，评定者须注意观察被评定者最近数月内的思想和行为，然后逐题评定，最后在每道题后面的 5 个陈述短句中，选择与被评定者最相符或最相近的一个。例如：

他对交友的态度：

5．极谨慎 4．须相识甚久 3．尚谨慎 2．易于交友 1．人尽可友

6.5.2 情景测验

情景测验是将受测者置于特定的情景中，由主试者观察其在此情景下的行为反应，从而判定其人格。

用于人格测验的情景，有实际生活情景，也有设计的情景。最常用的情景测验是品格教育测验和情景压力测验。

1．品格教育测验

品格教育测验是较早的情景测验之一，一般用来测验诚实、自我控制、利他主义等品格和行为。

在教育情景中，有人用过这样一个测验：考试完毕将试卷收上来后，全部复印一份，等下一次上课时，将未批改的试卷和标准答案一起发给学生，让他们自己批改，收回后再将两份试卷对照，即可发现学生是否有修改试卷以提高分数的不诚实行为。

著名的哈梅诚实测验包括 3 种：曲线迷、周迷和方迷，如图 6-4 所示。

1）曲线迷测验

受测者每次将铅笔尖端放在迷津的"×"处，当听到主试者说"做"的时候，即闭上眼睛，用铅笔尖在迷津的线中间移动，不可接触迷津的任何一边，记分的方法是完成一题得一分。

2）周迷测验

受测者先将铅笔尖放在圆形下面的"×"处，当听到主试者说"做"的时候，即闭上眼

睛，按顺序在每个圆圈内做记号，记分的方法是画中一个得一分。

3）方迷测验

受测者每次将铅笔尖端放在方格内的"×"处，当听到主试者说"做"的时候，即闭上眼睛，按箭头方向移动铅笔，不可接触方格的任何一边，记分的方法是完成一个方格得一分。

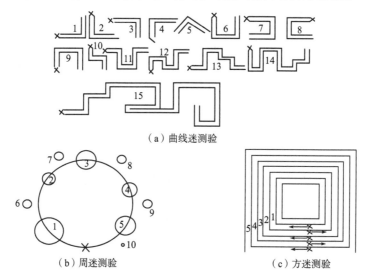

（a）曲线迷测验

（b）周迷测验　　　　（c）方迷测验

图 6-4　哈梅诚实测验

2. 情景压力测验

情景压力测验是经过特别设计，使得情景对受测者产生一种情绪上的压力，然后由主试者观察并记录受测者如何应付情景，从而了解他的人格特征的测验。引起焦虑的情景一般是各种引起惊吓的刺激、失败的威胁及助手的不合作等。例如，在第二次世界大战时，美国战略情报局为了选拔派往海外的间谍，多采用这种情景测验。其中，最常用的一个是"无领袖团体情景"，即在情景中安置数个彼此互不相识的人，他们受命完成一项任务，且该任务必须通力合作，并在规定的时间内完成，否则，将会受到处罚。能自动出面担任领导并赢得他人支持的人具有领导能力。后来这种方法在评价中心里被广泛采用。

6.5.3　社会测量法

社会测量法通过测量团体中人与人之间的关系，来确定一个人在团体中的地位，以评价他的人格。社会测量法主要有以下 3 种。

1. 社会关系图解法

社会关系图解法是提出一个或几个问题，然后让受测者根据自己的愿望在同伴中进行选择。例如，"你最愿意和谁一块儿学习""出去郊游时，你愿意和谁在一组"。

对测验结果的分析可以采用列表法和图示法，从中可以看出个人在团体中的地位及团体的特点。

2. 社会距离量表

社会距离量表原来用来测量人们对不同国籍、不同民族、不同宗教、不同社会经济地位的人的态度差异，后来用来测量在一个团体中，成员之间的远近、亲疏。社会距离量表的形式如表 6-7 所示。

表 6-7　社会距离量表的形式

项目 姓名	1 愿意和他做最好的朋友	2 愿意他在我们的团体中，但不是最好的朋友	3 可以和他在一起,但不愿次数太多或时间太久	4 他可以在我们的团体里,但不要和他来往	5 希望他不在我们团体里
×××	√				
×××		√			
×××				√	

3. 猜人测验

猜人测验的一种形式是提供若干描述各种行为（包括正面和反面）的陈述句，然后要受测者在团体中找出最符合这些描述的人。例如，"他极为和蔼可亲""这是一个经常挖苦别人的人"。

猜人测验的另一种形式是，提供若干对性质相反的形容词，要受测者指出在本团体中谁的日常行为表现和每个词的意义最接近，如热情、孤独。

$$(\quad)\left(\frac{热情}{情感外露，坦白热忱}\right)\leftrightarrow\left(\frac{孤独}{沉默寡言,态度冷淡}\right)(\quad)$$

在"热情"这一项上被提名最多的几个人，就是比较热情的；在"孤独"这一项上被提名最多的几个人，就是比较孤独的。

第 7 章

笔 试

从古至今，笔试一直是选拔人才的重要手段。笔试不一定是考查人才最有效的方法，但从某种意义上讲，笔试可能是最公平、公正的人才选拔方法了。可以预见，笔试在未来仍将是不可替代的人才测评方法。

本章导航

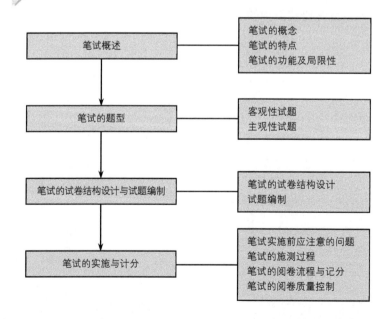

笔试概述	笔试的概念 笔试的特点 笔试的功能及局限性
笔试的题型	客观性试题 主观性试题
笔试的试卷结构设计与试题编制	笔试的试卷结构设计 试题编制
笔试的实施与计分	笔试实施前应注意的问题 笔试的施测过程 笔试的阅卷流程与记分 笔试的阅卷质量控制

日本的公务员录用考试

日本的公务员录用考试起源于公元 8 世纪初,当时叫官僚资格考试,是模仿中国古代科举制度,只有贵族才能参加考试。这项考试实施了 300 多年,对后来的官僚制度和公务员录用考试制度起了推动作用。1869 年,明治维新后的日本政府建立了新的考试制度。1888 年,日本政府制定了《文官考试及见习规则》;1894 年,日本政府制定了《文官考试规则》,规定官吏须经过考试合格才能任用。

日本的公务员录用考试是分类、分专业、分层次进行的,做到人尽其才,合理使用。各类考试,时间错开进行,给考生有选择的余地。公务员录用考试包括笔试、测试(性格检查)、面试等,笔试分多项选择题(均为 5 个选项)和论述题等,其对英语能力也有要求。一般职位的公务员录用考试共有 14 类,其中,大学毕业层次的考试 6 类,高中毕业层次的考试 8 类。公务员录用考试的竞争比较激烈。例如,2008 年,日本全国报名人数为 109 367 人,合格人数为 15 103 人,竞争倍率为 7.24(报名人数/合格人数)。

随着公务员录用考试制度改革的进展,从 2012 年起,日本实施了新的公务员录用考试制度,考试分为四大类,即综合职位、一般职位、专门职位和有工作经验职位。其中,综合职位考试分为硕士研究生毕业程度的考试和大学毕业程度的考试两个层次,按职位要求、教育程度、事务性、技术性分专业进行考试。例如,硕士研究生毕业程度的考试设有 9 个专业:行政、人文科学、工学、数理科学/物理/地球科学、化学/生物/药学、农业科学/水产、农业农村工学、森林/自然环境、法务。

7.1 笔试概述

笔试是最基本又很有效的一种人才测评方法。笔试之所以在公元 700 年取代了面试在考试中的主体地位,并作为人类考试的基本方式一直沿用至今,是因为它在鉴别人才知识能力水平的高低方面,具有突出的优点和其他考试方式不具备的测评功能。

7.1.1 笔试的概念

笔试是一种由主试者通过书面设问,应试者进行书面作答的静态测评方法。笔试通常在预先设定的场所进行,施测时,主试者将试卷(或问卷)直接分发给应试者,并当面阐明应试要求;应试者在主试者的监督下,按规定的程序和时限,以文字、符号、图表等形式现场解答主试者的书面设问。笔试虽受到时空、作答方式等多方面的限制,并需要在主试者的监督下作答,以及应试气氛严肃,对应试者充分展现才华有一定影响,但其程序严密,应试行为规范明确,能较好防止与测试无关的因素的干扰,且测试结果比较准确可靠。所以,笔试在人类素质测评中,使用极为普遍,被社会各系统广泛用于知识(各种科学文化知识)、技能(智力技能)和能力(一般能力、特殊能力、潜在能力、现实能力)的测评。

7.1.2　笔试的特点

作为一种相对独立的考试形式，笔试具有其他测评方法不具备的显著特点。

1．经济高效

笔试之所以能够成为当今世界多数国家和地区社会选拔考试、职业资格考试、学校教育考试的主要方式，是因为它的经济高效，即笔试具有适宜群体测评，尤其是生源广泛、规模宏大的社会测评。笔试可以在较短的时间内对大量应试者施测，对主试者和应试者双方而言，人、财、物、时、空等资源的消耗较低，可谓省时高效、经济易行。

2．测评面宽

笔试具有测评对象广泛、测评内容多元和测评目标多层的特性。笔试既可以用于公共科目考试，又可以用于专业科目考试。无论是单一科目的考试，还是一次考试中多种科目的设置，主试者都可以事先通过考试设计，使试卷成为由多元内容、多层目标构成的结构体系，然后以一定的长度、难度、时限，从广度和深度两方面对应试者的知识、能力、技能等进行组合式评价。

3．客观公正

在考试内容取样、题型设计、标准确立、施测规范、结果评价及处理等环节，笔试这种测评方法可不同程度地防止、减少或降低各种误差的产生及其影响，而且在施测、阅卷、结果统计等环节，可以充分利用高新技术手段进行控制和操作，提高笔试结果的准确性及公信力。

因为笔试的客观公正，所以从古至今，其一直是人才选拔中最受认可的测评方法。"分数面前人人平等"成为社会公认的一种价值观。就当前的高考来说，人们对其有太多的议论，有人甚至主张取消笔试，改变"一张试卷定终生"的局面，但大家别忘了，正是高考给了我们每个人一个公平竞争的机会。无论是在过去还是在将来，笔试无疑是我们选拔人才的重要手段。就当前国家机关、事业单位的人员选拔来说，笔试也正是因其客观公正而广受社会的欢迎。

7.1.3　笔试的功能及局限性

1．笔试的功能

（1）检测功能。相对于应试者的现实水平与考试目标的要求而言，笔试可以检测应试者是否具有相关的职业知识、职业技能和职业能力。

（2）鉴别功能。相对于应试者的个体水平与群体水平而言，笔试可以从受测群体中区分出具有适应不同专业领域工作要求的人才。

（3）预测功能。相对于应试者与拟选拔职位的能力素质需求而言，笔试可以较准确地判定应试者是否具有成功履行相应职位职责所需的基本素质。

（4）督导功能。相对于社会对应试者的个体发展的需求而言，笔试可以引导和促进应试者通过在职培训、自我知识更新和实践锻炼，不断提高自身的素质。这一点，在越来越提倡终身教育的现在，具有更加重要的意义。

在当前的人才选拔中，笔试的主要作用是淘汰不符合职位要求的应试者。无论是国家机关公务员录用考试还是事业单位公开招聘考试，同一个职位往往有几十人甚至上千人报名参与竞争，用人单位无法直接选拔出最适合的人才，只能先淘汰一大批明显不符合职位素质要求的应试者。笔试在这一步发挥了不可替代的作用，正是在笔试淘汰的基础上，用人单位才能用包括面试在内的各种高成本评价方法来选拔优秀人才。

2．笔试的局限性

笔试也存在一定的局限性，主要体现在以下两个方面。

（1）间接单一。对于主试者来说，其测评对象不可直接观测，且交互媒介单一，缺乏全程互动。主试者不能及时、灵活、系统地收集和了解所需的信息。

（2）拟真性弱。笔试的测评内容的拟真性、情景性不强，测评结果难以真实、准确地反映应试者的某些特殊能力、实际技能及显性品质等。例如，笔试的主要测评功能反映在认知能力领域，对于人的动作技能、运动技能、处理现实事务的能力，却很难准确测评。笔试不能测评人的外显性个性特征，包括人的五官长相、面部表情、行为举止等。虽然笔试对于人的内隐性品质（如人的政治思想、价值观、道德观、职业品质等）可以进行检测，但其结果的可靠性、有效性很难得到保证。

正因如此，随着考试方式、测评方法的不断创新，评价中心技术、网络在线测试、360度评估等测评方法日趋时兴，人们对笔试在人才测评中的地位与作用的认识开始出现偏差。这既与人们对不同测评方法的功能的认识欠全面准确有关，也与目前部分笔试的设计欠科学、实施欠规范、测试结果信度和效度不高有关。笔试功能的大小、强弱、恰当与否，以及笔试的科学化、规范化、客观化程度，取决于笔试的设计水平、实施主体对笔试及其他考试方式的特点功能的认识和利用能力。在后面谈人才测评应用时，笔者将结合自己的实践案例，充分展现笔试的重要功能。

7.2　笔试的题型

7.2.1　客观性试题

客观性试题指能进行客观评分的试题，其优点在于题量大、覆盖面广、信度高，而且评分客观、准确、效率高；缺点在于难以考查应试者组织材料、文字表达、发散思维等高层次的认知能力，反映不出应试者解题的思维过程。客观性试题具有以下三大突出特征。

（1）试题的答案是命题者事先提供的。

（2）考试结果的评价客观准确，不论用何种方式阅卷评分，均不受阅卷者主观意识的干扰。

（3）固定应答。试题既提供测试内容，又提供备选答案，应试者根据自己对主试者所提问题的理解、分析或推断，从主试者事先拟定的备选答案中选出自己认为正确或符合问题要求的答案。

笔试中最常用的客观性试题有判断题、单项选择题、多项选择题等题型，填空题、匹配题有时也会采用。

1）判断题

判断题又称是非题，其特点是只有两种可能的反应，其中一种是肯定的（同意、正确、是），另一种是否定的（不同意、错误、否）。因此判断题可以当作只有两个选项的选择题。例如：

病毒只能寄生在活细胞中进行生命活动。（　　）

判断题的优点是命题容易、评分简单、记分客观、应试者回答方便，因此题量可以较大，便于广泛采样，一般出题者都乐于采用。但是判断题也存在许多缺点：一是它只适合考查应试者对简单观念或知识的了解；二是判断题容易受应试者的反应定式和猜测的影响，测验分数的可靠性不如选择题。所谓反应定式，是指应试者在回答问题时，其答案的选择建立在题目的形式或位置（如偏向肯定回答或否定回答）上，而不是建立在题目内容的基础上。另外，判断题仅有两种答案，即使猜测，也有 50%答对的可能性，如果还有其他额外的线索，那么猜对的可能性还会更高。

2）单项选择题

单项选择题由题干和选项两部分组成，选项中只有一个正确选项，要求应试者从多个备选选项中选出一个正确选项。例如：

被称为"书圣"的古代书法家是（　　）。

A．王羲之　　　　　　B．欧阳修　　　　　　C．柳宗元　　　　　　D．颜真卿

正确答案：A

目前，单项选择题是笔试中应用最为普遍的一种客观性试题，其突出优点在于题量可以比较大，考查的知识点比较多，采样的代表性高，有利于考试结果的误差控制和考试的标准化。当然，单项选择题也有缺点：一是难以避免应试者的猜测倾向，四择一的单项选择题从理论上来说有 25%的命中率；二是迷惑选项的设计要求高，迷惑选项设计不好，选择题的效用就会大打折扣。

3）多项选择题

多项选择题由题干和选项两部分组成，选项中一般有两个或两个以上正确选项，也可以有一个或一个以上正确选项（也称不定项选择题），要求应试者从多个备选选项中把所有的正确选项都选出来。例如：

下列国家属于联合国安理会常任理事国的有（　　）。

A．美国　　　　　　B．英国　　　　　　C．中国　　　　　　D．德国

正确答案：ABC

多项选择题也是笔试中常用的一种客观性试题，其突出优点在于可以弥补单项选择题的不足，应试者通常很难通过猜测得分；其缺点在于多项选择题的难度往往比较大，因为应试者只有对一个知识点完全掌握的时候才能正确作答。

4）填空题

填空题适用于各层次和各学科的考试，通常要求应试者用一个正确的词或句子来完成或填充一个未完成句子的空白处或提供一个正确的答案。例如：

与（　　）共同构成中国诗歌传统源头的《楚辞》，其主要作者是因谗去国、被流放到蛮荒之地的屈原，他用"惟草木之零落兮，恐美人之迟暮"这一著名诗句，表现了岁月蹉跎、时不我待的恐惧。

填空题的主要作用是测量应试者的基础知识是否学得扎实，关键词是否掌握，所学知识是否连贯、系统，以及对事物的理解、分析、判断的能力。填空题的优点在于：一是容易发现应试者在知识掌握方面存在的具体问题；二是应试者的猜测因素比判断题、选择题等要小得多；三是填空题的答案具有唯一性，阅卷时不易受主观因素的影响。填空题的缺点是空白处所要填写的一般是关键词，因此容易造成应试者在题目含意理解上的错误，从而影响考试的信度和效度；另外，由于填空题不大需要对知识的综合运用、总结和系统的表达，所以不能检测更为复杂的知识和能力。

5）匹配题

匹配题可以说是选择题的一种变式。匹配题一般包括多个反应项（匹配项）和多个刺激项（被匹配项），然后用反应项来匹配刺激项。匹配题有完全匹配（反应项与刺激项的数量相等）和不完全匹配（反应项多于刺激项）两种形式。为了避免猜测、增加可靠性，最好采用不完全匹配。在匹配题中，刺激项和反应项通常分别排成两列。例如：

刺激项　　　　　　　　　反应项
（　　）曹雪芹　　　　　A．三国演义
（　　）蒲松龄　　　　　B．红楼梦
（　　）罗贯中　　　　　C．西游记
（　　）吴承恩　　　　　D．聊斋志异
　　　　　　　　　　　　E．水浒传
　　　　　　　　　　　　F．西厢记

匹配题的优点是容易编制，而且覆盖面比较广；缺点是它一般只能测量简单记忆的事实材料或概念关系，并且要求编制的选项是同质的。

7.2.2　主观性试题

主观性试题是与客观性试题相对应的试题类型的总称，又称非客观性试题。主观性试题的优点是可以从总体上对具体知识、能力等素质进行综合考查，应试者能较充分地表述自己的见解，在一定程度上反映出应试者解答问题的思维过程，提高考查的深度；缺点是一份试卷的题量较少，考试内容的覆盖面窄，阅卷评分常常因人而异、因时而异，不够客观、准确。主观性试题具有以下三大特征。

（1）试题的正确答案不全是唯一的、固定的，有时一道试题有两种甚至多种正确答案。

（2）在同一试题上没有统一的作答模式，允许应试者自由阐述，具有较高的灵活性。

（3）评分标准因人而异，通常没有完全客观、统一的赋分尺度。

笔试中常用的主观性试题有计算题、辨析题、简答题、论述题、案例分析题、写作题、申论题等。其中，申论题在后面有专门介绍，这里重点介绍比较常用的计算题、简答题、论述题和案例分析题。

1）计算题

计算题是以计算为作答方式的试题，它对于了解应试者的基础知识、运算能力、逻辑思维能力、空间想象能力和分析判断能力等具有重要作用。例如：

某员工月度标准工资为 8800 元，劳动节期间加班一天半，休息日加班 1 天，其他时间加班 2 天。那么，如果按照现行的加班工资规定和个人所得税标准（各项保险不计在内），他 5 月份实发工资应是多少元？

计算题的优点是应试者不易通过猜测获得正确答案，计算题的题型多样，每道题都有它的特殊要求，应试者必须精心审题，仔细计算。另外，计算题评分的客观性较高。从考试实践来看，虽然在计算题评分中也出现过较大的差异，但其主要是由于题意不明、答案不清楚或不明确、阅卷人的素质不高等原因造成的，这些方面的问题经过主观努力是能够避免的。

2）简答题

简答题是要求应试者主动提出答案，并用简短的语言或文字对问题进行简要的解释、说明或论述的题型。简答题主要用于解答概念，以及简述事物的发展过程、基本原理、问题要点等内容的考试。简答题的主要作用是了解应试者对基本概念和基本原理的掌握程度，以及简明扼要地叙述和概括一个事物或事件的能力。例如：

简述结构化面试的主要特点。

简答题的优点是容易编制，同时适用范围广，既可以用来测量知识，又可以用来测量能力，而且便于掌握和运用；缺点是回答模式比较单一，基本上按书上的原话回答，只能考查应试者所具备的具体的、琐碎的知识，不利于培养应试者的积极思维能力。

3）论述题

论述题又称论文式试题，有时也称论说题，它是我国优秀的传统试题，也是目前中外考试界普遍使用的题型之一。论述题通常要求应试者对某种理论观点、法律条规、科学原理、技术规程、原则方法、现实政策、重大事件等进行分析阐述。例如：

试论当前国际金融环境对我国的影响与对策建议。

论述题的综合程度高，解题难度大，主要考查应试者的理解能力、论述能力及运用原理或观点分析问题的能力等。论述题的优点在于可以较全面深入地考查应试者的知识水平和能力，而题目命制又比较容易；缺点在于评分成本较高，试题采样代表性差，毕竟一道论述题的分值含量比较大，这就决定了每次考试的论述题的题量较少，从而难以代表科目的全部内容，因此应试者的得分就具有一定的偶然性。如果应试者碰巧对某个论题很熟悉，就会得到虚假的高分，反之会得到不真实的低分，从而影响考试的信度和效度。

4）案例分析题

案例分析题是一种主观性试题，它通过提供情景材料、图形、表格或文字资料，要求应试者针对提出的问题，运用基本原理进行分析说明，并给出结论。案例分析题强调结合工作实际，追求对日常工作模拟的似真性与选拔职位的适应性，能比较有效地考查应试者的认识、理解、分析及解决实际问题的能力。例如：

　　某日，丁某骑自行车回家，行至一段正在整修的马路时，因车速过快，撞到同方向行走的李某的身体左侧。丁某失去平衡从自行车上摔下，并将李某压在身下，李某当即不省人事。丁某立即将其送到医院，但李某因颅脑损伤，经抢救无效于当天死亡。事发时，丁某 15 周岁。

　　请问：在上述案例中，丁某是否应对其行为负刑事责任？为什么？

　　案例分析题是笔试的主体题型之一，其题量虽小，但所占分值比重较大。所以，案例分析题在笔试试卷的难度结构中，属较难层次的试题。案例分析题的突出优点是，这种题型可以有效地检测、鉴别应试者在解决实际问题方面的能力水平；缺点是题目设计的时间成本和费用成本比较高，而且案例分析题的编写者应具备较高的专业素养和实践经验。

7.3　笔试的试卷结构设计与试题编制

7.3.1　笔试的试卷结构设计

　　试卷结构是指一份试卷的组成成分及各种组成成分相互联系的方式，它由两维相交的两种向度构成，分别反映试卷的不同组成成分及其比例关系。在通常情况下，一种向度上反映试卷的内容、题型、难度、分数、时限结构等组成成分；另一种向度上反映测试目标结构及试卷的各组成成分的比例及相互关系。试卷的各组成成分及其比例互为条件、相互制约，其中任何一种要素设置不当，如比例失调或改变排列组合方式，都会影响试卷的整体测试效果。双向细目表是试卷结构的具体表现形式，它能够把这些成分与指标图表化及数量化。

1. 笔试的试卷结构样例

　　笔试的试卷结构是由内容结构、目标结构、分数结构、题型结构、难度结构和时限结构等多维、多层成分彼此关联而构成的集合性有机结构系统。知识内容完整、目标层次合理、题型搭配适当、难易程度符合考试标准、分数及时间分配科学等，是确立试卷结构必须遵循和坚持的原则。下面以公共基础知识科目笔试的试卷结构来进行说明。

　　公共基础知识科目笔试范围：政治、经济、法律、管理、科学技术及历史、国情国力、公文写作与处理，主要测试应试者胜任管理工作必须具备的基本素质。

　　试卷满分：100 分。

　　测试时限：150 分钟。

　　难度分布：试题难度根据职位的胜任力要求和竞争激烈程度确定，较难试题约占 20%，中等难度试题约占 50%，较容易试题约占 30%。

　　试题内容比例：试题内容比例根据职位对知识和能力素质的要求确定。

　　试题类型：公共基础知识科目笔试的试题类型分为客观性试题和主观性试题。客观性试题包括判断题、选择题（单项选择题、多项选择题）等；主观性试题包括辨析题、论述题、案例分析题、写作题、申论题等。

2. 确立笔试试卷结构的基本要领

笔试试卷结构的确立具有很强的专业性和技术性，必须遵循相应的运作程序和实施步骤：一是确定测评范围和水平要求；二是分解内容，厘清关系，整合体系；三是绘制双向细目表，固定各要素结构及其比例关系。在此基础上，还应熟悉确立不同要素结构的基本要领。

1）确立试卷内容结构的基本要领

试卷内容结构指一份试卷的内容组成部分，以及不同部分所占的比重与相互关系。确立试卷内容结构的基本要领：试卷内容必须如实体现笔试测评要素的内容体系；试卷内容的各组成部分之间必须具有内在联系，能正确反映所测内容在点与面、部分与整体上的关系；各组成部分在试卷内容中的比重，必须与该部分在笔试测评内容体系中所处的地位相称。

2）确立试卷题型结构的基本要领

试卷题型结构指一份试卷所用试题的种类、各类试题在试卷总题量中的比重，以及不同类型的试题间的内在关系。确立试卷题型结构的基本要领：题型的选择必须根据笔试的测评内容、能力目标、施测方式而确定，不可为编题的简便、评分误差易控等因素所左右；不同题型的选择及各类试题比例的确定，必须考虑不同类型试题的测试功能和适用范围，同时应考虑施测时限、应试者群体的适应能力等因素。

3）确立试卷难度结构的基本要领

试卷难度结构指试卷中不同难度层次的试题的数量及其比例关系，以及试卷中试题难度的分布状态。试卷总体难度和试题难度必须与应试者群体的现实水平相适应，过难或过易都会影响试题的鉴别力，有碍选拔目的的实现。试卷中不同难度的试题的分布应尽量符合应试者的心理特点。这里需要特别指出的是，根据笔者的经验，在选拔性考试中试卷难度结构的确定应考虑淘汰率因素，笔试淘汰率越高，试卷的难度设计应该越高。

4）确立试卷分数结构的基本要领

完整的试卷分数结构为三维结构：既包括试卷中各小题和各大题的所占分数，也包括各类试题分数在试卷总分中所占的比例，还包括考试内容、考试目标两个维度及其组成部分的分数与比例。确立试卷分数结构的基本要领：其一，不能完全按题型赋分，因为题型相同并不等于所测内容的数量与作用、能力层次、解题过程的复杂程度等完全一致，因此试题的赋分须从试题内容、检测目标、题型类别三个维度综合考虑；其二，试卷中不同考试内容的分数比重要与各部分内容在试卷所考内容体系中的地位和作用，以及应试者掌握各部分内容所需付出的相应劳动量和实际价值基本一致；其三，为使试卷中各题的分数基本等值，应确定同次笔试中试题赋分的共同原则或参照系。

5）确立试卷时限结构的基本要领

试卷时限结构指一次考试施测的限定时间和各类试题的作答时间分配，以及各类试题的作答时间在整个施测时间中的比例关系。确立试卷时限结构的基本要领：必须符合考试的特点、目的要求；必须符合试卷的长度、难度要求；必须以考试内容的呈现形式、作答方式、解题要求和应试者群体的年龄特征为依据，防止因时间宽严失控而造成试题及试卷既定难度标准的升降。

7.3.2　试题编制

试题是考试内容的载体、测评量具的构件和施测主体与应试主体交互的媒介。编制、审定试题是笔试试卷设计的关键环节，这一步骤与考试的成败密切相关。

1．试题编制的一般原则

1）具有代表性

要想了解应试者的知识水平，我们只能通过应试者的部分知识点的掌握程度来推测其整体知识水平，即从总体中抽取能够代表总体的一部分作为样本。因此，在编制试题时，试题的代表性尤为重要。贯彻试题具有代表性原则的具体要求如下。

（1）依据笔试大纲命题，即按照考试计划中对应试者的要求来选择试题。

（2）命题者要对知识总体有明确的认识。这是试题抽样具有代表性的前提，不了解该专业领域的知识总体，也就无法用恰当的样本去代表总体。

（3）抽取的试题应达到足够的数量。无论采用何种抽样方法都可能存在误差，但一般来讲，样本越大，误差越小，样本所能代表总体的真实性也越大。因此，有足够数量的采样是样本代表总体的根据保证。

2）难度适宜

笔试的试题内容不能超过应试者的知识和能力范围，试题难度要难易适宜，以客观反映应试者的实际水平为标准，并做到以下 3 点。

（1）一个测验中应当包括各种不同难度的试题，特别是能力测验。

（2）测验试题的排列应遵循由易到难、循序渐进的原则。

（3）合理确定不同难易程度的试题在试卷中的比例，控制试题的难度梯度。不同性质的考试有不同的试题难度梯度，必须视情况而定。例如，在选拔性考试中，当录取率比较高时，高难度试题的比例可以相应降低，反之，高难度试题的比例可以适当提高。在正常情况下，试题的难易梯度比例大体应控制在中等水平试题占 60%，较难水平试题占 20%，较易水平试题占 20%，以保证对应试者的能力进行有效的鉴别。

3）文字表述简明扼要

试题的文字表述简明扼要，不仅有利于应试者准确地理解题意，节省审题时间，以把主要时间和精力用在回答问题上，而且对于客观地确定评分标准也有着重要的实际意义。这就要求命题者必须具备高度的概括能力、措辞技巧和准确使用词语的能力。因此要对命题者进行适当的命题培训，选择专业水平高、文字能力强、有命题经验的专家参与命题，以保证所命试题的科学性、规范性和简明性。

4）试题之间彼此独立

试题之间不可相互重复或牵连，切忌一道题的题干提示另一道题的答案，即不可含有暗示本题或其他题正确答案的线索。这样才能较准确地测量出应试者对某一内容的实际掌握程度。坚持试题之间彼此独立的原则，是提高考试信度和效度的需要，其具体要求如下。

（1）每道试题的考点含量不宜过大。若每道试题的外延太大，回答中难免有交叉或相互牵连的内容，试题之间暗示的因素较大。把大题化小，一道题只侧重一个问题，明确限定各题的内涵与外延，是贯彻试题独立性原则的有效措施。

（2）在命题时，可以通过标准答案来检查试题之间是否存在相互包含或重叠的情况。

（3）对试题进行试测。在有条件的情况下，可以对初步筛选出来的试题进行试测，以保证试题的质量，即通过考试实践来了解命题是否严密，各题之间是否具有独立性。

（4）对由多人编制的试卷逐题审定。加强这一环节，可以大大减少甚至避免试题之间重叠、牵连等情况的出现，以保证试题之间的相互独立性。

5）试题答案无异议

试题答案不可有任何争议，这是试题编制的基本要求。因此制定的试题答案切忌模棱两可，评价标准必须客观化。这一点非常重要，特别是现在各种选拔性考试的竞争非常激烈，即使一道题的错误也会影响人员选拔的公平公正性，甚至还会引起应试者的投诉。

6）试题数量要足够

在通常情况下，编制的试题数量至少要比最后需要的试题数量多一倍，以备日后筛选和修改。如果试题较多，那么每种测验最好编制一个备用卷，以便在特殊情况下应急使用。

2. 各类试题的编制要点

1）选择题的编制

选择题是 20 世纪 50 年代以后迅速发展起来的一种试题类型，它的广泛应用标志着考试的科学化、标准化程度日益提高。因为选择题的评分客观，测评结果的信度和效度较高，又便于用计算机阅卷，所以选择题是标准化考试采用的主要试题类型。随着标准化考试的迅速发展，选择题必将在考试实践中不断改进并更加广泛地应用。

（1）编制选择题题干的基本要领。选择题的题干是否精要，可用 3 条标准来衡量：其一，内容必需。题干内容是否与测评目的及其所属检测目标体系密切相关；每道题的题干所要测评的内容和能力，与同卷的其他试题在测评目的上是否存在内在关联，是否能够实现分解式测试内容的有机整合。其二，表意清晰。题干内容不仅要有实际意义和考查价值，而且必须准确揭示提问内容的内涵；不同能力水平的应试者都能明了题意。其三，文字精练。这是题干科学、简明、规范与否的重要标准，题干所用概念及专业术语准确，文字规范，语句通畅，结构严谨。因此，编制选择题题干要做到慎重选点，精心措辞。凡用于题干内容的知识点，必须是笔试测评要素的必测点，题干用词恰当，文字精练，表意确切。

（2）编制选择题选项的技巧。在结构和编制上，选择题与其他题型的最大区别在于除科学设计题干内容之外，尚需编写供答选项。选择题的选项编制要注意以下几个方面。

- 在同一份试卷中，每道题的题干后的备选选项的数目应相同。
- 非正确答案的选项不能错得太明显，应具有一定的迷惑性。
- 备选选项从表述到形式应尽可能一致。例如，字数应该相当，务求一致，特别是正确选项的文字表述，其文字字数不能明显多于其他选项。
- 备选选项之间应该避免重叠现象。例如，一个选项的范畴包括了另一个选项，这样如果前者是正确的，那么后者一定正确；如果前者是错误的，那么后者也一定错误。
- 每道题匹配的答案以简短为宜，必要的叙述或相同的字词宜置于题干中。把备选答案中共有的字词提取出来放在题干中叙述，可以使表述更加简洁。
- 少用"以上皆是"或"以上皆非"作为备选选项。

- 正确选项和迷惑选项要随机排列，使应试者无法猜测。

2）论述题的编制

论述题在编制时应注意以下几个方面。

（1）根据具体目标确定论述题的类型。如果测试的目的是要求应试者阐述理由、解释关系、分析原因或说明观点等，最好选用限制反应式论述题，即限定答题的内容和形式，应试者的作答必须在一定的范围内进行，作答的篇幅也受到限制，不能自由发挥。例如：

请描述 HIV、AIDS 的 3 种主要传播途径，限 100 字。

若要考查应试者的综合分析、推理评价、求异创新等方面的能力，最好选用扩展反应式论述题，即在提出的问题下，应试者可以自由地组织相关的知识，有条理地陈述自己的观点，回答的自由度较大。与限制反应式论述题相比，扩展反应式论述题的评分难度较大，试题取样范围也更为局限，信度和内容效度受到的影响更大。

（2）以附加评分标准的方法，强调或限定作答要求。一道论述题很可能同时兼有限制反应和扩展反应两种性质，既要求应试者自由发挥，又不能让应试者漫无边际地作答。此类论述题的编制，可采取附加评分标准的方法，对答题要求既指明重点，又明确限定，让应试者在关键之处充分发挥自己的聪明才智。有关评分标准的附加说明，可根据命题的意图进行设计。

（3）合理控制试题容量和作答时间。凡论述题都是用来考查应试者的综合能力素质的，因此应给应试者提供足够的思考和书写时间，同时要恰当地处理难度与速度之间的关系。如果试题容量过大，答题时间偏紧，那么会成为速度考试，应试者多半是以反应速度、书写速度和知识掌握的熟练程度取胜的，失去了论述题考查应试者认识深度、思维广度和独立见解的优势。如果试题容量太小，答题时间过于宽松，又不能充分发挥论述题的作用。

因此，在保证试题编制质量的前提下，可用以下方法进行合理控制：一是限定每道试题的答题范围；二是限定每道试题的答题长度；三是限定每道试题的作答时间；四是适当放宽考试的测试时限。这样既可保证论述题的作答不受影响，又能使应试者有时间答完全部试题，从而获得每位应试者较全面的作答信息，提高考试成绩的可靠性。

（4）尽量不出选做题。在论述题的编制中，经常出现要求应试者选做试题的情况。不论是在理论上还是在实践中，这都是欠科学的做法。其主要弊端：其一，不同应试者的答案无法互相比较；其二，应试者总是选择自己有准备、有把握的问题作答，其成绩的真实性低于不允许选择的笔试；其三，时常会出现所有应试者都不选的试题，由此导致命题、制卷、试卷版面、应试者的作答时间和精力等多种浪费。被应试者放弃的试题，有时恰恰是必须考查的内容，从而造成考查内容的残缺和考查目标的落空。

3）案例分析题的编制

编制案例分析题时应注意以下几个方面。

（1）明确案例分析题的性质特点和结构规范。目前，我国各类考试试卷中编制的案例分析题，有相当一部分并非真正的案例分析题，而是情景模拟题，甚至是综合思考题或阅读问答题。出现此种题型相混、编制错位现象的原因，在于未能准确地把握案例分析题的性质特点、结构规范，以及案情、质问与应答之间的关系。

案例分析题、情景模拟题、综合思考题、阅读问答题都是以提供的文字材料（有时也用图表材料）作为质问和应答的原始依据，即不能脱离材料质问，也不能脱离材料应答，必须限于与材料直接关联的范围。但这几类试题在材料编制、质问角度、答题要求、结构规范、测评功能等方面，又有显著区别。最容易与案例分析题相混淆的是情景模拟题，下面通过这两种题型的比较分析，进一步阐明案例分析题的特点。

其一，案例分析题最突出的特点是将应试者置于材料的情景之外。案例分析题要求应试者扮演的是观众而不是演员，而情景模拟题正好相反。情景模拟题要求必须将应试者置于材料的情景之中，要求应试者扮演的是演员而不是观众，充当的是当事人角色；应试者必须进入材料所创设的情景之中，以真实角色的心态去感受情景，分析情景形成的因素条件，寻找问题的解决思路、方法和突破口，进而做出行动决策。

其二，案例分析题侧重于考查应试者对事物本质的把握、现状的评判、原因的分析或问题的解决途径与方法。情景模拟题则不然，它侧重考查应试者对材料所设情景的把握、现实情景的分析及解决面临问题的对策。案例分析题考查的是应试者作为局外人应该如何做，而情景模拟题考查的则是应试者作为当事人应该怎么办。

其三，案例分析题的案情源于实际生活，真实展现事物情节，即使提炼加工，也不虚构事实依据。情景模拟题的案情是人为创设的，强调的是似真性而不是真实性。

其四，案例分析题的结构是二元的，由案例材料和所提问题两类感知要素组成。情景模拟题属三元结构试题，它由情景材料、角色假设陈述和所提问题三类感知要素组成。其中，角色假设陈述是表明质问要求不可或缺的关键要素，也是与案例分析题在质问角度方面的根本区别。

（2）紧扣测评要素选择案例，站在局外角度设计问题、拟定答案要点和评分标准。一份案例材料，一般能满足一个或多个能力要素的测评要求，但其中只有一个或两个起主导作用的关键因素。只有根据能力要素测评的实际需要，针对性地选择最适合的案例材料，才能有效鉴别应试者是否具有此种能力要素及其程度水平。因此，一道案例分析题最好只测一两种主体能力要素。

命题者应该站在案例之外设置问题，并尽可能使所设问题既能够体现能力素质测评的要求，又能够考查出应试者的真实水平。另外，案例分析题的答案要点和评分标准的拟定也应站在局外人的角度思考，并考虑到作为局外人的应试者针对所设问题的各种反应及其差异。

（3）根据所测能力要素设置问题，严格按照能力要素进行赋分。案例分析题的问题设置应根据拟测评的能力要素确定，原则上应对等设置，即一个能力要素设一个问题，特殊情况下，一个能力要素也可从不同角度设置两个或三个问题，但不能用一个问题同时测量两个或三个能力要素，以免造成测评目标的混乱。因为问题是针对测评的能力要素而设的，所以必须按所测能力要素赋分，以便准确检测测评结果的有效性。

（4）编制案例分析题时应遵循案例典型、完整、简明的原则。在案例真实的前提下，案例分析题的编制应遵循 3 条基本原则：一是案例典型。所编案例应属于在工作中具有代表性的典型事件，并对检测试题所测能力要素具有典型意义。二是案情完整。不管案例情节复杂与否，案例情节必须完整、符合事件本身的内在逻辑，不能随意添加或隐去答题必须感知的条件资料。三是案例文字简明。案例分析题测评功能的有效发挥并不在于案例文字的长短，而在于案例选择的典型性、问题设置的针对性和难易程度的适宜性。

3．试题编排

即使一份试卷中的每一道试题都是高质量试题，该试卷也未必就是一份高质量的试卷，更难保证有良好的整体测试效果。因为用同等数量、同等质量的试题拼配而成的试卷，若排列组合方式不同，其整体测试效果也不同。

试题编排规范包括以下 3 个方面。

（1）格式规范。社会性重大考试的标准试卷的格式规范有分卷格式模式和合卷格式模式两种。所谓分卷，就是客观性试题和主观性试题分别制卷，客观性试题在答题卡上作答，主观性试题在答题纸上作答。所谓合卷，就是试卷中包含全部试题，主观性试题、客观性试题可以全部在答题纸上作答，或者客观性试题在答题卡上作答，主观性试题在答题纸上作答。

（2）编排规范。试题编排应严格按照以下编排规范进行。

- 试卷中各大题，应按先简后繁的次序编排。
- 试卷中各大题中的小题，应按先易后难的次序编排。
- 试卷中的小题序号应从第一题到最后一题通码编排。
- 同一选择题的题干和选项应排在同一页，不能转页断排。
- 同一图表不能分开排，表题或图标必须与图表连排。
- 大题、小题的题干应顶格排，选择题的选项应退后一格起排。
- 判断题、选择题的作答处，一般应统一放在题尾。
- 主观性试题的作答处应留有余地。
- 试卷每一页的下方，应居中标示"第×页，共×页"。

（3）字体使用规范。在试卷中，不同内容使用的字体字号没有绝对要求，以卷面清晰、易于分辨为标准。

7.4 笔试的实施与记分

当完成了笔试试题的设计与编制，就到了笔试的实施与记分环节。笔试的实施与记分对于人才测评目的的达成——尽可能准确和公平地评估应试者同样重要。因为这种准确性和公平性的前提是控制误差，这就需要在笔试的实施和记分过程中，做到测试的相关因素对每位应试者都是相同的，以排除无关因素对测试的影响。

对笔试的实施过程进行有效管理，能够确保测试的顺利进行，减少和避免各种偶然因素和工作过失对测试的干扰，保证测试过程的客观性、可靠性，同时有利于减少测试过程中人力、物力和财力的消耗。

7.4.1　笔试实施前应注意的问题

1. 标准化的指导语

在笔试的实施过程中，应该使用标准化的指导语。指导语是在测试实施时说明测试进行方式及如何回答问题的指导性语言，其总体要求是清晰和简单，向应试者传达其应该做什么的信息，即如何对试题做出反应。一般来说，指导语印在试卷的开头部分，可以让应试者自行阅读或由考官口头说明，也可以播放指导语的录音，这些都是为了让应试者清楚考试的要求。下面给出一个指导语的例子：

首先，请在答题卡上用钢笔或签字笔写上你的姓名和考号。本测验共有 100 道题，考试时间为 120 分钟。对于每道题，请你根据选择的答案把答题卡上相应的位置涂黑。请不要在测验题本上做任何记号，考试过程中有什么问题，可以举手询问主考人员。完成测验后请将答题卡和测验题本一起交给主考人员，之后离开考场。

指导语一般包括以下几点。

（1）应试者的反应形式，如涂卡、画圈、画钩、填数字、书写等。

（2）测试的时间限制。

（3）测试的记分方式（如是否允许猜测等）。

（4）关于测试目的的说明。

（5）必要时还应给出附有正确答案的例题。

标准化的指导语通常需要主考人员当场宣读，并要确认每位应试者都明白测试要求。需要注意的是，主考人员在回答应试者的问题时，不能透露任何可能对试题回答有影响的信息或线索。

2. 考场设置

考场设置遵循两个宗旨：一是有利于维持考场秩序和纪律；二是有利于应试者应考和监考人员监考。

一般来说，考场应设在交通便利、比较安静和光线充足的地方，最好不要临近马路和施工工地。每个考场的应试者不宜过多，标准考场一般在 30 人左右，要单人单桌，前后左右距离为一米左右，防止偷看、传递纸条等舞弊现象发生。就这点来说，大学里的阶梯教室并不是理想的标准考场。在通向考场的主要路口需有明显的指示标识，考场的门口也应贴上起止考号，以便应试者对号入座。

根据考场大小设置监考人员，一般以 2～3 人为宜，包括主监考和副监考，他们负责维护考场秩序、严肃考场纪律、组织应试者按时入场入座、收发试卷和草稿纸等。监考人员要有高度的责任心和敬业精神，并熟悉考务管理工作。

3. 试卷的接收与保管

试卷的接收工作通常在施测前一天进行。接收方式可选用专车押运，也可选用机要专线邮寄。试卷保管必须达到国家保密部门规定的相应标准。

7.4.2　笔试的施测过程

施测是笔试实施过程中的核心环节，它不仅关系到考试的质量和用人单位的信誉，而且涉及应试者的直接利益。在笔试的施测过程中，要坚持公平竞争的原则，通过有效控制防止舞弊，保证施测的顺利进行和考试结果的客观准确。

1. 考试前的组织工作

考试前的组织工作是施测过程中的重要环节，一般包括以下几个方面。

（1）组建考试工作人员小组，制定《考务实施手册》。

在考试前制定《考务实施手册》，明确组织分工、考务安排、监考执行程序等方面的要求。在组织分工方面，一般考点配主监考 1 人，副监考 1~2 人，每个考场配监考 2 人（男女各 1 人）。在考务安排方面，确定考试日期、考试时间、考试场数、应试者总人数等。在监考执行程序方面，明确各类考试工作人员的报到时间、监考要求等。《考务实施手册》还应明确规定考点主监考、考务组、治安保卫组、流动监考等工作人员的职责分工，以及考场具体安排、考场设置要求、监考人员安排等方面的内容。

（2）考试工作人员的培训。

各考点由主监考组织考试工作人员进行培训，此项工作最好在考试前一天就完成。培训内容主要包括《监考管理手册》和考务的有关程序要求。培训的目的是让每位考试工作人员都知道自己的职责，学习考试有关纪律规定，掌握试卷整理、装订、密封的方法和对考试期间可能出现的突发事件的处理方法等。这里需强调一下，考试工作人员的培训非常重要，目前许多大规模考试的作弊事件往往与监考人员的不负责任有关，甚至有的监考人员与外部作弊集团里应外合，窃取考试试卷，造成影响恶劣的考试事故，破坏了考试的公平公正性，损害了广大应试者的切身利益。

（3）考场的考前检查和落实。

通常在考试前一天，必须对各考场严格按照考场设置的基本要求进行检查。检查的主要内容：考场的选择是否符合相关考试考务细则的要求；考点的设置是否齐全；考场的规格、摆设是否符合要求等。验收合格的考场即刻封闭，验收不合格的考场立即采取补救措施，以确保考试的顺利进行。

（4）组织巡视队伍。

为监督和检查考试实施过程中监考人员对考试规章制度的执行情况，在考试期间委派巡视员到各考场巡视，对考场较多或考纪、考务工作较差的考场，要加派巡视员指导和监督。

2. 考试的步骤及工作人员的职责

1）考试的步骤

（1）考试前 20 分钟，监考人员领取试卷、答题卡、草稿纸等，然后直接进入考场。

（2）监考人员在考场黑板上书写提示文字，内容统一为本考场考试的科目、起止时间、注意事项等。

（3）考试前 15 分钟，应试者进入考场，监考人员向应试者宣读有关考试、考场的规则，以及考试的指导语。

（4）考试前 10 分钟，监考人员拆封试卷袋，逐份核对。

（5）考试前 5 分钟，监考人员开始分发答题卡、试卷、草稿纸。应试者得到答题卡、试卷后，应该先清点试卷页码，再检查试卷是否破损，以及试题有无漏印或字迹不清等情况，然后在试卷密封线内规定的地方写上自己的姓名、准考证号等。

（6）考试时间到，考场响铃，监考人员宣布考试开始，应试者开始答题。

（7）考试开始后，监考人员逐个核对应试者在试卷上所填姓名、准考证号及有关身份证件，若有不符，立即查明，并予以处理。

（8）考试时间到，考场响铃，应试者停止答题，监考人员收回试卷、答题卡及草稿纸并清点整理，交主监考验收，主监考验收合格后装订、密封，再交考点办公室。

2）考试工作人员的职责

执行上述统一严密的考试步骤，关键在于对参与其中的各类考试工作人员有明确的岗位职责，要求他们做到各司其职，各负其责。

（1）主监考职责。

- 领导和组织本考点考试的各项工作。选聘工作人员，确定各考场监考人员；建立工作制度，确定岗位职责，组织工作人员学习考试有关规定和程序要求；对监考人员进行监考业务培训。
- 主持接收、发送试卷工作；检查、落实试卷保管和考场布置情况。
- 考试前一天应与北京时间对时，在考试实施时发出考试预备、考试开始和考试终止命令，并指定专人负责考点的拉铃或鸣钟。
- 检查本考点工作人员履行岗位职责的情况，撤换违纪工作人员，取消违纪闹事应试者的考试资格；处理考试期间发生的重大问题，无法处理的问题应及时向上级主管部门报告。
- 特殊情况下可启用备用试卷或答题卡，但必须在考试情况记录单上详细记录原因并签名。
- 副监考协助主监考履行以上职责。

（2）监考人员职责。

- 佩戴统一制发的标志开展工作，于考试前 20 分钟向考场主监考领取试卷袋，并对试卷袋的种类、密封等情况进行检查，不合格的可要求调换、拒收。如果当时无法调换，那么应将有关情况记入该试卷袋内的考试情况记录单上。
- 考试前 10 分钟，宣读《考场规则》并讲解有关注意事项。考试预备铃响后，监考人员当众拆封试卷袋，并检查试卷是否与本考场应考的科目、级别、数量相符，确认无误后再分发试卷，并请应试者将试卷扣放在桌上。
- 考试时间到，监考人员立即宣布开始答题，并提醒应试者在试卷封面和答题卡指定位置填写准考证号、姓名等信息。监考人员不能念试题，不能对试题进行任何解释，如果有文字印刷不清等问题，应当众按清晰试卷予以澄清，但不能暗示题意或解答试题，更不能与应试者私下交谈。
- 考试开始后，监考人员应根据考场座次表逐一核查本考场应试者情况，并填写考试情况记录单上的有关项目。对替考或影响他人考试的应试者，监考人员有权终止其考试，并请其离开考场；对舞弊行为应予以制止并将以上情况如实记入考试情况记录单。当遇到难以处理的问题时，监考人员应及时报告主监考。

- 考试期间，监考人员应自始至终在考场内巡视，不要固定站在某位应试者的座位旁，更不能在考场内吸烟、看报、抄题、做题及将试卷传出考场。
- 监考人员有权制止与考试无关的人员进入考场，并对考试期间考场内发生的其他有关情况进行处理。
- 考试结束时间到，监考人员宣布立即停止答卷，请应试者将试卷扣放在桌上并离开考场。之后，监考人员清点试卷、答题卡，并按准考证号顺序排号，最后连同考试情况记录单一并放入试卷袋密封，交主监考验收。

（3）巡视人员职责。

- 巡视人员应认真学习和掌握考试的各项规定。巡视人员负责对巡视地区的组织管理、工作人员执行纪律情况的监督、考场的布置，以及试卷交接、保管、密封等环节进行全面检查。
- 巡视人员应重点检查考试中的考试纪律情况。如果发现监考人员未遵守有关考试纪律、工作不负责任，应当场给予批评教育，情节严重者可报主监考处理；如果发现应试者替考、舞弊等违纪情况，应当场立即制止，并通知监考人员如实记录。
- 若主监考对考试中发生的问题处理不当，巡视人员可根据有关规定，向主监考提出意见或建议，对急需解决的问题也可当场直接处理，重大问题应随时向上级主管部门报告。

7.4.3　笔试的阅卷流程与记分

笔试试卷的评阅也是整个考试流程中十分重要的环节。只有公正、客观地评阅试卷，才能保证考试的有效性和可靠性。尽管这一环节的工作任务性质单一、工作人员数量少，但由于其工作的专业性强、保密要求高、社会关注力度大，因此阅卷流程与记分是笔试成功的关键。

1. 笔试的阅卷流程

笔试的阅卷流程可分为成绩评定环节和结果处理环节。

1）成绩评定环节

成绩评定环节包括试评完善标准答案和制定评分细则、确定阅卷方法，以及正式阅卷等。

（1）完善标准答案和制定评分细则。在评分之前，阅卷组应先抽样试评，再结合试评情况仔细审核标准答案，并在此基础上制定评分细则。在制定标准答案和评分细则时，既要坚持客观标准，又要客观认定应试者的实际水平。

（2）确定阅卷方法。阅卷方法有两种：一是每位阅卷者独立评阅全卷试题；二是采取流水作业方式分题评阅，这是目前使用较多的阅卷方法。此外，主观性试题与客观性试题的评阅方法有所不同。

（3）正式阅卷。在正式阅卷阶段，应在一定的保密措施下进行试卷启封，阅卷也应实行严格的程序管理。

2）结果处理环节

结果处理环节包括登分与核分、数据处理等。

（1）登分与核分。试卷中每个小题、大题及全卷分数的登记与核分是非常重要的，稍有不慎，就可能因人为差错而改变应试者的考试结果。因此，登分与核分必须实行分段隔离管理，即分别由不同的人员在不同的时段进行，以确保数据的准确性。

（2）数据处理。对每位应试者的笔试成绩，包括各科目的笔试成绩及不同测评要素的得分情况分别予以统计和分析。这个环节也容易出现误差，哪怕是用 Excel 对应试者的成绩进行排序偶尔也会出现差错，因此，一定要将数据处理的结果与原始结果进行比对。

2. 记分

1）客观性试题记分

客观性试题的答案具有唯一性，因此阅卷记分只与答案有关而与阅卷者无关。本章前面介绍的填空题、选择题、判断题、匹配题等都属于客观性试题。客观性试题的主要优点就是记分简单、客观。除填空题之外，客观性试题都可以采用现代化手段——机器阅卷来进行记分。

机器阅卷指的是将考试的客观性试题答在特制的答卷——答题卡上，然后使用计算机和光电阅读设备对答题卡进行处理的过程。通过考试实践我们可以看出，采用机器阅卷具有以下优点。

（1）阅卷结果准确。受人的学识水平、阅历、精力、情绪、环境等主观或客观因素的影响，人工阅卷难免会出现一些误差。使用机器阅卷可以避免这些因素的影响。除此之外，机器阅卷有客观公正及准确的优点，使得考试阅卷的错误率大大降低。如果应试者填涂答题卡的方法合乎要求，机器阅卷的准确率几乎可达 100%。

（2）阅卷公正合理。机器阅卷参与人员少，阅卷软件、阅卷过程一经制定就不可更改，试卷答案唯一、客观，人为干预的可能性小。因此，机器阅卷能在一定程度上减少违规、舞弊现象的发生。

（3）节省大量人力、物力、财力。虽然首次使用机器阅卷时硬件投入较多，但设备可以多次使用，长期来看，机器阅卷在经济上与人工阅卷相比仍然是节约的。

2）主观性试题记分

主观性试题能够有效地考查应试者的实际能力和水平，其主要缺点是评分不够客观，在记分过程中经常受阅卷者的情感、态度的影响。在主观性试题的评分中，人工阅卷的误差往往来自多个方面。

（1）阅卷人员主观因素造成的误差。阅卷人员的责任心、工作态度如何，对阅卷的质量有很大的影响，同时是造成误差的重要因素；阅卷人员的业务素质高低，以及个人能力水平、风格的不同，容易造成阅卷标准不同，从而对阅卷的客观性造成影响。

（2）阅卷顺序造成的误差。在主观性试题的评阅中，阅卷顺序造成的误差十分明显。匿名阅卷时往往有先紧后松的现象，即开始阅卷时的标准尺度较严，而后来阅卷的标准尺度较宽，即存在宽容定式。宽容定式是指阅卷人员的记分标准过于宽松，即使没有按要求回答问题，也能给予较高的分数。

（3）疲劳效应造成的误差。评阅试卷是一项要求较高的工作，而阅卷人员又往往处于临时安排的工作环境中，集中、重复、单调的活动常使阅卷人员出现疲劳现象。处于疲劳状态的阅卷人员容易注意力分散、反应迟钝、情绪波动，甚至产生厌倦心态和草率敷衍的行为，从而造成人为的阅卷误差。

由于在主观性试题的阅卷中容易出现上述误差，因此为了保证考试的公平性，可以采取以下措施。

一是提高阅卷人员的素质。阅卷误差的控制主要取决于阅卷人员的能力水平、经验、心理素质和工作态度。因此，选择高水平的相对稳定的阅卷人员是控制阅卷误差、确保阅卷质量的基础。

二是阅卷人员应事先集中学习、研究评阅试卷的参考标准。对于主观性试题可能出现的答题情况和评分细则，阅卷人员必须熟练掌握，如有需要，还需制定评分参考标准的实施细则。评分细则应该做到具体化，便于操作，并以最大限度地消除由于个人风格和能力水平的不一致而造成的偏差。

三是建立阅卷质量的指标控制体系，通过抽查和复核的方式降低阅卷的误差率。经常在阅卷过程中进行抽查，可以随时纠正阅卷中出现的偏差，平衡阅卷小组中每个人的宽严尺度。阅后复核主要是检查漏评、错评等重大偏差。如果通过计算机来网络阅卷，可以建立阅卷质量的指标控制体系，以便随时监控阅卷质量和进度，更有效地降低阅卷误差率。

四是合理安排阅卷时间和阅卷节奏，并为阅卷人员创造一个良好的阅卷环境。一般大规模考试的阅卷环节分为 3 个阶段：

第一个阶段为阅卷开始的第 1～2 天。由于刚开始进行评阅试卷，因此阅卷人员容易出现对评分标准把握不好、宽严失衡的情况。这时候需要放慢速度，加强对阅卷情况的抽查，注意阅卷中产生的新情况，并逐步统一评分的尺度。

第二个阶段为阅卷的第 2～5 天。阅卷人员逐步掌握了评分标准，熟悉了应试者的答题模式和总体情况。这时候的阅卷效率最高，误差率最低，可以加快阅卷速度，在保持高质量的前提下，完成大部分的阅卷任务。

第三个阶段为疲劳期，一般从阅卷的第 6 天开始。阅卷人员的阅卷速度和阅卷质量开始下降，还容易产生给印象分、打保守分的现象。因此在这一阶段可以安排阅卷人员休息，或者组织半天或一天活动，以确保阅卷质量。切不可片面追求阅卷高速度。

7.4.4　笔试的阅卷质量控制

笔试的阅卷质量控制包括确立实施方案、建立阅卷队伍、准备各种工具、创设特定环境等。这些既是笔试的阅卷质量控制的方法和手段，又是笔试的阅卷质量控制的条件和保证。客观公正是阅卷的基本原则。为确保笔试结果的公正有效，笔试的阅卷质量控制可采取以下措施。

1）建立监督制度

从试评开始，试卷的领取、评阅、保管等环节都必须处于严密监控之下。试卷袋的分发要随机、限时；试卷领取不仅要签名，还要注明领取时间；试卷收回要检查，确认无数量差错，无破损、拆封现象；试卷及各大题、小题的评分、登分、核分、统计应由不同的人员担任，严防串通舞弊。阅卷期间，任何无关人员不得进入阅卷地点。除非监督人员在场，否则阅卷人员不得与外界发生任何方式的接触和联系。

2）在正式阅卷前进行试评

在正式阅卷前，应组织专家随机抽取一定样本的考卷进行试评，并根据试评情况对原命题人员拟定的试题答案和评分标准进行修订。在对拟定的试题答案和评分标准进行修订时，一要确定标准答案并对客观性试题答案的唯一性进行审查，确定明确的评判原则；二要确定评分标准。除客观性试题之外，要逐题划分答案要点（或采分点），并根据每题的赋分情况，对每个答案要点进行二次配分，使每题的答案要点和配分具体、明确。同时要注意合理地确定最小记分单位，以便阅卷人员掌握。

3）采用复评办法

复评办法包含两种阅卷方式，一是指以第一位阅卷人员的评分结果为依据，第二位阅卷人员对其结果进行复评，其主要目的是核查核实；二是对于主观性试题，尤其是分值比较大的试题，采取二评或三评的方式进行评分，以减少或降低不同阅卷人员对主观性试题的评分误差。

4）加强阅卷过程的监控

在阅卷过程中，可以给阅卷人员反馈各种质量监控指标，如平均分、分数分布情况、标准差、评分误差等。必要的时候，可以将专家给定分数的标杆试卷发给阅卷人员，考查其对阅卷标准的把握是否准确；还可以将阅卷人员阅过的试卷再返还给他，看他两次阅卷的分差有多大。随着网络阅卷的发展，阅卷过程的监控已经非常容易实现。

第 8 章

面试技术

所谓面试，就是考官提问、考生回答的当面测试。面试分为随意性面试、结构化面试和半结构化面试。结构化面试由于其形式的公正性而被广泛用于机关单位、事业单位的公开招考和竞争上岗中；半结构化面试则由于其既灵活又相对公平的特点而广泛用于各类企事业单位的人员招聘中。

本章导航

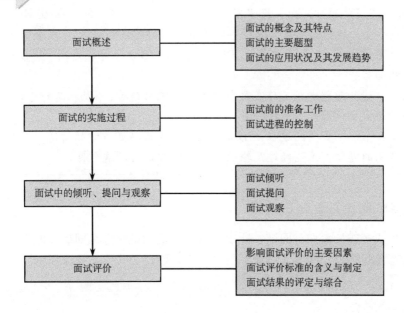

8.1　面试概述

IBM 公司的招聘面试

IBM 公司的招聘面试流程并不复杂，应聘者在通过 IBM 公司人力资源部的测试之后，就可以直接与用人部门的负责人进行交流了。人力资源部的测试题主要是测 IQ 的，一般很简单，要求答题有一定的速度。IBM 公司认为，无论哪种考试都不可能即时进行灵活的变动，而每位应聘者都很灵活，情况也各有不同。因此只有通过面试的方式，才能能动地随时对考试做出调整和判断，评判出应聘者是否符合 IBM 公司的要求，结果才是真实的。这也要求主持面试的评判者的技能和经验都应该很丰富。IBM 公司很重视面试，一般事先由人力资源部提供给经理层有关参考例题，希望他们做出公正的评判。新员工一般要经过两轮面试，一些重要的岗位则要经过 4~5 轮面试。

IBM 公司的招聘面试考核的素质：

诚信——IBM 公司负责招聘的经理级人员都要经过专门的培训。在面试时，IBM 公司很看重人的正直和诚实等品质，并把诚信的品质放在很重要的位置。

自信心——应聘者是否充满自信心也很重要。在面试中，IBM 公司的面试人员通过观察应聘者的肢体语言就可以判别对方是否具有自信心，自信但绝不能狂妄。

沟通能力——应聘者是否善于沟通。一个人的沟通能力不在于说话多少，而在于能否说到点子上，思路是否清晰、是否有逻辑性。在面试中，面试人员还会提一些与应聘者观念不同的问题，看对方如何回答。沟通能力强的应聘者会表现得很自如、落落大方。曾经一位有工作经验的应聘者来应聘，面试人员问她在三五年以后是否有离开公司的打算。面对这一问题，比较常见的回答是"我不会有这样的考虑"。可她却回答说："我现在不能给你'是'或'不是'的答案，但我可以保证在 IBM 公司的这几年，我会竭尽全力地做出贡献，绝对不会辜负公司的信任和培养。"这个回答给面试人员留下了很深的印象。4 年后她离开 IBM 公司，但 IBM 公司认为她干得很出色，实现了面试时的诺言。

其他——诸如应聘者在工作态度上是否具有主动精神，以及在工作中的学习能力、创新能力及适应变化的能力等也很重要。

面试是一个非常重要的过程，IBM 公司认为，面试是双方的沟通，是双方价值观的交流与认同的过程，无论经过几轮面试，最终都是为了这个目的。

8.1.1　面试的概念及其特点

每个人都或多或少参加过面试，所以大概都知道面试是怎么回事。但是，究竟什么是面试？它具有哪些特点？许多人可能不一定清楚，而这是我们在探讨面试技术前不可能回避的问题。

1. 面试的概念

面试的历史源远流长，但人们至今未能对面试形成一致的看法。在实践中，许多人以为，面试就是面对面的交谈。在这样的指导思想下，面试只是一种人人皆会的交谈，所以也就没什么技术可言了，顶多就是口才好的人在面试时可能会表现好些而已。其实，只要我们再问一句，面试中交谈的目的是什么？我们就会发现，其目的是考查应试者是否具备了任职所需的素质，而不是为了交谈而交谈。这就是面试与通常所说的交谈之间的根本区别。

那么，什么是面试呢？笔者认为，面试是通过考官与应试者面对面的信息沟通，考查应试者是否具备与职位相关的能力和个性品质的一种人才测评方法。根据这样的定义，面试是一项很复杂的交谈活动。从考官的角度来说，他们要想尽办法来考查应试者是否具备与职位相关的能力和个性品质，这不仅需要精心设计面试试题，而且需要在面试过程中对应试者进行提问、观察和倾听。由此可见，面试对考官的要求是很高的。从应试者的角度来说，他们要千方百计地展示自己与职位相关的能力和个性品质，包括面试前的精心准备、面试中高度集中的注意力、敏捷的思维反应、高超的语言表达能力等。

2．面试的特点

面试作为一种人才测评方法，具有多方面的特点，突出表现在以下 4 个方面。

1）直观性

面试是用人单位与应试者直接接触的一项活动，通过面试，用人单位会对应试者形成一个直观的印象，这种直观的印象对用人单位的最终雇佣决策具有很重要的影响。这就有点像买房子，房地产老板把房子描绘得再好，如果你只是了解了房子所在的位置、周边的环境、房子的设计和布局等具体情况，而没有亲临现场考查房子，那你是不可能拍板买下房子的。由此可见，面试的这种直观性为用人决策提供了"可靠的"依据，毕竟选用了一个人之后，这个人将与用人单位的已有员工朝夕相处，不"面试"一次就录用未免太冒险了。在美国的大学里，录用一个教师前，不仅人事主管和相关领导得对应试者进行面试，而且系（院）里的教师们都得对其进行"面试"。如果大家都不满意，那就不能录用他，毕竟他进来以后要成为这些教师的同事。

2）灵活性

面试是一种很灵活的人才测评方法，面试的方式和内容具有较大的变通性。一方面，由于不同的职位对人有不同的要求，因此可以根据不同职位的特点，灵活地采用不同的面试方式去考查应试者。另一方面，尽管面试的问题可以是事先设计好的，但在面试过程中，并不是对所有应试者都按同样的内容来进行的（严格的结构化面试除外），考官可以针对应试者的具体情况，根据获得的信息是否足够来决定面试问题的多少。如果应试者的回答已经充分地显示了某方面的信息，那么已准备好的问题也可以不问；如果应试者的回答不足以显示某方面的信息，或者考官觉得对应试者的相关情况还把握不清，那么可以多追问应试者一些相关的问题。这样，面试的时间就可长可短，但面试的时间短则不少于 20 分钟，长则不多于一小时。

3）互动性

面试与笔试的一个重大区别是，面试中考官与应试者之间有互动的信息交流。在面试中，考官会随时根据应试者的回答、表情和行为举止等情况，积极地变换面试的问题或进行追问；与此同时，应试者也会根据考官的提问，充分发挥自己的能动性。另外，应试者的表现时时影响着考官的评价，而考官的信息反馈又会影响到应试者的表现。面试中考官与应试者之间的这种直接的交互作用，提高了相互沟通的效果和面试的真实性。应试者应充分利用面试的互动性，积极主动地回答有关问题。

4）主观性

面试的评价往往带有较强的主观性，不像笔试那样有明确的客观标准。正因为这样，面试评价往往受到考官的个人主观印象、情感和知识经验等许多因素的影响，使得不同的考官对同一位应试者的评价往往会有差异，而且可能各有各的评价依据。所以，面试评价的主观性是面试的一大弱点，但是人的素质评价是一项非常复杂的工作，考官可以把自己长期积累的经验运用到面试的评价中。所以，从这个角度来说，面试的这种主观性也是有其独特价值的。

8.1.2　面试的主要题型

面试的题型很多，在当前的面试实践中，常用的有 3 种：智能性问题、情景性问题和行为性问题。

1. 智能性问题

智能性问题主要考查应试者对一些事物和现象的理解与综合分析能力。这类问题通常以一些较复杂的社会热点问题为主，考查应试者的综合分析能力。对应试者的能力评价一般不是看其观点是否正确，而主要是看应试者的回答是否言之成理，论据是否充分，能否自圆其说。

1）功能

智能性问题的功能在于考查应试者思维的逻辑性、严密性、深度和广度，以及应试者的综合分析能力等。

2）样例

随着人工智能的发展，大量人类的工作将被人工智能所取代。有人认为，这种科技进步可以将人类从许多繁杂的工作中解放出来，也有人担心，人工智能的发展会造成大量工人的失业。对此，你怎么看？

2. 情景性问题

情景性问题是创设一种假设性的情景，考查应试者将会怎么做。这类问题的基本假设是一个人说他会做什么与他在类似的情景中将会做什么是有联系的。情景性问题的优点是，问题的情景可以根据职位要求来任意创设。另外，情景性问题对所有的应试者都是公平的，因为每位应试者都需要处理自己往往没有经历过的同一个情景性问题。这类题型的不足是，有时应试者说会怎么做与其在现实情景中的实际做法会有差异，也就是说，做的与说的往往是两码事。

1）功能

情景性问题可以考查应试者各方面的能力和个性品质，包括应变能力、计划与组织协调能力、决策能力、情绪稳定性等。通常对其他题型不能考查的测评要素，可以考虑用情景性问题来考查。

2）样例

假如你是总经理助理，某天，你接待了一位来自德国某公司的业务经理，他要和本公司协商某些联营业务，以扩大各自在对方所在国的影响。但此时总经理正在美国考察，你深知此事重大，如果等总经理回来处理，势必影响公司业务，如果你自己处理，此事又不在你的职权范围之内，且处理不好还要承担责任。请问，此时你怎么办？

3. 行为性问题

行为性问题关注的是应试者过去的行为，所问的是应试者实际上做了些什么、怎么做的、有什么结果，而不是他们知道什么（与工作相关的知识问题），或者他们将会做什么（情景性问题）。行为性问题的基本假设是，在类似的情景下，一个人过去的行为表现是预测其未来的行为表现的根据。

行为性问题注重能反映相关素质的行为事件，一个完整的行为事件必须包括以下 4 个要素（STAR）。

- 情景（Situation）：关于任务、问题背景的具体描述。
- 目标（Target）：应试者在特定情景中所要达到的目标、所需完成的任务。
- 行动（Actions）：测评对象针对具体问题情景所采取的行动或未采取的行动。
- 结果（Results）：已采取的或未采取的行动的结果。

如果应试者的行为事件描述不完整（缺少一个或一个以上的要素），就要通过后续的深入追问来弥补。这样做的原因有两个：一是只有完整的行为事件才能反映出应试者是否具有某方面的能力特征；二是通过追问来得到更多的事实和细节信息，可以防止应试者捏造事件。

1）功能

通过应试者描述过去所做的事，考查其能力和个性适应方面的胜任情况。

2）样例

你过去一定有这样的情况，你曾感到有必要找一个职工谈谈，因为他的工作表现需要改进。请介绍一下当时的情况。

后续问题（深入追问）：

"你怎么知晓这一情况的？"

"你晓得这一情况多久后才采取行动？"

"你对该职工说的原话是什么？"

"他的回答是什么？"

"最后结果怎么样？"

8.1.3　面试的应用状况及其发展趋势

1. 面试的应用状况

面试是国内外人事选拔实践中最常用的一种测评方法。在西方各级各类组织的人事选拔中，面试的应用非常普遍。调查研究表明，在欧洲的人事选拔中，面试的平均使用率高达 93%；在美国的人事选拔中，面试几乎被所有的心理学家使用；在我国目前的国家公务员录用考试中，面试的使用率是 100%。在企业中，人事部人事考试中心对全国 470 家规模不同的各类企业的调查表明，有 91.7%的企业将领导考察（主要是面试）作为选拔管理人员的主要方法之一，这还不包括其他人员（如人力资源管理者）进行的面试。

面试之所以在全世界的人事选拔中得到如此广泛的应用，有以下两方面的原因：一是任何组织在录用一个人之前，如果不事先面谈一下，心里就不踏实，而面试是一种最直接的、让人感到最真实的测评方法，是获得第一手资料的最佳途径；二是在实践中，面试很容易操作，每个人都能进行面试，因为实施面试不需要任何培训或技能。

2. 面试的发展趋势

1）结构化面试受到广泛关注

传统的面试方式由于缺乏信度和效度受到了人们的批评。因为在传统的面试中，根本就没有面试设计，面试官的提问是很随意的，不仅面试本身缺乏标准，而且不同应试者的面试结果是无法比较的，不同的面试官对同一个人进行面试会得到完全不同的结果。从这个角度讲，传统的面试还不如申请表，因为不同应聘者申请同一个职位，必须回答申请表中同样的问题。由于缺乏这种最起码的一致性，因此传统的面试方式受到了人们的批评。于是，有专家提出并发展了信度和效度能得到保证的面试——结构化面试。目前，结构化面试已被全世界各类企业使用。这种面试的特点是，在工作分析的基础上进行面试设计，对所有的应试者都采用一套标准的问题与统一的评分标准，并且实施程序完全相同，从而有效地控制了各种面试偏差，提高了结构化面试的信度和效度。

2）行为性面试越来越受到人们的重视

传统的面试方式的另一个不足是，面试问题多数是"假想的"，应试者说会怎么做与其在现实情景中的实际做法并不是一回事。行为性面试关注的是应试者以前做了些什么、具体又是怎么做的，考官还要通过追问来得到具体行为事件的详细情况，以防止应试者胡编乱造。这种面试的基本假设是：过去应试者怎么考虑一个问题、怎么去做一件事，那么以后遇到类似的情景，他还会那样去考虑和行动。显然，过去行为与将来行为的一致性更能让人信服，因此行为性面试越来越受到人们的重视。本书第 9 章将专门讨论行为性面试。

3）情景性面试越来越受到人们的欢迎

传统的面试方式还有一个不足，即应试者在面试中容易"伪装"自己，口才好、思维反应敏捷的应试者往往会占优势。针对传统面试中的各种题型，应试者都有"模式化"的应对策略。有学者曾经对面试的应试者进行过问卷调查，看看应试者对哪些面试要素感觉最没有把握，结果如图 8-1 所示。

从图 8-1 可以看出，目前，应试者对许多面试要素都有应试技巧，相对来说，只有综合分析能力和应变能力这两个要素还没有很好的应对办法。在这种背景下，应试者难以"伪装"的情景性面试越来越受到人们的欢迎，并逐渐成为传统的面试方式的重要补充。基于情景性面试的广泛应用前景，本书将在第 10 章专门探讨这种面试技术。

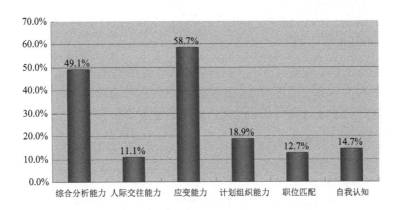

图 8-1　应试者感觉对各类面试题的"把握"程度

4）计算机辅助面试得到人们的关注

计算机在招聘中的最新应用主要体现在辅助面试中，由计算机屏幕显示有关应聘者的教育背景、经历、知识、技能和工作态度方面的问题，这些问题往往与应聘者所申请的职位有关。一般来说，在计算机辅助面试中，所有的问题都以多重选择的方式出现，应聘者根据自己的意愿通过在屏幕上按下相应的键来选择答案。在计算机辅助面试中，如果应聘者有迟疑不决的反应，不能马上回答，一般说明回答的真实性存在一定问题。

计算机辅助面试一般用于初次筛选，目的是将明显不合格的申请者筛选出去，把那些能够进入招聘面试的初步合格者筛选出来。这样做有几个好处：首先，这种方式可以节省招聘人员的时间，因为招聘人员以前必须对所有的申请者逐一进行面试，而其中有许多人是根本不合格的；其次，有人认为申请者面对计算机时比面对招聘人员时更诚实一些，因为他们认为计算机不会对他们的回答进行判断，而当他们面对招聘人员时，招聘人员的反应会在很大程度上影响他们的回答；最后，计算机辅助面试能够避免面谈可能出现的错误，如以貌取人。计算机辅助面试的不足是它给人的感觉不亲切，因为与机器打交道是冷冰冰的事情。为了改善这一不足，发达国家已经尝试把计算机辅助面试设计成电子游戏的样子。当应聘者在计算机面前的时候，应聘者面对的是不断出现的能够活动的画面，这些画面会模拟出各种各样的情景。例如，计算机辅助面试被设计为一种情景面谈或压力式面谈，假定一个应聘银行出纳职位的人需要面对计算机屏幕上出现的粗鲁顾客，这些顾客还会根据应聘者的反应进行新的刁难。使用计算机辅助面试的企业反馈，这种面试方式很管用。计算机辅助面试能够减少招聘人员必须进行的不必要的面谈，而且计算机辅助面试筛选出来的应聘者在最初三个月的雇用期内流失或被开除的情形很少。这可能是因为计算机辅助面试（尤其是动画式面试）很生动地告诉了应聘者他正在申请的工作到底需要做什么，而在一般的面试中应聘者可能由于各种顾虑而不愿意主动打听这方面的情况。

8.2 面试的实施过程

8.2.1 面试前的准备工作

面试前的准备工作有很多，从考官的角度来说，包括对任职要求、应试者的具体情况、面试的题目等资料的熟悉；从招聘单位的角度来说，包括面试程序的设计、面试场地的选择与布置等。做好这些准备工作是顺利完成面试的基本条件。

1. 考官在面试前的准备工作

考官在面试前需要准备些什么呢？下面我们就对此进行讨论。

1）熟悉工作说明书

工作说明书中对职位的描述和说明是考官在面试中判断应试者能否胜任该职位的依据，因此考官在面试前应对工作说明书有清晰的了解。考官对职位的主要职责和任职要求了解得越清楚，在面试中就越能有针对性地评价应试者，并选到理想的应试者。特别是对于任职要求这方面，考官事先一定要了如指掌，并且在面试中时时围绕任职要求对应试者进行评价。

为了判断考官是否对工作说明书足够熟悉，可以通过以下几个问题进行测查。

（1）是否对判断应试者应具备哪些重要的任职资格有足够的了解？

（2）是否能够将该职位的主要职责清晰地向应试者传达？

（3）是否能够回答应试者提出的关于职位信息和公司信息的问题？

（4）是否对该职位的薪酬福利标准有足够的了解？

2）熟悉应试者的有关材料

一般来说，在面试前，考官对应试者的应聘资料和简历一定要认真阅读。这样做一方面是了解应试者的个人背景信息，并将其与任职要求相比较，以便对应试者的胜任程度有一个初步的判断；另一方面是发现应试者的应聘资料和简历中的问题，供面试时参考。

在阅读应试者的应聘资料和简历时，考官应重点关注以下几个问题。

（1）浏览简历的外观与行文。在一份应聘信或简历中，首先引起人们注意的就是它的外观，其次是文字、语法等方面。在浏览简历的外观时，需要注意一些要点，如简历是否整洁、排版是否美观、语句是否合乎逻辑、用词是否恰当等。如果是英文简历，可以看看其英文水平；如果是手写简历，可以了解其书法。一般来说，比较专业的简历通常为一两页，如果简历过长或过短，则需引起重视。

（2）注意简历中空白的内容或省略的内容。在招聘过程中，招聘单位常常会提供给应试者一些现成的表格或简历模板，而现在越来越多的公司使用标准化的简历模板。这样所有应试者都填写相同的简历模板，因此招聘单位很容易发现应试者的简历中有哪部分是空白的，而对这部分内容需要在面试中进一步了解。

（3）特别注意与应试者应聘职位或行业相关的工作经历。一般来说，一个人应聘一份工作，都会选择与自己过去经历相关的工作内容。在面试前，考官应对应试者曾经工作过的单位有所了解。例如，一位应试者曾经在竞争对手的企业里做过类似的工作，或者在这个行业中很著名的一家企业中工作过，对这些经历都应该在面试中进一步了解。

（4）考虑应试者工作变动的频率和可能的原因。在应试者的简历中，最关键的部分可能就是他的工作经历了。在变动的工作经历中，考官可以关注该应试者工作变动的频率如何，是否在很短的时间内（如几个月内）更换工作。如果应试者更换工作过于频繁，考官可以将其作为疑问在面试中提出来。另外，可以考虑一下应试者每次工作变动的原因是否合乎情理，找出工作变动动机中的疑问。例如，从一家知名企业换到一家小公司，工作单位变了但工资反而下降了；所从事的工作领域发生变化，从做技术转向做人事。关于工作变动的动机常常是面试的提问重点。

（5）注意应试者的工作经历中时间上的间断或重叠。有时候，一位应试者从一个单位离职的时间和到下一个单位就职的时间之间会有一个间隔，那么在这个间隔的时间内应试者在做什么，应该是考官关心的问题。另外，有的应试者的工作经历有时间上的重叠。例如，某应试者在 2019 年 5 月至 2020 年 5 月既在一所学校任教，又在一家公司工作，那么这也需要在面试中澄清。

（6）注意应试者对薪酬的要求。在应试者的应聘资料中，考官还应该特别关注其目前的薪酬状况，以及他对薪酬的期望值。薪酬是一个很现实的问题，一般来说，人们换单位的时候不会主动从薪水高的单位走向薪水低的单位，应试者一般也不会接受实际薪酬水平比其期望值低得多的单位。所以，在面试前应注意应试者对薪酬的要求。在实践中，经常发生这样一种情况：用人单位已决定录用某位应试者，可由于薪酬问题，应试者不打算入职，从而使用人单位陷入很被动的局面。一个理想的解决办法是，考官可以将应试者的期待薪酬与该职位所能提供的薪酬进行比较，然后在面试中与他讨论这一问题。

3）熟悉面试问题和评分标准

在面试前，考官需要事先熟悉面试的问题，这样在面试中考官就能做到心中有数，把精力集中在应试者对问题的回答上。特别是对于主考官来说，事先熟悉面试问题更有必要。因为考官熟悉面试问题后，就不太会出现念错字、把出题思路与题目一块念给应试者听等低级错误。评分标准也是每位考官应事先熟悉的重要内容，考官只有"吃透"评分标准，才能客观准确地根据应试者的面试表现来打分，否则在面试现场，考官既要用心琢磨评分标准，又要评价应试者的表现，这样很可能两个方面都做不好。

有时候，面试问题不是由招聘单位事先拟定好的，而是由考官自行决定的。在这种情况下，考官需要事先琢磨几个面试的基本问题，用以考查应试者的基本素质。另外，可以根据面试的具体情况提一些附带的问题。

2. 面试程序的设计

面试程序的设计一般包括以下几个方面。

（1）面试程序的设计包括从应试者到达面试地点再到面试结束的整个计划安排。一般来说，首先所有的应试者需要在正式面试开始前 15 分钟到达面试地点，以抽签方式确定应试者的面试顺序，以确保程序的公平性；其次应试者按顺序逐一进入面试现场，当一位应试者进入面试现场时，提醒下一位应试者做好准备；最后，考官按预定的面试题本进行面试。

（2）所有应试者的面试时间应有统一规定，即面试时间长短应相同，这就需要在面试题本设计与操作规范方面有明确的要求。

（3）面试的评分方法。考官对面试评分的登记、核准和分数汇总等方面都应有明确、规范的说明。

3．面试场地的选择和布置

面试场地的选择和布置也是面试前的一项重要工作。一般来说，对面试场地的基本要求有 4 条：一是面试场地所在位置的环境必须安静、无干扰；二是面试场地的面积应适中，一般以 $30m^2 \sim 40m^2$ 为宜；三是面试地点的温度、采光度适宜；四是除独立的面试场地之外，还应根据应试者的多少设立若干候考室，候考室的位置应与面试场地保持一定距离，以免相互影响。

面试场地的布置也是很有学问的，就考官与应试者的位置安排来说，通常有 5 种布置形式，如图 8-2 所示。

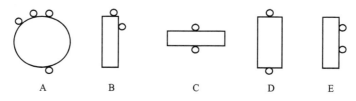

图 8-2　面试场地的几种布置形式

A 为一种圆桌会议的形式，适合多位考官面对一位应试者。

B 是一对一的形式，考官与应试者成一定的角度而坐。

C 是一对一的形式，考官与应试者相对而坐，距离较近。

D 是一对一的形式，考官与应试者相对而坐，距离较远。

E 是一对一的形式，考官与应试者坐在桌子的同一侧。

上述考官与应试者的不同位置安排产生的面试效果是不同的。那么，究竟采用哪种位置安排更好呢？在面试中，如果采用 C 这样的布置形式，考官与应试者面对面而坐，双方距离较近，目光直视，容易给应试者造成心理压力，使得应试者感觉自己好像在法庭上接受审判，从而紧张不安，以致无法发挥正常水平。当然，如果要特意考查应试者的压力承受能力，那么可以采用此布置形式。如果采用 D 这样的布置形式，考官与应试者距离太远，不利于交流，同时空间距离过大，增加了双方的心理距离，不利于双方更好地进行面谈。如果采用 E 这样的布置形式，考官与应试者坐在桌子的同一侧，心理距离较近，也不容易造成心理压力，但考官的位置显得有些卑微，也显得不够庄重，而且不利于考官对应试者的表情、姿势进行观察。采用 A 这样的布置形式，使应试者不会觉得心理压力太大，同时气氛也较为严肃。采用 B 这样的布置形式，考官与应试者成一定的角度而坐，可避免目光直射、缓和心理紧张、避免心理冲突，同时有利于对应试者进行观察。

8.2.2　面试进程的控制

面试是以考查应试者的相关素质为目的的，这就要求考官对面试进程进行控制，对于沉默寡言的应试者，要鼓励其开口；对于滔滔不绝的应试者，要控制好面试话题。可以说，如何控制面试的进程是面试的关键。

1．构建和谐的面试氛围

在面试中，构建和谐的面试氛围对面试的顺利进行是很有帮助的。在面试的开始阶段，考官的提问应该显得自然、亲切，像闲聊一样，这样一方面可以消除或缓解应试者的紧张和焦虑情绪，另一方面也便于引出面试的主题。

考官不仅在面试开始时要注意构建和谐的面试氛围，而且在接下来的正式面试中，也要时时注意维护与应试者的和谐关系。要做到这一点，考官应注意什么呢？首先，考官在面试中应保持良好的面部表情，亲切、自然的微笑无形中会拉近考官与应试者的距离，必要的点头和赞许会消除应试者对考官的戒备和怀疑，如果考官的表情太严肃，那么会增添面试的紧张气氛；其次，考官应注意自己的言语行为，提问时的语气要像平常与人交谈那样平易近人，因为在面试这种场合，应试者与考官的地位本来就是不平等的，考官无须通过提问的语气来显示自己的"优越性"；最后，当应试者在面试中表现不好时，切忌对其进行责备，而宜予以鼓励。

2．让应试者多讲

面试的目的是考查应试者是否具备相关的素质，这就要求在面试中要让应试者多讲，而考官少讲。在面试实践中，我们常看到这样的情况：有的考官因为某个话题而引发个人兴趣，情绪激动起来，自己开始滔滔不绝地抒发起感慨来；还有的考官提问时说了一大堆，而应试者只用一两句话就将考官的问题回答清楚了。

调查表明，在面试中，蹩脚的考官主持的面试，说话的主角是考官，考官的发言时间多于应试者回答问题的时间，应试者提供不了多少信息；一般考官谈话的发言时间应与应试者差不多；高明的考官能将多数发言时间留给应试者。实践表明，考官在面试中的发言时间不应超过整个面试时间的 1/3，应把 2/3 以上的面试时间留给应试者，这样才能真正发挥面试的效能。

当然，在面试实践中，我们经常会遇到不善言辞的应试者，此类应试者有时会因为不知道如何更好地回答问题而闭口不语；有时对于一个本来可以很好加以发挥的话题，三言两语就谈完了。这样，考官得到的信息不充分，也就很难对应试者的相关素质进行评价。因此，考官可以采取以下对策。

（1）适时沉默。在面试中，考官不要当应试者出现停顿时就开口谈别的问题。有时候出现停顿可能是应试者在考虑如何进一步回答问题，或者不知道已回答的情况是否让考官满意。如果考官保持适时沉默，那意味着在对应试者说："你还没说完呢，请你考虑好之后继续回答问题。"这一方法对于内向的应试者还是比较有效的。

（2）给予鼓励。应试者出现停顿，有时是因为担心自己回答不好问题，这时特别需要考官给予鼓励，使应试者谈出更多的东西。例如，应试者在回答问题时突然不想谈了，考官不妨说，"还有吗"，或者直接说"你已经谈了不少东西，请接着说"。这样应试者一般会接着往下说。

（3）利用身体语言。考官利用身体语言也可以鼓励应试者开口。例如，适度的身体前倾、微笑等，使应试者感到考官对自己的认可，从而增加他继续谈下去的勇气。

3．控制面试的主题

因为面试的时间有限，所以考官在面试中要紧紧围绕面试的主题，原则上不提与面试无关的或关系不大的问题。应试者也不要在无关的话题上浪费太多的时间，否则考官无法从得到的信息中判断应试者的相关素质。考官准确地控制面试的主题不是一件容易的事。

在面试中，考官要时刻注意收集应试者在胜任特征方面的关键信息。如果考官感到应试者在某方面的胜任特征信息已经足够，那么可以将主题转移到其他关键的胜任特征上；如果考官感到应试者在某方面的胜任特征信息还不是很充分，那么一定要围绕这个主题继续展开。下面我们介绍一个用行为性问题进行面试的例子。

考官：请你谈谈你做得比较成功的一件组织协调方面的事。

应试者：让我先想想。哦，对了，上个月，我参与组织了一个大型的会议，由于我们准备工作做得充分，考虑问题周到，结果会议取得了成功。

考官：这是一个什么性质的会议？为什么要开这个会？

应试者：这是一个大型的研讨会，由于我们要把一项研究成果开发成产品，因此需要各方面的人员对开发成本、开发时间、市场潜力等方面的问题进行讨论。

考官：你在组织这次会议中的主要任务是什么？

应试者：此次会议的组织工作是由我们的办公室主任负责的，我的任务是配合主任做好相关的工作。一个大型的会议需要大家的努力……

考官：对不起，打断你一下，在举办此次会议中，你具体都做了些什么？

应试者：我做了几乎与会议有关的所有具体的事，如联系落实会议地址、提前两周通知参会人员等。你也清楚，这些事虽然很烦琐，但有一件事做不好就可能使会议失败，比如说……

考官：对不起，请问你做的这些事是自己想到的还是办公室主任安排的？

应试者：我不是负责人，所做的事当然都是主任安排的……

以上只是考官和应试者对话的片段。我们可以看到，应试者被考官打断了两次，其目的都是让应试者说出更多考官感兴趣的胜任特征信息。

在面试实践中，考官经常会遇到谈起来滔滔不绝的应试者，对于此类应试者，考官应要求他简要地回答问题，如果在回答某个问题时耗时太多，那么可以在下一个问题开始时，提醒他："你刚才回答那个问题花的时间太多，接下来你得抓紧时间，挑关键的来说。"还有一个办法就是打断应试者的回答："说得不错，现在让我们讨论下一个话题好吗？"从而迫使应试者结束该话题。不过这样做有时会影响应试者的情绪，所以只有当应试者回答一个问题没完没了时才采用此法。

4．结束面试

面试的收尾阶段是考官检查自己是否遗漏了关于胜任特征的关键问题，并加以追问的最后机会。当考官感到已经充分地收集了应试者的有关信息时，可以考虑结束面试。临近结束，考官一般应给予应试者最后的提问、重申或强调某些信息的机会。下面我们给出一个结束面试的例子。

考官：在今天短短的 30 分钟里，你已经回答了所有的面试问题。对于前面的回答，你还有什么需要补充和说明的吗？

　　应试者：我想没有了吧。

　　考官：假如我们录用了你，你对我们有什么要求吗？

　　应试者：没有什么要求。如果可能的话，我希望单位能给我提供一个集体宿舍，因为我家离这里实在太远了。

　　考官：好了，今天的面试到此结束，谢谢你的配合。我们会在一周之内将最终决定用微信通知你，请注意查收。

8.3　面试中的倾听、提问与观察

8.3.1　面试倾听

1. 面试倾听的技能与技巧

　　一位优秀的考官必须是一名好听众。要做到这一点并不容易，有的人听别人说了一半的话就以为自己全清楚了，其实，他在理解中加入了好多个人的主观猜测；有的人喜欢表现自己而不愿意听别人说话，与人交谈时老是抢话题，根本不听别人讲。这样的人在面试中很难成为一名称职的考官，因为他不知道如何倾听。当倾听对方说话的时候，你需要将自己全部的注意力都集中在对说话者的语言的精确理解上，了解他所讲的真实内容，准确把握他传递给你的信息。

　　1）排除各种干扰

　　在面试过程中，经常会遇到一些干扰，特别是在办公区进行面试时，干扰因素更多，如电话铃、机械设备的噪声等。所以，一般面试场所宜选在远离办公区的安静之处。不论发生什么情况，考官都应该保持注意力的高度集中，积极倾听应试者的谈话。有时在面试了多位应试者后，考官可能会感到有些疲惫，如果应试者的语言比较枯燥乏味，那么考官很容易分散注意力。这时，考官要控制好自己的注意力。

　　2）善于提取要点

　　在应试者回答问题时，考官不必将其所说的每句话、每个字都记下来，要善于从应试者的原话中攫取与岗位胜任特征有关的信息。特别是对于一些不善言辞、回答问题不得要领的应试者，考官更需要从他的回答中提取出与问题相关的内容。

　　3）善于发挥眼睛、点头的作用

　　眼睛在倾听中有着重要的作用，它会传达重要的信息。在面试中，考官的目光大体应该在应试者的嘴、头顶和脸颊两侧这个范围内活动，这样会使考官集中注意力，关注所听到的信息；同时这样做还会给应试者一种对他感兴趣、在认真地听他回答的感觉，必要时考官还可伴以和蔼的表情和柔和的目光。

　　应试者回答问题时，考官还要适度地点头，因为点头是一种双方沟通的信号。点头意味着你在注意听并且听懂了应试者的回答。但是，考官应在无关问题答案的紧要处点头，否则容易泄露问题答案，违反面试的公平性原则。

　　4）听的同时要注意思考

　　有效的倾听者不是只使用自己的耳朵在听，而是同时使用自己的头脑在思考。研究表明，人的思考速度大概是每分钟 400 字，而说话的速度大概是每分钟 150 字。这就说明，思考的速度比说的速度要快得多，因此在应试者说话时，考官有足够的时间进行思考。例如，可以分析一下应试者说的话的含义，使自己不仅听到语言的表层意思，而且"听"到应试者想表达的深层次的内涵。这才是倾听的本质所在。如果在听的时候不加思考，那么很可能会误解对方想表达的意思。

5）善于进行阶段性的总结

在面试中，应试者不是一次性地表现出在某个胜任特征方面的全部信息的，这就需要考官将应试者前后所说的话联系起来，并对应试者说的话进行归纳、总结。必要的时候可以将总结出来的内容呈现给应试者，以确认其是否为应试者的本意。

6）倾听时不要带着自己的观点

考官在倾听时不要带着自己的观点。每个人对事物都有自己的理解和看法，当应试者说了一些与考官相同的观点时，考官很容易将自己的其他观点也当作应试者的观点。这时考官会用一个"过滤器"去听，结果听到的都是应试者与自己相同的观点，而那些不同的观点都被忽视了。其实，这是考官对应试者本意的曲解，是在面试倾听中最忌讳的。

2. 考官倾听能力自测问卷

面试评价的主要依据是应试者对问题的口头回答。一位倾听能力不过关的考官，绝不可能是合格的考官。倾听能力自测问卷及评分标准与结果解释如表 8-1 所示。

表 8-1　倾听能力自测问卷及评分标准与结果解释

倾听能力自测问卷
下面有 15 个问题，请根据你在最近的会议或聚会上的真实表现，对每个问题做出"是"或"否"的判断，并在相应的括号内打"√"或"×"
1.我常常试图同时听几个人交谈（　　）
2.我喜欢别人只给我提供事实，让我自己做出解释（　　）
3.我有时假装自己在认真听别人说话（　　）
4.我认为自己是非言语沟通方面的好手（　　）
5.我常常在别人说话之前就知道他要说什么（　　）
6.如果我对与某人交谈不感兴趣，我常常通过注意力不集中的方式结束谈话（　　）
7.我常常用点头、皱眉等方式让说话人了解我对他所说内容的感觉（　　）
8.我常常在别人刚说完话就紧接着谈自己的看法（　　）
9.别人说话的同时，我也在评价他的内容（　　）
10.别人说话的同时，我常常在思考接下来我要说的内容（　　）
11.说话人的谈话风格常常影响到我对内容的倾听（　　）
12.为了弄清对方所说的内容，我常常采取提问的方法，而不是进行猜测（　　）
13.为了理解对方的观点，我总会很下功夫（　　）
14.我常常听到自己希望听到的内容，而不是别人表达的内容（　　）
15.当我和别人意见不一致时，大多数人认为我理解了他们的观点和想法（　　）

续表

评分标准与结果解释
第 4、12、13、15 题答 "是" 得分，其余各题答 "否" 得分。以此为标准，得出你的选择与 "答案" 不一致的题数（错误数），然后用下列公式进行换算： 　　　　　　　　　　结果=105-（错误数×7） 如果你的得分在 77 分以上，那么你在倾听方面是一名比较好的考官；如果你的得分在 63 分以下，那么你在倾听方面是一名尚不合格的考官。参考标准如下： 91～105 分　　　倾听能力很好 77～90 分　　　　倾听能力较好 63～76 分　　　　倾听能力一般 63 分以下　　　　倾听能力存在问题，需引起注意

8.3.2　面试提问

面试提问是考官的一项主要活动，提问的质量和水平直接关系到面试的效果。如何提问是每位考官都应掌握的基本技能。

1．力求通俗、简明、有力

首先，面试提问应做到通俗易懂，不要用生僻的字词和专业性太强的词汇，提问的内容、方式和用语要适合应试者的接受水平，不能让应试者感到费解。其次，面试提问一定要简明扼要。研究表明，一个问题的描述时间宜在 45 秒以内，半分钟左右为佳，不能超过一分半钟，超过这个限度，不论是应试者还是考官，都会感到不好理解，或者说问题不大明确。最后，面试提问时，考官要活泼有力，可配上得体的手势，从而使问题产生一定的感染力和吸引力。

2．根据应试者的回答情况灵活地提问

尽管考官对面试的关键问题往往事先有准备，但面试提问时并不拘泥于已有的问题，而是可以根据应试者的回答情况，围绕特定的面试目的和岗位胜任特征灵活地进行提问。有时候，应试者把考官还没有问的问题给回答了，这时就不用按事先预定的程序再对这个问题进行提问；有时候，应试者对该回答的问题没有回答或只回答了一部分，如果这个问题关系到应试者的关键胜任特征，那么需要考官就此问题进一步追问。

3．避免直接让应试者描述自己的能力或个性的问题

在面试中，每位应试者总想表现出自己最好的一面，所以，如果直接问应试者是否具备某种能力，那么考官很难得到真实的回答。对于应试者的其他个性特征也同样。例如，你想招聘一位营销人员，你直接问应试者："你的个性特点如何？" 那么对方很可能会顺着你的意愿说："我很喜欢与人打交道，能与各种各样的人交朋友。" 可你无法验证他的回答是否真实可靠。比较好的一个解决办法是追问一个行为性问题，如 "请你举一个例子来说明你在工作中是如何有效地与人打交道的"。这样应试者就必须说出自己经历过的实例来证实自己的回答。如果应试者讲不出来或含糊其词、前后矛盾，那么他所谈的自己的个性特征就不具真实性。

4．多提问开放式问题

面试提问要多使用开放式问题，尽量让应试者列举出一些实例，而不要用多项选择式问题。因为后者会让应试者感到正确答案必然存在几个选项之中，所以他会根据考官的意图进行猜测。表 8-2 给出了一些开放式问题样例。

表 8-2　开放式问题样例

多项选择式问题	开放式问题
你是怎样分派任务的？是分派给已经表现出有能力完成任务的人，还是分派给表现出对此任务有兴趣的人，或者随机分派	请描述一下你是怎样分派任务的，并举例说明
你的管理风格是什么样的？是 X 理论的、Y 理论的，还是 Z 理论的	请描述一下你的管理风格，并举例说明你在工作中是怎样运用这些管理风格的
你觉得工作中最大的激励是报酬，还是从工作中获得的快乐	你认为工作中最大的激励是什么？为什么这么说
你的前一任主管是一个随和的人，还是一个严厉的人	你的前任主管是一个怎样的人？请你举一些具体事实来说明
在你今后的职业生涯中，你是会继续在这个领域中工作，还是会做一些别的事情	你的中长期职业发展规划是怎样的

从表 8-2 中可以看出，开放式问题明显优于多项选择式问题。

面试中的信息是通过考官的倾听和观察得到的，这两条途径能够充分攫取应试者表现出来的言语信息和非言语信息，为面试评价提供依据。

8.3.3　面试观察

在面试中，考官除倾听应试者所说的话之外，还需要观察其非言语行为。有心理学家研究表明，在人际交流中，文字交流只占 7%，声音交流占 38%，而体态交流占 55%。由此可见，非言语信息在信息交流中有着很重要的地位。应试者在面试中的非言语行为只有通过考官的观察才能得到，所以面试观察是非常重要的。

1．注意应试者的言语行为与其非言语行为的一致性

面试中经常需要防备的一个问题是应试者撒谎。如何判断应试者有没有撒谎呢？观察其非言语行为是一条重要的途径。一般来说，人们在说真话时，其言语行为与非言语行为是一致的，而在说谎时，则会有一些比较典型的非言语行为表现。例如，说话时眼睛不敢正视考官，声音比较小；考官问应试者是否有过某方面的实践经验时，应试者回答是的同时，手指很快地摸了一下鼻子，或者用手捂住了自己的嘴。这些表现很可能表明应试者的回答与事实不符。一旦怀疑应试者有说谎倾向，考官可以就有关问题的细节进行追问，从而确认其是不是在说谎。当然，自信心比较低的应试者有时候会有这样的表现，考官需要根据具体情况进行判断。另外，在面试中，考官需要特别关注应试者出现的行为变化。例如，某应试者在面试的前 20 分钟，一直背靠着椅背坐在椅子上，姿态很放松，但当考官问他为什么要离开现在的工作单位时，他的背部忽然离开了椅背，身体挺直，移坐在椅子的前部。尽管他的离职原

因听起来是可以接受的，而且他讲的时候也没有任何迟疑，但其身体语言的突然变化让考官感到其中可能有问题，因此对其所讲的话的真实性产生了怀疑。

2．把握非言语行为的内涵

对于应试者的非言语行为，考官应注意把握其内涵。古人早已觉察人的非言语行为与其品性有一定的关系。例如，《人物志》中有"诚仁，必有温柔之色。诚勇，必有矜奋之色。诚智，必有明达之色"，认为人的面部表情的变化均发自心气。当然，仅通过面部表情来辨人善恶、智愚是极不可靠的方法，但我们也不能否认，各种非言语行为在面试中往往有其特定的含义（见表 8-3）。

表 8-3　非言语行为的含义

非言语行为	典型含义
目光接触	友好、真诚、自信、果断
不做目光接触	冷淡、紧张、害怕、说谎、缺乏安全感
摇头	不赞同、不相信、震惊
打哈欠	厌倦
搔头	迷惑不解、不相信
微笑	满意、理解、鼓励
咬嘴唇	紧张、焦虑、害怕
踮脚	紧张、不耐烦、自负
双臂交叉在胸前	生气、不同意、防卫、进攻
抬一下眉毛	怀疑、吃惊
眯眼睛	不同意、反感、生气
鼻孔张大	生气、受挫
手抖	紧张、焦虑、恐惧
身体前倾	感兴趣、注意
懒散地坐在椅子上	厌倦、放松
坐在椅子边缘上	焦虑、紧张、有理解力的
摇椅子	厌倦、自以为是、紧张
驼背坐着	缺乏安全感、消极
坐得笔直	自信、果断

另外，心理学家研究发现，在人的面部表情中，厌恶主要表现在人的鼻子、下颌和嘴上，恐惧主要表现在眼睛上，悲伤主要表现在前额和眉毛上，而吃惊则可以表现在脸部的任何部位上。

3．切忌以貌取人

容貌本来与人的内在素质没有必然的联系，但是由于日常生活中的心理定式，小说、电影、电视艺术造型的感染及相面术的影响，考官在面试中观察应试者时难免以貌取人。例如，有的人的容貌显得有点"阴险"，于是考官就认为他一定不是好人。这种推断都是在面试中观察应试者时应该避免的。考官应该保持开放的头脑，理性地去观察面试中应试者表现出来的行为。

在面试的提问、倾听和观察中，由眼睛看到的信息往往在我们的评判中先入为主，结果是应试者还没有开口，考官就将应试者归类并放到心目中的"某类人"中了。所以，切忌以貌取人。

8.4 面试评价

面试的一个重要特点是其评价的主观性，考官在面试评价中可以将自己积累的经验运用到对应试者的判断和评价中。但与此同时，面试评价由于受到各种主观因素的影响，容易造成误差。那么如何控制各种主观因素对面试评价的影响，以保证面试评价的客观性和公正性呢？这不仅需要通过对考官进行培训，使他们认识到影响面试评价的各种因素，从而提高自己的面试评价水平，而且需要通过制定面试评价的程序和标准来减少各种主观因素的影响。本节将就此问题进行比较深入和全面的探讨。

8.4.1 影响面试评价的主要因素

在面试实践中，考官的面试评价是个非常复杂的过程，应试者的背景、考官自身的特点、面试的方式等都会影响面试评价。了解这些影响因素，对于考官在面试中注意控制这些因素、保证面试的客观公正是很重要的。

1. 应试者因素

大量的研究和面试实践表明，考官的面试评价与应试者的许多因素有关，包括性别、工作地位及在面试中的非言语行为（如微笑）等。

辛格（Singer，1989）等研究者考查了应试者的口音和工作地位对考官面试决策的影响，发现工作地位对面试决策的影响很明显，而口音的影响不明显。也就是说，考官在面试评价中对工作地位较高的人（如白领阶层）评价偏高，而对工作地位较低的人（如蓝领阶层）评价偏低。

应试者的外表对考官的面试评价也是有影响的。海曼（Heilmann，1989）研究发现，应试者的外表对面试评价有重要影响。对于寻求白领工作的男性应试者来说，其外表始终是有利于其被录用的一个因素；对于女性应试者来说，除应聘管理工作之外，其外表也是有利于其被录用的，但外表对于管理工作反而不利。因为人们把女性外表有吸引力与女性化特征联系在一块儿，所以有吸引力的女性（"更女性化"）被考官认为不适合男性化的工作——管理工作。

安得生（Anderson，1991）考查了应试者的非言语行为与考官对应试者的个性评价之间的关系，发现考官对应试者的个性评价取决于考官与应试者的眼睛接触（Eye Contact）、应试者积极的面部表情等非言语行为。其他研究也发现，积极的非言语行为（如眼睛接触、笑容、倾听的姿态、较小的人际距离）会得到考官较高的面试评价。当应试者在面试中的言语行为完全相同，而非言语行为在两种完全不同条件下时，考官的面试评价会很不一样。不过，当个人履历信息与言语行为很充分的情况下，非言语行为的作用相对较小（Cascio，1991）。

在国内，虽然没有人做过这方面的研究，但从面试实践来看，考官在某些方面的偏向也是有的。例如，对于大学生来说，知名大学的毕业生似乎更容易赢得考官的好感。笔者曾经给某招聘单位担任面试考官，在面试一位清华大学毕业生时，其他考官都给了很高的评分，可他在面试中的表现并不比其他应试者好多少，于是我问其他考官为何给高分。他们说，清华大学毕业生的素质都很高，相信在面试中考查的这些能力他们也比较强，而且面试表现确实也不错。这说明，考官在面试评价之前就已经对应试者形成了一种期望，这种期望对某些应试者来说是不公平的。

2. 考官因素

考官的面试评价往往受其个人主观因素的影响。越来越多的研究表明，面试中考官存在的各种偏差对面试决策有很大影响，这些偏差包括期望效应、对比效应等。

在加拿大麦克吉尔（McGill）大学进行的长达 10 年的一系列研究发现（Cacio，1987），应试者在面试中形成的早期印象对考官的录用决策（接受/拒绝）起着极为重要的作用。应试者在面试前形成的印象对面试过程有影响，而一旦进入面试，刚开始的几分钟对考官的印象形成很重要（Goldstein，1987）。这一"先入之见"的效应主要来自应试者的外表和与考官打招呼时的人际交往技能，而它的影响会贯穿整个面试过程。研究表明（Cascio，1991），考官在得不到其他信息的情况下，最容易以早期印象来评价应试者。类似的研究也发现（Dipboye，1982，1992；Phillips & Dipboye，1989），考官在面试前对应试者形成的积极评价或消极评价会成为自我实现的诺言。这种现象的普遍性是令人吃惊的。研究表明（Dessler，1997），85%的考官在面试前已根据应试者的申请表和外表对应试者形成判断。这种面试前的判断会影响考官在整个面试过程中对应试者的评价。狄保耶（Dipboye）深入研究了这种期望效应的产生过程，并提出了一个模型，他认为面试前的信息通过认知偏向和行为偏向两个方面来影响考官的最终评价。后来的研究证实（Binning 等，1988），当考官在面试中可以自由提问时，就会产生事先形成的期望效应；当考官在面试中的提问受到限制时，就不容易产生期望效应。研究还发现，在面试实践中，即使不断地提醒考官按预先设定的评价标准来减少上述效应，但考官仍然会犯同样的错误；只有通过把实际观察和有即时反馈的评定实践结合起来，才能减少考官犯同样的错误。

与期望效应不同的是对比效应。研究发现（Hakel 等，1970；Heneman 等，1975；Landy & Bates，1973），当一位考官连续对三四个非常差的应试者做出评价后，他会对下一个只是一般的应试者做出较高的评价。当考官一次评价一个以上的应试者时，他们总会将其他应试者作为标准。同时，他们对谁做出较好的评价，在一定程度上取决于这些应试者之间的相互比较。劳瑞（Lowry，1994）提出，考官应根据全面性的面试标准对应试者进行面试评价，而不能在一位应试者与其他应试者比较的基础上进行面试评价。

许多研究发现（Springbett，1958；Miller & Rowe，1967；Hollman，1972），考官在面试中受否定信息的影响比肯定信息的影响要大得多。研究表明（Anastasi，1979），考官对应试者的印象从否定转变为肯定要比从肯定转变为否定难得多。在面试中，考官似乎在寻求一个不雇用应试者的理由，即一直在寻找否定信息，特别是在面试的前期出现否定信息，这会对应试者产生更大的不利，哪怕是只对一个方面的印象不好，但要通过面试过程来改变这种印象是很难的。不过，这种否定信息效应（Negative Emphasis）随情景的不同而不同，当考官事先对应试者有积极的期望时，倾向于给否定信息以较低的权重（London & Hakel，1974）；当考官有更多的经验（Johns，1975）或考官对拟任工作的职责有更多的了解时（Peters & Terborg，1975），更不会给否定信息以过高的权重。

由于考官是面试过程中一个很重要的因素，所以有专家认为改进面试效果的最佳途径是选拔更好的考官并对他们进行培训（Anastasi，1979）。有专家认为选拔考官最重要的标准有两条：一是考官应该在观察、评价应试者的工作行为上有丰富的经验；二是考官不应该认识应试者。

3．面试方式

采用什么样的方式进行面试也是影响面试评价的重要因素。具体来说，决定面试方式的主要因素如下。

1）工作分析

研究表明，基于系统的工作分析之上的结构化面试比无工作分析的面试更有效。给考官提供完备的工作说明会在很大程度上消除各种评定偏差并提高评定信度（Langdale & Weitz，1973；Wiener & Schneiderman，1974）。研究发现，考官对工作岗位的要求了解得越详尽，就越容易做出一致的评价。在一个研究中，有 8 位应试者应聘同一个秘书职位，面试考官是 30 位面试专家，其中 15 位知道该职位的具体要求（如文字录入速度必须达到每分钟 60 字），另 15 位考官仅知道应试者都是应聘秘书职位的。结果发现，前者对应试者工作潜力的判断比较一致，而后者的评价则不一致。这说明，知道更多的工作岗位要求信息能取得更好的面试效果。

2）提问的标准化

研究表明，考官评价的一致性在不允许追问的面试中比在允许追问的面试中要高得多（Schwab & Heneman，1969）。也就是说，不允许追问的面试评价更加可信。这是因为考官的追问往往比较主观随意，从而在一定程度上破坏了面试的标准化和规范性。所以，当需要强调面试的公平性时，最好不允许考官自由提问。

3）辅助性信息

在非结构化面试中，通常在面试前后都会给考官提供应试者的相关信息。研究表明，当考官事先不看应试者的背景资料时，考官之间的评分一致性更高。笔者的研究（刘远我，2000）也得到了类似的结果。产生这种现象的原因是考官在面试前不看应试者的背景资料，就不会对应试者形成"先入之见"，因此考官必须依据面试过程来评价应试者，从而使不同考官的面试评价更接近。

8.4.2 面试评价标准的含义与制定

1．面试评价标准的含义

面试评价标准是考官用来评价应试者面试结果的基准。面试评价标准通常包含 3 方面的内容：一是指标，即反映应试者素质的具体行为表现；二是量化尺度，即描述这些行为表现体现的各种能力和心理素质的数量水平或质量等级的量表系统；三是联系规则，即一定刻度与一定指标间的对应关系。

在面试评价中，面试评价标准对考官具有很重要的指导作用。作为考官，了解面试评价标准的内涵，掌握面试评价标准的制定方法，对于其更加客观公正地评价应试者是很有帮助的。

2. 面试评价标准的制定

面试评价标准的制定通常是在对目标岗位的工作分析的基础上进行的，并根据面试目的确定测评要素的内涵和操作定义，其中操作定义就是体现测评要素特征的具体行为表现，也就是所谓的测评指标。

关于判断能力这一要素，可以列出判断能力强的人的 3 个方面的主要表现：一是能准确、全面地掌握问题涉及的具体知识，这是判断的基础；二是能迅速、透彻地理解问题的含义和性质；三是结论正确、全面。相应地，判断能力差的人的表现主要是：不了解、没有掌握问题涉及的知识；对问题的含义和性质中十分明显的方面也不理解甚至理解错误；提出的结论不全面、不合逻辑或根本提不出结论。

上述这些测评指标的编写，并不是凭空进行的，而是要通过认真的调查、分析和思考得出的。例如，关于判断能力的体现，可以提出这样的问题：一个人的判断能力强，究竟是什么意思？判断能力强的人和判断能力差的人，在具体行为表现上有何差别？为回答这些问题，我们可以做些研究。除文献调研之外，简单的做法就是把这些问题提供给用人单位的管理者、专家或其他有经验的人，征求他们的意见，或者召开座谈会。把收集到的不同的行为表现特征加以归纳整理，判断能力的测评标准就有了基本的测评指标。

面试评价的量化尺度在面试中体现为不同的分值，如 100 分制、10 分制、7 分制和 5 分制。该量化尺度也可以是优、良、可、差四等制或好、中、差三等制。在当前的面试实践中，人们普遍使用 10 分制和好、中、差三等制，也有按面试要素的权重大小来评分的。面试时，考官根据应试者的行为表现符合测评指标的程度，按一定的评分规则（测评指标与量化尺度的对应关系），给应试者不同的分值，即完成了面试的评分。

在结构化面试的设计中，具体面试题目后往往会给出出题思路和参考评分标准，这也是测评标准的一种体现形式。其优点是帮助考官从具体题目着眼，更好地观察应试者在相关测评要素上的行为表现；其缺点是容易使考官误认为在面试中应该针对具体题目进行要点评分，而不能根据应试者的总体表现按测评要素来评分。

制定具体题目的参考评分标准时，一个有效的方法是用编好的问题对周围与未来应试者类似的人员进行测试。例如，一道测评判断能力的题目，就可以让公认的判断能力强的人和判断能力差的人来回答，看他们的说法和做法有什么不同，然后从中概括出某些区分性的行为表现、回答内容或特点的指标，最后说明这些指标与判断能力高低的对应关系，即成为具体测评指标。

面试评价标准的基本要求如下。

（1）切实体现岗位对人员的能力、个性品质和资格条件的要求，标准过高或过低都不可取。

（2）不包含与岗位无关的内容和要求。

（3）表述清楚，并且内容是可观察的，便于考官之间取得一致的理解。

（4）量化尺度，即分数体系，符合一般的模糊评价习惯。

（5）评分标准明确、具体，便于掌握和操作。

3．面试评分表的常见形式

面试评分表是考官手中的重要工具，是面试标准化、结构化的重要手段，它集中体现了面试评价标准。在面试前，对测评标准的把握和评分表的使用是考官培训的一项重要内容；在面试中，考官一边提问，一边倾听回答，在观察应试者表现的同时，将应试者的表现与评分表上的测评标准相对照，并在评分表上记录要点，给应试者打分。

在现行的各种面试评分表中，结构化面试评分表（常称面试评分表）通常包括应试者的基本信息、测评要素及其权重、要素操作定义、评分尺度、考官记录及评语等方面的内容，如表 8-4 所示。

表 8-4 面试评分表

序号		姓名		性别	应聘职位	
测评要素	综合分析能力	言语表达能力	应变能力	计划、组织与协调能力	人际交往的意识与技巧	求职动机与拟任职位匹配性	举止仪表
要素操作定义	对事物能从宏观方面总体考虑；对事物能从微观方面考虑其各组成部分；能注意整体和部分的关系及各部分间的有机协调组合	理解他人的意思，口齿清晰、流畅；内容有条理、富有逻辑性；他人能理解并具有一定的说服力；用词准确、恰当、有分寸	在有压力的状况下，思维反应敏捷；情绪稳定；考虑问题周到	依据部门目标，预见未来的机会和不利因素，并做出计划；看清冲突各方面的关系；根据现实需要和长远效果做出适当选择；及时做决策；调配与安置人、财、物等有关资源	人际合作主动；理解组织中的权属关系（包括权限、服从、纪律等意识）；人际适应性好；有效沟通（传递信息）；处理人际关系时，原则性和灵活性相结合	兴趣与岗位情况匹配；成就动机（认知需要、自我提高、自我实现、服务于他人的需要、得到锻炼等）与岗位情况匹配；认同组织文化	穿着打扮得体；言行举止符合一般的礼节；无多余的动作
权重	20%	20%	15%	15%	10%	10%	10%
满分	20	20	15	15	10	10	10
得分							
考官评价						考官签字： 年 月 日	

8.4.3　面试结果的评定与综合

1．面试结果的评定方法

有了面试评价标准和评分表后，经过培训的考官就可以进行评分了。评分的基本思路就是通过将应试者在面试中的言语和行为表现与体现职位要求的测评指标相比较，并对两者相一致的程度给出一个数量化的描述。这个思路说起来容易，做起来却很难。因为科学、准确的评分是与考官的品格、素质和业务能力密切相关的。作为考官，除了要了解与岗位相关的具体业务知识和能力，还应掌握人才测评方面的相关理论和方法，特别是与面试直接相关的面试设计思想、命题原理、提问技巧和观察技巧，这些都是正确评分的基础。此外，就评分工作来说，还有以下几点需要把握。

（1）在面试前，考官们应在一起研究拟任职位的要求，明确拟考查的胜任力；了解应试者的总体情况；研究面试题本，熟悉并理解面试题本中的问题，形成追问的思路；理解并统一评分标准，有条件时还可以进行评分的模拟练习。

（2）面试的评分是分要素进行的，或者说是以要素评分为主，要点评分为辅的。只有准确地评价应试者在各测评要素上的行为表现，才能客观有效地考查应试者的整体素质，也就是按照"先分析后综合""在分析的基础上再综合"的思路进行面试评分。对于极少量的知识性问题，还要按具体的评分要点来评分。

（3）面试评分应尽量在面试的后期进行，即在应试者回答完所有的面试问题后，为其按要素综合进行打分，这样可以更加准确而全面地评价应试者。在面试实践中，许多考官在应试者答完一题就给相应的要素打分，这种做法至少有两个方面的缺陷：一是有时一个要素并不完全取决于某一道题的回答，像语言表达能力，在应试者回答完所有的问题后才能准确反映这一能力；二是一道题常常可以考查应试者多个方面的素质，所以仅将一道题对应一个要素是不合理的。

（4）在面试过程中，考官可以用铅笔对每位应试者在不同要素上的表现进行试评分，在面试结束后，再将最终分数用钢笔打出，形成最终评分。这样既比较稳妥，又能减轻考官的记忆负担，便于操作。

2．面试总分的确定

当由多位考官分要素同时评价同一位应试者后，如何确定应试者的面试总分，既是一个测评理论问题，又是一个实际操作问题。从理论上讲，如何用几位考官的实际评分尽可能合理地估计应试者的真实水平（"应得分"是无法实际得到的，只能通过应试者的各项"实得分"来估计它）；从技术上讲，如何利用各考官分别得到的评分，计算或统计出一个相对更有代表性和更少误差的分数；从操作上讲，如何使最后分数的取得更简便易行，更易使应试者和社会接受。目前，面试总分的确定主要有两种方法：协议法和统计法。

1）协议法

协议法主要适用于采用分级量表评分的面试总分的确定，如 5 分制、7 分制等。面试结束后，考官小组成员坐在一起，比较各自的给分并陈述理由、讨论分歧点；讨论之后，考官各自重新打分以反映讨论的结果。这种方法有时也称为二次评分法。若重新打分后，结果仍然不一致，则再进行讨论。这个过程可以持续重复，直到达成一致为止。这种方法可以弥补现场评分的时间紧迫和个别考官水平不高带来的误差因素，有利于深化对应试者的分析，提高评分的准确性和一致性。在公务员录用考试制度较成熟的国家，协议法是被普遍采用的方法。然而，这种方法也有缺点，就是要求考官的整体水平较高，考官小组内有良好的民主协商机制，否则，这种面试后的分歧点讨论不但不能提高评分的准确性，而且会使个别人操纵面试成为可能。协议法在我国应用不多，只在某些部门的招考中有所尝试，主要原因是易带来不公正、不客观之嫌，难以被应试者和社会接受。

2）统计法

统计法是指通过对各考官的原始评分进行统计处理来取得面试总分的方法。这种方法比较适合面试总分采用百分制的情况。在应用实践中，统计法又有两种不同的统计模式。

第一种可简称为总分和去高低分法。首先，分别把 N 位考官在 M 个要素上的评分相加，求其总和，得到各考官给该应试者的 N 个面试总分，然后，从这 N 个总分中去掉一个最高分和一个最低分，再求余下的 $N-2$ 个评分的平均数，即为应试者的面试总分。

第二种可简称为要素和去高低分法。首先，分别求出应试者每个要素上得到的 N 个分数，去掉一个最高分和一个最低分后，再求余下的 $N-2$ 个评分的平均数，最后，将这 M 个要素的平均数相加，即得到应试者的面试总分。

从统计理论上讲，上述两种方法都是通过 N 位考官在 M 个要素上对应试者给出的分值的统计处理，来估计应试者在面试中的"应得分"，试图在统计处理中减少极端值（最高分和最低分）带来的误差因素，而以平均数为"应得分"的估计值。这种做法的一个基本的假设前提是：大多数的人是对的，"真理掌握在少数人手里"的可能性忽略不计。所不同的是，总分和去高低分法是一种简化而粗略的处理，没有充分考虑考官对应试者分要素评分是否准确的问题，一位考官对应试者的分要素评分即使不准确（一般假设为极端值），其各要素的总和仍有可能被保留下来，反之，其准确的要素评分（一般假设为非极端值）也有可能因为各要素的总和为极端值而被减掉。也就是说，这种处理方法会损失正确信息而利用错误信息。而要素和去高低分法则是在各个分要素的"应得值"都得到合理估计后，再去估计合理的综合值，它有效地排除了误差因素，充分地利用了正确信息，所以是一种更为合理的计算面试总分的方法。此外，要素和去高低分法由于提供了各要素的"应得值"，使得我们能了解应试者在不同要素方面的个体内差异，甚至可以画出应试者的要素结构剖析图。

在实践中，协议法和统计法并不是截然分开的。在有的面试设计中，面试结束后，考官之间可先进行简单的讨论，允许考官对分数进行适当调整，但不强求一致，然后对各考官的分数进行统计处理。这种做法的前提是，考官们都能秉公办事，有自己的独立见解。

此外，由于我们实际上把面试理解为笔试之后、考核之前的整个过程，因此一些用人单位在面试阶段除采用结构化面试方法得到一个面试总分之外，还会采用其他测评方法，如无领导小组讨论法和其他情景模拟方法等，这时又涉及将面谈分数和通过其他测评手段得到的分数进行合成的问题。目前实践中的做法主要是按事先确定的比例直接加权，其他更科学的方法还有待总结和研究。

第 9 章

行为性面试

行为性面试可以说是最有效的面试，其在人员招聘中受到各级各类企事业单位的普遍欢迎。行为性面试之所以有那么好的效果，是因为行为性面试的理论假设：过去的行为是未来行为的最好预测指标。

本章导航

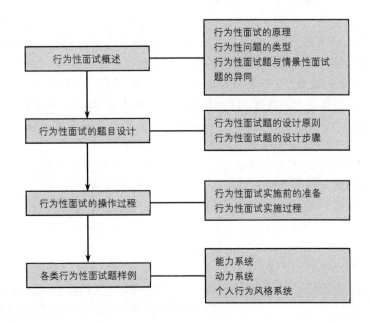

行为性面试概述	行为性面试的原理 行为性问题的类型 行为性面试题与情景性面试题的异同
行为性面试的题目设计	行为性面试题的设计原则 行为性面试题的设计步骤
行为性面试的操作过程	行为性面试实施前的准备 行为性面试实施过程
各类行为性面试题样例	能力系统 动力系统 个人行为风格系统

9.1 行为性面试概述

宝洁公司的招聘面试

宝洁公司的招聘面试分两轮，第一轮为初试，一般是由一位面试经理用中文对一位应试者进行面试。面试考官通常是有一定经验并受过专门面试技能培训的公司部门高级经理。一般这个经理是应试者所报部门的高级经理，面试时间是 30～45 分钟。

通过第一轮面试的应试者，宝洁公司将出资请应试者来广州宝洁中国公司总部参加第二轮面试，也是最后一轮面试。面试大约需要 60 分钟，面试考官至少有三人。为确保招聘到的人才是用人单位（部门）所需要的，因此复试都是由各部门高级经理亲自面试。面试常由 8 个核心问题组成：

（1）请举例说明，你是如何设定一个目标然后达到它的。

（2）请举例说明，在一项团队活动中，你是如何采取主动，并起到领导者的作用，最终获得你所希望的结果的。

（3）请你描述一种情形，在这种情形中，你必须去寻找相关的信息，发现关键的问题并自己决定依照一些步骤来获得期望的结果。

（4）请举例说明，你是怎样通过事实来履行你对他人的承诺的。

（5）请举例说明，在完成一项重要任务时，你是怎样和他人进行有效合作的。

（6）请举例说明，你的一个有创意的建议曾经对一项计划的成功起到了哪些重要的作用。

（7）请举例说明，你是怎样对你所处的环境进行评估的，并且能将注意力集中于最重要的事情上，以便获得你所期望的结果。

（8）请举例说明，你是怎样学习一门技术并怎样将它用于实际工作中的。

根据以上几个问题，面试时每一位面试考官当场在各自的面试评分表上进行评分。评分分为三等：1～2 分（能力不足，不符合职位要求；缺乏技巧、能力及知识），3～5 分（普通至超乎一般水准；符合职位要求；技巧、能力及知识水平良好），6～8 分（杰出应聘者，超乎职位要求；技巧、能力及知识水平出众）。具体评分项目包括说服力/毅力、组织/计划能力、团队合作能力等。在面试评分表的最后一页有一项"是否推荐栏"，之后有 3 个结论供面试考官选择：拒绝、待选、接纳。在宝洁公司的招聘体制下，聘用一个人，须经所有面试考官一致通过。若几位面试考官一起面试了应试者，在集体讨论之后，最后的评估多采取一票否决制。任何一位面试考官选择了"拒绝"，该应试者都将从面试程序中被淘汰。

9.1.1 行为性面试的原理

行为性面试（Behavioral Description Interview）也称行为描述性面试，通过深挖应试者在过去的特定情景中实际发生了的行为反应来测量其胜任力。行为性面试最早可追溯到 20 世纪 60 年代工业和组织心理学的一些研究工作，首先对其发展表示赞同的是 Tom Janz，他于 1982 年发表了一篇关于行为性面试的面试技术的研究报告。行为性面试的重要特点在于其关注过去实际发生过的行为，即在过去的个人经历中，应试者有没有遇到过应聘的工作中可能会遇到的一些类似情景，以及当时是如何处理的。

行为性面试可以说是最有效的面试，理由很简单：过去的行为是未来行为的最好预测指标。一个人的行为模式是相对稳定的，不会在短时间内发生大的变化。也就是说，如果一个人在过去特定的情景中表现为某种行为反应，那么在以后遇到类似的情景时，他还是倾向于重复过去的行为反应方式。例如，一个人在过去的工作中，遇到一些蛮不讲理的客户时，能够很好地控制自己的情绪，耐心地与客户进行交流，并以自己的专业精神征服对方。那么，我们可以推测，如果这个人明年再次遇到这种情景，他也会冷静处理，从容面对。

很多时候，行为模式会在类似的情景出现时，与过去保持一致。当然，有时候应试者会是没有多少实践经验的大学毕业生，但是，我们仍然可以通过从类似的工作情景中挖掘学生在学校的行为细节，来预测其工作中的表现。例如，为了考查大学毕业生在工作中是否善于动脑子、主动想问题，我们可以问这样的问题：

在大学期间，为做好毕业设计，你付出了哪些努力？你在哪些方面对论文进行了创新？请谈谈你的具体做法和成效。

9.1.2 行为性问题的类型

如前所述，行为性面试的核心思想是过去的行为能很好地预测未来的行为，对此可以通俗地进行如下解释：

（1）如果一个人在过去经历过的 3 个岗位上都很成功，那么他在未来第 4 个岗位上成功的概率会非常大，反之亦然。

（2）如果一个人在过去经历中处理同样的事情都很成功，那么他在未来遇到同样的问题时，成功处理的概率会非常大，反之亦然。

（3）如果一个人能通过总结过去失败的经历、学习新知识不断地提升自己，那么他在未来遇到挫折时，也能通过学习和总结来渡过难关，反之亦然。

行为性问题都是围绕应试者过去经历中的一些真实发生的事例而展开的。从本质上来说，行为性面试的题型只有一种，即关键行为事件类的题目，但从考查内容、问题形式方面也可将行为性问题分为不同的类别。

1. 从考查内容上区分行为性问题类型

从考查内容上，可以将行为性面试的题目分为成功事件题、失败事件题和中性题。原则上，为了降低应试者的戒备心理，成功事件题在数量上应该多于失败事件题，因为回忆太多失败的问题会令应试者感到不愉快，特别是在应试者讲述成功事件后再叙述失败的事件，有时会有抵触情绪。

1）成功事件题

成功事件题指让应试者讲述一件在他的工作经历中，他处理过比较成功的事情。例如：

在你的工作经历中，你曾经成功组织策划过的一项活动是什么？请具体描述一下当时的情形。

2）失败事件题

失败事件题指让应试者讲述一件在他的工作经历中，他处理过比较失败的事情。例如：

每个人的工作经历中都或多或少出现过一些失误，请描述一下这方面的经历，以及这件事情对你的影响。

3）中性题

中性题指让应试者讲述一件亲身经历的事情，这件事情可以是成功的经历，也可以是失败的经历，并没有明确的限制。例如：

在你牵头负责的工作活动中，哪个活动给你留下的印象最深刻？为什么？请简单描述一下当时的情况。

2．从问题形式上区分行为性问题类型

从问题形式上，典型的行为性问题有以下7类。

（1）请告诉我，你过去一次这样的情况，……

样例："请告诉我，你过去一次这样的情况，当时要求你处理非常紧急的项目，而且时间的限制是不合情理的。请谈谈当时你是怎么做的。"

（2）请你描述一个过去的情景，……使你从中学到了不少东西。

样例："请你描述一个过去的情景，通过组织大家共同完成一项任务，使你从中学到了不少东西。"

（3）请谈一下过去什么时候，你对自己……方面的能力最感到满意。

样例："请谈一下过去什么时候，你对自己在管理决策方面的能力最感到满意。"

（4）请谈谈你在……中，最感到自豪的技能表现得最充分的一次经历。

样例："请谈谈你在过去几年所做的营销工作中，最感到自豪的技能表现得最充分的一次经历。"

（5）请举例说明……

样例："请举例说明你在项目管理过程中遇到的最难处理的事情。"

（6）在……方面，你过去的具体经验是什么？

样例："在平面广告创意和设计方面，你过去的具体经验是什么？"

（7）请详细谈谈，为了……你过去采取了哪些主要步骤。

样例："请详细谈谈，为了成功地举办大型会议，你过去采取了哪些主要步骤。"

行为性面试的主要形式也就上面列举的这7种，在每种形式中，我们给出了一个样例。面试实践中的行为性问题，要根据具体职位要求、所考查的要素和应试者的特点来进行编制。

9.1.3　行为性面试题与情景性面试题的异同

在第 8 章面试概述中，我们提到了面试中的情景性问题和行为性问题。情景性面试首先给应试者呈现应聘工作可能遇到的一个情景，然后了解应试者在这些假设的情景中将如何行动，其假设是：人的意图和设想是未来行为的有效预测指标。例如，我们可能会用这样的试题来考查应试者的组织协调能力：

假如你是新任部门主管，由于你的副手与你的直接上司的个人关系很好，因此他有时会越过你直接与你的上级沟通和汇报工作。你会如何处理此事？

行为性面试和情景性面试的异同如表 9-1 所示。

表 9-1　行为性面试和情景性面试的异同

面试类型	情景	行动	真实性
行为性面试	应聘工作中可能遇到的类似情景	真实发生过的行动	高
情景性面试	应聘工作中可能遇到的类似情景	可能会采取的行动	低

行为性面试与情景性面试的共同点：两者都关注应试者在目标职位可能会遇到的典型情景时的表现，只不过行为性面试关心的是过去的行为，情景性面试则关心将来可能发生的行为。实践证明，行为性面试与情景性面试都是很常用的面试方法，两者均具有一定的信度和效度。但是，情景性面试不太适合对高层管理人员的选拔，相对而言，行为性面试则是更合适的方法。高层管理人员遇到的工作情况比较复杂，不太容易用情景性问题来描述，对这些问题的回答往往也缺乏区分度，而行为性问题则避免了这些不足。例如，当我们要考查一位高层管理人员实施复杂的组织变革能力而设计情景性面试题时，很难用很短的话语来描述一项复杂的组织变革内容。情景性面试题可能是这样的：

假如你新担任一家公司的总裁，上任后发现，该公司员工的工作动力不足，你打算如何推行一些变革措施来调动大家的工作积极性呢？

上面这个问题对工作情景的描述比较笼统，应试者完全可以泛泛而谈，因此许多应试者的回答很可能是类似讲道理的话。例如：

我会通过调研了解他们工作不积极的真正原因；然后，针对原因采取一些机制改革措施，如提高绩效工资的幅度范围；同时，对表现好的员工要经常给予培训机会、表扬等激励办法，对于那些表现差的员工给予批评；等等。

行为性面试题可能是这样的：

请谈谈近年来为了提高员工的工作积极性、工作绩效，你亲自策划实施的一次影响比较大的组织变革活动。

对于这个问题的回答，可以通过细节追问的方式引出应试者实际做得怎样，而不是他们想做得怎样。这样对于不同的应试者，我们会得到差异性较大的信息，据此可以鉴别应试者之间的差异。

9.2 行为性面试的题目设计

与其他测评方法一样，行为性面试的题目设计需要建立在目标职位的胜任特征分析的基础上。胜任特征分析我们在第 3 章已经做了较详尽的介绍，这里要特别强调的是，胜任特征分析的结果不仅是确定行为性面试考查内容的重要基础，而且是设计行为性面试题的重要依据。

9.2.1 行为性面试题的设计原则

1. 实际能力导向原则

在行为性面试过程中，真正要评价的是应试者的实际能力，而不是其所具备的外在条件。在行为性面试题的设计中，大多数情况下会要求应试者讲述他具体经历的事件及他在其中的表现，而不是去想象他会怎么做。

在招聘中，经常会出现这样的现象：内部招聘的决策准确度远高于外部招聘的决策准确度。原因就是，前者的决策依据是基于内部人员的实际工作能力，应试者过去的实际工作业绩提供了衡量其实际能力的参照指标；而对外招聘过于看重应聘者的外在条件，因此很大程度上是基于应试者的工作经验、技术等级及教育背景来做出决策的，而这些条件其实无法与应试者需要完成的实际工作相参照。

还有人认为，只要具备了足够的工作经验、技能，以及一定的学历，再加上性格上的某些特点就可以完全满足工作所需的能力。这其实是一个错误的逻辑，一位应试者可能具备上述所有条件，但是有可能无法胜任某一项工作。相反，有很多人可以胜任这项工作，但是可能并不具备上述全部条件，尤其是那些工作能力很强的人。

因此，那些因工作业绩突出而得到升迁的人员，是他们运用自己的技能、经验和能力在实际工作中取得了成功，而不仅是由于他们具备了某些外在条件。我们需要将注意力从应试者具备什么外在条件转移到应试者的实际工作能力上。

在设计行为性面试题时，我们应该更多地考虑让应试者讲述他遇到的某种情形，以及具体是如何处理的，引导其讲述真实发生而非杜撰出来的故事。在面试过程中，一方面，要倾听应试者的故事内容以判断其实际处理问题的能力；另一方面，要通过追问来判断该故事的真实性。在行为性面试中，一般有 5 种情况需要追问。

（1）为了帮助应试者形象化地重现当时的情景。

样例："你当时为什么要去完成这项任务呢？"

（2）为了了解应试者当时有哪些具体行为。

样例："为了达到这个目标，你采取了哪些具体行动？"

（3）为了了解应试者在当时情景下的所有具体情况的细节。

样例："为了说服他，你具体对他说了些什么？"

（4）为了分辨出应试者所在情景是个什么事件。

样例："你在这个事件中的角色是什么？"

（5）为了弄清应试者所在情景的结果。

样例："结果如何？你的上级或同事对此提出了什么意见？"

2. 针对性原则

针对性原则是指行为性面试题的编制必须围绕目标职位的关键胜任特征，并考虑到应试者的群体特征。

1）目标职位的关键胜任特征

由于不同的职务层次、工作性质、岗位类别所需要的关键胜任特征不一样，因此编制的行为性面试题也应有不同的侧重。在试题编制中，要注意选取那些带有岗位特定要求的典型性、经常性、稳定性的内容。例如，对于商业银行来说，岗位存在职务的不同，对于正职来说，团队建设能力是非常重要的；对于副职来说，角色定位则显得非常重要（见表 9-2）。

表 9-2　正职与副职的关键胜任特征

岗位	正职	副职
评价要素定义	团队建设能力： 善于赢得团队成员的信赖和支持，调动大家的积极性，引导他人或团队的观念和行动发生变化并跟随的能力	角色定位： 对自己承担的副职角色认知清晰，能很快适应新的角色要求，在领导群体中能够发挥承上启下和分工负责的关键作用
主要行为表现	认识上领先，提出的思路让人信服； 行动上主动积极，是他人效仿的范例； 沟通意识强，主动征求、听取意见，善于说服大家接受自己的观点； 善于通过远景传播，将全体员工的行动统一在同一种价值观下	善于理解一把手的决定，并能够主动地完善和创造性地贯彻执行； 与团队成员观点不一致时，能够很好地解决有主见和服从之间的矛盾，协调出现的冲突； 主动承担责任，有较强的贯彻和执行力，善于督办并完成好工作任务； 维护正职的权威，承上启下，积极反馈上级传达的信息，主动汇报工作； 发现问题，具备独立思考的精神，以恰当的方式向正职提出自己的改进建议
行为性面试样题	当团队成员之间出现矛盾时，你是如何处理的？具体谈谈你曾经管理过的一个团队的真实事例	如果你的直接领导的工作经验很丰富，很难听取下属的意见，遇到这种情况你该如何处理？请谈一个类似的经历

2）应试者的群体特征

应试者的群体特征也是编制行为性面试题必须考虑的重要因素。如果脱离应试者的来源背景，即使题目设计的水平再高，也未必能达到行为事件的考查目的。

这里需要特别提出来的是，如果应试者是没有任何工作经验的应届大学毕业生，那设计的行为性面试题不应该从工作实践中寻求话题，而应该从学习或学校生活中挖掘相关信息，通常可以包括以下 5 个方面。

（1）课程学习中的事件。

（2）课题研究中的事件。

（3）班级集体活动中的事件。

（4）兼职或其他社会实践活动中的事件。

（5）家庭、朋友之间的生活事件。

表 9-3 是针对应届大学毕业生的行为性面试题样例。

表 9-3　针对应届大学毕业生的行为性面试题样例

可考查的评价要素	试题
成就动机、学习能力	你在大学里学得最好的一门课程是什么？你是如何学的？具体谈谈你的做法
协调能力、人际能力	请讲述你在大学期间做过的最能提升自己组织才能的一件事
合作性	给予是最大的快乐，请讲述你在大学期间做过的给予他人最多的是哪件事
压力承受能力	请讲述你在学习期间经历的最有压力的一件事
决策能力、独立性	在大学期间，你独立做出的一个影响你将来生活的决定是什么
信息搜寻、学习能力	为完成论文，你遇到的最大的技术难题是什么？你是如何解决的
责任心、主动性	在社会实践中，你主动承担的更多工作的事件中，让你印象深刻的一件事是什么

3. 可行性原则

可行性原则是指面试题目在实际操作中具有可行性。通常我们不能等到实施面试时才发现面试题目不可行，而是在命题时就应该充分考虑到其可行性。笔者认为一个比较好的方法是，命题人在进行面试题目设计时，不妨换位思考一下，假如自己是应试者，能否回答这个问题、可能会出现哪些情况。例如：

考官："请谈一个你在工作中做得最成功的决策事例。"

应试者："我工作时间不长，而且只做一些事务性的工作，还没有做过独立决策的事。"

这就是一道失败的题，因为该应试者身上还没有发生过这样的事例。稍做修改，这个问题谁都可以回答。例如：

"请谈一个你在过去的生活或工作中做得最成功的个人抉择或决策的事例。"

为了有效防止应试者回答行为性问题时用"我从来没发生过这样的事"来搪塞，在进行面试题目设计时，题目中还可以暗含每个人都有这样的经历。例如，"所有做管理工作的人在工作时都不可避免有不尽如人意的地方，你能举一个你所遇到的这方面的例子吗？"

4. 重点突出原则

行为性面试本质上也是在短时间内对应试者进行抽样测评。由于所问的问题总是有限的，因此要以此来对应试者的实际工作能力进行判断并不容易。行为性面试题不可能面面俱到，也不可能将组织所关心的所有能力都考查到，所以只能根据重点突出原则，考查最重要的岗位胜任力。例如，财务经理需要 12 种胜任力，但在行为性面试中可能只考查其中最关键的 5 种胜任力。

另外，短时间的抽样测评还会导致行为性面试难以精确评价某些胜任力，如人品、诚信度、责任心等。绝大多数人只有在实际工作中，尤其是在关键时候才会表现出这些方面的胜任特征。所以，对此类胜任力的准确评价，往往来自其周围的人，包括上级、下属、客户等。

9.2.2　行为性面试题的设计步骤

1．确定评价要素及其重要性

根据岗位胜任特征模型来确定评价要素。表 9-4 是某公司选拔区域经理的评价要素及权重，其中包括 7 个评价要素，各要素的重要性可用权重百分比来表示。

表 9-4　某公司选拔区域经理的评价要素及权重

评价要素	学习能力	市场开拓	组织协调	沟通表达	团队合作	执行力	进取心
权重	15%	15%	15%	10%	10%	20%	15%

这种按照百分比来体现重要性的方法，对建立岗位胜任特征模型提出了很高的要求，因为对每种评价要素的重要性进行精确的细分比较难。针对这种情况，常见的还有另外一种确定重要性的方法——分级。评价要素的分级格式如表 9-5 所示。

表 9-5　评价要素的分级格式

评价要素	重要性等级		
	1	2	3
学习能力		*	
进取心		*	
组织协调		*	
沟通表达	*		
执行力			*
团队合作	*		
市场开拓		*	

2．编制试题

行为性面试题的编制方法有两种：关键事件法和经验确定法。

1）关键事件法

所谓关键事件法，就是指人才测评专家用心去收集应试者经历的成功或失败的事件，并且试着以这些事件为素材来设计行为性面试题。通过这种方式设计出来的行为性面试题具有很高的内容效度，而且应试者会有很强的认同感。

下面是用关键事件法设计的行为性面试题的案例。

小李是某银行市场拓展部的客户经理，他给自己安排的工作是，上午拜访自己多年来巩固下来的稳定的大客户，下午去开发新的客户。几年来，他一直坚持这样的工作习惯。

某天下午，他来到一栋写字楼，从这栋楼的顶层开始，一层一层地进行着"扫楼"的工作：逐个地敲门，习惯性地自我介绍，掏出名片。这样一直进行到第十层，当他敲开眼前这道门时，他立刻敏锐地意识到，这可能是一个大客户。通过对这家公司的观察和与该公司保洁人员的交流，他决定对这家公司进行全力以赴的营销。于是，他敲开了该公司总经理办公室的大门，与公司总经理进行了攀谈。从该公司总经理的话语中，他意识到这家公司的国际业务特别多，而这其中需要的信用证、保理和保函等业务，他们银行都可以提供相应的服务。于是，他回到银行后立即向行长汇报，行长派国际结算部的总经理与该公司总经理进行了洽谈。此后，小李经常走访该公司，询问公司在资金管理方面有无需要服务的地方。在这种"攻势"下，该公司尝试将公司的一部分业务收入存入小李所在的银行。

小李在接下来的日子里并没有放松对该公司的公关。他主动向该公司领导介绍自己银行推出的个人理财业务，并给他们提一些理财的建议，逐步获得了该公司领导的信任。最后该公司领导终于将自己的储蓄放到了小李所在的银行，并采纳了小李的理财建议，取得了较高的收益。

根据上述关键事件，我们可以设计选拔客户经理的行为性面试题，如表 9-6 所示。

表 9-6　选拔客户经理的行为性面试题

考查要素	行为性面试题
客户开拓能力	在一个不太熟悉的环境中，你如何去开拓新的客户？请结合一个类似的经历来谈谈你的主要做法，以及最终达成的效果
问题解决能力	请谈谈你最近解决的一个在别人看来比较棘手的客户问题。你是如何解决的？为什么在别人看来这个问题比较棘手

2）经验确定法

经验确定法是指人才测评专家或人力资源管理者根据自己的经验，通过评价要素设计行为性面试题，而不是通过对应试者的询问来获得关键事件。在实践中，由于时间、经费等方面的限制，因此往往不宜实施访谈，这时就得用经验确定法来设计行为性面试题。有时，组织常常会设置新的工作岗位，所以无法获得关键事件。例如，我们要考查一个新职位的应试者的影响力，可以设计这样的问题：

"在过去的经历中，当你遇到阻碍时，你是如何试图通过其他人来达到目的的？请举一个最成功的具体事例。"

上述问题对各种职位都是适用的。在问题中经常使用的关键形容词包括最成功的、最难忘的、最具有挑战性的、最困难的、最失望的等。这里需要指出的是，行为性面试题的设计还要特别关注岗位胜任特征模型中各要素的评价标准和行为指标，这样才能有助于考官在实施面试时进行准确有效的评价。下面以具体案例进行说明。

评价要素：团队合作

行为性面试题：请谈谈在最近的工作中，你与他人共同解决问题的一个事例。

追问：这件事是在什么情况下发生的？与你一起工作的是什么人？（了解其合作的动机）当时你具体承担什么职责？你们是采用什么方式来开展工作的？在这一过程中，你们对问题的看法有没有分歧？（深层次的了解）在任务完成后，你的合作者是怎么评价你的？

评价标准：假设团队合作这一胜任力共有 4 级，表 9-7 列出了 1 级和 4 级的行为指标。

表 9-7　团队合作要素的评价等级及行为指标

行为指标	评价等级			
	1	2	3	4
团队合作	不与团队成员沟通，完全按照个人设想工作； 　虽然告知团队成员自己的设想，但不响应对方提出的建议或要求； 　固执己见，很难主动改变自己的想法； 　不关心团队目标，较少参与团队活动			积极寻求并尊重他人的观点，营造团队的合作氛围； 　在承认团队成员因观点不同而存在分歧的基础上，通过有效的方法解决分歧，以达成目标； 　当团队成员的观点不一致时，能够理解彼此的思想，求同存异； 　调动团队中所有成员的积极性和参与度，提高团队的凝聚力； 　设法解决团队成员的困难，使其愿意留在团队中

　　某应试者的回答："今年 10 月的时候，我和同事在编写一个应用软件时产生了一些分歧。具体地说，就是在一个算法的实现上应该怎么做的问题上产生了分歧。当时时间特别紧，大概还剩十天的时间就要给出结果，但是因为那个问题，我们吵了三天。我想既然是合作，肯定会有意见的不一致，而且争论也是有必要的，争论的结果是可以找到更好的解决办法。后来，我们去图书馆查了很多资料，也请教了很多人，最后达成了一致并得到了一个比较完美的解决方案。"

　　结合实例，并参照该胜任力行为指标，这位应试者的表现基本符合团队合作第 4 级的解释，也就是说该应试者具有较好的团队合作精神。

3. 试题的有效性检验

　　试题编制出来以后，要对其质量进行评估，包括试题的可操作性、鉴别力、难度、效果等指标。最好的检验方法是试测，即寻找一些与应试者群体比较相似的人进行模拟面试，以考查题目的有效性。这是非常必要但经常被忽视的一个环节，因为这会导致费用和时间成本的增加，而且要找到与真正的应试者相似的群体也不是一件容易的事。

　　这里不妨举个测量主动性的试题例子：

　　"请你举一个因为你的努力而使一个项目得以成功实施的例子。"

　　这个行为性面试题看起来没有什么问题，但经过试测就会发现该试题有两个问题：一是有的人没有项目实施的经验，因此无法回答；二是许多项目的实施要求都是领导提出来的，无法体现出"主动性"这一胜任力。于是，我们将试题改成这样：

　　"请你谈谈这样一次经历，在没有外部要求的情况下，你通过自身的努力而出色完成了一个项目或一次活动的实施。"

4. 形成行为性面试题本

　　在编制行为性面试题的时候，常常会有这样的情况：许多经过检验被证明行之有效的单个面试题，当把它们组合在一起形成整套面试题本时，才发现这并不是一套理想的面试题本。原因就在于随机组合时未注意到整套题的题量和结构。

一般情况下，对于每个胜任力，通常要设计 2～3 个面试题目。另外，对于每个胜任力，还要设置一个备选题，以防考官认为前两个问题没能很好地考查到应试者的相应素质或其工作经历中没有类似经历的情况。因此，一套完整的行为性面试题本应该包含 10～15 个面试题目，题目太少，可能无法有效地挖掘应试者有关胜任力的足够信息；题目太多，可能导致考官对每个问题点到为止，无法深入地进行追问，从而使面试流于形式。从结构上来说，在行为性面试题本中，应以成功事件题和中性题为主，少量的失败事件题为辅。

9.3　行为性面试的操作过程

9.3.1　行为性面试实施前的准备

1. 主考官的培训

在情景性面试中，题目设计是核心；而行为性面试的关键在于主考官，行为性面试题设计得再完美，如果主考官不合格，那么面试效果也不可能理想。研究认为，之所以考官面试选人的成功率一般只有 1/3，是因为考官在评价应试者时，主要依靠自己的主观感觉，缺少能够用来参照的准确的岗位胜任特征模型和一套系统、科学的评价方法和流程，而且对于那些通过面试录用到工作岗位的人员，也很少去做一些跟踪，以检验自己面试的有效性，从而失去了进一步提升面试准确性的机会。如果由经过培训的专业人员进行行为性面试，那面试的效度能达到 0.5，远高于一般企业主管面试的成功率。即使是一些没有太多企业工作经验的专业工作人员，只要具有人才测评或心理学的专业背景，再采用行为性面试的技巧和方法，也能够达到面试的最佳效果。这其中起关键作用的一个因素是专业的培训和训练。没有经过专业的培训和训练的面试主考官与经过专业的培训和训练的面试主考官，对比效果的差异非常明显。

行为性面试的原理是通过收集应试者过去的行为信息，来预测其将来的行为表现。如果没有经过专业的培训和训练，面试的主考官很难在现场收集到足够多的有效行为信息。考官从面试中得到的信息往往是一些理论性的答案。例如，当问及应试者有关计划组织方面的经历时，得到的回答可能是：事前精心准备，做好计划和方案；按计划和方案要求严格实施；事后做好评估和总结工作。至于其可信度如何、具体做法是怎样的，我们往往无法知道。由此可见，要获得能体现应试者关键胜任特征的真实信息，必须有一套行之有效的系统方法，而这需要通过专业的培训和训练来获得。

1）专业技能培训

要想成为一位优秀的行为性面试的主考官，需要对人才测评的专业知识有一定的了解，并掌握行为性面试的理论体系和操作技能。面试是为了了解应试者的素质和其与岗位要求的匹配度，因此主考官必须掌握岗位胜任特征模型方面的知识，以及依据岗位胜任特征模型进行提问的技巧。在人力资源管理实践中，许多人很难做到这一点。

有一位企业的招聘主管，他一度对自己的面试能力非常自信，但有一次他为用人部门招聘了 3 个行政助理，但用人部门对他们都不满意，试用后不到半个月就把他们辞退了，原因是这几个人的沟通能力都不符合用人部门的要求。实际上，在面试过程中，他也专门考核了这几位应试者的沟通能力，自我感觉非常不错，才推荐录用的。现在，他开始对到底怎样通过面试来考查应试者的沟通能力感到困惑。

经过进一步的了解，专家发现用人部门总是将新来的人与刚离职的小王进行比较：小王很容易做好的事，新上岗的人却很难完成。因此，专家建议这位招聘主管与用人部门的经理进行沟通，详细了解离职的小王在沟通过程中有哪些行为表现，新来的人又有哪些行为表现。然后，在面试的时候，以小王的行为表现作为参照标准，收集应试者过去经历中与小王相似的行为信息，以此对应试者的沟通能力进行评价。

其实，这是一个典型的应用岗位胜任特征模型的事例。沟通能力对许多岗位来说都是比较重要的素质，面试主考官虽然非常希望通过面试来考查应试者是否具备较好的沟通能力，但往往对沟通能力的具体定义和行为表现缺乏详细的界定。上述案例中的招聘主管把沟通能力理解成了表达能力，即能够把事情清楚地说出来，以使别人了解他的能力。而用人部门对沟通能力的要求则是不仅能够把事情说清楚，更重要的是，能够通过沟通与别人维持一种良好的关系，可以说服别人改变一些行为。

行为性面试的主考官在考查应试者的沟通能力时，必须熟悉沟通能力的具体定义、行为表现及能力等级等，这样在面试的过程中才能准确地对应试者的情况进行判断。通过面试过程中的提问，主考官需要不断地做出判断：是否获得了正确的行为信息？是否获得了足够数量的行为信息？这些信息是否能够对应试者的沟通能力给予足够的证据支持？

2）沟通技能培训

对于行为性面试的主考官来说，沟通技能显得更加重要，因为我们希望了解应试者的行为信息，而这些信息不是一些简单的事例，而是应试者在事例中的具体行为表现。由于各种因素的影响，设法让应试者完整地提供所需信息本身就是一个挑战。这一过程需要主考官具有较强的沟通技能。

这里主要介绍两种沟通技能：提问和倾听。

（1）提问。与主持各种类型的其他面试一样，主持行为性面试必须具有良好的表达能力。除了主持面试过程中的追问技巧，最基本的要求是要将问题表述得清楚、简洁、易于理解。在面试过程中，如果面试主考官的声音太小，或者对问题的表述不够清晰明确，可能会使应试者不断地确认问题。应试者参加面试本来心理上就有些紧张，如果总是听不清主考官的提问，那么他的大部分注意力就会转移到听清问题上，导致他无暇去回忆和讲述其过去的事例。

通过有经验的面试主考官对主持效果的事后反馈，新手主考官结合反馈意见，通过不断的实践来进行模拟练习，有意识地去锻炼自己以清晰而洪亮的声音来进行提问。

（2）倾听。除提问之外，倾听对于行为性面试的主考官来说也非常重要。因为在面试过程中，必须保证 70%以上的时间在听应试者讲述具体的行为事例。

在主持行为性面试时，有这样一种现象：有的面试主考官具有行动思维特点，说话的过程就是思考的过程。当应试者的某一句回答引起了他的疑问之后，他可能立刻就想到了另一个问题，接着就脱口而出。这时应试者不得不回答新问题，而原来的问题还没有讲完整就被打断了。

要主持好行为性面试，必须进行倾听训练，要学会用自我意识来调控自己，把握提问的节奏，把大部分的时间留给应试者。这样既能保证面试主考官获得更多的信息，又能为应试者营造无拘无束的答题氛围，以便其讲出内容更加具体和丰富的事例。虽然对于一些人来说，很难培养倾听的沟通技巧，但经过有意识的训练，还是可以逐渐养成这种习惯的。

3）言行举止培训

鉴于面试主考官的重要性，其一言一行都会对应试者产生很大的影响。因此，作为行为性面试的主考官，其言行举止的自我控制非常重要。当前，许多人才测评的专业工作者并不都是年龄较大或资历很深的人员，也可能是刚刚毕业几年的硕士和博士，所以其测评对象的年龄可能比他们大得多。这种情况下如何树立面试主考官在应试者面前的威信是非常重要的。除科学系统的测评方法之外，面试主考官的言行举止是非常重要的一个方面。如果面试主考官言行举止不当，势必会对测评的效果产生影响。

"严肃、认真、专业"是对面试主考官提出的重要要求。人才测评工作有其特殊性，其工作成果不仅影响单位人才的使用，还影响着每位应试者的职位升迁和职业生涯。所以，面试主考官必须有一种"如履薄冰、如临深渊、谨小慎微"的态度，因为任何的疏忽和闪失造成的影响都会很大。

在主持面试的过程中，过于随意必然会分散面试主考官的精力。面试主考官在从事测评施测工作期间，不宜做任何与工作无关的事情，应始终保持严肃认真的态度，同时必须体现专业素养和职业素养。例如，在测评结果还没有完全出来之前，不能随意评价应试者的表现，尤其不能当着应试者的面评价应试者的表现；着装要规范；坐姿必须端正等。在主持面试前、主持面试过程中及主持面试结束后，都应该有一套系统的行为规范体系，对所有准备担任行为性面试的主考官进行培训和指引。

2. 行为性面试开始前的准备

行为性面试开始前的准备非常重要，通过对面试过程的各个环节进行细致的组织，不仅能够提高企业的形象，而且能激发应试者加入企业的动机；更重要的是，让优秀者有机会在企业营造的这个测评舞台上尽情地表现自己的才能，在强手如林的环境下脱颖而出。这一方面使企业不会漏掉那些才能卓越的"大鱼"；另一方面抬高了企业的用人门槛，避免使不太适合本企业的人员进入企业。

1）面试前的通知及说明

在面试前，如果应试者能够对行为性面试有一些了解，会更有助于其取得较好的面试效果。因为行为性面试关注从应试者过去经历的一些事例中挖掘应试者的行为表现，所以如果应试者没有做好心理准备，那么在突然被问到类似的问题时可能会无所适从。

下面以一个行为性面试题来说明此类情形。

"请讲述你在说服代理商接受你的渠道政策的过程中遇到较大困难的一次经历，以及你是如何克服面临的困难的。"

如果应试者没有事先准备，突然听到这个问题，可能会由于不适应或有所避讳而不能讲述这样的事例。他们常常会说"好像没有什么困难的事，都挺顺利的"。其实在现实的生活和工作中，要做好一些事情，不可能没有挑战性，而面试主考官正是希望获取应试者面对挑战时表现出来的行为信息。如果应试者都是这样来回答的，就无法达到运用行为性面试的目的。因此，在行为性面试之前，除正式通知应试者参加面试的时间和地点之外，在应试者到达现场以后，还应该设置一个环节来告知应试者面试的形式。以下是面试前向应试者所做说明的样例。

"大家好！欢迎大家来参加××公司的面试。我们这次面试采用行为性面试方法，面试时大部分问题是要求讲述你过去经历的一些事例。这些问题不会有太大的难度，不过需要你回忆一下你在过去的职业经历中做过的事情，以便更准确地回答我们的问题。为了更具体、准确地了解事例的全貌，我们会根据需要做进一步的追问，实事求是的回答对你是最有利的，也是最方便的。我们会对你所讲的事例保密，请大家放心。"

经过这样的解释说明，应试者对面试方式有了一些了解，就可以充分回忆一下自己过去的经历，提前对自己的经历进行一些回顾，以便在面试过程中把主考官需要的信息准确地讲述出来。

2）行为性面试的组织和安排

在完全不了解应试者的情况下，识别和选拔人才是一项非常具有挑战性的工作。行为性面试作为一种测评手段，如果没有科学、系统的组织和安排，其效度就难以保障。

（1）面试时间。每位应试者的面试时间都应不少于 30 分钟，否则很难准确地考查应试者的能力水平。在实际面试中，每位应试者的面试时间常常只有 15 分钟，这样得到的信息是最表面的信息，真正重要的各种胜任特征很难在这么短的时间内被清晰地考查出来。在这种情况下，做出的判断主要依靠面试主考官的主观感觉。

获取应试者大量的行为表现是行为性面试的特殊性所在，这些行为表现的信息来自应试者叙述的其过去经历的事件。讲述行为事件会比回答其他理论性的问题花费的时间更多，因为应试者需要把事件的起因、经过和结果讲清楚。在这种情况下，每位应试者参加行为性面试的时间不能低于 30 分钟。如果时间允许，每位应试者接受行为性面试的时间应该在 40 分钟以上。当然，具体时间的确定和安排还要根据人才选拔的实际需要来决定。对于中高层管理人员或非常重要的岗位，如果所用的测评方法不多，则应把行为性面试的时间增加到 1 小时及以上。

（2）面试顺序。在实践中，多位应试者往往在同一天参加行为性面试，因此应对应试者参加面试的顺序进行有序的安排。如果让应试者等待，可能会浪费他们的时间，耽误他们其他的安排，而且招聘单位会给应试者留下一个不够严谨和规范的印象。面试组织中的这些细节问题如果考虑不周全，还会影响到应试者的心理状态，进而影响面试效果。

在对应试者进行面试安排时，有一个原则，即尽量不让应试者无所事事地等候，要充分利用好应试者的时间。要做到这一点，就要严格控制每位应试者参加面试的时间。在通知应试者面试的时候，重点强调不要迟到，至少要提前 10 分钟到达现场；同时，面试主考官也要注意把握好每位应试者的面试时间，避免打乱面试的顺序。

在人才测评的选拔工作中，有时可以把面试与笔试结合起来进行。在等候面试时进行笔试测验，使两种活动穿插进行，这样既充分利用了应试者的时间，提高了效率，也给应试者留下一种招聘单位工作严谨的印象。表 9-8 和表 9-9 是某企业高级管理人员招聘的测试时间安排。

表 9-8　某企业高级管理人员招聘的测试时间安排（上午）

人员	情景模拟测验	行为性面试	笔试时间
1	08:30—08:45	08:45—09:25	09:30—11:30
2	09:25—09:40	09:40—10:20	08:30—09:25；10:20—11:25
3	10:30—10:45	10:45—11:25	08:30—10:30
4	11:30—11:45	11:45—12:25	09:30—11:30

表 9-9　某企业高级管理人员招聘的测试时间安排（下午）

人员	情景模拟测验	行为性面试	笔试时间
1	14:00—14:15	14:15—14:55	15:00—17:00
2	14:55—15:10	15:10—15:50	14:00—14:55；15:50—16:55
3	16:00—16:15	16:15—16:55	14:00—16:00
4	17:00—17:15	17:15—17:55	15:00—17:00
5	17:55—18:10	18:10—18:50	15:00—17:00

在表 9-8 和表 9-9 的测试时间安排中，每位应试者一次需参加 3 项测评活动。上午可以通知前三位应试者 8:30 前到场，另一位 9:30 前到场；下午通知前三位应试者 14:00 前到场，另两位 15:00 前到场。一位应试者参加情景模拟测验或行为性面试的同时，其他应试者可以进行笔试。这样的测试时间安排充分利用了应试者的时间，使每一位应试者的等候时间最短、效率最高。

3）行为性面试的现场布置

参加行为性面试对应试者来说是一项挑战，从某种意义上说，这项挑战比平时工作中遇到的挑战更大，需要集中精力去应对。因此，行为性面试的环境应该本着让应试者感到舒适的原则来设计，要使整个面试环境舒适、适宜、整洁、干净。

（1）布置舒适的座位。不要让应试者坐活动椅，以防其坐不稳。应试者面前最好放一张桌子，将应试者与面试主考官隔开，同时让应试者与面试主考官保持一定的距离，这样会让应试者感到舒服一些。

（2）选择安静的环境和适宜的温度。行为性面试需要应试者回忆过去发生的事情，安静的环境很重要，所以通常不宜在临近马路的嘈杂房间里进行面试。另外，合适的温度也是必要的。一般来说，应试者在面对被评价的场面时总会有些紧张，如果气温过高或过低，都会使应试者将注意力转移到对温度的适应上，而影响其对面试的投入。

（3）在应试者面前的桌上准备一些必要的用品，如纸、笔、纸巾等。有一个事例能够充分说明为应试者准备纸巾的必要性：有一位女士在行为性面试中当讲述其为了实现目标，如何克服自己身体上的、家庭上的困难时，禁不住流下了眼泪。这时为其提供纸巾，让其舒缓一下情绪再进行后面的面试是比较合适的。

（4）合理安排应试者与主考官的位置。在行为性面试中，应试者和主考官的位置安排应该有利于创设和谐的氛围，使应试者能够充分回忆过去发生的行为事件，同时与主考官保持 3~4m 的距离，以维护主考官的权威性，并能防止应试者看到主考官的面试记录。面试房间的大小以 15m² 左右为宜，通常小型会议室就可以了。

9.3.2　行为性面试实施过程

1. 行为性面试的开场白

行为性面试的开场白是非常重要的，开场白的指导语给整个面试的气氛定下了一个基调。行为性面试的主考官，从面试一开始就应该控制整个面试的氛围，既不能使应试者过于紧张以致影响其表达，也不能让应试者处在过于轻松的状态。如何通过开场白为整场面试的气氛定下一个理想的基调呢？这需要使用一套完善、准确的指导语。实际上，在应试者进入面试室之前，用人单位已经向应试者做过关于如何进行面试的说明，所以他们对面试的方法和特点也有了一定的了解。现在主考官只需要以非常正式的方式把面试的方法和特点再做一些说明即可。

"你好！请坐，欢迎你来参加今天的面试。我们会提出一些问题，请你尽量以过去经历当中的事例来回答，在回答问题的过程中，请注意简明扼要，抓住要点。在回答问题前，你可以想一想再回答，我们会根据需要对你的回答进行一些追问。如果没有听清楚问题，可以让我们再重复一遍。对于你回答的内容，我们会替你保密，这也是我们的职业操守。你准备好了吗？……好，我们现在开始。"

2. 提问

在行为性面试中，设计的问题一般是结构化的。在现场实施行为性面试之前，已经根据应聘岗位的岗位胜任特征模型形成了结构化的问题。一般来说，每个胜任力都有相应的问题来对应。但是，我们并不建议在面试过程中采用完全结构化的提问方式，即仅仅把问题一字一句地读出来，而不再进行灵活的追问。

1）应该提什么样的问题

曾经有一位销售总监计划招聘一位销售经理来负责公司东北区的销售工作。通过对十多位应试者的面试后，终于有一位应试者让他眼前一亮。这位应试者滔滔不绝的谈吐表现出饱满的热情，并且对销售工作非常熟悉，许多看法也很具有说服力，最终征服了销售总监，予以录用。可六个月后，这位新上任的销售经理根本没有制定有效的销售计划，也不能有效地组织有力的销售攻势，每天只是自己出去拜访客户，其他的销售人员在他的领导下无所适从。市场占有率不断下降，甚至整个地区的市场秩序都被扰乱了，销售总监不得不辞退了这位新上任的销售经理。

面试专家询问这位销售总监在面试过程中所问的一些问题，了解到他所问的问题主要有：

"你从事过哪些产品的销售工作？"

"你为什么愿意应聘我们这个部门？"

"你认为××产品的销售有哪些特点？如何才能做好这一类产品的销售工作？"

"如何才能调动下属的工作积极性，使其努力开展销售工作？"

"针对东北区市场的销售现状，你认为下一步该怎么做？"

一个好的销售人员，由于其工作的特殊性，经常需要应对客户的提问，因此沟通与表达是其长项，所以在这方面，通常能够把上述问题回答得很好。但是，在实际工作中是如何做的，特别是其做法是否符合销售经理的要求，通过上述问题很难看出来。

行为性面试的方法之所以有效，是因为行为性面试不会问"你会怎么做"或"你认为应该如何做"，而是问"请告诉我们你……的一次经历"，让应试者讲述与目标职位相关的一些行为事件，并且通过追问的方式来了解应试者在做这件事情的过程中的一些细节，包括当时的动机、应试者的角色、当时的思考过程和心理感受等。

对应试者来说，接受行为性面试有一个进入状态的过程。在面试的初始阶段，应试者可能还不太适应如何去回忆自己过去的经历，这时提问的问题最好是其过去经历中最近发生的一件事，如"请谈一谈你最近六个月里解决的一个技术上的难题"。如果其工作经历中发生过此类事件，他会记得比较清楚，也容易说出来。但在此时，不太适应行为性面试的应试者可能只会泛泛而谈事情的概况，这样就需要通过进一步追问的方式来获取事件的细节。如果有一个样例使应试者逐渐进入状态，那么整个行为性面试就容易展开了。

2）开放式问题和追踪式问题

行为性面试中的问题大致有两种类型：开放式问题和追踪式问题。开放式问题是在行为性面试前就准备好的面试题目。在实际主持行为性面试的过程中，主考官应根据挖掘行为信息的需要来灵活运用开放式问题和追踪式问题。

在进行行为性面试时，通常以一个开放式问题来引出应试者对一个行为事件的描述，如"请谈一谈你付出努力将一个凝聚力不太理想的团队建设成团结、进步的团队的经历"。不同应试者对这个问题的回答可能表现出不同的特点，有的人不用过多提示和引导，就能把问题讲得很具体，而有的人则根本不讲事件本身，只是谈对不理想的团队进行改造的一些做法。这时，我们不得不使用追踪式问题："你是否有过类似的经历？"应试者可能会想一想，但之后的回答可能还不理想："我曾经带领过许多精英团队，虽然这些团队起初并不是很糟，但经过我的努力，最后取得了很好的团队业绩。"此时，我们还没有得到应试者关于事件的具体描述，因此需要进一步追问："请谈一谈你印象最深的一次经历。"这时应试者可能会想一想，然后开始陈述一个具体的事例。作为行为性面试，直到这时才开始获得对我们有用的行为信息。在具体陈述事例的过程中，主考官仍然需要使用追踪式问题来获取更多具体的细节。

3. 行为性面试中的 STAR 模型

行为性面试的主要目的是通过开放式问题和追踪式问题来获取应试者过去经历中的行为信息。那么，到底收集多少信息，或者收集到什么程度，才算已经掌握了足够的信息，并确信自己掌握的信息是准确的，而不是应试者为了迎合面试主考官而瞎编的呢？其中的关键点在于确认应试者所回答的都是关键行为事件的细节，这样才有助于了解应试者在关键行为事件上的行为表现。以下几个标准可以帮助我们判断获得的信息是否已经足够。

（1）是否已经了解应试者所说的环境？他采取了什么行动？后果是什么？

（2）是否已经获得了事件的主要细节，如大致的日期、参与的人员等。

（3）是否已经能够想象出应试者是如何做事的？

（4）是否能够想象应试者上岗以后，做出符合岗位要求的事情？

在实际的面试中，面试主考官常有一种"抓不住"应试者的感觉，因为有些应试者的回答总是不符合面试主考官的期望。他们常常偏离行为性面试的轨道，进行一些理论性的陈述，陈述"他应该做的事情"，而不是"他做过的事情"；描述的事例很不明确，让人觉得好像是他做的，又似乎是别人做的。尽管面试主考官努力控制面试的进程，但往往还是难以引导应试者说出其中的关键信息。这种情况是刚开始主持行为性面试的主考官常常会遇到的。改变这种局面的一个经典的做法是使用面试主持中的 STAR 模型。

1）STAR 模型

我们在上一章里已经简单地介绍了行为性面试中的 STAR 模型。STAR 模型代表了一个完整行为事件的 4 个要素，即 Situation（情景）、Target（目标）、Action（行动）、Result（结果）。这 4 个要素也代表了我们在主持行为性面试时提问的 4 个方向，是对应试者回答的行为事件的具体性进行考查的框架。当我们用一个开放式问题进行提问时，如"请谈谈你努力说服他人接受你的观点的一次经历"，应试者的讲述可能不够具体，甚至根本没有谈论事件本身的内容。这时，可以使用 STAR 模型的提问方式进行进一步的追问。

下面是面试银行客户经理的一个例子。

主考官："请描述你努力说服他人接受你的观点的一次经历。"

应试者："我经常说服我的客户购买我们银行的理财产品，客户都很信任我。"

主考官："既然这样的事例很多，你能不能就其中一个让你感到最有成就感的事例谈一谈？"

应试者："我想一想，我曾经说服一个刚刚投诉过我们银行的中年女性购买了我们 30 万元的银行理财产品……"

提问至此，主考官只是大概知道了应试者所要讲述的事例，但具体这位客户经理有哪些行为表现，所说是否属实，则很难去把握。这时主考官可以使用 STAR 模型进行进一步的追问，以达到对事件具体细节的了解。

第一步，针对 STAR 模型中的 S（Situation）来追问，即了解当时该事件发生的背景。

主考官："这件事情发生的背景是什么？当时有哪些具体情况？"

应试者："那时我是营业厅的大堂经理，主要为那些到银行办业务的客户提供一些咨询指导服务。当时 3 号柜台的一位客户对柜员大声嚷嚷起来了，骂柜员办事效率低，服务态度不好。周围人的劝说她也不听，非要找领导投诉，并且说的话非常难听。我听到以后，马上走了过去，准备处理此事。"

通过针对 S（Situation）的提问，主考官了解到了这件事情发生的背景，知道了这件事情的难度；通过这一提问，了解到具体情况是客户对银行的工作已经非常不满意，并且情绪失控，有不文明的言语。这样就使得我们对这位客户经理需要去面对和处理的问题的难度有了非常明确的认识。

第二步，我们需要了解的是，应试者在这种情况下想要达到什么样的结果，即其行为的目标是什么，也就是 STAR 模型中的 T（Target），那么继续提问。

主考官："当你跟这位客户沟通时，想要达到什么样的目的？"

应试者："当时我是大堂经理，有责任处理客户的投诉。发生了这种情况，我的第一个想法就是平息客户的怒气，使客户的需求得到满足，避免对我行有不良影响。"

这一步的提问使主考官了解到了这位客户经理当时做这件事情的动机和目标，使我们对他做事的愿望有了一定的了解，更有利于我们了解其接下来的行为与这一目标和动机的一致性。

第三步，要了解这位客户经理为了达到这样的目标采取了什么样的行动，即 STAR 模型中的 A（Action）。主考官继续提问。

主考官："当时你是怎么想的？又做了些什么？能不能具体讲一讲？"

应试者："当时我为了使她的情绪稳定下来，做了这样几件事。首先我向她介绍我是大堂经理，是专门负责解决大家的疑难问题的。当她提出她的不满时，我认真地听她说，等她说完了，我首先表示我听明白了。我说：'你先跟我到贵宾室，咱们一起商量一下。'她跟我到贵宾室以后，我给她倒了杯茶水，她就开始说她的问题。原来她在办理取款业务时，有一张卡自己忘了密码，接连输入三次都不对，到第四次的时候就不让输入了，必须办理挂失。她抱怨前台柜员没有及时提醒她，使她不能及时取出钱来，影响了她用钱。"

主考官："然后你是怎么做的？"

应试者："她这个问题确实不好办了，按照规定，密码输错三次就必须挂失了。我首先表示道歉，我们没有及时提醒，影响她用钱了。我想了解她用钱做什么，她说要买基金。我了解到她对投资知道得不多，正好是我可以帮上她的地方，并且还可以向她介绍我们银行的基金和理财产品。于是我就开始了解她的需求，并介绍家庭投资的方式、买基金的时机及利弊分析。我用我们银行的各个产品来举例，并表示在我们银行买了理财产品的人收益不小。谈着谈着，她对我说的话越来越有兴趣了。"

这一步的提问使主考官了解到了应试者为了达到预期的目标所采取的一些具体行动。例如，倾听、认可对方的说法，引导、提供帮助和指引，了解对方的需求及想法，为对方提供无私的帮助，转移对方的注意力等。这些行为都是在说服对方过程中不可缺少的，说服对方的基础是与对方建立良好的关系，而当事人的行为习惯和做事方式对建立什么样的关系起着关键的作用。所以，了解到的这些行为表现，对于评价应试者是否具备相应的素质是非常重要的。

第四步，了解应试者行为的结果，即 STAR 模型中的 R（Result）。主考官继续提问。

主考官："最后的结果怎么样？"

应试者："经过这么一沟通，那位客户的抵触情绪渐渐淡化了，语气也缓和了许多，而且好像对我说的话越来越有兴趣。其实，在了解到她的需求后，我就开始转守为攻了，想看看她是否愿意买我们银行的产品。结果她不仅不再想着投诉我们，而且一下子买了我们银行 30 万元的理财产品，并点名要我担任她的理财顾问。"

这样，经过连续四步的提问，我们就全面地了解了这件事情的经过，对应试者在该事件中表现出的素质也有了清晰、全面的认识。

2）STAR 模型帮助获得完整信息

即使在面试时采用了行为性面试的问题，但由于不同应试者各具特点，因此其回答的问题并不会完全如我们期望的那样。例如，提出一个问题之后，得到的回答大多是不够完整的信息，即不全面的 STAR 模型。下面的案例就是在面试中常常会遇见的情况。

主考官："请讲述在过去的经历中，你克服重重阻力，努力改变落后局面的一次经历。"

应试者："我刚到（房地产）公司的销售部上任的时候，业务代表之间的矛盾很严重，相互钩心斗角，抢单、诋毁他人的事情时有发生，并且还发生过一次业务代表之间的打架事件，销售工作的开展非常不顺利。我上任之后，把整个局面扭转了，将我们这个团队打造成了一个非常团结、高效的集体。"

从这个案例来看，应试者回答的事件虽然是行为事件，但该行为事件是不完整的。该事件有完整的 S（业务代表之间矛盾很严重，相互钩心斗角，抢单、诋毁他人的事情时有发生）和 T（到新部门上任，扭转不利局面）。但是这一事件中没有 A，即"我做了哪些事情获得了成功"，也就是应试者"为了改变这种局面采取了哪些具体的行为"这部分内容。而且，事件中的 R 部分也不具体，即对"团结、高效的集体"的具体体现描述得不够清楚。

对于一个不完整的行为事件，要针对其不完整的部分进行追问。在上例中就可以对 A 和 R 进行追问：

"请谈谈你做了哪些事情使原来的局面有了改观。"

"你是怎么具体实施新的制度和流程的？"

"在实施过程中是否遇到一些阻力或挑战？你是如何处理的？"

"哪些关键的做法起了作用？"

"关键的转折点在哪里？"

"团结、高效体现在什么地方？有什么具体的事例可以说明吗？"

经过进一步的提问，我们就可以完整地了解应试者的行为信息。采用 STAR 模型进行提问需要经过一定的训练，才能使面试主考官逐渐养成这种结构化提问的习惯，从而明显提高面试的效率。

3）STAR 模型帮助辨别行为事件的真实性

由于应试者处于被评价的位置，希望通过面试获得目标职位，因此必然会想方设法地表现甚至夸大自己好的方面，极力掩盖自己的不足。例如，将别人做过的设计方案说成自己做的，或者将别人的行为事件说成自己的，这就会影响整个面试的结果。当把 STAR 模型运用于行为性面试时，如果运用得好，是能够帮助主考官辨别应试者回答的真假的。

行为性面试主考官可以通过针对 STAR 模型的不同方面进行提问，来辨别应试者回答的真假。

（1）针对 STAR 模型中的 S 进行提问："领导为什么要你来管理销售部？""销售部都有哪些职责？""你当时为了做好销售部的工作都做了什么准备？"

（2）针对行为的任务进行提问："当时你的具体任务是什么？""是谁给你定的目标或任务？""为什么给你定这样的目标？你当时是怎么想的？"

（3）针对具体的行动和措施进行提问："你当时是怎么做的？你当时为什么这么做？""你在其中充当了什么角色？其他人做了哪些事？……你当时最关键的举动是什么？改变了什么？"

（4）针对最终的结果进行提问："团队的哪些行为表现比以前有了较大的改观？请讲出一个事例。""公司对你工作结果的评价怎么样？什么情况下做的评价？如何评价的？""你又是如何知道的？"

（5）针对行动过程中的挑战进行提问："你在这个部门的管理工作中遇到过什么样的挑战？你是如何处理的？""在工作中最难处理的问题是什么？你是怎么处理的？"

（6）针对行动过程中最成功之处或最失败之处进行提问："你觉得在工作过程中最成功的地方在哪里？""回想起来，你觉得哪些地方做得不够好？"

通过这种具体的提问方式，面试主考官可以判断出应试者所讲述的行为事件的真假。因为对于虚假的事件，应试者很难详尽地说明事件中的每个细节，进一步的提问会使应试者出现这样或那样的漏洞，或者无法详细、具体地描述事件。在这种详细的提问攻势下，讲述虚假事件的应试者往往难以招架。同时，如果应试者对这些问题的回答都似是而非，则可以据此推断，在这个过程中，他亲自参与的程度不够，也就无法判断他是否具备相应的素质。

4. 面试信息的收集与记录

在面试中，一些表面信息最容易进入面试主考官的视线，如应试者的仪态、表情、声调、表达的清晰度等。这些信息能够给面试主考官最直接的刺激，很容易在面试主考官心中形成一个直观印象。

在实践中，由于一些面试主考官没有把应试者在面试现场表现出来的一些能力素质和其实际工作中具备的能力素质进行区分，因此往往容易把应试者当时表现的好坏当作评价其是否能够胜任新工作的依据。我们经常会看到面试主考官的一些面试记录与评价，如"声音洪亮，表达比较清晰""亲和力强，喜欢微笑""表情比较严肃"等。这些信息能够代表应试者素质能力的某些方面，但不能完全代表其胜任岗位的情况。一个沟通表达能力强的人，其执行力却不一定强，良好的沟通表达能力不一定能说明他可以完成既定的目标。

应试者表面行为表现的背后，有着代表其某些个性和能力特征的信息，这是在收集其行为事件时需要特别关注的，这些过去经历中的行为事件是我们对其进行评价的主要依据。其实，面试主考官心中会存在一个目标岗位的胜任特征框架，在面试的过程中，针对胜任特征逐项收集对应的行为事件信息。例如，假设我们要收集应试者沟通表达能力的信息，就得让应试者讲述一两件他本人运用沟通表达能力完成的事，通过判断他在做这些事的过程中的行为表现来评价其沟通表达能力，而不是根据他在面试现场说话声音是否洪亮、语句是否连贯、条理是否清晰来判断。

总体来说，在行为性面试中，应试者讲述的行为事件是对其进行评价的主要依据，因此对面试进行有效的记录是必要的。行为性面试要求讲述的事件具有真实性，但应试者对于录音、录像等都会比较介意。因此，我们需要用笔记下我们需要的信息。但是面试主考官不可能都掌握速记技巧，也不可能把应试者讲述的所有信息都记录下来。对于那些相对不太重要的信息可以略记或不记，如应试者的背景资料，我们是可以通过其他途径来获得的。对于关键的信息，应该做好详细的记录，包括应试者当时怎么做的，甚至怎么说的，以及行为事件本身。在进行面试记录时应注意以下几个问题。

（1）在面试过程中，考官不能一味地进行记录，如果与应试者没有目光接触，则会影响沟通的互动性。

（2）面试记录纸最好是专门设计的。例如，左侧主要记录应试者的行为事件、行为表现；右侧可以记录应试者表现出来的胜任特征；右侧上方可以记录应试者简单的外貌特征，以作为回忆的一个线索。

（3）面试记录纸应留有足够的空间和相应的位置，并准备足够数量的笔以防中途突然没有办法记录。

（4）对于已经记录下的信息应注意保密，不宜让其他人看到，一方面为应试者保密，另一方面避免在面试结束之前过早地评价应试者。

9.4 各类行为性面试题样例

9.4.1 能力系统

1．口头沟通能力

1）要素界定

口头沟通能力是指在他人或群体面前，能够清晰、流畅地表达自己想法的能力。

2）操作定义

（1）自信，无论何种场合均能轻松自如地发表自己的观点。

（2）语言清晰、流畅、有条理。

（3）能够有效地倾听。

（4）有合适的非言语表情或动作的交流。

（5）具有说服力。

3）行为性面试题样例

（1）你在与人沟通中遇到的最大困难是什么？当时你是如何处理的？

（2）请举一个这样的事例：当你向上级反映重要信息时，他误解了你的意思。说说你当时是如何处理的。

（3）请讲述你成功说服他人或团队接受你的意见的一次经历。

（4）请谈谈你做过的最成功的一次演讲。

（5）当交谈或谈判的气氛变得紧张时，你是如何处理的？请举例说明。

2．问题解决能力

1）要素界定

问题解决能力是指准确清晰地定义问题、收集相关信息并提出有效的解决方案的能力。

2）操作定义

（1）掌握问题的背景，认清问题涉及的各种关系。

（2）能够预见特殊行动的结果。

（3）提出异议，对不同的观点进行争论。

（4）用有效的方法、严格的逻辑和方式去解决问题。

（5）为解决问题寻求各种有效的资源。

3）行为性面试题样例

（1）请讲述一个你发现问题并提出有效的问题解决方案的例子。

（2）请谈谈你迄今为止解决得最成功的一个难题。当时你是怎么考虑的？具体怎么做的？

（3）请回忆这样的一次经历：在解决一个问题时，你的方法比其他人的更有效。当时你是怎么考虑的？做了些什么？

（4）请讲一个最近几年你认为自己解决得不好的难题。当时的情况是怎样的？你都做了些什么？

（5）请谈谈这样的一次经历：你经过认真思考和分析解决的一个问题。你当时都做了些什么？

3．计划与组织能力

1）要素界定

计划与组织能力是指为了实现某一目标，能够恰当地安排工作和利用资源，并采取一系列有效行动的能力。

2）操作定义

（1）明确工作目标。

（2）提前为任务做好计划。

（3）计划充分考虑到各种可能的情况。

（4）有效地管理时间。

（5）有效地利用人、财、物等各种资源。

（6）能根据情况变化对计划进行及时调整。

3）行为性面试题样例

（1）你在工作安排方面遇到最大挑战是在什么时候？你是如何保证自己能够完成任务的？

（2）请谈一个你没能按时完成某项工作的事例。

（3）请讲述这样一个经历：你在时间紧迫的情况下必须同时完成几件事。你当时是怎么想、怎么做的？

（4）你在时间管理方面有什么失败的经历？请举例说明。

（5）有时候能利用的资源是有限的，你如何利用有限的资源完成工作？请举例说明。

4．信息搜索能力

1）要素界定

信息搜索能力是指有强烈的好奇心，为了解更多的人、事物或特殊议题而花费力气去获得更多信息的能力。

2）操作定义

（1）对问题的形成原因及相关信息很感兴趣，喜欢深入探讨。

（2）寻求未来可利用的潜在机会或多种信息。

（3）对于获得的信息会亲自去求证是否真实。

（4）为了了解问题，能够运用系统化的方法来收集信息。

3）行为性面试题样例

（1）请谈谈你最近为完成某个项目而遇到的收集信息方面的困难。

（2）为了核实你所获得的信息是否准确，你都会做哪些工作？请讲一个印象深刻的例子。

（3）决策往往是建立在一定的信息基础上的，你一定遇到过信息不充分而无法做出决定的情况。你在这种情况下是如何获取信息的？请举例说明。

（4）请谈一件由于未获得有效的信息而做出错误决定的事例。

（5）我们每天会接收到大量的信息，但真正有用的不多。你是如何辨别信息是否有价值的？请举个成功的事例。

9.4.2　动力系统

1．成就需要

1）要素界定

成就需要是指对取得工作上的成功或自我发展有强烈的要求，勇于自我挑战，能为追求高于一般标准的业绩而积极采取行动。

2）操作定义

（1）渴望把事情做得完美。

（2）关注结果，在改善业绩的同时注重效率的提升。

（3）为自己设立有挑战性却又能够实现的目标。

（4）有完成一项有难度的任务的决心，在困难面前不放弃。

（5）为达成目标而尝试使用不同的方式。

（6）在成功、失败或冲突中检点自身的问题，承认失误，寻求改进。

（7）不等待上级的安排，主动出击。

3）行为性面试题样例

（1）请介绍一个你主动为自己设立的具有挑战性的目标。你是如何实现这个目标的？

（2）请谈谈你认为最成功的一段工作经历。当时的情况是怎样的？你都做了哪些工作？

（3）请描述你为自己设立的最重要的目标。你是如何实现的？

（4）请讲一个你没能实现的目标，具体谈谈没能实现的理由。

（5）请描述一个你为了实现目标而付出巨大努力或牺牲的例子。

（6）请讲述一个你在工作中不满足于现状，力求把工作做得更好的例子。

2．主动性

1）要素界定

主动性是指在没有外在要求的情况下，能发现需求并自发地采取行动以实现工作目标。

2）操作定义

（1）不需要他人提出要求，能够意识到并根据当前的情形行事。

（2）在事情发生前就有所准备，并能准确地把握机会。

（3）能够主动承担更多的工作和责任。

（4）积极寻求外部的支持，以了解他人的想法。

（5）能够独立行动，改变事情的发展方向。

（6）为完成目标而迅速采取一些措施，使得结果远远超过了预期。

（7）为了寻找新的机会，会努力拓展工作内涵，获取新技能、新经验。

（8）能贡献自己的建设性意见。

3）行为性面试题样例

（1）请描述一次你曾经做过的分外工作的经历。你为什么要承担这些工作？

（2）你所在的公司有哪些规章制度或流程需要改变？你为此做了什么？

（3）请描述一次由于你的主动改变，从而使你的工作变得更有效率或更轻松的经历。

（4）请描述一个由你发起的项目或工作。你为什么要这样做？实施的结果是怎样的？

（5）请讲一个你在信息不充分、缺乏指导的情况下完成的项目或任务。

（6）请举一个由于你的努力而使一个项目或想法得以成功实施的例子。

（7）你是否做过一些超出工作要求范围的工作？请举例说明。

3．组织承诺

1）要素界定

组织承诺是指使个人的行为与组织的价值观、原则和目标保持一致。

2）操作定义

（1）愿意帮助他人完成任务。

（2）能够根据组织的要求调整自己的活动。

（3）具有合作精神，以便更好地达成组织目标。

（4）关注组织的长期发展。

（5）为符合组织的要求而放弃个人的利益。

3）行为性面试题样例

（1）你所在组织的价值观或目标是什么？你对此有什么看法？你是如何调整自己帮助组织实现目标的？

（2）请描述这样一次经历：你为维护组织利益而做了不受欢迎的决定后，你是如何做的？

（3）当你发现了有悖于组织目标或价值观的行为时，你是怎么做的？请举例说明。

（4）当个人的利益与组织目标发生冲突时，你是怎么处理的？请举例说明。

（5）你是如何为组织的发展献计献策的？

4．个人发展和成长

1）要素界定

个人发展和成长是指在适当的时候进行自我评价，了解自己的不足，并能够设定发展目标，主动地改善自己的不足和发展自己。

2）操作定义

（1）清楚地了解自己的优缺点和有待加强的地方。

（2）强调责任感和持续发展。

（3）在遇到困难时，能够向外界寻求帮助。

（4）愿意接受别人的意见反馈，并能在日常的工作中注意改正，提高工作效率。

（5）能够从挫折和失败中吸取经验。

3）行为性面试题样例

（1）请举例说明，你是如何完善自己、改进自己的缺点或不足的。

（2）在上一次绩效考核中，你需要改进的方面有哪些？你是如何改进的？

（3）在你的工作经历中，最失败的经历是什么？你从中学到了什么？你又是怎样把这个经验应用到工作中的？

（4）团队中的每个人都有自己的优缺点，请讲讲你发挥自己的特长帮助团队完成目标的一次经历。

（5）请描述一次暴露了自己很多缺点的工作经历，以及为什么会暴露这些缺点。你从中学到了什么？又是如何提高的？

9.4.3　个人行为风格系统

1. 正直

1）要素界定

正直是指一个人能够做到言行一致，并公开、直接地沟通自己的想法、观点和感受。

2）操作定义

（1）赢得广泛的支持与信任。

（2）不会为了个人利益而误导他人或发表不实言论。

（3）即使不被他人接受，也愿意为正确的事情挺身而出，据理力争。

（4）对于工作环境，态度坦诚，在不必说或不说对自己更好的情况下，仍能表达自己的想法。

（5）行动与自己所相信的价值观一致。

（6）展现出很高的道德标准，并深知如果违背了这些标准，会对组织和个人产生什么样的影响。

（7）当遇到阻力或困难时，仍然能够坚持按自己的价值观做事。

3）行为性面试题样例

（1）请介绍一个你曾经遇到的行事有悖于公司或客户利益的人。你是怎样对待他的？

（2）请讲这样的一次经历：别人让你撒个谎以便争取一个很重要的客户。你是怎么做的？

（3）在工作环境中，个人的价值观会受到巨大的挑战，请讲述一次这方面的经历。

（4）当你发现同事的行为违反了公司的有关规定时，你会怎么做？请举实例说明。

（5）请举一个你的同事做得很不道德的事。

2．自我监控

1）要素界定

自我监控是指一个人根据外部情景因素调整自己的行为。

2）操作定义

（1）对环境很敏感，能够根据情景的不同调整自己的行为举止。

（2）灵活性好，能够很快适应新环境。

（3）试图在公众场合和私人生活中建立不同的形象，并维护不同的社交圈。

（4）行为方式符合社会习俗。

（5）适合从事管理岗位或需要影响他人的岗位。

3）行为性面试题样例

（1）请回忆一下，当你置身于一个陌生的环境或不同的文化环境时，你会有什么样的反应。

（2）你是如何尽可能适应新环境的？请举例说明。

（3）当你调到一个新的部门时，发现工作氛围和工作方式与以前完全不同，你是如何适应的？请举例说明。

（4）即兴讲话，尤其是针对一个不太熟悉的主题，是很有挑战性的。请讲讲类似的一次经历。

（5）请谈谈你刚刚被提拔到管理岗位的经历。当时你都遇到了哪些困难？你是如何克服这些困难的？

3．独立性

1）要素界定

独立性是指能够摆脱对他人的依赖，独立自主地进行工作，自行解决工作中遇到的各种难题。

2）操作定义

（1）不需要他人的指导，能够独立完成职责范围内的工作。

（2）对工作中的问题有自己独立的思考。

（3）当与他人的观点不一致时，能够坚持自己的想法。

（4）对于职责范围内的问题能够独立进行决策。

（5）愿意承担自己所做决策或采取行动的责任。

（6）在解决问题时，能够在恰当的时候引进外部的支持。

（7）在与人交往的过程中能够保持独立。

3）行为性面试题样例

（1）请举两个在你的工作经历中最能体现独立性的例子。

（2）请回忆你独立承担的最大或最困难的项目，并完整描述那次经历，说说你的感受。

（3）请详细描述你所遇到的最无助、最困难的一段工作经历。

（4）在你的工作经历中，请讲述这样的经历：你在自己职责范围内做出的决定受到了他人或上级的质疑。你当时是如何处理的？

4．开放性

1）要素界定

开放性是指对新鲜事物，如知识、方法和非传统的观念等的接受能力。

2）操作定义

（1）相信革新会比规范更有利于做好工作。

（2）愿意与他人自由地共享观点和信息。

（3）尊重他人独特的个性和需要。

（4）思维开放，兴趣广泛，能够接受各种观点，愿意冒险。

（5）具有独创性和革新性。

（6）适应能力比较强，能够很快适应变化性大、需要创新或较为冒险的工作。

3）行为性面试题样例

（1）请举两个最能体现你在工作中具有良好的开放性的例子。

（2）你能够向我介绍一下，当面对变幻莫测、需要有创新或冒险精神的环境时，你是如何处理的吗？当时的情况如何？

（3）你有没有遇到过个性比较特殊的团队成员？你是如何处理的？

（4）在信息时代，我们每天都会接触到各种各样的新思想、新方法。请你谈谈在这方面让你记忆特别深刻的例子。

（5）当进入一个全新的环境时，你是如何适应的？请举一个具体的例子来说明。

第 10 章

情景性面试

近几年来，由于传统的陈述性面试容易伪装而受到人们的批评，情景性面试应运而生。这种面试方式因其表面效度和应用效果比较好而受到人们的欢迎，因此越来越多的企事业单位在选人用人中开始尝试应用这种新颖的面试技术。

本章导航

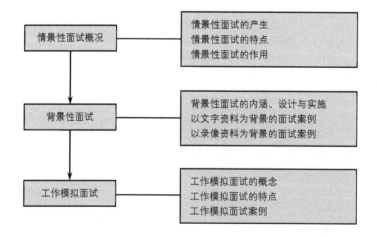

10.1　情景性面试概况

通过度假评价胜任特征

罗森布路斯国际旅游公司寻找的是善于团队合作和富有积极向上的生活态度的人，对应聘者要经过仔细的挑选。公司总裁罗森布路斯认为，与工作经验、过去的薪资水平和其他传统简历上所列的条目相比，应聘者的善良、同情心、热情更重要。在该公司，应聘基层职位的应聘者要经过 3~4 小时的面试。对于高级职位，罗森布路斯邀请一个应聘销售总监的候选人及其太太和自己一起出去度假，"在假期的第三天，开始有结果了。"他说。他们通过这样的情景设计，尽可能真实地发现应聘者的个人特征，评价应聘者是否具备工作所需的关键胜任特征。所以，当这一行业的平均人员流动率高达 45%~50% 时，该公司的流动率只有 6%，也就不奇怪了。这就是运用岗位胜任特征模型对企事业单位进行人员招聘与选拔时所起的作用。

所谓情景性面试，就是给应试者创设一个实际情景，考官通过言语交流观察应试者的行为表现，评价其是否具有相关的实际工作能力。情景性面试也是人才测评中应用较广的一种测评方法，它主要测试应试者的各种实际工作能力。

10.1.1　情景性面试的产生

传统的陈述性面试虽然因其操作简便等多种优点，在实践中广泛受到人们的欢迎，但由于许多用人单位在面试设计方面缺乏创新，因此该面试方法的模式化倾向越来越严重，应试者只要简单地进行应试培训，就能对面试的几种题型及其答题要领了如指掌，结果考官在面试中的问题还没阐述完毕，考生就已经知道怎么回答才是相对正确的"答案"了。于是乎，面试考查的不再是应试者的岗位胜任力，而是其应试与应试准备能力。长此以往，传统的面试方式特别是结构化面试将面临失效的危险。所以，多年来笔者一直在呼吁加大面试方式方法的创新力度，以确保其在人才测评中的地位和作用。

情景性面试是在陈述性面试的基础上发展起来的，是传统面试方式的创新和发展。情景性面试与陈述性面试的最大不同在于，它强调在实际情景中考查应试者，重点关注其在情景中考虑和处理问题的方式，从而使面试评价不再受到应试者口才和外表等无关因素的影响。通常应试者在情景中无法伪装自己，换个角度来说，如果应试者真能在情景性面试中伪装得很有水平，那么他实际工作能力往往确实不错。目前，情景性面试在人员招聘和选拔中越来越受到人们的欢迎。

10.1.2　情景性面试的特点

1. 针对性

在情景性面试中，由于模拟的情景环境往往是拟招聘岗位或近似拟招聘岗位的环境，测试内容又是拟招聘岗位的某项实际工作，因此情景性面试具有较强的针对性。例如：

在财政部门人员招聘的情景性面试中，可以给应试者提供相关的财务资料，要求应试者据此写出一份财务分析报告，内容包括数据计算、综合分析、个人观点、意见和建议。在此基础上，考官就财务分析报告中的有关问题进行提问，应试者现场回答。

上述情景就是针对财政工作的需要和现实问题设计的。

2. 直接性

直接性是指情景性面试可以直接考查应试者的工作能力。例如：

某市检察院在人员招聘中应用了情景性面试：对参加应聘的所有应试者，用中速放了一名犯罪分子的犯罪证词录音，时间为 15 分钟，其中既有相关证据又有无关信息，要求应试者做笔录，并据此撰写"起诉书"。然后，考官针对应试者所写的起诉书进行现场提问。

上述情景性面试不仅使考查内容与拟招聘职位的业务有直接关系，而且使考官能够直接观察应试者的工作情况，直接了解应试者的基本素质及工作能力。

3. 开放性

开放性是指情景性面试可以给考生一个较为开放的、自由的发挥天地。例如：

某市广播电视局在招聘编辑、记者时，组织应试者参观了上海无线电一厂生产车间，请厂长介绍了该厂搞活企业经营、狠抓产品质量、改进营销工作等方面的情况，并以记者招待会的形式，由厂长解答应试者提出的各种问题。随后让应试者根据各自的"采访记录"，分别撰写新闻综述和工作通信。最后考官根据应试者的采访报道进行提问。

总体来说，情景性面试的特点主要表现在针对性、直接性和开放性等方面。针对性表现在测试的环境是仿真的，内容是仿真的，测试本身的全部着眼点都直指拟任岗位对应试者的素质的实际需求。需要指出的是，有时表面上模拟的情景与实际工作的情景并不相似，但其所需要的能力、素质是相同的。这时，表面的"不像"并不妨碍实质上的"像"。直接性表现为应试者在测试中所"做"的、所"说"的、所"写"的，与拟任岗位的工作直接相关，正如一个短暂的试用期，其工作状态一目了然。开放性表现在测试的方式多样、内容生动，应试者作答的自由度高、伸缩性强，提供给应试者的不是一个封闭性试题，而是一个可以灵活自主甚至即兴发挥的广阔天地。上述特点也派生了情景性面试的相对局限性，主要表现为面试的规范化程度不够高，同时对考官的素质要求较高。

10.1.3 情景性面试的作用

情景性面试的特点决定了它在人员招聘与选拔中有着重要作用，主要体现在以下 3 个方面。

（1）为考查应试者的实际业务能力提供依据。无论是情景性面试的内容，还是情景性面试的方式，都比传统的面试答辩更接近拟招聘岗位的工作实际。这一点使得情景性面试在考核应试者业务能力方面发挥着笔试和面试答辩难以替代的作用。

（2）有利于避免高分低能现象。情景性面试注重业务能力的考核，考核的标准是依据实际工作的要求拟定的，考官一般由用人单位的部门经理或高层经理担任。这些因素决定了情景性面试不仅能够为实践经验丰富、具有实际工作能力、可胜任拟招聘岗位工作的应试者提供 "用武之地"，而且可以避免笔试表现不错，但实际业务能力不行的应试者进入录用行列。

（3）为用人单位安置录用人员的具体职位提供依据。实践表明，应试者在情景性面试中表现出来的个体能力差异，与他们的实际工作能力紧密相关。因此，情景性面试的结果一般可以作为用人单位安置录用人员具体职位的依据。本着扬长避短的原则，情景性面试可以最大限度地发挥新录用人员的作用。

10.2　背景性面试

10.2.1　背景性面试的内涵、设计与实施

1．背景性面试的概念

背景性面试是情景性面试的一种。所谓背景性面试，是指通过给应试者创设一个面试背景，使应试者扮演特定的角色，并围绕特定的任务接受考官的提问。背景性面试可以有效地考查应试者的综合分析能力、逻辑思维能力、组织协调能力、解决实际问题的能力等。

2．背景性面试的优缺点

背景性面试具有以下优点。

（1）针对性。在背景性面试中，由于面试背景是典型的实际工作情景，因此面试提问往往围绕实际工作中容易遇到的问题，可以有针对性地考查应试者的胜任力。

（2）可以考查应试者解决实际问题的能力。在回答背景性面试的问题时，往往不能只谈一些原则性的思想，而是需要针对特定问题提出具体的想法或措施，从而可以很好地考查应试者解决实际问题的能力。

（3）系统性。这里的系统性是指在背景性面试中，各面试问题之间往往是有机地联系在一起的。而在传统的面试中，各面试问题之间通常没有任何联系，每个问题都从某个方面孤立地去考查应试者。从这个角度来说，背景性面试能够系统而深入地考查应试者。

当然，背景性面试也有一些缺点，突出表现在以下两个方面。

（1）对应试者素质的考查范围比较有限。由于问题背景的限制，背景性面试往往不能考查应试者各方面的素质。

（2）面试设计费时费钱。背景性面试的设计需要面试专家花费大量的时间进行工作调研和面试背景设计，所以需要的费用也比较高。

3．背景性面试的设计

背景性面试的设计包括以下几个步骤。

（1）工作调研。进行有关工作分析，特别是岗位胜任特征分析，了解拟任岗位所需人员应该具备的特点、技能；运用行为事件访谈法对一些任职者进行访谈，了解他们在工作中常遇到的问题情景，积累实际案例。

（2）背景设计。将收集到的所有原始材料进行加工，根据具体测试目的，设计出比较典型和现实的面试背景。

（3）面试问题的编制。根据设计的面试背景，编制出相应的面试问题。通常背景性面试的问题有 4~6 个即可，问题之间最好紧密相连、层层深入。

（4）评价标准的制定。最后，还要根据测试的目的和背景性面试的特点，对每个评价要素进行界定，并结合应试者的具体答题模式给出相应的评价标准。

4. 背景性面试的实施

背景性面试的实施可以分为以下步骤。

（1）应试者熟悉背景资料。在正式进行背景性面试前，应试者须单独在一个房间里熟悉背景性面试的背景资料，包括应试者担当的角色、主要任务等。例如，应试者的角色可能是某部委的一位司长，背景性面试的任务是应试者需要根据一系列调研材料，向部长汇报某项政策在具体落实中遇到的问题，并提出自己的对策和建议等。应试者看这些背景资料的时间通常与正式面试的时间一样长。

（2）正式面试。当一切准备就绪后，背景性面试就可以开始了。考官要再次强调应试者所承担的角色，然后像结构化面试那样开始逐一提问。有时应试者进入面试现场时需要就某个背景问题发表演讲，阐述自己的看法和理由，演讲结束后考官再进行提问。

（3）考官对应试者进行评价。在整个背景性面试过程中，考官需要对照各种胜任力的定义及其具体行为指标，认真倾听应试者的回答，观察应试者的行为表现，并就每种胜任力进行评分。

10.2.2 以文字资料为背景的面试案例

当背景性面试中的背景资料是文字资料时，该面试就称为以文字资料为背景的面试。这里给出一个笔者为国务院某局机关副司局级领导人员竞争上岗所设计的实际测评案例，实际应用效果很好。

案例背景

由于机构改革和人员的正常流动，国家某部委政策法规司综合处等 10 个处级岗位出现了空缺。此次处级干部的选拔采用了竞争上岗的方式，经过笔试（行政职业能力测验和申论）和结构化面试，最后每个职位有两位候选人进入考核阶段。这几天人事司正与有关领导确定各岗位的最终人选。

你的角色和任务

假定你现在是政策法规司的司长，现在贵司综合处处长的两位候选人的民主测评和考核结果已经出来了。在备考室的 30 分钟内，你必须完成两项任务：

- 阅读本资料（包括政策法规司综合处的有关背景资料与两位候选人的资料）。
- 将你推举的人选和理由写出来。

然后你将去正式考场，在 20 分钟内必须完成以下两项任务。

- 10 分钟内的演讲：向相关领导提出你推举的人选，并阐述你的理由。
- 10 分钟左右的答辩：回答相关领导就人选问题对你的提问。

背景资料

1. 政策法规司的职能和内设机构及其综合处的现状

1）政策法规司的职能和内设机构

（1）职能：负责起草重要文件和信息发布工作，组织、参与、协调经济法律法规的起草，负责有关法律法规的对外颁布；研究国际经济动向及其对我国的影响；研究国内经济及有关经济体制改革问题；负责行政复议工作。

（2）内设机构：政策法规司下设 5 个处室，现有 3 位司长，除了你这位司长，还有两位副司长。政策法规司的内设机构如图 10-1 所示。

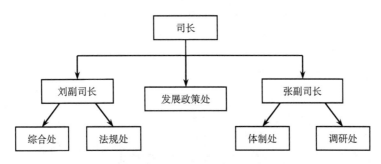

图 10-1　政策法规司的内设机构

2）政策法规司综合处的现状

综合处是政策法规司的重要处室，综合处的工作直接关系到政策法规司里工作的成效。

（1）综合处的现有人员情况。综合处现有 4 位工作人员，其中一位副处长，人员结构比较合理，但综合处内人员的凝聚力不强。各工作人员的大体情况如下。

王×：副处长，男，40 岁，已在副处长岗位上工作 7 年，工作勤恳，经验丰富，合作性强，但工作能力和开拓创新能力都比较低。

张×：主任科员，女，45 岁，政策法规司的老同志，不再期望高升，只想根据领导的安排做一些事务性工作。

周×：主任科员，男，32 岁，名牌大学硕士，积极进取，文字能力强，但对王副处长不够尊重，常提出一些与王副处长不同的主张，且往往被原来的正处长采纳。

单×：科员，男，25 岁，去年公开招聘进来的大学生，思维活跃，工作热情高，在组织管理方面有发展潜力。

（2）主管副司长的工作风格。主管综合处的刘副司长今年 43 岁，已在此岗位上干了 3 年。刘副司长是军队转业干部，工作雷厉风行，很有魄力；事业心和责任感很强，善于接受新事物，推崇用新思路去解决改革过程中出现的新矛盾、新问题。刘副司长的脾气不大好，不过这常常是因为下属没能领会他的意图，从而使得他的工作思路没得以实现，但政策法规司的各处处长都很佩服他的胆识和眼光。刘副司长在群众中的威信也很高。

2．综合处处长的职位说明书及任职要求

1）工作项目

（1）组织、参与起草部内的综合性文件、政策报告。

（2）组织研究重大综合性经济改革、发展、法规问题和政策。

（3）组织编印政策研究室刊物，编写经济大事记。

（4）负责主任基金课题研究的计划、管理和成果评奖工作。

（5）组织文件收发、归档等行政秘书工作。

2）工作概述

（1）按领导要求，草拟综合性文件和政策报告。

（2）关注社会经济发展趋势和动向，并根据上级有关精神，组织对重大经济问题的调查与研究，并提出对策和建议。

（3）组织政策研究室刊物的编辑、校对、印刷和发行工作。

（4）组织重大经济事件的记录、整理和编写工作。

（5）根据经济发展情况和领导要求管理主任基金，组织主任基金课题的设计、实施、跟踪及评奖工作，推动重大课题的研究和成果应用。

（6）组织文件资料的归档管理及行政性工作。

本职位在工作中常与部内外有关司、处工作人员接触，工作的政策性、全局性、时效性强，工作难度较大。如有失误，将对政策法规司的工作进程产生重大影响。

3）任职要求

（1）具有大学本科及以上文化程度。

（2）具有较强的逻辑思维能力、组织协调能力、分析判断能力及较强的文字表达能力。

（3）熟悉国家的基本方针政策及宏观经济管理知识，具备一定的经济理论和政策知识。

（4）具有开拓进取意识，工作有思路。

（5）在副处级职位工作两年以上。

3．综合处两位候选人的材料

候选人一

姓名	刘强	性别	男	年龄	38	学历	本科	专业	法律
竞聘职位		综合处处长		现所在部门及职务			法规处副处长		
1991—1995 年		中国人民大学法律系			学生				
1995—1997 年		中国政法大学法律系			教师				
1997—2001 年		中国政法大学校长办公室			文秘				
2001—2003 年		政策法规司法规处			科员				
2003—2007 年		政策法规司体制处			主任科员				
2007—2012 年		政策法规司法规处			副处长				

1）笔试成绩

（1）行政职业能力测验（满分 100 分）：60 分，逻辑推理能力一般，分析问题的能力中等。

（2）申论（满分 100 分）：85 分，很强的文字概括水平、解决问题的能力和写作能力。

2）面试评价

（1）综合分析能力强，能够比较准确地把握复杂事物的内在关系、从纷乱的现象中发现问题的本质和造成问题的症结；能够在综合判断分析的基础上权衡各种问题的解决方案，并做出选择。在管理决策中，显得比较谨慎。

（2）计划能力一般，能按上级的要求开展工作，对事情的轻重缓急有所考虑，同时注意设计实现目标的程序、方法和步骤。

（3）组织能力较强，重视资源的高效利用和挖掘，具有积极主动地影响他人的意识；能有效地授权下属协助解决问题，并考虑到下属的经验与能力。

（4）在控制方面，能力偏弱，在事情的进展中不够主动，对采取的方案、行动或措施的后果估计不足。

3）个性特点

具有温和、踏实的个性特点，注意与他人建立并保持和谐友好的人际关系。合作意识强，在工作中力求认真踏实地按上级指示办事。对于在工作过程中遇到的困难和挫折，能积极主动地去应对，情绪很稳定。

相对来说，思维的开放性不够，工作思路不够开阔。

4）民主测评

政策法规司共有 23 人，其中 17 人对其晋升表示赞同，6 人未推荐。在对其晋升表示赞同的 17 人中，4 人认为他担任正职不大合适。

5）考核评价

该同志政治立场坚定，具有政治意识和大局意识；在工作中严于律己，宽以待人，从不计较个人得失。

该同志经验丰富，为人正直、坦诚、有责任感；工作兢兢业业、认真细致、行事稳重，对于领导安排的事和临时交办的任务能保质保量地完成。注意对外沟通和协调，在工作交往中，与部内有关司局及中国人民银行、财政部等有关部门建立了良好的工作关系。

不足：

（1）工作中缺乏新思路，创新性略显不够。

（2）群众反映刘强同志有时因为怕得罪人而不敢坚持自己的工作决策。

6）近期工作业绩

在担任法规处副处长期间，能积极配合处长开展工作。近两年来，起草了 100 多万字的各项经济政策法规（初稿）、报告、文件等文字资料。2010 年和 2011 年连续两年被部里评为优秀工作者。

候选人二

姓名	李飞虎	性别	男	年龄	35	学历	硕士	专业	劳动经济
应聘职位	综合处处长		现所在部门及职务		政策法规司调研处副处长				
1995—1999 年	西安交通大学管理系				学生				
1999—2003 年	西安飞机制造公司				管理人员				

续表

2003—2005 年	中国人民大学劳动人事学院	研究生
2005—2006 年	政策法规司发展政策处	科员
2006—2009 年	政策法规司调研处	主任科员
2009—2012 年	政策法规司调研处	副处长

1）笔试成绩

行政职业能力测验（满分 100 分）：90 分，逻辑推理能力很强，思维反应敏捷，分析问题的能力强。

申论（满分 100 分）：70 分，具有较好的概括分析能力、解决问题的能力和写作能力。

2）面试评价

（1）综合分析能力强，在日常管理中，能从纷乱的现象中发现问题的本质和造成问题的症结，能在综合判断分析的基础上权衡各种问题的解决方案，并做出选择。

（2）计划能力很强，行事通常有明确的目标，并设计实现目标的程序、方法、步骤，为目标的实现准备必要的条件；善于区分事情的轻重缓急，以求高效率。

（3）组织能力一般，能根据任务来分配资金、人员和物质条件，但在调动下属的积极性方面，能力偏弱。

（4）在控制方面，积极主动，预留余地，注意了解所采取的方案、行动或措施的后果，注意监控事情的进展。

（5）在协调各种矛盾和冲突方面，能力较弱，合作意识不够，不够积极主动地协调下属间的团结，不注重团队精神的建立与维护。

3）个性特点

性格开朗，待人热情；注重现实，行事喜欢按计划进行，原则性很强。通常对于自己看好的工作会全力以赴地去完成。分析问题比较理智，并倾向于依据自己的经验来解决问题。

相对来说，情绪控制能力略显不足，有时会大发雷霆。

4）民主测评

政策法规司共有 23 人，其中 14 人对其晋升表示赞同，9 人未推荐。

5）考核评价

该同志注重理论学习，能认真贯彻和执行党和国家的方针政策，在政治上与党中央保持一致；对国家的宏观经济政策和计划委员会的具体规章制度，有较深刻的认识和理解。

该同志开拓进取，事业心强，在工作中努力钻研业务，并富有成效；思维开放，善于接受新事物，注重业务领域的发展动向；面对改革中出现的新问题，多次提出了有创新性的工作思路，得到了相关领导的大力赞赏。

不足：

（1）协调能力略嫌不足。

（2）群众反映其口头沟通能力较差。

（3）由于脾气不好，以至于与个别同事关系紧张。

6）近期工作业绩

在担任调研处副处长期间，能针对部里工作面临的问题创造性地开展调研，撰写的几项重要研究报告对部里的有关工作提出了建设性的意见，得到部领导班子的一致肯定。2011

年被部里评为优秀工作者。

面试答辩问题

如果应试者倾向选刘强，则面试问题如下。

1. 你觉得作为部里综合处的处级干部，关键的素质要求是什么？

2. 政策法规司综合处的很多工作是需要有工作思路的，而刘强在工作中缺乏创新，他如何能保证综合处工作的质量？

3. 据群众反映，刘强有时因为怕得罪人而不敢坚持自己的工作决策，这样如何能保证工作的客观公正？

4. 在民主测评中，尽管刘强的赞同票（17 票）比李飞虎（14 票）高，但在刘强的赞同票中，有 4 人认为他担任正职不大合适，对此你怎么看？李飞虎也很合适，为何不推荐他？

5. 假如在政策法规司的司务会上讨论综合处处长的人选时，另外两位副司长都推举李飞虎，你怎么办？

如果应试者倾向选李飞虎，则面试问题如下。

1. 你觉得作为部里综合处的处级干部，关键的素质要求是什么？

2. 综合处处长需要做很多协调工作和文字工作，而李飞虎的协调能力较弱、写作能力也不突出，他如何能保证综合处工作的正常开展？

3. 李飞虎的情绪控制能力比较差，而综合处的工作需要承受压力、遇事冷静分析，他这样怎能胜任工作？

4. 在民主测评中，刘强的赞同票（17 票）比李飞虎（14 票）高，而且刘强连续两年被部里评为优秀工作者，你没选他主要出于什么考虑？

5. 假如在政策法规司的司务会上讨论综合处处长的人选时，另外两位副司长都推举刘强，你会怎么办？

评价要素

根据这个背景性面试的情况，可以考查以下 6 个方面的评价要素：综合分析能力、判断决策能力、协调技能、人职匹配技能、言语沟通技能、人格魅力。

10.2.3 以录像资料为背景的面试案例

当背景性面试中的背景资料是录像时，该面试就称为以录像资料为背景面试，这里给出一个实际测评案例，具体如下。

案例背景

某企业集团聘请招聘专家为其下属百货公司选拔总经理。在最后阶段，招聘专家对一路过关的 4 位候选人使用了以录像资料为背景的面试方法。4 位候选人被安排同时观看一段录像，录像内容如下。

画面呈现一座小城市，画外音告知这是一个中等发达程度的小县城。镜头聚焦于一家百货商场，时间显示当时是上午 9:30。这时，商场的正门入口处出现了一位身高 1.8m 左右、穿着夹克的年轻小伙子。他走进商场，径直走向日用品柜台，对一位 30 多岁的女售货员（你的员工）说："买一块香皂。"女售货员说："两块八。"小伙子便掏出一张100块的人民币，女售货员找他97块2毛。

当天上午10:00，一位矮个子青年走进商场，对女售货员说："买一支牙刷。""什么牌子？"女售货员问。小伙子用手指了其中的一种，女售货员说："3块2毛"。于是小伙子取出一张10块的人民币递给了女售货员，女售货员给了小伙子一支牙刷并找回6块8毛。此时，小伙子突然急了："我给你100块，你怎么才找我几块钱呀！"女售货员吃惊地说道："你给我的明明是10块呀！"小伙子很恼火地说："我给你的就是100块，快给我找钱，我还有急事要办。"女售货员也急了："你这人也太犯浑了，非得把10块说成100块，你想坑人啊？"

这时周围已经聚拢了十几位看热闹的顾客。小伙子向周围的人说："大家瞧瞧，这是什么服务态度呀，你们经理呢？我要找你们经理。"

这时你正好从楼上走下来，看到这边有人围观，便走了过来。看到总经理过来，女售货员委屈地向总经理告状："经理，这个人蛮不讲理，他明明给我的是一张10块的，硬说是一张100块的。"你首先安慰了女下属，并了解了事情的原委，女下属说，今天就没收几张100块的，有个高个子青年给了她100块，他买的是香皂。然后，你转身很礼貌地对小伙子说："很不好意思出现这种事情，你能告诉我事情的真实情况吗？"小伙子也把事情的过程描述了一遍。你对小伙子说："根据我的长期了解，女售货员并不是那种常说谎和不负责任的人，当然我同样相信你也不是那种找碴儿的人，所以为了弄清真相，我能否问你一下，你有什么证据表明你拿的是一张100块的？"小伙子眼睛一亮，说道："证据？哦，对了，我昨天算账的时候，在这张100块的右上方用圆珠笔写了2888四个数字。"于是，你立即让女售货员把收银柜中的所有100块都拿出来，结果果然有一张100块上写了2888。这下，小伙子更来精神了，冲着人群喊道："那就是我刚才给的100块钱，那个2888就是我写的，不信的话，可以验笔迹。"

这时人群开始骚动了，人们开始表现出对商场的不满，有的人甚至开口骂女售货员……

面试问题

作为商场的总经理，你会如何应对当时的局面？你将如何善后？

考查要素

理解能力——正确理解事件的背景与问题。

洞察力——洞察整个事件的本质。

全局观——"顾客至上"的理念及其贯彻。

道义感——对社会上反诚信现象的态度。

应变能力——巧妙、灵活地采取一些对策和措施。

应试者作答分析

背景性面试应用于人才选拔是基于心理学家勒温的著名公式：$B=f(P\times E)$。这个公式的意思是一个人的行为（Behavior）是其人格或个性（Personality）与其当时所处情景或环境（Environment）的函数。换句话说，候选者面试时的表现是由他们自身的素质和当时面对的情景共同决定的。如果考官能够恰当地选择情景并保证情景对不同候选人的一致性，那么不仅可以诱发候选人的相应行为，而且能够说明候选人行为的不同是由其素质不同所致。本案例中的情景旨在选拔集团公司下属的百货公司总经理，选择的录像情景非常恰当，同时由于 4 位候选人同时观看录像且问题一致，因此整个选拔程序的设计是公平合理的。面试问题的设置在于考查候选人的快速决策能力，由于允许他们有 10 分钟的准备时间，因此，也可检验他们分析问题的深度。

第一位候选人的答案大意是：他首先向那位小伙子道歉，承认他的下属工作失误，然后当众批评女售货员，并如数找给小伙子 96 块 8 毛。这样做的理由是，90 多块钱是小事，影响商场正常营业、损害公司形象是大事，而且事件持续的时间越长，对百货公司越不利。至于女售货员所受的委屈，可以在事后进行心理上的安抚。

这位候选人的优点在于能够从公司大局出发，分清轻重缓急，具备作为公司总经理的基本思维素质。但是，这种做法没有负起道义的责任。

第二位候选人的答案大意是：她首先诚恳地向那位小伙子和在场的顾客道歉，因为她手下的员工出言不逊，冒犯了顾客。她也主张将 96 块 8 毛钱当场如数找给小伙子，但并不承认自己的员工搞错了，而是奉行"顾客永远是对的"这一理念，并向在场的顾客承诺将继续追查此事。如果确实是售货员的失误，那要从严处罚，同时向当事人承认错误，并给予一定的赔偿。另外，她还诚恳地要求小伙子配合百货公司的工作，留下联系方式。

这位候选人的优点与第一位相似，但较为主动一些。在无法立即判断孰是孰非之际，突出"顾客是上帝"的理念，让顾客明白，百货公司做出让步性决策的前提是对顾客的热爱。但是，这种做法仍然没有负起道义的责任。

第三位候选人的答案大意是：他认为他只要在那位小伙子的耳边说上两句话就行了。他的话是"哥儿们，请跟我到后面看一看，我们有内部录像系统"。他的理由是，整个事件明显是欺诈，对付欺诈的手段可以以毒攻毒，让其知难而退。

这位候选人的优点在于有较强的道义感，对恶势力采取针锋相对的态度。但是，他犯了一个大忌，就是职业经理人应以诚信为本。"内部录像系统"在"中等发达程度的小县城"的百货公司中是绝对不可能有的。候选人如果没有意识到"中等发达程度的小县城"，便是信息管理能力方面的欠缺；如果意识到了，便是以诈还诈了。

第四位候选人的答案大意是：他要当众揭穿骗子的伎俩，并与公安部门配合对之进行打击。他首先私下吩咐安保人员报警，然后向小伙子发问："您确定您支付的是 100 块，而不是 10 块，是吗？"得到认可后进行推理："既然您支付的是 100 块，上面又写有 2 888，那么这张钱上应该有您的指纹。既然您没有支付 10 块，今天那么收银柜内收到的所有 10 块纸币上就不会有您的指纹。如果经查证有一张 10 块纸币上有您的指纹，又如何解释呢？"

这位候选人的最大优点在于分析问题的深刻性，他敏锐地抓住了诈骗者逻辑上的盲区，并当场予以揭穿，这是有震撼力的。从道义的角度上讲，也是完全可以理解的。然而，作为职业经理人，"得理也饶人"是一大招财秘诀。何况女售货员在有理的情况下也不该出言不逊。因此，如果这位候选人在识破骗局的同时，不忘向当时的顾客群体展示亲和力，那么效果会更好。

总而言之，该背景性面试的题目主要考查候选人的 3 层素质：洞察力——对事件本质的把握；全局观——对形象力和"顾客至上"理念的理解；道义感——对社会上反诚信现象的态度。另外，本案例还能够考查候选人的理解能力和应变能力。

10.3　工作模拟面试

10.3.1　工作模拟面试的概念

工作模拟面试是情景性面试的一种。所谓工作模拟面试，是指通过模拟目标职位的典型工作任务情景，让应试者在真实的情景中扮演特定的角色、围绕特定的任务去收集信息和处理信息，并形成文字报告，最后接受考官的提问，从而有效地考查应试者的综合分析能力、逻辑思维能力、组织协调能力、解决实际问题的能力等。例如，笔者曾经给一个单位的高级管理人员招聘设计过这样的工作模拟面试：在选拔的最后一个环节，给每位应试者一周时间，在这段时间里，他们可以找这家单位的任何人（从高层决策者到普通员工）了解情况，至于了解什么、问什么问题、怎么沟通完全由应试者自行决定，但要求每位应试者提交一份关于这个单位存在的问题及个人对策与建议的报告，考官将就此报告中的有关问题对应试者进行提问。

10.3.2　工作模拟面试的特点

工作模拟面试与背景性面试的根本不同在于，背景性面试中的"背景"是应试者阅读文字资料描述的情景或观看录像资料描绘的情景，而工作模拟面试中的"情景"是应试者直接面对模拟工作的情景，其共同特点是应试者最后都必须就与情景相关的主题回答考官的提问。

工作模拟面试具有以下优点。

（1）真实性。在工作模拟面试中，由于面试情景是实际工作的典型代表情景，因此应试者亲临实际工作情景去收集资料和处理信息，感觉就像已经开始工作一样真实。

（2）直接考查解决实际问题的能力。工作模拟面试将应试者直接放到实际工作情景中，应试者如何分析问题和解决问题会在情景中直接表现出来。例如，某市场管理部门在人员招聘时采用如下工作模拟面试，其要求考生利用一天时间去一家大型蔬菜批发市场进行调研，并写出调查报告，再接受考官面试。

早上 7 点 30 分，应试者统一乘车前往某蔬菜批发市场工商所会议室，集体听取有关人员对市场基本情况的介绍。应试者可以做笔录，但不得录音。

8 点 30 分，应试者就地解散，分头到市场自由采访、考察。买主和卖主、批发商和小贩、职业倒爷和菜农，本地人、外地人和外国人，开大卡车的、蹬三轮车的、骑摩托车的，鱼贩子、肉贩子、牛羊贩子、海鲜贩子、菜贩子，因塞车吵架的、因争摊位发生口角的、讨价还价的、没事闲逛的、收税的、打扫卫生的，包括维持秩序的交警、巡警都可以成为应试者的采访对象，商品的品种、质量、价钱、产地、运输方式、储存保管、成交量、损耗，以及度量衡、治安环境、税费等都在应试者的关注之列。

11 点 30 分，应试者统一乘车到一学校教室吃盒饭，然后原地休息。休息期间任何人不得动笔。下午 1 点开始撰写调查报告，5 点完成。

第二天，考官就调查报告中的有关问题对应试者进行逐一提问。

　　显然，应试者的市场调研能力、发现问题并解决问题的能力，可以从其调查报告和面试答辩中得以很好的体现。

　　（3）能动性。应试者在工作模拟面试中，如何观察情景、收集资料和分析资料，完全由自己决定，个人发挥的空间很大，能动性可以得到充分发挥，不同应试者的表现也因此很不一样。

　　工作模拟面试也有一些缺点，突出表现在以下两个方面。

　　（1）面试实施成本很高。由于工作模拟面试是在真实的模拟工作情景中进行的，因此面试的实施成本非常高，同时单位的管理层领导还得配合应试者的模拟活动，所以有时还会影响到正常工作的开展。

　　（2）标准化程度不高。由于每位应试者在工作模拟面试中的所想所感不同，因此考官对他们的面试提问也会千差万别，所以该面试的标准化程度不高。

10.3.3　工作模拟面试案例

　　下面是笔者曾经为某市提供测评服务的一个工作模拟面试案例。

案例背景

　　S 市是我国东北某省的一个小城市，与俄罗斯滨海边疆区接壤，常住人口 10 万人。S 市作为国际通商口岸，是我国经俄罗斯通往日本海的陆海联运大通道，是我国参与东北亚国际区域经济分工与合作的重要窗口和桥梁。

　　改革开放以来，S 市按照"以贸兴业，富民强市，建设现代化国境商都"的总体发展思路，充分发挥地域优势和政策优势，不断扩大对外贸易。2013 年，S 市对外贸易总额达到 180 亿美元，占全省对俄贸易总额的 2/3 以上，进出境旅游人数占全省总进出境旅游人数的一半，连续三年被国家统计局评为百强县（市）。2014 年，S 市前 3 个季度的贸易总额达到了去年全年的贸易总额。当然，S 市的进一步发展也面临着多方面的挑战，内地城市的对外贸易竞争、边贸优惠政策的弱化、银行授信额度的限制等多方面的因素都制约了 S 市快速发展的步伐。

　　为了应对上述挑战，S 市决定面向全国公开招考 8 位正局职位和副局职位的人员，各招聘职位的基本能力要求如下。

　　市招商局局长：通晓国家与省对对内对外开放、利用外资、经济技术合作等与招商有关的法律法规和方针政策，了解国内招商引资情况，能够依法行政，善于灵活变通地运用和执行有关优惠政策；分析概括各种经济活动和经济信息的能力强，善于抓住主要矛盾和重点工作，善于在激烈的竞争中找准优势，对招商引资优惠政策、重大招商项目、重大招商活动具有较强的超前研究、论证和组织策划能力；具有较强的协调沟通和语言表达能力，能够协调好各相关单位及其他各方面的关系，以保证招商工作的顺利开展。

　　市中俄贸易综合体管理委员会副主任：熟悉党的重要方针政策，掌握对外贸易和经济技术合作等相关知识，熟悉外贸法、合同法、海关法、土地法等相关法律法规，具有扎实的理论知识功底和宽广的知识面，有较强的政治和政策水平；具有较强的调查研究、综合分析和判断预测能力，善于将调查的材料，进行系统的综合分析研究，形成调查结论，写出调查报告，且调查报告具有针对性、客观性、政策性、可读性；善于抓住主要矛盾和重点工作，在调查中善于发现正反两方面的经验，有超前的研究能力，能及时提出相应对策，为领导决策提供依据；有较强的文字表达和语言表达能力。

市重大课题研究组副组长：熟悉市场经济理论，掌握市场经济运行规则，了解俄罗斯远东和东北亚经济概况，具有扎实的理论知识功底和宽广的知识面，有较强的政治和政策水平；具有较强的独立研究课题的能力和创新思维能力，善于调查研究和系统综合分析，能结合沿边开放城市的具体实际，对开放升级、产业布局和搭建对外经济技术合作平台等方面有独到的见解，能针对经济运行中的问题，提出调控措施；善于和相关部门、单位联系沟通，赢得支持，为调研工作的顺利开展打好基础。

市外经贸局副局长：熟悉国家、省和地方对对外贸易、经济合作、外商投资等方面的方针政策及有关法律法规，通晓 WTO 的相关知识和规则；能够组织策划相关知识培训，并提供业务指导和咨询服务；了解对外贸易发展情况，能够依法行政，善于灵活变通地运用和执行相关优惠政策；善于调查研究和系统综合分析，具有较强的判断预测能力；能够及时概括分析国际经贸和我市对外贸易情况，善于抓住主要矛盾和重点工作，善于在激烈的竞争中找准优势，对全市对外经贸的中长期规划和发展战略、外商投资发展战略和中长期规划、重大投资项目、重大经贸活动具有较强的超前研究、论证和组织策划能力；具有较强的协调沟通能力，能够积极跑上促外争取项目、资金和优惠政策，协调好与工商、财政、税务、金融、海关等相关部门，以及我市驻外及域外驻我市官方和企业商务机构的关系；能够解决国内外投资企业的有关问题，处理重要经贸事务的能力强。

……

测评手段

所有应试者经过笔试，按每个职位 1∶10 的比例进入文件筐测试和结构化面试，最后每个职位有两位候选人进入工作模拟面试。

工作模拟面试过程

在工作模拟面试中，候选人结合报考的职位要求进行为期半个月左右的调研，调研主题可以自由选择。在调研过程中，调研什么、怎么调研完全由候选人自行决定，全市各级领导对候选人的调研将予以积极配合，包括市长和各局局长在内的领导可以随时接受候选人的访谈。半个月后，每位候选人须拿出调研报告，结合自己竞聘的职位要求，阐述现存的问题、自己打算怎么干和个人优势等。竞聘工作领导小组会将各候选人的调研报告提前送给答辩委员会所有专家进行审阅，并让专家针对每份调研报告提出问题。

然后组织召开调研答辩会，每位候选人有 15 分钟的时间进行演讲。演讲结束后，考官提出专家小组事先拟定的 5 个问题，要求候选人逐一回答，但回答顺序由候选人自由决定，时间为 20 分钟。最后，答辩委员会的专家还可以针对性地进行现场提问，专家们根据候选人的答辩情况进行评价，并当场民主推荐。将推荐结果按百分制核算分数，与上述 3 个测试程序累计总分，然后按总分从高到低排序。

　　这种工作模拟面试可以很好地测试候选人的实际工作能力，包括提出问题、分析问题、研究问题和解决问题的能力，同时这种测评方式还可以给考官们提供非常丰富的解决问题的思路和方案，给相关部门的领导对今后实际开展工作提供很多启发。当然，这种测评方式付出的代价也是比较大的，相关部门的领导须付出大量的时间和精力投入此事，同时答辩前后还需要邀请多位专家对调研报告进行审阅，其程序很像硕士论文和博士论文的答辩。应该说，在越来越强调智力引进的今天，这种测评方式可以带来很多有益的工作思路，特别是对于高层次人才的引进，不仅有利于选拔合适的人才，而且对没有录用的人才也能起到"不求所有，但求所用"的效果。

第 11 章

情境判断测验

近年来，情境判断测验在国内外各类管理人员的测评中运用得越来越多，这是一种新兴的能力测评形式，也是一种特殊的情景模拟技术。由于情境判断测验兼有传统纸笔测验和情境景拟技术的优点，因此在人才测评实践中广受欢迎。

本章导航

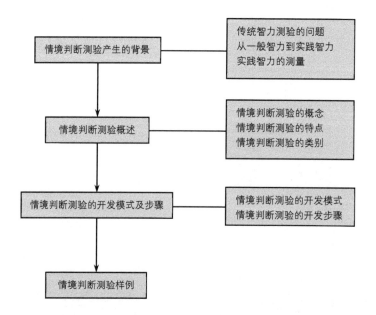

> **通用电气公司的情境判断测验：木板过河游戏**
>
> 　　通用电气公司将应聘者分为两组，开展木板过河游戏比赛。游戏内容为每组有一个"病人"需要送到"河"对岸，要求应聘者用手中的木板搭成"桥"，将"病人"送到"河"对岸，谁先送到"河"对岸则录用谁。实际上"桥"的长度不可能是足够达到"河"对岸的，公司设计此考题的目的是观察两组应聘者是否有团队意识，因为只有当两组木板合并起来才能过"河"。如果两组应聘者都只想着自己过"河"，那么他们没有达到公司要求招聘的人才应具备的条件，都将不予录用。

11.1　情境判断测验产生的背景

11.1.1　传统智力测验的问题

　　智力测验一直是人才测评理论和实践关注的重要领域。在第 4 章中，我们详细地介绍了智力测验的理论及一些经典的心理测验量表。在人才测评中，无论是选拔性测评还是发展性测评，对个体认知能力的准确把握是人事决策的重要依据。而智力测验又是认知能力测评中最重要、最基础的部分。非常遗憾的一个现实是，目前无论是在心理学界还是在测评实践中，至今尚没有一个被普遍接受的智力定义。早期的心理测量学家在编制智力测验时没有系统的智力理论的指导，智力理论的演变没有在智力测验演变史上打下什么明显的标记。他们往往醉心于测验技术的改进，而忽视了在究竟什么是智力及 IQ 分数究竟在多大程度上代表了智力等重大理论问题方面的研究。许多心理学家满足于博林（1923）提出来的定义："智力就是智力测验所测量的东西。"传统智力测验是在因素分析的基础上，强调一般智力因素（G 因素）的测量，G 因素被认为稳定有效的绩效预测变量。但是，传统智力测验在以下两个方面有明显的缺陷。

　　（1）传统智力测验的测量内容范围太窄，不能涵盖人们对智力的理解，如社会智力就没有包括在测量内容中。大量的研究和实践表明，传统智力测验对非学业／教育领域绩效的预测效果要远低于对学业领域绩效的预测。常用的智力测验（如斯坦福-比奈量表、韦克斯勒量表等）与学业成绩的相关一般在中等程度以上（见表 11-1）。

表 11-1　智力测验与学业成绩的相关

	数学	英语	地理
智力测验	0.55	0.50	0.48

注：资料来源于 Satterly（1979）。

　　人们在日常生活中经常发现，学业成绩高的个体在其他问题情境下的处理能力并不高。例如，一个学习很好的人未必是一个出色的销售员。西方智力领域的研究者自 20 世纪 70 年代以来就开始关注这个问题。他们发现，在不同的问题情境下，即使在抽象层面上结构相同的问题，个体也表现出不同水平的处理能力。例如，斯滕伯格在一项对家庭妇女在超市的购买行为的研究中发现，一些家庭妇女能够迅速地判断购买何种规格/容量的洗涤剂最划算，但是如果将相同的判断比较情境表述为文字、数学问题，那她们的成绩将显著下降；而大学生的表现则正好相反（Sternberg, 1985）。大量类似的实验表明，问题解决能力存在很强的情境特异性。这说明传统的智力测验只考虑了更多与学业相关的问题情境。

（2）由于忽视文化差异，因此传统的智力测验结果存在跨文化的不公平。有学者认为，传统的智力测验只与在部分文化下对智力的理解和智力成分的强调存在较高的一致性。如果忽视这些文化差异，直接对智力测验结果进行比较，那么可能存在很强的误导性。正如一些学者所言，智力测验是"企图用一种最初被设计用来打破特权的工具来维护特权"。常用的智力测验包括美国大学和研究生入学考试的各种能力测验，这些测验对于不同文化背景的人并不是公平的。另外，人们对智力的理解和智力对适应能力的预测存在文化差异性。研究发现，人们对智力的理解除了一般因素包含的范围（记忆、推理等），还包括自我调整、人际调整等因素。对一些国家和地区，如俄罗斯、肯尼亚、北美等的研究表明，人们对智力的理解和智力成分的强调与对西方文化的理解也存在不同程度的差异。

11.1.2 从一般智力到实践智力

传统智力测验存在的上述问题，多年来受到理论界和实践者的广泛批评，一些学者尝试从多个角度拓展智力理论的内涵和智力测验工具开发的新模式。其中，比较著名的智力理论有美国心理学家加德纳 1983 年提出的多重智力理论和斯滕伯格 1985 年提出的三元智力理论。加德纳认为，现行的智力测验的内容过于偏重基于知识的测量，这大大缩窄了智力的内涵，甚至曲解了智力的本质。他认为智力是在某个文化情境设定的价值标准体系下，个体解决问题满足需要的能力。加德纳认为，智力应该有 8 种（见表 11-2）。

表 11-2 加德纳认为的 8 种智力

智力	终端站	中心成分
逻辑-数学	科学家、数学家	洞悉能力和灵敏性、逻辑和数字模式，把握较为复杂的推理
语言	诗人、新闻记者	对词的声音、节律和意义的灵敏性，对不同语言功能的灵敏性
自然	生物学家、环保主义者	对种属不同的灵敏性，与生物敏锐交往的能力
音乐	作曲家、小提琴家	产生和欣赏节奏、音高和颤音的能力，对不同音乐表达形式的欣赏
空间	航海家、雕刻家	对空间的感知、辨别、记忆和改变的能力，对人的最初知觉进行操作转换的能力
身体运动	舞蹈家、运动员	控制身体运动和有技巧地运用物体的能力
人际（社交）	心理治疗师、推销员	对其他人的情绪、气质、动机和期望的辨别和恰当反应能力
内心（自知）	详细的、准确的自我知识	对自己情绪的感知、区分，并以此指导行为的能力，对自己的力量、弱点、期望和智力的了解

加德纳认为，西方社会促进了前两种智力的发展，而非西方社会对其他智力更为注重。例如，与美国等个性化的社会相比，日本这样的群体性社会更强调合作行为和公众生活，

因此人际能力更为重要。其实，近年来流行的情绪智力（Emotional Intelligence）与加德纳的人际智力和内心智力的概念高度相关。

斯滕伯格的三元智力理论区分了 3 种不同的智力或技能。

（1）分析智力，即个体进行分析、评价、判断、比较及对比的技能。通常当面对相对比较熟悉的问题而需要做出的判断又比较抽象的时候，会用到这种技能。

（2）实践智力，即个体把自己的技能实际使用、应用或提高到现实情境中的能力。它包括个体把自己的技能应用到其在日常生活中面对的问题中，如在家里或在工作中遇到的问题，还包括把自己的智力成分应用到现实经验中，以适应、改变或选择环境。

（3）创造智力，即个体进行创造、发明、发现、想象，以及做出设想或假设的能力。分析智力可以从书本上学到，实践智力可以从日常生活中学到，只有创造智力不仅需要学习，而且需要启发和引导。

分析智力与实践智力的特征比较如表 11-3 所示。

表 11-3　分析智力和实践智力的特征比较

分析智力	实践智力
由他人提出/界定（施测者）	需要自己提出/界定
定义清晰	定义模糊
提供的信息是完整的	需要自己寻找必要信息
固定数目的正确答案（通常是单一的）	有多种正确解决方案
固定的解决路径（通常是单一的）	多种解决路径
与日常经验是脱离的	需要将问题与日常经验联系起来
与个人兴趣/目标是脱离的	需要个体动机和卷入

斯滕伯格认为，传统的智力测验测查的是西方文化下专家认为的智力因素（反应速度、记忆、逻辑推理等），而这些因素通常没有包含实践领域中需要的能力成分。因此他认为，智力应定义为个体为了寻求目标实现，通过对环境的适应、塑造、选择等过程获得优化选择适应的能力。

11.1.3　实践智力的测量

在提出三元智力理论和实践智力这个概念之后，斯滕伯格研究组在各实践领域研究了人们解决问题的思维过程。斯滕伯格认为，人们在解决实际问题的过程中，通常使用已有的知识结构来同化当前的问题情境，以迅速获得问题的解决方法。所以，斯滕伯格将实践智力定义为一种"发展中的专家素质"（Developing Expertise）。从本质上来说，这种"发展中的专家素质"是一种内隐的程序性知识，而这种内隐知识可以作为实践智力的测量指标。

内隐知识的概念是由英国思想家博兰尼首次提出的。他提出人类拥有两种不同类型的知识，一种是可言传的知识，可以用语言、文字或符号等有形的、客观的方式清晰地表达出来，称为外显知识；另一种是不可言传的知识，很难用语言、文字等有形的、客观的方式清晰地表述出来，称为内隐知识。斯滕伯格把内隐知识定义为：在没有其他人直接帮助的情况下获得的、个体为达到具有价值的目标而掌握的行为定向的知识。斯滕伯格认为，内隐知识有 3 个关键特征：程序性知识；与目标达成紧密相关；通过个人经验获得。内隐知识的具体特征如下。

（1）内隐知识难以编码。内隐知识不能言传，也很难进行编码，难以运用显性的方式进行表述和交流。

（2）内隐知识是程序性知识。内隐知识与行动密切相关，它是程序性知识（knowing how）而不是陈述性知识（knowing what）。

（3）内隐知识具有价值性。内隐知识以经验为基础，以行动为导向，对个体或组织目标的达成有很强的指导作用，因而具有重要价值。

（4）内隐知识具有非系统性。内隐知识通常是零碎的、不明确的，往往以局部的认识取代完整的知识，表现出非系统性。

（5）内隐知识具有文化性。内隐知识与具有一定文化传统的人们分享的概念、符号、知识体系相关，具有文化性。

由于内隐知识难以言传的特点，使其在测量上存在较大的困难。采用情境判断测验，可以模拟真实世界的复杂情境，在时间压力下，要求个体提供相应的反应，测量个体间的关系、问题解决技巧和行为意愿等（Weekley & Jones，1999），以此可以更好地捕捉那些来自实践的行为，尤其是以经验为基础的程序性行为，因此使得对内隐知识进行测量成为可能（Grigorenko，Sternberg & Strauss，2006）。

11.2 情境判断测验概述

11.2.1 情境判断测验的概念

情境判断测验（Situational Judgment Tests，SJT）是一种有效的情景模拟测评工具，主要用于测量人们的社会生活与工作实践能力。情境判断测验是通过模拟一些工作中实际发生或可能发生的情境，为应试者呈现一些与工作相关的典型情境及在该情境下可能产生的行为反应，令应试者对情境中的问题与相应的行为反应做出判断、评价和选择，然后考官以一定的方式对应试者的选择结果进行评分，并根据评分结果对应试者做出某些判断的测验。情境判断测验是一种结构不良问题的定向反应测验。最早的情境判断测验是 1926 年华盛顿大学制定的社会智力测验判断量表，因为该量表不是用于管理测评的，所以在当时没有引起广泛的注意。到了 20 世纪 40 年代，该量表已应用于商业和军事领域，20 世纪 60 年代，其又应用于美国民用服务系统。该量表在人力资源管理中得到普遍应用始于 20 世纪 90 年代斯滕伯格和摩托维德罗对其的研究，经过研究和应用，他们发现情境判断测验是测量个体胜任力的良好工具，是重要的评价中心技术。情境判断测验之所以越来越受重视，主要有以下 4 点原因：一是情境判断测验具备更高的表面效度；二是情境判断测验的开发成本相对较小，而效标关联效度较高，尤其是针对管理岗位及需要人际技能的岗位；三是情境判断测验与智力测验及工作经验、工作知识有较高的相关；四是相比传统的认知能力测验，情境判断测验对不同文化群体产生的负面效应较小。

11.2.2　情境判断测验的特点

情境判断测验是在情景模拟技术的基础上发展起来的，它具有以下特点。

1）情景模拟性比较强

在情境判断测验中，为应试者呈现的情境及相应的行为反应都是与实际工作紧密相关的，且呈现形式不限于文字描述呈现，还包括影像呈现。在传统的纸笔测验中，问题情境及相应的行为反应是通过文字描述呈现出来的，因此仿真度较低。而在影像呈现中，问题情境及其行为反应是通过演员表演出来的，能够向应试者传递更多的信息，因此与纸笔测验相比具有较高的仿真度（Funkedg，1998）。

2）问题解决的限定性

在情境判断测验中，每个问题情境都设置了有限的几项可能出现的行为反应，应试者只需要根据要求对情境反映的行为反应做出选择或评价，而不需要陈述或展示其真实行为。与此相比，评价中心只设置一定的情境，然后要求应试者根据情境条件现场做出反应，即按照在实际工作中惯有的行为方式对问题进行处理；在测验过程中，应试者的行为反应是开放式的，其依据是应试者平时的工作行为或习惯。

3）操作实施的简便性

情境判断测验的操作实施简便高效，测验结果是依据事先确定的各个选项的赋分规则进行评分得来的，不需要考官对应试者的行为反应进行评价。与此相比，评价中心中的文件筐测验、无领导小组讨论等要求考官对应试者的行为反应做出评价，进而得到一个评分结果。

4）测量的效度比较高

情境判断测验是一种有效的人才测评工具，在人力资源管理中有广泛的应用空间和较高的应用价值。元分析表明，情境判断测验对工作绩效有较好的预测力，平均效度系数为0.36，但在不同测验上，其取值的波动范围较大，这是它最吸引测评专家的地方。情境判断测验与人格和其他非认知特征因素显著相关，如与大五人格因素的多项因素有中度以上的相关，与责任心的相关系数为 0.26，与情绪稳定性的相关系数为 0.32，与宜人性的相关系数为 0.25。威克利和琼斯大样本研究表明，情境判断测验与认知能力的平均相关系数为0.45。另外，情境判断测验与所测领域的个人工作经验、工作年限有统计显著意义的相关。

11.2.3　情境判断测验的类别

从情境的提供方式来看，情境判断测验分为文字描述类、录音口语描述类与录像模拟类 3 个子类；从对行为反应的判断要求来看，情境判断测验分为强调认知的有效与无效判别和涉及态度的愿与不愿表述两个亚类。下面列举最常用的两类情境判断测验。

1. 文字描述类情境判断测验

文字描述是最常用的情境判断测验形式，这种形式便于测验的实施和应试者的作答。

假设你是地方负责环境保护规划的主管干部，你对辖区内的生态系统的保护负全部责任。你的下属告诉你，某个公司要在保护区内建设一个项目，该公司声称已得到上级主管领导的批准，只是工程进度比较紧，目前审批手续还不齐备。该公司的施工队已经进驻，对于是否阻止施工的进行，下属请示你的意见。对于这件事情你早有耳闻，并且知道上级领导已经点头同意，他也向你暗示过要支持这项工作。但是在没有审批手续的情况下，这个项目明显违规，你可能要负全部责任。

这件事情如何处理？请对以下给出的 9 种做法按其有效性程度分别给出评价。

| 1 | 2 | 3 | 4 | 5 | 6 | 7 |

最无效的处理方式　　　　　　　　　　　　　　　　　　　　最有效的处理方式

（1）马上通知该公司的领导，表明没有审批手续不能开工。

（2）与上级领导沟通，说明按规定没有审批不能在此施工。

（3）命令下属，阻止该公司的施工。

（4）告诉下属，该项目获得了上级领导的批准，可以放行。

（5）对下属不置可否，不明确表态（阻止还是放行），自己立刻就此事与上级领导通气，获得领导的明确意向。

（6）向上一级部门（主管领导的上级）反映情况，说明自己的正常工作受到上级领导的干扰。

（7）不直接阻止该项目的施工，但让下属每天去该公司，要求他们出具审批手续，并把每次检查的过程登录在案。

（8）向上级领导请示，如果他要求自己不要阻止该项目的施工，则要给自己一个书面材料的指示。

（9）要求下属去该公司质疑项目的合法性，但不要表态。

2．录像模拟类情境判断测验

录像模拟也是现在用得越来越多的情境判断测验形式，应试者通常需要看一段模拟实际工作情境的录像，然后以某种角色就录像中呈现出来的问题提出解决方案。

录像情境：王莉在某银行营业大厅为客户办理业务时，有位男性客户走了过来。此人递过来的号码条并不是刚才叫到的号，很显然，这位顾客插队了！按照标准的服务程序，王莉礼貌地告诉客户，请他回到大厅座位上再耐心等待一下，因为再过一个人就轮到他了，而且这位男士身边站着本应该叫到号的那位女士，此时正恶狠狠地看着前面这位男士。这位男士似乎并不知情，而是一个劲儿地说自己多么忙，要赶紧办，还责怪王莉办业务太慢，而且声明自己刚才听到王莉叫的就是自己手里的号。此时，大堂经理走过来试图调解，突然，旁边的女士爆发了，和那位男士吵了起来，说他耽误了自己的时间，而自己马上要取钱去看病人，旁边等待的顾客都站了起来，准备看看这场惊心动魄的闹剧如何收场……

录像的画面到此戛然而止，画面下方跳出一行字幕："假如你是这个营业厅的大堂经理，此时你将采取什么行动？"接下来应试者需要在一份问卷上用笔回答上述录像中的问题。过了一段时间后，录像又继续往下播放，并跳出另一个问题让应试者回答。

11.3 情境判断测验的开发模式及步骤

11.3.1 情境判断测验的开发模式

情境判断测验的内容结构包含以下 4 个方面。

（1）题干，用以设置问题情境。

（2）选项，提供须判断的行为反应。

（3）指导语，确定判断方式，如是选出一个极端项还是对每个选项进行等级评定。

（4）评分标准与办法。

情境判断测验的开发模式有两种，一种是经验性开发模式；另一种是逻辑性开发模式。

1．经验性开发模式

（1）通过访谈的方式了解与岗位工作密切相关的"关键事件"，并将那些能有效区分绩效的关键事件进行加工，设置成问题情境。

（2）请专家和该岗位不同熟练程度的人员提供行为反应，选出恰当个数能代表不同有效性或不同选择意愿的行为反应作为试题选项。

（3）确定指导语和评分标准。

（4）实际施测。

（5）针对实测结果分析测验能测到什么内部特质（构想），以考查测验的有效性。总之，这里不是先从测验应测什么构想出发来编制测验，而是从收集具体有效的情境和恰当行为反应出发，最后再来分析测了什么构想，可以说是自下而上的测验编制模式。

2．逻辑性开发模式

（1）从工作分析出发，确定应测构想的因素模式。

（2）对每个因素拟定操作说明。

（3）根据每个因素的操作说明，开发问题情境与行为反应选项（以上 3 步除定性地进行理论分析之外，还要进行实证的定量分析）。

（4）通过试验性测试进行项目分析。

（5）通过实测采用探索与验证性因素分析进行结构效度验证，以及建立恰当效标并进行预测效度检验。

（6）通过多方面反复检验、修改、完善，最后得到符合原定理论构想的测验。当然，在实际开发过程中，原定构想很可能需要修改，而且开发中的各环节都要注意吸取相关专家与工作能手的经验，所以逻辑性开发模式与经验性开发模式并非完全对立。

11.3.2 情境判断测验的开发步骤

情境判断测验的开发步骤如下。

1．确定所测能力的结构

在开发情境判断测验前，首先要确定所测能力的结构。由于情境判断测验通常是应试者在文字描述的情境条件下对有限的既定行为反应做出评价判断，而非在工作实践中由应试者自主做出行为反应，甚至也不是进行口头或笔头的自由陈述。因此，尽管情境判断测验比传统的认知能力测验有更强的实践性，但其需要更多地依赖工作经验和内隐知识来作答，而且不是直接而全面地测量工作经验和内隐知识，所以它对个体实践智力的测量是有限的。当通过工作分析确定了高绩效人员的胜任力要素后，还必须进一步明确其中哪些胜任力要素是"能测的要素"。由此可见，职位"所需的能力要素"与"能测的要素"是两个不同的概念：前者是上位的、全称的，它可直接等同于"胜任力"这一概念；后者是下位的、部分的，它显然只是"胜任力"的某些组成因子，是不能跟"胜任力"这一概念相混同的。胜任力结构模型通常与具体工作领域相关联。例如，我国学者王重鸣提出的企业高层领导的结构要素包括价值取向、诚信正直、责任意识、权力取向、协调监控、战略决策、激励指挥、开拓创新。有的专家（时勘）提出的结构要素包括影响力、组织承诺、信息寻求、团体领导、人际洞察力、主动性、客户服务意识、发展他人、成就欲、自信。美国有人认为，后备军官应具备的结构要素包括：指导、监督下属；训练他人；团队领导；关心士兵生活；对文化差异的容忍力；激励、领导、支持下属；联系、支持同僚；解决问题与决策的技巧。显然，不同职位层次的人对胜任力结构的要求也是不同的，但是不论哪个领域或层级的管理人员，尤其是高层管理人员，他们为之工作的直接对象并不是自然界、物或人工技术系统，而是作为另一个主体的人，以及由人所构成的群体、组织系统、文化与社会系统。管理人员也是主体，不仅要适应组织与社会环境，更要跟他人一起去发展与变革组织，成就社会事业，并使自己在实践活动中得到改造与发展。所以，在胜任力结构模型中，不应过分强调专业技能与知识，而应突出以下 4 个要素：社会技能与管理能力；自我认知、调控与发展能力；逻辑思维能力；责任、诚信、创新等思想意识。这些要素才是管理人员胜任力中应普遍具有的能力要素。

2．问题情境的设置

问题情境的设置是为构建问题空间服务的。如前所述，传统的认知能力测验建构的问题，常属于结构良好的问题，其问题情境与解决方案之间蕴含了一个由已知走向未知的必然逻辑。这一逻辑所需的条件在试题中是完备的，逻辑展开的路径与步骤是确定的，发现这一逻辑，按应有的路径与步骤操作，就必定能获得正确的结果。而在情境判断测验中，问题情境要解决的问题常属于结构不良问题，它是社会工作、生活与实践中的矛盾，可以通过不同途径运用不同措施来解决，其结果也可以是多种多样的。正因为问题情境提出的结构不良问题是社会工作、生活与实践中的矛盾，所以其与认知能力测验不同，需要重点提供社会信息，如具体情境中的人员角色信息、人际关系与组织文化信息、价值取向与利益关系信息、社会技巧与管理制度信息等。这些信息都应或公开或隐蔽地呈现出来，既为解决问题所必需，又不过分冗余。另外，这种结构不良问题包含的矛盾应该具有普遍性、典型性和现实性，与工作绩效直接相关并具有较强的鉴别能力。同时，它又不能过分专业化，不能牵涉过多的业务知识。就管理人员胜任力测评来说，为确保情境判断测验的有效性，情境必须针对核心的胜任力结构要素来设置。为了做好情境设置，可以从以下几个方面来收集与加工素材，即如何处理好人与人之间的关系、个体与群体及组织的关系、组织与组织的关系、人与事的关系、事与事的关系，以及现实与未来的关系等。

3．收集和筛选问题解决的行为反应

情境判断测验不但要设置问题情境，还要收集和筛选问题解决的多个行为反应。只有将问题情境与若干行为反应共同呈现出来，才能共同构成测验的问题空间。行为反应选项的收集可以采用开放式问卷调查的方式来获取，该方式要求受访者写出在问题情境中自己会做出的反应。通常会邀请一批在岗员工，可以要求他们针对情境中的问题，写出自己处

理问题的理想解决方法，也可以要求他们写出较好的和较差的两种解决方法，以增加可能的行为反应选项。一般要求在岗员工具有不同程度的工作经验，工作绩效也要有较大的差异。在有的研究中，为了提高行为反应选项的区分度，直接选择工作绩效较好的和工作绩效较差的两批在岗员工来填写在工作中可能的遇到的问题的解决方法，或者选择一些没有工作经验的大学生来填写可能遇到的问题的解决方法。问题解决方法应满足以下要求。

（1）具有针对性。每个行为反应都是解决情境问题可能出现的一个方法。如果行为反应与设置的情境问题无关，或者太离奇、太幼稚，那该反应就不能作为一个有效的行为反应选项。

（2）具有区分度和鉴别力。应试者是否选择某个行为反应或做出有效或无效的判断，正是其能力强弱的一个具体表现。如果高水平和低水平的应试者在某一行为反应选项上的作答表现完全一样，那么这样的行为反应选项就是没有区分度和鉴别力的无效选项，应该剔除。

（3）数量恰当并能按强度大小排成序列。一个情境判断测验题一般应有 4 ~ 6 个行为反应选项，它们可以按解决问题的有效性或愿意被人采用的程度从高到低进行排列。

行为反应选项被编选出来以后，还要通过试测来收集实证数据。例如，考查专家能手与低能力的新手的测验作答结果间的差异（如考查平均数、标准差的差异等），计算各行为反应选项得分与总分的相关，以及各行为反应选项得分与外部效标测量值的相关等，并据此确定各行为反应选项的有效性。

4．确定测验的指导语

情境判断测验要求应试者针对给定的情境，对与情境有关的行为反应选项做出判断、评价和选择。在进行判断时，要给出具体的指导语，指导语是用来说明应试者如何选择行为反应选项的。常用的指导语包括两种形式：一种是从行为反应的有效性角度进行选择，另一种是从是否愿采用该行为反应的角度来选择。后者牵涉意愿与态度，应试者很可能不愿如实作答，或者易受社会称许性的影响，从而影响测验的真实性。因此，在没有特别需要时，最好不用这种选择方式。在具体的情境判断测验中，主要有以下几种测评方式。

1）迫选式

迫选式有两种：一种是要求应试者从多个行为反应中选择一位应试者最可能采取的解决方法，它的变式是要求应试者选出一个最可能的和最不可能的解决方法；另一种是要求应试者从多个行为反应中选出一位应试者认为最好的解决方法，它的变式是要求选出一个最好的和一个最差的解决方法。

2）李克特量表式

李克特量表式要求应试者评价每个行为反应对于解决情境问题的有效性大小。一般采用 5 点或 7 点李克特量表，请应试者按照从 1（非常无效）到 5 或 7（非常有效）的量表评价每个行为反应的有效程度。

3）排序式

排序式要求应试者按照有效性或先后顺序对行为反应进行排序。

5. 确定记分方法

不同的记分方法对测验的效度有不同的影响，同时，记分方法要与不同的测评方式相连。目前，比较常用的记分方法主要有两种：演绎式和实证式。演绎式记分方法是请一批职务专家对每个情境下的各行为反应选项进行判断、评价，直到最后达成一致意见。在正式的测评中，就按照确定下来的记分方法给每位应试者记分。实证式记分方法是根据情境判断测验的结果对每个情境下的各行为反应选项进行记分的。目前，实证式记分方法一般由直接主管对任职者进行工作绩效考核。两种记分方法各有特点，开发者可以根据测评目的选择合适的记分方法。具体而言，记分方法有以下几种。

（1）当采用迫选式测评时，应试者选对（跟职务专家选项相同）得"1分"，选错得"0分"；或者选对一项得"1分"，选对两项得"2分"或将最有效（最愿意）项选为最无效（最不愿）项得"–1分"，反之也得"–1分"。

（2）当以李克特量表形式呈现测验时，令应试者在等级量表上对每个行为反应选项进行评分，再计算出应试者的评分与专家设定值的离差，离差小者为优，或者只考查最有效（最愿意）项上的离差；也可不求离差而求相关系数值，这时，要求行为反应选项的个数比较多。

（3）当采用排序式测评时，按专家排序的标准给每个行为反应选项赋予一定的分值，然后把应试者的选择按这个标准进行数量化。

11.4 情境判断测验样例

以下是斯滕伯格（1985）提到的一个企业经理实践智力量表样例。

1. 你已经在一家通信公司担任了两年的中层经理，你所领导的部门有30多人，大家对你在第一年的工作反映普遍较好，对你管理的部门的评价即便不是更胜一筹，但至少和你接手前一样好。你有两个助手，一个能力很强，一个则表现一般，不能为你提供任何实际的帮助。

你认为，尽管你受到大家的一致好评，但你的上司不一定认为你比公司的其他几名级别相当的部门经理技高一筹。你很想快速地被提升，进入公司的上层。以下列出了你在之后的两个月中考虑要做的事情。显然，你不可能事事都做。请根据你的目标（晋升），评估每个事项的优先权。

（1）找机会除去部门中的"朽木"，如表现一般的助理及部门里面另外两三个成绩平平的人。

（2）更加投入地参与本地社区的公益事业组织活动。

（3）想办法使你的上级注意到你的工作成就。

（4）对超出你直接领导的部门范围内的事情，提出一个工作建议报告，用以引起上司的注意。

（5）在做决定之前，更加注意考虑上司的意见。

（6）接受朋友的邀请参加一个贵宾俱乐部，许多高级经理是那里的会员。

（7）让上司对你所做的重要决定进行评价。

（8）调整工作时间以提高效率。

2．一个下属找你咨询如何在这家公司中获得成功。你对这个下属并不是很了解，所以无法谈得很深，只能说一些一般性的建议。你认为下述建议对于在公司中获得成功的重要性有多大？

（1）对重要任务经常设置优先级。

（2）当你在状态的时候才去工作。

（3）每天早点儿把常规工作做完。

……

3．你的单位派你到一所大学去招聘管理培训生。你考虑大学生的哪些特质对他们在商业上的成功是重要的。请评价以下各项特质的重要性。

（1）能力或智力。

（2）根据任务的重要性来设置其优先级。

（3）商业相关领域的知识（如财务、生产等）。

……

4．在招聘面试的过程中，一位大学生问道，哪些事情能够增加他在商界成功的机会。对于以下选项，请评价其对在商界成功的重要性。

（1）避免批评别人，除非你有一个更好的解决办法或建议。

（2）在被别人批评的时候要捍卫你的观点。

（3）利用机会在本地媒体的报道中获得关注和好评。

……

5．很多因素可能与造就一名经理的声誉有关。请评价以下各项的重要性。

（1）批判性思维能力。

（2）知名度（在公司里广为人知）。

（3）对上司意图的敏感性。

……

6．你刚刚被提升为公司一个重要部门的经理。这个部门的前任经理被公司平调到另一个较不重要的部门任职。你认为公司这次人事变动的原因可能是这个部门的业绩总体上看起来非常一般，当然并没有什么特别的失误，仅仅是看上去不那么出众而已。你的任务是重组这个部门，估计公司期望你能够快速做出成绩。对于以下由你的同事提出的一些建议，你认为哪些是相对重要的、是你能够在这个新职位上成功的关键。

（1）永远把任务指派给职位较低且你信得过的人去办。

（2）不断地向你的上司汇报工作进展。

（3）促进开诚布公的沟通方式。

（4）小心地避开公司里惹不起的人物。

（5）不要做得过多过快。

……

第 12 章

无领导小组讨论

无领导小组讨论是当前人员招聘与选拔中很受人们欢迎的一种测评方法。从测评技术方面来看，无领导小组讨论已经发展得比较成熟，有一套设计规范和实施规则；从测评功能方面来看，高度的情景性使这种测评方法成为传统面试方法的必要补充。目前，无领导小组讨论正得到越来越广泛的应用。

本章导航

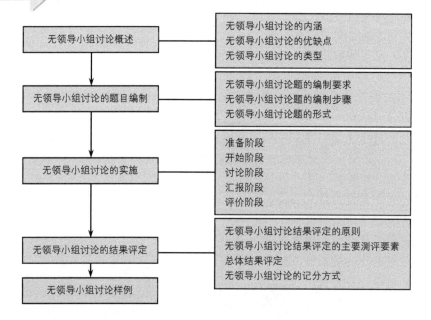

12.1　无领导小组讨论概述

摩托罗拉公司的招聘程序

摩托罗拉公司的招聘程序一般包括 3 轮面试：第一轮面试是人力资源部的初步筛选，方法有结构化面试和非结构化面试两种，主要针对专业技术人员和行政管理人员；第二轮面试是初步筛选后，由业务部门进行相关业务的考查及测试；最后一轮面试是由拟招聘职位的高层经理和人事招聘专员参与，在几位候选人中，选出个人需求与公司需求最配合的那一位。

在考查应试者是否具备一些软性条件时，对不同的人，摩托罗拉公司所用的方法也不同。在招聘大学毕业生时，可能会给他们一些小题目，让他们进行小组讨论，然后从中观察每个人的性格、反应能力、对待问题的态度等各方面的素质；对于有工作经验的应试者，一般不进行小组讨论，因为在没有确定能进入某公司之前，应试者大多不想让别人知道自己的应聘情况。这时，公司会请应试者谈谈发生在他身上的小故事，如"你印象最深的一次挫折经历是什么？你是如何对待的"？从应试者的叙述中可以发现，每个人对待挫折的态度会有所不同，有的人很被动，不知如何是好；有的人会寻求帮助；还有的人会想办法自己把问题解决掉。这种考查没有一定的规则，不是评判哪种做法更可取，而是从中看一个人的性格和解决问题的能力。

12.1.1　无领导小组讨论的内涵

无领导小组讨论是评价中心技术中经常采用的一种测评技术，其操作方式是让一组一定数量的应试者（一般是 5～7 人）在既定的背景之下或围绕给定的问题展开讨论，这个讨论一般要持续 1 小时左右。所谓"无领导"，就是说参加讨论的这一组应试者，他们在讨论的问题情景中的地位是平等的，其中并没有哪个人充当小组的领导者。评价者或考官并不参与讨论的过程，他们只在讨论之前向应试者介绍一下讨论的问题，并规定要达到的目标及时间限制等。无领导小组讨论的目的主要是考查应试者的组织协调能力、领导能力、人际交往的意识与技巧、对资料的利用能力、辩论说服能力及非言语沟通能力（如面部表情、语调、语速、手势、身体姿势）等，同时考查应试者的自信心、进取心、责任感、灵活性及团队精神等个性方面的特点及风格。

12.1.2　无领导小组讨论的优缺点

1. 无领导小组讨论的优点

首先，无领导小组讨论能提供给应试者一个充分展现其才能与人格特征的舞台。应试者能够在一种动态的情景中充分地表现自己的真实行为，从而有利于考官对他们进行客观而全面的评价。

其次，无领导小组讨论明显优于其他测评方法的一个方面，是它提供给应试者一个平等的相互作用的机会。在相互作用的过程中，应试者的特点会得到淋漓尽致的表现，同时给评价者提供了在与其他应试者进行对照比较的背景下，对某位应试者进行评价的机会。

最后，无领导小组讨论可以同时考查若干名应试者，并且应用的领域比较广泛，操作起来比较灵活。

2. 无领导小组讨论的缺点

无领导小组讨论的一个突出缺点是：基于同一个背景材料的不同小组的讨论气氛和基调可能完全不同。有的小组的讨论气氛比较活跃，比较有挑战性，而有的小组的讨论气氛则比较平静，节奏比较缓慢，甚至显得死气沉沉。一位应试者的表现会过多地依赖于同一小组中的其他应试者的表现。当一个健谈的人遇到了一些比他更活跃的应试者，反而会让人觉得他是比较寡言的，一个说服力不太强的人在一个其他人更不具说服力的群体中，反而会显得他的说服力很强。这就导致了无领导小组讨论的另一个缺点，即绝对评价标准与相对评价标准的混淆。

另外，无领导小组讨论对讨论题目的要求较高，题目的好坏直接影响了对应试者评价的全面性与准确性。这种评价方式对评价者的要求也较高，评价标准相对不易掌握。

最后，由于应试者知道评价者在观察自己的表现，因此在无领导小组讨论中，应试者也有做戏、表演或伪装的可能性。

12.1.3 无领导小组讨论的类型

1. 无情景性的无领导小组讨论和有情景性的无领导小组讨论

根据讨论背景的情景性，可以将无领导小组讨论分为无情景性的无领导小组讨论和有情景性的无领导小组讨论。

无情景性的无领导小组讨论一般是让应试者就一个开放性的问题展开讨论，阐述自己的观点并试图说服别人，一般会要求应试者在规定的时间内得出一个一致性的结论。

无情景性的无领导小组讨论样例

请你仔细阅读下面的材料。

德国巴特瓦尔德塞的国际综合经营管理学院的汉斯·W·戈延格教授说："21 世纪，企业的兴衰取决于企业家的领导力量，他们面临的任务是非常艰巨的。"强调企业领导人对面向未来做好准备，积极地适应新局势。戈延格教授认为，欧洲国家，以及日本和美国的一些大型企业已起到了先锋作用。他认为，21 世纪的经理人应具备以下 10 项条件。

（1）视野开阔，具有全球性眼光。

（2）要向前看，具有前瞻性视野。

（3）将远见卓识与具体目标结合起来。

（4）适应新的形势，具有不断变革的能力。

（5）具有较强的沟通协调能力和知识。

（6）具有管理各种不同人物和各种不同资源的能力。

（7）具有不断改进质量、成本、生产程序和新品种的能力。

（8）具有创造性管理的才能。

（9）善于掌握情况，通晓决策过程。

（10）具有准确的判断力，富有创新精神并能带动社会变革。

本次讨论大家要解决的任务：结合企业管理实际及你们对经理人素质要求的理解，请从上述 10 项条件中选出两项你们认为最重要的条件和两项最不重要的条件，并给予详细的理由说明。

讨论要求如下。

（1）每个人都必须参与讨论发言，但每次发言的时间不要超过 3 分钟。

（2）总的讨论时间为 50 分钟。

（3）欢迎个人表述不同见解，但最后必须就主题达成一致意见，即得出一个小组成员共同认可的结论，并能给予充分的理由说明。

（4）在讨论结束之前，必须选派一名代表来汇报你们的结论。

（5）如果到了规定时间还不能得出统一意见的话，那么你们每个人的成绩都要减去一定的分数。

好！现在开始。

有情景性的无领导小组讨论是将应试者置于某种假设的情景中，让他们从情景要求的角色的角度去思考某个问题，以寻找解决问题的思路和办法。

有情景性的无领导小组讨论样例

新迪公司是一家生产电子仪器仪表的小公司，由于经营状况不佳，现在面临着一个严重问题：裁减员工。这是一个比较困难的问题，因为这家公司从未解雇过员工，公司向来以公平对待员工著称。但现在由于形势所迫，总经理不得不找来几条生产线的工长，讨论并排出 7 名员工的裁员顺序。

拟裁减员工的情况介绍如表 12-1 所示。

表 12-1 拟裁减员工的情况介绍

员工简况	个人排序	小组排序
A：男，34 岁，已婚，两个孩子。已在该公司任职 7 年，工作表现良好，在员工中威信较高，但在过去一年中常有缺勤和迟到现象		
B：男，35 岁，已婚，一个孩子。在该公司任职将满两年，头脑灵活，能吃苦，爱钻研，技术掌握得很快，有一定的专业水平		
C：男，30 岁，该生产线的尖子技术工人，偏内向，喜欢独处，不善交际，同事关系不佳		
D：男，24 岁，未婚。已在该公司工作 3 年，表现良好，与同事关系不错，作为将来的技术骨干力量，正被公司考虑送出去培训以提高技术		
E：男，33 岁，已婚，两个孩子，其妻子前不久失业。已在该公司工作 5 年，工作表现良好又稳定，曾经被公司选送出去接受培训。但最近常常公开表示对公司的不满		
F：男，49 岁，已婚，3 个孩子。自该公司成立十五年来，一直在公司工作，曾为公司做过不少贡献。近年来对公司有些抱怨，并有酗酒现象，因此影响了工作，但清醒时，工作还不错		

员工简况	个人排序	小组排序
G：女，30 岁，离婚，养育两个孩子。已在该公司工作 5 年，工作完成得较好，因生活比较困难，情绪不太稳定，曾因待遇问题与主管发生过争执		

现在假定你们就是各条生产线的工长，请按照裁减的顺序，将第一个应被裁减的员工排在第一，第二个应被裁减的员工排在第二，依次全部排出顺序。

请大家先熟悉这些员工的材料，排出自己确定的裁员顺序，同时写出自己排序的简单理由，然后进行小组讨论。

要求：

（1）讨论时间为 45 分钟，请大家充分利用时间。

（2）每个人都要发言，表述观点并提供理由。

2．定角色的无领导小组讨论和不定角色的无领导小组讨论

根据是否给应试者分配角色，可以将无领导小组讨论分为定角色的无领导小组讨论和不定角色的无领导小组讨论。

定角色的无领导小组讨论是指在讨论的过程中给每位应试者分配一个固定的角色，他要履行这个角色的责任，完成规定这个角色应完成的任务。

这个例子是关于几个城市申办城市运动会的问题。参加讨论的 6 个人分别代表的是 6 个竞争城市负责这项工作的领导。在这个任务中，每个人的角色是随机分配的。当你成为某个候选城市的申办代表时，你会拿到一些关于这个城市的情况介绍，然后根据自己的优势与其他人进行竞争，争取申办权。

不定角色的无领导小组讨论是指在讨论的过程中并没有给应试者分配一个固定的角色，他仅仅是阐述自己的观点或充当小组中的一个与其他人没有什么差别的成员。前面介绍过的"无情景性的无领导小组讨论样例"和"有情景性的无领导小组讨论样例"就是不定角色的无领导小组讨论。

3．竞争性的无领导小组讨论、合作性的无领导小组讨论和竞争与合作相结合的无领导小组讨论

根据小组成员在讨论过程中的相互关系，可以将无领导小组讨论分为竞争性的无领导小组讨论、合作性的无领导小组讨论和竞争与合作相结合的无领导小组讨论。

在有些无领导小组讨论的情景中，每个小组成员都是代表他们各自利益或各自从属群体的利益的，小组成员之间的目标也是相互冲突的，并且往往存在对某些机会或资源的争夺问题。这样的无领导小组讨论就是竞争性的。

在有些无领导小组讨论的情景中，小组成员之间必须通过相互配合来共同完成某项任务，每个小组成员的成绩都依赖于合作完成这项任务的结果，同时取决于他们在合作完成这项任务的过程中所做的贡献。这样的无领导小组讨论就是合作性的。

告诉应试者，他们需要负责所在单位的新年联欢晚会的筹备工作，并在规定的时间内，

提交一份关于晚会的形式、内容与筹备人员分工和经费预算情况的报告。

有的无领导小组讨论的情景中既包含竞争的成分，又包含合作的成分。其实，在拓展训练中，两个团队如何利用木板和绳子过鳄鱼池的项目就是这样一种小组讨论形式，在小组内部，成员的行为是合作性的，而小组之间是竞争性的。

12.2　无领导小组讨论的题目编制

12.2.1　无领导小组讨论题的编制要求

1. 题目的具体要求

1）题目的内容要求

无领导小组讨论题（以下简称讨论题）在内容上有两个方面的要求：一是讨论内容须能反映出应试者的有关素质；二是题目内容应与拟任职位相适应。例如，讨论题的选材直接源于实际工作，突出其现实性和典型性，这样不但能考查应试者在人际互动方面的素质，而且能考查应试者从事拟任职位的胜任力和适合度。当然，有时无领导小组讨论的目的仅在于测量应试者的一些基本素质，如应届大学生的招聘，这时则可以用一些和具体职位无关的问题。

2）题目的难度

无领导小组讨论重在讨论过程而不在讨论结果，通过讨论过程中应试者的表现，来观察和评价其各方面的能力素质。这就要求讨论题具有一定的难度。

为了使应试者能够讨论和争辩起来，讨论的主题一定要具体明确，让应试者有发挥的余地。讨论题的结论不能过于简单，更不能显而易见，使大家的意见"一边倒"，形成"天花板效应"。也就是说，在每个讨论题的分析和判断中，会出现几种可供选择的方案和答案，而每种方案和答案均有利有弊，可以让应试者的主观能动性得以充分发挥，在讨论之中仁者见仁、智者见智。另外，讨论题也不能过难，使应试者无法讨论下去，形成"地板效应"。

3）指导语的基本要求

讨论题都应有指导语，考官根据指导语实施讨论，而应试者从指导语中可以完全明白自己在无领导小组讨论中的具体任务和目标要求。通常指导语应包括以下几个部分。

（1）提供讨论情景的背景信息，包括讨论的主题及其整个背景、应试者的角色等。

（2）明确应试者在讨论中须完成的任务，包括个人的任务（如在答卷纸上独立写出自己对问题的看法和理由）和小组的任务（如达成一致的意见并派人向考官组汇报）。

（3）规定无领导小组讨论的具体步骤和要求，包括实施步骤和有关要求，如要求应试者先轮流阐述自己的观点，然后进行自由讨论，每人每次发言时间不能超过 3 分钟等。

（4）规定讨论的时间限制，通常总时间不超过 1 小时，讨论时间不超过 45 分钟。

2. 题目的数量

题目的数量与应试者的人数有关，一般来说，每组应试者的人数为 5～9 人，人数太少往往讨论不起来，而人数太多每个人的表现机会太少，同时考官的观察也会变得不容易。因此，建议每组应试者的人数以 6～7 人为最佳，以此测算，如果要对 30 人进行无领导小组讨论测试，那么分5组为宜，这样至少需要5道讨论题。但是题目数量多了以后，一定要注意题目之间的难度要基本一致，否则对不同的应试者不公平。在实践中，处理这个问题的办法有两个：一个是实施测试时分两个或多位考官组同时进行，这样对题目数量的要求就成倍下降了；另一个是尽量将应聘同一职位的应试者放在同一组，这样对不同组的题目难度的一致性要求就会降低，也便于考官对同一职位的竞争者进行比较。

12.2.2　无领导小组讨论题的编制步骤

无领导小组讨论题的编制通常分为以下6个步骤。

1. 工作分析

进行有关工作分析，特别是胜任特征分析，了解拟任职位所需人员应该具备的特点、技能。根据职位的这些具体要求和无领导小组讨论自身的特点，开展有关讨论题素材的收集和整理工作。

2. 素材收集

与拟任职位有关的素材收集，可以通过查看与职位有关的工作记录来获得，必要的时候也可以通过对任职者的访谈来获得更多具体的案例。收集的相关案例应能充分地反映拟任职位的特点，并且能够使应试者处理起来有一定的难度。

3. 案例设计

对收集到的所有素材进行甄别、筛选，并在此基础上对素材进行加工。根据测评目的，设计出难度适中、内容合适、典型性和现实性都比较好的案例。

4. 讨论题的编制

对设计出来的案例进行整合，使其符合无领导小组讨论的题目要求。整合内容主要包括剔除那些不宜公开讨论的部分或过于琐碎的细节，相应地，应该根据考查的目的，补充那些需要的内容，尤其是要设定一些与职位工作相关且符合讨论特点的情况或问题，使其真正成为具备科学性、实用性、可测性、易评价性等特点的既凝练又典型的讨论题。

5. 讨论题的完善

讨论题编制完成以后，如果条件允许的话，可以先对与应试者相似的一组人进行试测，一则看看讨论题是否具有可行性和可操作性；二则检验讨论题能否考查出应试者的相关素质。据此，对讨论题进行进一步的修正和完善，直至达到预期的效果。当然，这里一定要注意讨论题的保密工作，否则讨论题将会失效。

6. 评分表的制定

根据测评目的和无领导小组讨论的特点，对每个要素进行界定，给出每个要素的权重，并结合讨论题给出相关要素的观察要点。

12.2.3　无领导小组讨论题的形式

从形式上来说，讨论题一般分为以下5种。

1．开放性问题

所谓开放性问题，是指没有固定答案、可以有多种多样的答案的问题。开放性问题主要考查应试者考虑问题是否全面、是否有针对性、思路是否清晰、观点是否鲜明和新颖等。例如：

从用人单位的角度来看，你认为优秀的大学毕业生是什么样的？

关于上述问题，应试者既可以从很多方面，如大学毕业生的人品、职业价值取向、发展潜力、专业能力、人际技能等方面来回答，也可以列出很多的优良品质。此类问题不易引起应试者之间的冲突，而且讨论的进程不可控，考查的能力范围也比较有限。

2．两难问题

两难问题要求应试者从两种互有利弊的答案中选择其中的一种。此类问题主要考查应试者的分析能力、语言表达能力及说服力等。例如：

假如现在有 100 万元资金用于帮助 100 多位生活困难的职工，由于资金有限，只能从以下两种资助方式中选择一种。

方式一：给每位群众发放近万元的生活补助金，以解决他们目前的生活困难问题。

方式二：用于每位职工的就业培训，并帮助他们寻找合适的工作机会。

对应试者而言，此类问题的讨论往往存在竞争有余而合作不足的问题，而且由于选项受限，讨论中很容易出现一边倒的情况。所以，编制此类问题时需要注意，两种备选答案须有同等程度的利弊，否则就无法充分地讨论起来，达不到测评的目的。

3．多项选择问题

多项选择问题是让应试者从多种备选答案中选择其中有效的几种或对备选答案的重要性进行排序。此类问题主要考查应试者分析问题实质、抓住问题本质方面的能力。以下为笔者曾经设计过的一个多项选择问题。

针对 700 多家招聘单位的调查表明，用人单位认为当代大学生需要加强或提高的素质包括 13 个方面（见表 12-2）。

表 12-2　用人单位认为当代大学生需要加强或提高的素质（多选）

需要加强或提高的素质	选择该素质的用人单位数量	选择比例/%
实际操作能力	452	64.20
敬业精神	435	61.79
团队合作	421	59.80
组织协调能力	400	56.82
创新能力	396	56.25
心理素质	275	39.06
人际交往能力	270	38.35
独立工作能力	263	37.36
知识结构	256	36.36

需要加强或提高的素质	选择该素质的用人单位数量	选择比例/%
发展潜力	223	31.68
人文素养	212	30.11
外语水平	185	26.28
研究能力	169	24.01

请针对上述调查中用人单位认为当代大学生需要加强或提高的 13 个素质，按每种素质的可塑性进行排序，最能够培养和改变的因素排在第 1 位，最不好培养和改变的因素排在第 13 位。

此类问题对于考查应试者的各方面能力和个性特征是比较有利的，但要使讨论题比较有效，评价者需要在题目设计上下功夫。

4．操作性问题

操作性问题是给应试者一些材料、工具或道具，让他们利用所给的这些材料，设计出一个或一些由考官指定的物体来。此类问题主要考查应试者的主动性、合作能力及在实际操作任务中充当的角色。例如，给应试者一些材料，要求他们相互配合，构建一座铁塔或一座楼房的模型。此类问题在考查应试者的操作行为方面要比其他方面多一些，同时情景模拟的成分也要多一些，但考查言语方面的能力较少，同时考官必须很好地准备所用到的一切材料，对考官的要求和题目的要求都比较高。

5．资源争夺问题

资源争夺问题适用于定角色的无领导小组讨论，主要通过让处于同等地位的应试者就有限的资源进行分配，从而考查应试者的语言表达能力、分析问题能力、概括或总结能力、发言的积极性和反应的灵敏性等。例如，让应试者担任公司某部门的经理，并就有限数量的资金进行分配。因为要想获得更多的资源，自己必须有理有据，必须能说服他人，所以此类问题可以引起应试者的充分辩论，也有利于考官对应试者进行评价。但是此类问题对讨论题的要求较高，即讨论题本身必须具有角色地位的平等性和材料准备的充分性。

12.3　无领导小组讨论的实施

无领导小组讨论的实施包括准备阶段、开始阶段、讨论阶段、汇报阶段、评价阶段 5 个环节。

12.3.1　准备阶段

1．有关材料的准备

在讨论开始前，须准备每位应试者的材料和每位考官的材料，前者包括讨论的背景信息和讨论的主题、必要的道具（如笔、答题纸等）；后者包括考官指导语、讨论题、评分表和记录用纸等。

2．考官的准备

（1）将考官分组，每组 5 ~ 7 人，指定一人为主考官。

（2）对考官进行集中培训，使每位考官熟悉采用的讨论题，包括题目的内容、实施程序、指导语、时间限制、评价维度和评分标准等。

3．应试者的准备

（1）将应试者分成讨论小组，尽量将应聘同一职位或相近职位的应试者安排在同一组，每组 5 ~ 9 人。

（2）排出应试者参加讨论的时间表。

4．场地的准备

场地应整洁、安静、采光良好。场地要有足够大的面积，应试者的座位宜围成圆桌，以便讨论，也有利于使所有的应试者处于同等的地位。考官的座位应与应试者的座位保持一定的距离，并便于进行观察。考官与应试者的位置安排（一）如图 12-1 所示。

图 12-1 中的位置安排方式既有利于应试者之间进行讨论，又便于考官对每位应试者的行为表现进行观察。在评价中心中，若每位考官只需观察一两位应试者的行为表现，则考官和应试者的位置安排（二）如图 12-2 所示。

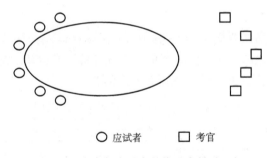

○ 应试者　　□ 考官

图 12-1　考官与应试者的位置安排（一）

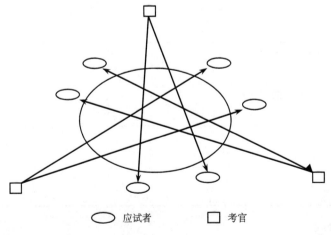

○ 应试者　　□ 考官

图 12-2　考官与应试者的位置安排（二）

12.3.2 开始阶段

1. 考官提前入场

考官和工作人员应提前 10 分钟进入考场，检查考场的准备情况，包括所需材料是否齐全等。

2. 应试者入场

应试者入场前应先由工作人员对其身份进行确认，经确认无误后，再在工作人员的引导下入场。考官根据事先安排好的位置将应试者引到相应的座位上。为便于考官观察和评价，每位应试者面前应有桌签，上面有其姓名和序号，序号按 1、2、3、4、5 等的顺序排列，这样考官在评价时只需记住每位应试者的序号即可，这比记住每位应试者的姓名要容易得多。

3. 宣读指导语

工作人员给每位应试者发放材料。然后，主考官宣读指导语，指导语样例如下。

大家好！欢迎大家参加本次讨论，本次讨论的主题是关于……希望你们在本次讨论中积极发言。考官将根据你们在讨论中的表现，对你本人及小组进行评价。在整个讨论的过程中，考官作为旁观者，不参与你们的讨论，由你们小组成员自主进行。讨论开始后，请不要再向考官询问任何问题……

4. 讨论开始前的准备

应试者在讨论开始前需要用 10～15 分钟时间阅读材料，有时还需要在答题纸上单独写出自己的观点，并阐述理由。在这段时间里，应试者是不能相互讨论的。表 12-3 给出了一个奖金分配类问题的无领导小组讨论答题纸（样例）。

表 12-3　无领导小组讨论答题纸（样例）

考号：　　　　姓名：　　　　报考部门：　　　　编号：		
奖金分配方案	排序	各部门人均奖金额由高至低依次为：
	人均奖金额	高于平均水平的部门：
		相当于平均水平的部门：
		低于平均水平的部门：
理由		

12.3.3 讨论阶段

（1）主考官宣布讨论要求，说明讨论的具体规则、时限和小组要达成的目标。在主考官说"讨论开始"之后即可开始进行自由讨论，讨论时间一般为 40～60 分钟。在讨论期间，小组的任务一方面是要形成一个解决问题的一致意见，另一方面是在讨论结束后选派一名代表向考官组报告讨论情况和结果。

（2）首先应试者轮流发表自己的意见，然后按照要求展开讨论。通常在讨论开始时，每位应试者需在 2 分钟内阐述自己的观点，在紧接着的讨论中，每人每次的发言时间一般不能超过 3 分钟，但对每人的发言次数不做限制。

（3）考官观察和记录应试者的表现。观察可以从以下多个方面进行。

- 每位应试者提出了哪些观点？
- 当小组成员间的观点不符时，应试者是怎样处理的？
- 应试者是否坚持自己认为正确的观点？
- 应试者提出的观点是否有新意？
- 应试者是怎样说服别人接受自己的观点的？
- 应试者是怎样处理与他人的关系的？是否善于赢得他人的支持？
- 应试者是否善于倾听别人的意见？是否只顾自己讲或常常打断别人的讲话？
- 应试者是否尊重别人？是否侵犯别人的发言权？
- 当个人的利益与小组的利益发生冲突时，应试者是如何处理的？
- 是谁在引导着讨论的进程？
- 是谁经常进行阶段性的总结？
- 每位应试者在陈述自己的观点时，语言组织得如何？语调、语速及手势是否得体？

12.3.4　汇报阶段

（1）考官宣布讨论结束，请应试者停止讨论。

（2）各小组推荐一位应试者进行总结汇报，其他人可以进行适当的补充。

（3）考官宣布测试结束，请应试者退场。

12.3.5　评价阶段

（1）考官对自己的记录内容进行整理，并根据每位应试者的综合表现对他们进行评分，必要时可写出评价意见，最后签上自己的名字。

（2）工作人员回收考官的评分表，并对评分进行汇总。

12.4　无领导小组讨论的结果评定

12.4.1　无领导小组讨论结果评定的原则

1. 客观公正原则

考官对应试者的评价应基于应试者在无领导小组讨论中的实际行为表现，并严格按照评价要素和评分标准进行评分。

2．全面性原则

考官对应试者的评价应基于应试者在无领导小组讨论中的全部行为表现，不应仅根据部分行为表现就对应试者的表现下结论。所以，无领导小组讨论的结果评定通常要在讨论结束后进行。

3．考官资格原则

考官必须具备一定的资格并接受过相关的培训。不具备资格的人员不论其职位高低都不能充当考官。同时，在对具体的无领导小组讨论进行评分时，还必须有针对该题目的有关培训，以便使所有考官对该题目的一切材料和问题非常熟悉，从而保证评分的一致性。

4．过程重于结果原则

在无领导小组讨论的结果评定中，考官须注意对应试者的评价应基于应试者在整个讨论过程中的行为表现和反应（如说服他人的倾向、控制讨论节奏的能力等），而不应过多地关注应试者最终讨论的结果。

12.4.2 无领导小组讨论结果评定的主要测评要素

1．言语表达能力

能否清晰地表达自己的观点和思想，以及声音是否洪亮、用词是否准确、语言是否流畅。

2．倾听

是否专心聆听他人的发言；能否明白他人的意思；在讨论中是否存在随便打断他人发言的情况；非言语行为是否恰当（如表情、点头等）。

3．组织协调能力

在讨论中是否善于寻求大家观点的共同点和分歧之处，并为达成小组目标主动平息小组的纷争，推动小组形成统一意见。

4．综合分析能力

分析问题的思路是否清晰、是否具有条理性，是否善于抓住问题的要害；提出的问题解决办法是否具有可行性。

5．合作意识

是否善于察言观色；与他人沟通的态度和方式是否得体；能否主动与他人达成一致的观点。

6．感染力

语言表述是否自信、有力；能否根据他人的反应来调整自己的行为；个人观点能否得到小组其他成员的认可。

12.4.3 总体结果评定

为了便于考官把握评分尺度，通常采用 10 分制的形式对每个要素进行结果评定。在给出具体分数前，考官可以先根据应试者的行为表现进行等级评定（如优、中、差）。

优（8~10 分）：发言和行为表现很突出，基本没有失误，在大部分观察点上表现优异或与大部分观察点一致性程度很高。

中（4~7 分）：发言和行为表现一般，没有太多的失误，在部分观察点上表现较好，在部分观察点上无突出表现或与部分观察点符合程度不高。

差（1~3 分）：发言和行为表现差，在大部分观察点上表现很不理想或与大部分观察点描述的行为很不一致。

必须注意的是，除按要素对每位应试者进行评价之外，在实践中还常常需要根据每位应试者在小组讨论中的总体表现进行评价（见问题 1~3），以及根据整个小组的总体表现情况进行评价（见问题 4~5），后者的评价对每个小组成员都有影响。

个人总体表现评价

问题 1：此人的参与程度有多高？

		1	2	3	4	5	6	7	8	9	
应试者 1	很低	1	2	3	4	5	6	7	8	9	很高
应试者 2	很低	1	2	3	4	5	6	7	8	9	很高
应试者 3	很低	1	2	3	4	5	6	7	8	9	很高
应试者 4	很低	1	2	3	4	5	6	7	8	9	很高
应试者 5	很低	1	2	3	4	5	6	7	8	9	很高

问题 2：此人对小组讨论的贡献有多大？

应试者 1	很小	1	2	3	4	5	6	7	8	9	很大
应试者 2	很小	1	2	3	4	5	6	7	8	9	很大
应试者 3	很小	1	2	3	4	5	6	7	8	9	很大
应试者 4	很小	1	2	3	4	5	6	7	8	9	很大
应试者 5	很小	1	2	3	4	5	6	7	8	9	很大

问题 3：在讨论中，此人在多大程度上显示了管理潜力？

应试者 1	很低	1	2	3	4	5	6	7	8	9	很高
应试者 2	很低	1	2	3	4	5	6	7	8	9	很高
应试者 3	很低	1	2	3	4	5	6	7	8	9	很高
应试者 4	很低	1	2	3	4	5	6	7	8	9	很高
应试者 5	很低	1	2	3	4	5	6	7	8	9	很高

小组总体表现评价

问题 4：该小组在多大程度上显示了竞争性/合作性？

小组 1	竞争性	1	2	3	4	5	6	7	8	9	合作性
小组 2	竞争性	1	2	3	4	5	6	7	8	9	合作性
小组 3	竞争性	1	2	3	4	5	6	7	8	9	合作性
小组 4	竞争性	1	2	3	4	5	6	7	8	9	合作性
小组 5	竞争性	1	2	3	4	5	6	7	8	9	合作性

问题 5：该小组的好战性/凝聚性如何？

小组 1	好战性	1	2	3	4	5	6	7	8	9	凝聚性

小组2　好战性　1　2　3　4　5　6　7　8　9　凝聚性
小组3　好战性　1　2　3　4　5　6　7　8　9　凝聚性
小组4　好战性　1　2　3　4　5　6　7　8　9　凝聚性
小组5　好战性　1　2　3　4　5　6　7　8　9　凝聚性

12.4.4　无领导小组讨论的记分方法

（1）每位考官对每位应试者的每个测评要素进行打分。这种方法的优点是有利于对不同考官的评价分数进行比较和汇总；缺点是对考官的要求比较高，特别是当应试者人数较多时，考官要同时观察多名应试者会比较困难。

（2）不同的考官对不同应试者的每个测评要素进行打分。这种方法的优点是考官可以集中注意力去评价少数应试者，提高评价的准确性；缺点是由于各考官的评定对象不同，因此无法比较不同考官的评价结果。

（3）每位考官分别对每位应试者的某几个特定测评要素进行打分。这种方法的优点是有利于考官更好地把握测评要素的操作定义，使评分更为准确；缺点是由于人的各方面素质本来就是相互联系的，因此分要素评价有"只见树木，不见森林"的缺憾。

12.5　无领导小组讨论样例

下面给出一个由笔者设计的用于大学生招聘的无领导小组讨论样例。

指导语：

大家好！欢迎大家参加这次讨论，讨论的主题是关于出国留学问题的。希望你们在讨论中积极发言，考官将根据你们在讨论中的表现，对你本人进行评价。在讨论的整个过程中，考官只作为旁观者，不参与你们的讨论，由你们小组自主进行。讨论开始后，请不要再向考官询问任何问题。

问题背景：

2017年，我国出国留学人数首次突破60万大关，达60.84万人，继续保持世界最大留学生生源国地位。其中，自费留学人数共54.13万人，占出国留学总人数的88.97%，出国留学规模的持续增长，使中国生源领跑世界。自改革开放以来，各类出国留学人员累计已达519.49万人，目前有145.41万人在国外进行相关阶段的学习和研究。

现在，我国越来越多的学生开始走出国门，留学人员的年龄结构还出现了低龄化的发展趋势。至于出国留学的目的也是多种多样的，专家概括为以下几个方面。

1.学习外语，增加就业竞争力。目前，外语特别是英语已成为重要的学习和工作的基本技能，通过留学可以有效地提高外语的听、说、读、写能力，提高就业竞争力。

2.学习更多先进的文化知识。国内的教育不一定能够满足自己的求知欲望，在国外的很多世界知名学府中，可以学到很多在国内难以学到的知识。

3.寻求更大的发展空间和平台。有的同学对自己的专业情有独钟，而西方发达国家在许多专业领域的研究广度和深度方面都更有优势，出国留学可以为自己的专业发展寻求更广阔的空间。

4.享受更自主的教学模式。国外院校的课程设置更加灵活多样，学生可以根据个人爱好自主选择课程，这更有助于锻炼和培养学生的独立思考能力和创造力；教学方式也多采用开放互动式，学生和老师可以进行更多地互动和交流，这不仅可以激发学生学习的灵感和兴趣，而且能增强师生之间的友谊。

5.拓展自己的人脉。在国外留学会有更多机会接触到来自全世界各个国家的精英，这些人可能成为良师益友，也可能成为亲密伴侣。留学能够使自己拥有更广的朋友圈。

6.增加自己的见识。在国外可以体验外国人的生活方式、饮食习惯、做事方法、风土人情，以及增长见识，开阔视野。

7.适应外国生活，为永久性定居做准备。有的同学更喜欢发达国家的人文环境和生活方式，所以想通过留学取得国外永久居留权，成为移民。

8.提高自己独立生活的能力。在国外提倡独立自主的环境下，学生在保证正常学业的同时会勤工俭学，以减轻家庭经济压力，从而可以大大提高独立生活能力和自理能力，这对其未来适应社会有很大的帮助。

任务：

1.请每位应试者根据个人经验和所见所闻，除上述 8 个方面的出国留学目的之外，补充 1 条其他方面的出国留学目的。

2.根据目前大学生出国留学的实际，经小组讨论确定当前比较普遍的 2 个出国留学的目的，并为广大出国留学人员实现这两个目的提出留学期间的对策和建议。

注意事项：

1.小组讨论必须得出一个一致性的明确意见。

2.在讨论结束后，小组选派一名代表向考官组报告你们小组讨论的情况和结果。

上述无领导小组讨论的评价维度可以从综合分析能力、组织协调能力、言语表达能力和合作意识 4 个方面进行。无领导小组讨论评分表样例如表 12-4 所示。据此，考官们就可以根据应试者在无领导小组讨论中的表现给他们打分。

表 12-4　无领导小组讨论评分表样例

	测评要素			
	综合分析能力	组织协调能力	言语表达能力	合作意识
评分参考标准	好（8～10分）：分析问题思路清晰，条理性强，善于抓住问题的要害，并提出符合实际的解决办法。 中（4～7分）：基	好（8～10分）：在讨论中善于寻求大家观点的共同点和分歧之处；为达成小组目标主动平息小组的纷争，推动小组形成统一意见。	好（8～10分）：能清晰地表达自己的观点和思想，语言流畅，并善于运用他人的观点来完善自己观点。 中（4～7分）：基	好（8～10分）：善于察言观色，与他人沟通的态度和方式很得体；能主动与他人达成一致的观点。 中（4～7分）：能理解

	测评要素			
	综合分析能力	组织协调能力	言语表达能力	合作意识
评分参考标准	本抓住了问题的实质，并提出了有一定可行性的措施，但缺乏思维深度和广度。 差（1~3分）：思路狭窄，没有把握问题的实质，考虑问题片面，缺乏逻辑性和条理性	中（4~7分）：对他人的不同意见能据理力争，但在推动小组形成统一意见方面的意识不强。 差（1~3分）：在讨论中固执己见，听到不同意见时情绪激动，无理指责他人，不能从完成小组目标的角度去平息纷争	本能表达自己的观点，能理解他人的观点，但缺乏感染力和说服力。 差（1~3分）：表达凌乱，语无伦次，不能理解别人的观点，找不出别人观点的漏洞	他人的意图，与他人意见不一致时能做一定的让步，但原则性与灵活性不够。 差（1~3分）：不能很好地理解他人的意图，与他人沟通的态度和方式欠妥，与他人意见不一致时不懂得让步
考生A				
考生B				
考生C				
考生D				
考生E				
考生F				

表现最好的应试者：

表现最差的应试者：

其他意见：

考官签字：

第 13 章

角色扮演法

长期以来，角色扮演法作为一种良好的培训方法一直受到人们的关注。作为一种情景模拟技术，角色扮演法同样是一种很好的人才测评方法。

本章导航

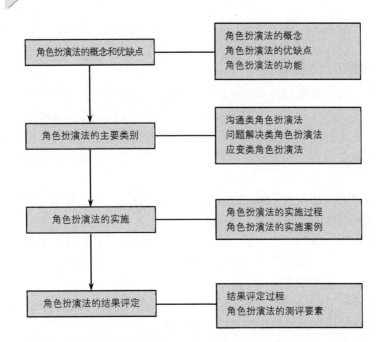

13.1 角色扮演法的概念和优缺点

联合利华：通过角色扮演法招聘人员

角色扮演虽然轻松，但其在外企招聘中有着举足轻重的地位。在联合利华每年的员工招聘中，有80%的应聘者都要经过这种看似简单的游戏，目的都是要在自然状态下给每位应试者以充分的展示机会，同时，企业可以从中选择与岗位契合的人。

角色扮演很简单，将48位应试者分成三组，每组得到一根长绳，所有的组员被黑布蒙上眼睛，他们需要在20分钟内将长绳拉成一个正方形，并且每个边上站上数量相等的人。参加游戏的人都是出类拔萃的人才，但在角色扮演中，人们会自觉或不自觉地流露出本质的东西，这在简历和面试中是无法体现的。在一堆蒙着眼睛并商量着怎么动作的应试者中，主考人员无声地往来穿梭，当观察到两名可以通过黑布看见当时的场景却没有声明而继续指挥大家摆布的应试者时，这两人会被叫出去重新蒙紧眼睛，然后主考人员会悄悄告诉记者，最后这两人被从备选名单中首轮划除。和其他公司一样，外企首要重视的是员工的诚实和忠诚。

拉绳游戏考验诚实只是一方面，主考人员看得更多的还是每个人在游戏中所担任的不同角色。在游戏中，不断有新点子产生的应试者在创新、灵活一项可得到加分；善于总结经验并协调大家去顺利完成任务的人在领导才能一项可得到加分，主动实践、积极执行可得"认真分"；甚至最后主动收起长绳的应聘者也可得"踏实肯干分"。游戏并不是单纯为放松的，在跨国公司里，游戏中所得的各种分会被作为分配工作岗位时的参考。

13.1.1 角色扮演法的概念

角色扮演是一种情景模拟活动。所谓情景模拟，是指根据应试者可能担任的职务，编制一套与该职务实际工作情况相似的测试项目，然后将应试者安排在模拟的、逼真的工作环境中，要求应试者处理可能出现的各种问题，从而测评其心理素质、潜在能力的测评方法。其实，角色扮演对每个人来说并不陌生，在生活中我们常看到的角色扮演现象有以下几种。

（1）小孩扮演大人的角色，玩"过家家"之类的游戏。事实证明，这种游戏方式对于小孩的成长、强化其性别角色起到了不可低估的作用。

（2）教师用角色扮演法对学生进行训练。例如，英语课堂上让两个学生分别充当导游与游客进行对话。目前，角色扮演法已成为教师训练学生的重要方法，这种方法可以让学生体验生活、激发兴趣、提高学习效率。

（3）演员演戏也是一种很典型的角色扮演。只是在这种角色扮演中，演员发挥的余地比较小，因为他必须根据剧本和台词进行角色扮演。

那么，什么是角色扮演法呢？角色扮演法是一种情景模拟测评方法，是评价中心的一个练习，通常要求应试者扮演一个特定的角色，然后通过处理典型的日常工作事务来观察其表现，并以此考查其心理素质和潜在能力（胜任力）。例如，要求应试者扮演一名销售人员，向零售单位销售产品；要求应试者扮演一名车间主任，请他在车间里直接指挥生产等。在测评中要强调了解应试者的综合素质，而不是对他临时的工作意见做出评价，因为临时工作的随机因素很多，不足以反映一个人的真才实学。有时可以由主考官主动给应试者施加压力，如在工作中不合作或故意破坏，以了解应试者的各种个性特征及反映出来的职业素质。

角色扮演法不仅可以用于测评，而且可以用于培训，帮助个人发展和提高行为技能。在培训情景下，给予应试者角色实践的机会，使应试者在真实的模拟情景中，体验某种行为的具体实践，帮助他们了解自己并改进、提高自己。通常，角色扮演法适用于领导行为培训（管理行为培训、职位培训、工作绩效培训等）、会议成效培训（如何开会、会议讨论、会议主持等）、沟通方式培训等。此外，角色扮演法还适用于培训某些可操作的能力素质，如推销员的业务培训、谈判技巧培训等。

13.1.2　角色扮演法的优缺点

1．角色扮演法的优点

（1）角色扮演是一项参与性的活动。作为应试者，角色扮演法可以充分调动其参与的积极性。为了获得较高的评价，应试者一定会充分表现自我，施展自己的才华，所以对应试者来说，角色扮演是明确的、有目的的活动。

（2）角色扮演法具有高度的灵活性。从测评的角度看，角色扮演的形式和内容是丰富多样的，为了达到测评的目的，主考官可以根据需要设计测试的主题和场景。在主考官的要求下，应试者的表现也是灵活多样的，主考官不会把应试者限制在有限的空间里，否则不利于应试者真正水平的发挥。

（3）角色扮演法是在模拟状态下进行的。因此，应试者在做出决策行为时可以尽可能地按照自己的意愿去完成，而不必考虑实际工作中的决策失误会带来的工作绩效的下降或失败等问题。它是一种可反馈、可反复的行为。应试者只要充分地扮演好角色就行，没必要为自己的行为担心，因为这只是角色扮演行为，其产生的影响可以控制在一定的范围内，不会造成不良影响，也没必要在意他人的看法。

（4）在角色扮演的过程中，角色之间需要配合、交流与沟通，因此可以增加角色之间的感情交流，培养人们的沟通、自我表达、相互认知等社会交往能力。尤其是同事之间一起进行角色扮演，能够培养员工的集体荣誉感和团队精神。

2．角色扮演法的缺点

（1）如果没有精湛的设计能力，在情景设计和角色设计上可能会出现简单化、表面化和虚假人工化等现象。这无疑会对测评效果造成直接影响，使应试者在角色扮演中的表现不真实、设计的情景与测评的内容不符，从而无法考查应试者的能力水平。

（2）由于角色扮演不是团体施测的，因此测验题目的安全性（保密性）是一个问题。

（3）有时应试者由于自身的原因不乐意接受角色扮演这种测评形式，或者应试者参与意识不强，没有完全进入角色，这样就无法测出应试者的真实情况。

（4）对某些人来说，他们会在角色扮演中表现出刻板的模仿行为和模式化行为，这样的角色扮演就如同演戏一样，测评结果就会失真。

（5）对考官及其合作者的要求很高。在角色扮演中，往往需要第三者扮演与应试者进行交流的人，由于扮演与应试者交流的人在与一位应试者进行交流时，可能会和与另一位应试者进行交流时有不同的表现，从而影响测评实施过程的标准化。所以角色扮演对考官及其合作者有很高的要求。

为了弥补角色扮演法的不足，必须向应试者提出一些具体的角色扮演要求，主要包括：

（1）接受角色扮演中提供的一切事实。

（2）使自己处于一种积极参与的情绪状态。

（3）在角色扮演的过程中，注意态度的适宜性改变。

（4）在角色扮演中，不要向其他人进行角色咨询。

（5）如果需要，注意收集角色扮演中的原始资料，但不要偏离案例的主题。

（6）不要有过度的表现行为，那样可能会偏离扮演的角色。

综上所述，角色扮演法既有自己的优点，又有不足之处，要达到理想的测评效果必须进行精心的情景模拟设计，同时在操作实施时，要注意角色扮演过程的有效控制，以纠正随时可能产生的问题。

13.1.3　角色扮演法的功能

在实践中，角色扮演法具有多种功能，主要表现在以下几个方面。

1．人员选拔与安置

在角色扮演中，考官可以通过观察其行为表现来考查应试者的各种潜在能力和心理素质，以选拔合适的人到特定的岗位上。

2．培训

角色扮演法给应试者提供了角色实践的机会，并根据其行为表现提出有效的改进意见，从而有利于提高能力，塑造个性。

3．职业适应

角色扮演法可用于新员工、岗位轮换者和职位晋升人员的职业适应，促进其及时转换角色，以便尽快适应新的工作岗位。

4．团队合作

通过角色扮演法，可以让不同工作岗位上的工作人员通过角色互换来感受对方的处境，增进理解和协作。

13.2　角色扮演法的主要类别

按照测评任务的不同，角色扮演法可分为沟通类、问题解决类和应变类 3 种不同的类型。

13.2.1　沟通类角色扮演法

沟通类角色扮演法又可以分为两类，一类是一对一的沟通，另一类是一对多的沟通。

1．一对一的沟通类角色扮演法

目前，一对一的沟通类角色扮演法是人才测评实践中用得最多的角色扮演类型。在此类角色扮演中，通常需要应试者扮演管理者或领导者的角色，然后找一位下属、同事或客户进行面对面的沟通，以解决一个特定的问题，如一位客户的抱怨、一名下属的工作情绪等。

1）情景设计

在此类角色扮演的设计中，选题很重要，只有选取了合适的主题，才能成功地设计一对一的沟通情景。选题的设计必须符合以下两个原则。

（1）情景设计要紧密结合岗位工作要求，如人力资源部经理的离职面谈、营销人员通过沟通说服客户购买产品等。

（2）沟通任务的设计要有代表性，并且要有难度，如裁员、经理在年终考核时找一位问题员工进行沟通。

一对一的沟通类角色扮演法的具体设计要求如下。

（1）可操作性。设计的角色和任务具有可行性，设计完成后可以通过演示来检验。

（2）情景明确。设计的情景要具体明确，一般应包括公司的背景、部门的有关状况。

（3）角色明确。应试者需要扮演什么角色、考官的合作者扮演什么角色必须有具体详细的描述。

（4）沟通任务明确。在角色扮演中，应试者的任务需明确说明，包括沟通要达到的目标和沟通时间。

（5）文字通俗易懂，以便应试者能理解情景和角色。

2）实际案例

下面是笔者在测评实践中用过的角色扮演案例。

总体测评设计

测评岗位： 人力资源部经理、各业务部门经理。

测评要素： 说服能力、言语表达能力、问题解决能力、领导艺术。

测评设计： 让应试者以部门经理的身份找一个员工（考官的合作者）谈谈，目的是辞退该员工。

情景设计： 应试者（部门经理）与员工拿到各自的角色定位和面谈任务，看过 10～15 分钟以后，开始进行模拟面谈。

应试者的角色

情景： 你是一家民营计算机公司的人力资源部经理，公司的人习惯称你为"王经理"。公司创办于 1988 年，现有员工 400 多人，资产规模为 1.5 亿元，主要业务领域为金融系统的信息管理系统的设计与维护。由于近年来 IT 行业竞争激烈，公司已处于亏损的边缘，因此公司高层领导决定裁员 20%。

你主管的人力资源部现有 5 人，按规定必须裁一人，考虑到员工的表现及工作发展的需要，你打算将分管培训工作的小张辞掉。尽管他已在公司干了 5 年，也没有犯过大的工作失误，但其业绩与表现很一般，工作不求创新，越来越不适应公司人力资源管理发展的要求。所以，你准备就此与他进行一次面谈。

你的任务：你的任务是通过 15 分钟的面谈，让小张知道公司的这一决定，并根据人力资源部的具体情况来说服他心平气和地接受公司的决定，不要给公司留下任何后患，所以这次面谈对你来说是很重要的。

谈话扮演者（考官的合作者）的角色

情景：你是一家民营计算机公司人力资源部的员工，分管培训工作，公司的人们习惯称你为"小张"。公司创办于 1988 年，现有员工 400 多人，资产规模为 1.5 亿元，主要业务领域为金融系统的信息管理系统的设计与维护。由于近年来 IT 行业竞争激烈，公司已处于亏损的边缘，因此公司高层领导决定裁员 20%。

员工们近来都在议论此事，生怕自己"下岗"。你在人力资源部的业绩虽不突出，但进公司 5 年来一直都勤勤恳恳。刚才，部门的王经理说有事要与你谈谈，你估计与这次裁员有关。

你的任务：在 15 分钟的面谈中，无论如何都要竭力留下来工作，一方面，你是三口之家的主要"经济支柱"；另一方面，你也愿意努力做好本职工作，而且本部门其他人比你好不了太多。所以，你的任务是，在面谈中要尽量说服王经理，让他把你留下来。

2．一对多的沟通类角色扮演法

在一对多的沟通类角色扮演法中，通常需要应试者扮演管理者或领导者的角色，然后面对多位下属、同事或客户的思想情绪，进行说服沟通工作。

1）情景设计

在此类角色扮演的情景设计中，需要把握以下两个原则。

（1）情景设计要紧密结合岗位工作要求，如人力资源部总监的考核方案变革动员、生产车间主任关于班组人员调整的说明等。

（2）在情景设计中，应有多人因利益等问题产生或可能产生思想情绪，并需要与领导沟通。

2）实际案例

总体测评设计

测评岗位：总经理、各业务部门经理。

测评要素：说服能力、言语表达能力、领导艺术。

测评设计：让应试者以总经理的身份宣布一项可能引起员工不满情绪的决定。

情景说明

你是一家生化公司的总经理，根据工作需要，你大胆决定把营销部的小王提拔为部门经理，这可能引起该部门十多位员工的不满，甚至有人会因此辞职。因为小王虽然工作努力，业绩也不错，但资历很浅，年龄也才 27 岁，很难让老员工信服。为此，你准备召集该部门的员工开个会，做做思想工作，并宣布这一决定。

任务

你需要通过 15 分钟的演讲，消除大家的不满情绪，并宣布决定。

13.2.2　问题解决类角色扮演法

问题解决类角色扮演法通常需要应试者扮演管理者或领导者的角色，然后解决多位下属、同事或客户间可能发生的利益冲突问题，如奖金分配、工作安排等。

这里给读者提供一个由笔者设计的有关公平问题的实际案例。公平问题在管理中很有代表性，管理者几乎天天要在各种安排中搞好平衡、力求公平。例如：

- 如何安排度假？
- 如何布置轮流值班？
- 谁应承担一份有争议的工作？
- 哪个部门在搬进新办公楼时应得到较大的房间？
- 如何安排办公室中的空间才更合理？

这些问题不可能在安排中做到绝对公平，但是某些解决方案一定会比另一些解决方案更加合理、有效。

以下案例是一个销售主管和他的下属如何处理新车的问题。由于在他的工作中这类事情不经常发生，因此做出正确的决定是非常重要的。角色扮演的时间为 25～30 分钟。笔者发现，这个角色扮演在实际应用中效果很好。

问题情景（销售主管）

德国某公司专门生产家用保洁用具，并于 1992 年在上海设立了办事处，从事公司产品在上海的销售服务工作。办事处现有 5 位销售代表，分别负责上海 5 个城区的营销工作。你是他们的销售主管，名叫王凯。由于每位销售代表每天都需要上门推销公司产品，因此公司为每位销售代表配备了汽车。公司销售代表的汽车配备情况如表 13-1 所示。

表 13-1　公司销售代表的汽车配备情况

人员	张山	王勇	刘军	周兵	李明
工龄	1 年	3 年	6 年	3 年	4 年
销售区域	浦东新区	卢湾区	普陀区	宝山区	嘉定区
车型	六年的夏利	一年的富康	两年的捷达	六年的捷达	五年的桑塔纳
其他情况	销售区域大、车太旧	业绩最佳	资历最老	去年的里程数最多	销售难度最大

由于这两年公司营销业绩持续增长，办事处决定购买一辆帕萨特轿车分配给销售代表。这 5 位销售代表将讨论应把这一辆小轿车分配给谁，最后由你做出分配决定。

销售主管在讨论中的任务

你是销售主管。每位销售代表每天都开着汽车去工作。每年你的部门会得到一辆新车，以换掉旧车，但每一次你都很难决定将新车分配给谁。由于每个人都想要新车，并且都有自己的理由，因此不管你怎么决定，各销售代表都会认为不公正平。现在，你又面临这个难题，办事处刚送来一辆帕萨特轿车。

为了处理好这个问题，你决定让你的手下通过讨论来解决分配问题。你会告诉他们新车的情况，并询问他们什么是最公平的分配方法。你打算先不由个人主观决定，你希望自己的最终决定让大家感到公平公正。

角色扮演情景（张山）

德国某公司专门生产家用保洁用具，并于 1992 年在上海设立了办事处，从事公司产品在上海的销售服务工作。办事处现有 5 位销售代表，分别负责上海 5 个城区的营销工作。你是其中一位销售代表。由于每位销售代表每天都需要上门推销公司的产品，因此公司为每位销售代表配备了汽车。公司销售代表的汽车配备情况如表 13-1 所示。

由于这两年公司营销业绩持续增长，办事处决定购买一辆帕萨特轿车，分配给销售代表。这 5 位销售代表将讨论把这一辆轿车分配给谁，最后由销售主管王凯做出分配决定。

你在讨论中的任务

你应该尽量说服大家，争取到新来的那辆帕萨特轿车。虽然你的工龄最短，年龄也最小（今年才 22 岁），但你用的车（夏利）最破，又经常发生故障，实在影响工作，而且你负责推销的区域范围又很大，所以你最需要换一辆新车。

注意：在讨论中，一定要按既定的角色行事，让自己感觉你的态度就是角色的态度。

角色扮演情景（王勇）

同"角色扮演情景（张山）"。

你在讨论中的任务

你应该尽量说服大家，争取到新来的那辆帕萨特轿车。尽管你用的车是去年刚换的，但新车的分配应该以业绩为标准，这样才能激励销售人员的工作积极性，而你这一年的业绩名列第一，所以你理所当然得到新车。

注意：在讨论中，一定要按既定的角色行事，让自己感觉你的态度就是角色的态度。

角色扮演情景（刘军）

同"角色扮演情景（张山）"。

你在讨论中的任务

你应该尽量说服大家，争取到新来的那辆帕萨特轿车。尽管你用的车还比较新，但你在销售部门已经干了 6 年，工龄最长，累积贡献最大，部门里的几位新手都是你给带出来的，所以你最有资格得到新车。

注意：在讨论中，一定要按既定的角色行事，让自己感觉你的态度就是角色的态度。

角色扮演情景（周兵）

同"角色扮演情景（张山）"。

你在讨论中的任务

你应该尽量说服大家，争取到新来的那辆帕萨特轿车。因为你的车的使用年限与张山一样，是最长的，又经常在路上发生故障，而且由于推销区域的范围比较大，因此时间经常花在路上，去年你的车跑的里程数是部门中最高的，所以从这两个方面来讲，你最应该得到新车。

注意：在讨论中，一定要按既定的角色行事，让自己感觉你的态度就是角色的态度。

角色扮演情景（李明）

同"角色扮演情景（张山）"。

你在讨论中的任务

你应该尽量说服大家，争取到新来的那辆帕萨特轿车。因为你的车的使用年限比较长，车况不好，而你推销的区域是本市经济发展水平最低、销售难度最大的，这就更需要你多跑一些地方，所以你最应该得到新车。

注意：在讨论中，一定要按既定的角色行事，让自己感觉你的态度就是角色的态度。

13.2.3　应变类角色扮演法

应变类角色扮演法通常需要应试者扮演管理者或领导者的角色，然后面对一个突发事件，镇静自若、灵活地解决问题。

问题情景

假如你是某商场的总经理，有一天，你正忙于与客户谈生意，突然一个愤怒的年轻人冲进你的办公室，大声嚷嚷道："你就是张总经理吗？我昨天买了你们商场的蛋糕，我儿子吃完后腹泻不止，刚刚住进医院，如果我儿子有个三长两短，我决不会饶过你……"然后他又说了一大段抱怨的话，如质量不好、不卫生、要求巨额赔款等。

应试者的任务

应试者需要处理顾客的抱怨，不仅要使商场的名誉和经济损失最小，而且能让客户满意，时间为 20 分钟。

13.3　角色扮演法的实施

13.3.1　角色扮演法的实施过程

1. 实施前的充分准备

（1）在实施角色扮演前，要做好周密的计划，每个细节都要考虑周全，包括座位的安排、道具的准备等。

（2）对考官的合作者进行专门培训，包括在角色扮演中讲什么话、做什么反应，都要规范化，且在每位应试者面前要做到基本统一。

（3）编制评分标准，主要考查应试者的职业素质和实际能力，而不是看其扮演的角色像不像或是不是有演戏的能力。

2．正式实施

当一切准备就绪后，角色扮演就可以进入正式实施阶段了。这里以沟通类的角色扮演法为例，来说明角色扮演的实施步骤。

1）位置安排

一对一沟通类角色扮演的位置安排以平等为好，这样有利于沟通的顺利进行。两个人可以面对面相视而坐，相距半米到一米即可，也可以在两个人之间放一张桌子。另外，应试者应面对考官而坐，以便考官进行观察和评价。

2）沟通的进行

在沟通中，应试者往往充当积极主动的角色，也就是说，应试者是沟通的发起者，其职位往往比面谈对象高，如应试者为办公室主任，而面谈对象可能是其下属。所以，面谈的话题和气氛都由应试者来控制，面谈开始后由应试者先发话，面谈结束也由应试者来决定。

考官在角色扮演的整个过程中不得对角色扮演者进行任何指导和干涉。

3）沟通的时间

沟通的时间通常为 15～30 分钟，时间太短了不易考查出应试者的工作胜任力，而时间长了人力成本又太高。

角色扮演的时间一旦超过规定时间，不论扮演任务是否完成，考官必须宣布面谈结束。一则表示对所有的应试者公平；二则角色扮演的评价主要看其过程中的行为表现，而不是最终的结果如何。

3．考官对应试者进行观察和记录

在整个沟通过程中，考官需要自始至终观察应试者的行为表现，并记录应试者所说的话（必须是原话，怎么说就怎么记）和表现出来的行为，包括手势、坐姿、表情变化等。记录的语气要客观，记录的内容要详细，不要进行不成熟的评论，要进行客观的观察。

13.3.2　角色扮演法的实施案例

下面是笔者设计的一个角色扮演实例，以此说明角色扮演的实施步骤。

第一步　对参加角色扮演的人员提出要求

首先，考官必须向参加角色扮演的应试者和合作者提出要求，一般须强调以下几个方面的问题。

- 强调角色扮演者在角色扮演过程中要暂时忘掉自己原来的姓名和身份，在理解角色的基础上，以角色的身份和处境来行动。
- 假定考官提供的有关角色的背景都是真实的、不容置疑的。
- 在角色扮演过程中，不要偏离案例的主题。
- 在角色扮演过程中，应试者不得向考官进行任何提问。

第二步　参加角色扮演的人员阅读角色说明

应试者的角色

情景：通过竞争上岗，你成功竞聘上了某知名电信公司的人力资源部经理，人们不再叫你"小张"而改称"张经理"，但原来的人力资源部经理（王经理）落马了。王经理已经在人力资源部担任了 5 年经理，你 3 年前进入公司后一直在他手下工作。王经理工作经验丰富，而且在培训设计、薪酬管理和绩效考核方面都有一些创新性的思路。他唯一的不足就是与公司同事的人际关系比较紧张，这可能是他此次竞聘失败的主要原因。

你主管的人力资源部具有人手少、任务重的特点。因此，你现在最明智的做法是让王经理继续留在本部门工作，但你最大的担心是王经理可能不打算继续干下去了。因此，你准备就此问题与他进行一次面谈。

你的任务：通过 15 分钟的面谈，千方百计地说服王经理继续留在本部门工作。这次面谈对你来说是很重要的。

考官合作者的角色

情景：5 年来，你一直担任某知名电信公司的人力资源部经理，但在此次全员竞争上岗中，你却意外落选了，而你的手下小张却竞聘上了人力资源部经理，这事令你非常痛苦。毕竟自己已经 38 岁了，以后还怎么工作呀！为此，你这几天心情很难受，心理上很不平衡：自己经验丰富，工作能力也很强，只是因为工作得罪了一些人，在人际关系方面有些紧张。

本部门的新任经理小张想请你过一会儿与他聊聊，你估计他很可能要你继续留在本部门工作，毕竟你对此项工作很熟，但这是你难以接受的。昔日的下属成了今日的上司，你的脸面往哪儿放？

你的任务：通过 15 分钟的面谈，无论如何不能继续留在此部门工作，但你也不想得罪这位新任的经理。所以，你的任务是在面谈中，尽量让经理理解你，然后将你换到其他部门去工作。

第三步　参加角色扮演的人员进入现场开始沟通

当事人在理解了自己的角色及其处境和任务后，双方进入现场开始正式沟通，沟通时间为 15 分钟，在整个沟通过程中，完全由角色扮演者自行操作实施。

第四步　考官的行为观察

在角色扮演过程中，考官要仔细观察各角色（特别是应试者）的行为表现，观察现任人力资源部经理（张经理）是怎么去与前任人力资源部经理（王经理）进行沟通的，以及当对方不能认同他的决定时，他采取何种方法去说服对方等。下面给出一些实际记录的样例。

- 在沟通过程中，他注意站在对方的立场上考虑问题，提示对方去别的部门也没有什么好处，如工作不熟、闲暇时间更少。
- 当他发现用理性的方法无法说服对方时，他使用了"以情动人"的方式，提出看在多年的交情上，把自己扶上马后再"送一程"。
- 在整个沟通过程中，他自始至终都用"您"来称呼对方，从说话的语调到表达方式都很谦和。

第五步　考官的评价

考官对照评价指标，对应试者的胜任力进行评价，这里以应试者的沟通意识和沟通技能为例，来说明其评价指标。

- 采用问题取向的、非人取向的陈述，也就是说，应试者在陈述时应使用具体行为事件，而不是个人的观点。
- 采用不破坏的方法，承认对方的真实感受，实现沟通和谐。
- 采用描述性而非评估性的陈述。客观地描述发生的事情，描述你对它们的反应和它们的客观结果，提出能够接受的选择项。
- 采用承认别人重要性和唯一性的有效化陈述；通过平等而灵活的陈述表达你对双方关系的投入，促进双向的交互改变；在指出不同点或消极特征之前确定相同点和积极的特征。
- 采用具体的而非笼统的（非此即彼的）陈述；采用限定语，关注能够控制的事情。
- 使用有联系的陈述，与先前所说的内容平滑过渡；确保所有人有平等的发言机会；不要停顿过长时间；不要完全控制话题；承认先前所说的内容。
- 认同自己的陈述；使用与个人有关的词语（"我"），而不是与个人无关的词语（"他们"）。
- 支持性聆听：除反射反应之外，依据你是给别人进行指导还是咨询，对别人的陈述采用各种反应。

13.4 角色扮演法的结果评定

13.4.1 结果评定的步骤

角色扮演法的结果评定大致分为以下步骤。

1．评价前的准备

在评价之前，考官首先需要阅读和领会每种胜任力的一般定义，然后将这些胜任力分解为一系列具体的组成内容，最后再进一步细化为行为指标，即人们所说所做的、可观察到的、被视为构成某种胜任力的具体方面的各项单一内容。

2．将角色扮演中观察到的行为归类到相应的胜任力的行为指标中

观察以后，考官需要重新阅读模拟面谈期间所做的笔记，并对应试者所做的事和所说的话进行分析，最后归结到最基本的行为指标中去。如果有些行为和要素没有关系，则应该剔除。例如，对于沟通能力来说，可能会在角色扮演的记录中寻求如下行为指标。

1）表达和倾听能力

正面证据：清晰表述××问题，赢得认可。

负面证据：两次打断对方说话。

2）非言语行为

正面证据：点头、微笑。

负面证据：眼神游离（眼睛停在书桌上）。

3）有反馈

对方说了××之后……

3．考官就每种胜任力对应试者的行为表现进行评分

对照各种胜任力的定义及其行为指标，根据应试者的具体行为表现，对应试者进行评分。如果一种胜任力的正面证据很多，负面证据很少，那自然就得高分，反之则得低分。以沟通能力为例，我们得到如下行为指标。

1）表达和倾听能力

能清晰表述××问题，直到对方完全理解为止。在对方表达观点时，一直认真倾听，对没听明白的××问题能通过追问来澄清。

2）非言语行为

在对方讲话时，眼睛一直平视对方，并不时地点头。

3）有反馈

对方询问××问题之后，他冷静而客观地做了回复。

显然，这位应试者的沟通能力是比较高的，如果以 5 点量表来评价，可以评为 4 及以上。一般来说，评价等级与评价依据的对应关系如表 13-2 所示。

表 13-2　评价等级与评价依据的对应关系

评价等级	评价依据
5	所有内容都表现出来
4	多数内容都表现出来
3	内容中等程度表现出来
2	少数内容表现出来
1	很少内容表现出来
0	根本不存在表现出来的机会

4．考官确定最终评价结果

在给应试者的行为打分后，每位考官要对所有的信息进行汇总，形成报告，然后才考虑下一位应试者。每位考官要宣读事先写好的报告，报告中是对应试者在测评中的行为的简单介绍，以及对要素的评分和有关的各项行为的介绍。在报告时，其他的考官可以提出问题，并进行讨论。当每位考官都报告完毕，大家进行了初步讨论以后，每位考官可以根据讨论的内容、评分的客观标准，以及自己观察到的行为，重新给应试者打分。直到达成一致的意见，这个得分就是该应试者在角色扮演中的总得分。

有时，各考官的评分刚开始就比较一致，在这种情况下，也可以采用统计法来计算应试者的总得分。

13.4.2　角色扮演法的测评要素

1．判断决策能力

判断决策能力是指在对现有信息、观点或方案进行综合比较的基础上，做出决断的能力。

1）观察评价要点

- 信息的获取与利用。
- 分析问题的条理性、逻辑性。

- 决策的风险意识。
- 决策的果断性。

2）评分标准

高（8～10分）：能对不同观点进行分析比较，考虑全面；能够清楚区分不同观点或方案之间的本质差异，并迅速找出它们的优劣之处，然后在此基础上做出判断与决定；条理清晰、逻辑性强；做决定时敢于承担风险；能果断地做出判断并做出决定；能运用令人信服的论据说服别人接受决定。

中（4～7分）：能下意识地比较不同的观点，但考虑不够全面；不能抓住不同观点或方案之间的本质差异；判断时能照顾不同的观点，但不能果断地做出决定；做出决定后不能很好地去说服别人。

低（0～3分）：固执己见，考虑不周全，思维狭隘；做决定时优柔寡断，人云亦云。

2．沟通能力

沟通能力是指能够准确表达自己的观点，同时能够准确理解他人所说的话，并做出适当反馈的能力。

1）观察评价要点

- 表达的观点清晰明确。
- 说服别人认可、接受自己的观点。
- 倾听他人的发言。
- 对他人的发言给予认可和评价（反馈）。

2）评分标准

高（8～10分）：能清楚地表达自己的观点，并有效地引起他人的注意；能根据他人的回应来调整自己的发言，愿意与不同意见进行交流；认真倾听他人的发言，并用表情、视线或其他方式对对方的观点做出回应；能准确地把握对方的主要意思；对没有听清楚的话能进行确认或给予反馈。

中（4～7分）：能比较清楚地陈述自己的观点；能注意到他人的反应，但很少注意与不同意见进行交流；能认真地听他人发言，但很少给予反馈。

低（0～3分）：不能清楚、简洁地表达自己的观点；只顾自己发言，很少在意他人的反应，不主动与他人进行交流；在他人发言时东张西望，或者与他人小声议论；对他人的发言很少给予反馈。

3．组织协调能力

组织协调能力是指能积极主动地引导活动、调配资源，容纳他人的不同意见，处理好与他人的关系的能力。

1）观察评价要点

- 参与活动（讨论）的主动性。
- 控制、引导活动的能力。
- 以理服人及协调不同意见的能力。
- 容纳不同意见、综合提炼同类观点的能力。

2）评分标准

高（8～10分）：能主动有效地控制活动（讨论）的进程、调节活动（讨论）的气氛、自然地成为活动的主持者；善于对不同观点进行总结提炼，并进行阶段性的总结，协调不同的意见。

中（4～7分）：能注意到活动的进展状况，并适当提醒他人；能在一定程度上对他人的观点进行总结。

低（0～3分）：经常谈论与活动无关的话题或从事与活动无关的事；经常打断他人的发言，自我意识强烈；缺乏引导、控制活动进展的能力。

4．团队合作能力

团队合作能力是指具有团队意识，遇事能从团队利益的角度出发，与其他成员共同协作，为实现团队目标贡献力量的能力。

1）观察评价要点

- 团队合作意识：是否意识到参加测评的所有成员是一个团队（有共同的目标和任务）。
- 团队合作行为：具体体现出的团队合作行为。

2）评分标准

高（8～10分）：有强烈的团队意识，可以通过语言或其他信息向其他成员传达"我们是一个团队，是一个整体"等思想；诚实、谦虚，注意通过自身的言行获取他人的信任与支持；尊重他人，信任他人，并积极寻找其他成员的优良品质；能够有效地与各种各样的人合作，使得大家都能够各尽其力为团队做贡献。

中（4～7分）：能够意识到参加测评的所有成员是一个团队，但缺乏主动与他人合作的意识；在团队成员的要求下能协助他人工作，但缺乏技巧。

低（0～3分）：个人意识强，缺乏团队概念；不太信任他人，不愿意寻求与他人合作，也不愿协助他人工作。

5．角色适应能力

角色适应能力是指对角色的认知到位，并在此基础上表现出与角色相一致的语言和行为的能力。

1）观察评价要点

- 角色的认知：是否有角色意识，是否清楚角色的基本要求。
- 角色的适应：语言、行为表现是否与角色的要求一致。

2）评分标准

高（8～10分）：对要求自己承担的角色有清楚的认知，并能恰当地进行角色定位，按照角色的要求参与活动；语言、行为表现与角色的要求相一致。

中（4～7分）：对角色的要求有一定的认知，大体上能按照角色的要求行事；有两三次角色错位的现象。

低（0～3分）：对角色的要求缺乏基本认知，不能按照角色的要求行事；经常出现角色错位或根本没有角色定位的现象。

第 14 章

文件筐测验

当前，在管理人员的招聘和竞争上岗中，文件筐测验作为一种测评技术已经得到越来越广泛的应用。在国外，文件筐测验是评价中高层管理人员的重要测评工具，也是评价中心技术中应用最多的一种情景模拟测验。文件筐测验是一种信度和效度都比较高的测评方法，可用于领导干部和管理人员的选拔、考核及培训。

本章导航

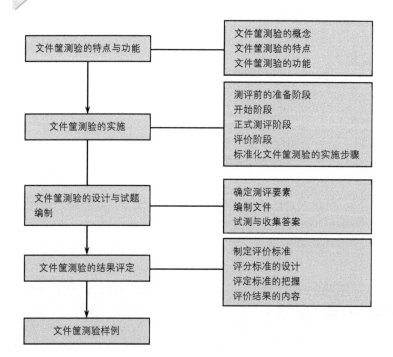

| 文件筐测验的特点与功能 | 文件筐测验的概念
文件筐测验的特点
文件筐测验的功能 |

| 文件筐测验的实施 | 测评前的准备阶段
开始阶段
正式测评阶段
评价阶段
标准化文件筐测验的实施步骤 |

| 文件筐测验的设计与试题编制 | 确定测评要素
编制文件
试测与收集答案 |

| 文件筐测验的结果评定 | 制定评价标准
评分标准的设计
评定标准的把握
评价结果的内容 |

| 文件筐测验样例 |

14.1 文件筐测验的特点与功能

美国电报电话公司应用文件筐测验评估管理人员

第二次世界大战期间，美国情报机构在向纳粹德国派遣敌后情报员的过程中，试用情景模拟法物色可靠人选，结果大获成功。美国情报机构的这一"发明"刺激了商界精英的管理灵感。二十世纪五六十年代，美国电报电话公司率先将该创意由"军用"转向"民用"，先后对本企业 422 名年轻经理人实行了一种别具一格的、以工作情景模拟为核心的测验。该测验重点评估管理人员的知识、技能、价值观和个人职业追求，同样取得了轰动性成果。这其中就包括被称为"管理者实战演习"的文件筐测验。

在美国，除电报电话公司之外，包括福特汽车、通用电气在内的 1000 多家知名企业均将文件筐测验作为企业管理人员选拔、测评的重要方法。

任何测评方法都有其独特的功能，因为每种测评方法的特点不同，所以它们往往适合测量不同的测评要素。通常来说，某一种测评方法总是适合测量某些要素的，而对另一些要素的测量效果较差。例如，文件筐测验能有效地测量计划、决策和授权等方面的能力，而无领导小组讨论更适合测量沟通、人际合作等方面的技能。就测量对象的层次来说，文件筐测验更适合测量中高层管理人员；而工作取样法更适合测量基层管理人员和工人。在实践中，我们一定要注意每种测评方法的独特功能，这样才能起到事半功倍的效果。

14.1.1 文件筐测验的概念

文件筐测验又称公文处理测验，在这项测验中，应试者通常扮演某一管理者或领导者的角色，然后处理一系列信函或文稿，包括通知、报告、电话记录、办公室的备忘录等。这些材料通常都放在办公桌的文件筐内，文件筐测验因此得名，材料的具体内容因应试者拟任职位要求的不同而不同。例如，如果是选拔科级职位的人员，问题可能仅涉及理解并遵循上级指示、安排日常事务性工作、协调和执行等；而对于应聘局级职位的人员，问题可能涉及很广，如人事安排、财政支出与控制、组织机构的调整、公共关系等。所有这些信函与文稿都要求应试者写出处理意见或做出决定，这些材料的数量可多可少，一般不少于 10 份且不多于 30 份，同时要给予一定的时间限制，以使应试者产生一定的心理压力，如必须在赶飞机或参加一个重要的会议前做完、要在 1～3 小时内把这些材料处理完毕（美国电话电报公司要求 3 小时内处理 25 份材料）。在处理材料的过程中，一般没有其他人的协助，而且所设情景要使应试者能单独工作（如在星期天或晚上），这样就必须通过书面表达而不使用电话。但在人员允许的情况下也可以派一个秘书或助手供应试者吩咐调遣，在对应试者进行评价时也将他使用这个秘书或助手的情况作为一个评价指标。有时在应试者处理完这些材料后，评价者还要对其进行采访，要求说明为什么要这样处理，对于不清楚的地方，应试者要予以澄清。

在西方高级管理人员和官员的选拔中，测量管理能力最有效的方法是评价中心技术，这种技术把应试者置于一系列模拟的工作情景中，由组织内部的高级管理人员和外部的心理学家组成评价小组，采用纸笔测验、结构化面试和情景模拟技术等多种测评手段，以考查应试者的各种能力或预测其潜能。评价中心的预测效度是现有各测评方法中最高的，而文件筐测验是评价中心中用得最多的一种测评工具。1990 年，西方的一项调查表明，文件筐测验的使用频率高达 81%。文件筐测验已成为测量高级管理人员和官员实际工作能力的有效手段。

14.1.2 文件筐测验的特点

文件筐测验是把应试者置于模拟的工作情景中去完成一系列工作的，与通常的纸笔测验相比，显得生动而不呆板，较能反映应试者的真实能力水平；与结构化面试、无领导小组讨论等其他测评方法相比，它提供给应试者的背景信息、测验材料及应试者的作答都是以书面形式完成的。这样一方面是考虑到应试者在日常工作中接触和处理大量文件的需要，另一方面也为每位应试者提供了条件和机会相等的情景。文件筐测验可以同时对大批量的应试者进行测试，这也是其他测验无法比拟的。可以说，文件筐测验兼备了情景模拟技术和纸笔测验的优点。

1. 文件筐测验的优点

与结构化面试等方法相比，文件筐测验具有以下优点。

（1）测评情景具有很高的仿真性。文件筐测验的一个最大特点是测评情景与实际工作情景很相似，应试者不是进行角色扮演或回答应该怎么做，而是测评情景几乎就是他们实际的工作情景。由于这一特点，应试者在文件筐测验中会非常投入，就好像他们已经在相应的岗位上工作了一样。从这方面来说，文件筐测验本质上是工作情景的浓缩和模拟，只是操作实施上做了特别的设计。

（2）考查的内容范围广。在文件筐测验中，测评应试者的依据是文件处理的方式和理由，是静态的思维结果。因此，除了必须通过实际操作的动态过程才能体现的要素，任何背景知识、业务知识、操作经验及能力要素都可以包含于文件之中。文件的内容和种类可以多种多样，通常包括来自多个部门（或多人）的信函、报告与请示，文件内容涉及政策法规、人事、财务、公共关系等方方面面的事务，从而可以考查应试者对多方面管理业务的整体运作能力。正因如此，该测验能对高层管理人员进行较为全面、客观的评价。

（3）开放性强。在文件筐测验中，应试者作答的自由度很高，主动发挥的空间很大；应试者面对的不是封闭性问题，而是可以灵活处理的各种开放性问题。

（4）操作实施比较简便。文件筐测验只要求应试者对各种书面材料（包括背景信息和测验材料）进行处理，不涉及人与人之间复杂的互动行为，应试者的作答也是以书面形式完成的。所以，相对于结构化面试、无领导小组讨论来说，该测验的操作实施比较简便，评价者只需经过一定的培训即可胜任。

（5）具有较高的效度。由于文件筐测验的测评方式与拟任职位的工作方式的相似性很高，因此测评结果可以很好地预测应试者未来的绩效。西方有研究者观察了 51 人的工作实绩后发现，工作实绩与文件筐测验之间的相关度高达 0.42；还有人发现文件筐测验的绩效与日后三年内的晋升之间的相关度为 0.32。

2．文件筐测验的缺点

任何测评方法都有其局限性，文件筐测验也不例外。

首先，由于在文件筐测验的实施过程中，评价者与应试者之间通常没有互动交流，因此此法难以测量应试者的口头沟通、人际协调等方面的实际能力。

其次，要编制一个好的文件筐测验并不容易，它不仅需要编制者具有一定的相关工作经验和丰富的测量学知识，而且要花费大量的时间和精力。通常，编制一个比较规范有效的文件筐测验要花一个月以上的时间，费用也比较高。

最后，文件筐测验的评价很难。文件的处理对于不同的组织往往具有不同的评价标准，因为机构性质和价值理念等因素的不同，所以文件处理的标准也会有差别。同时，不同评价者之间的一致性也难以保证，这在一定程度上影响了此方法独特性的充分发挥。因此，文件筐测验的评价应有专家指导，否则会由于评价尺度把握不准而无法取得好的效果，但在具体实践中，专家并不容易请到。所以，这就使得文件筐测验很难大规模推广使用，西方一般也只在选拔高级管理人员和官员时才使用此方法。

14.1.3 文件筐测验的功能

由于文件筐测验可以将工作情景中可能遇到的各种典型问题抽取出来，并通过书面的形式让应试者来处理，所以它可以考查应试者多方面的管理能力，特别是计划能力、分析和判断问题的能力、给下属布置工作并进行指导和监督的能力、决策能力等可以得到很有效地测量。从业务方面来说，文件筐测验可以考查应试者在财务、人事、行政、市场等多方面的业务运作能力，同时，由于与其他面试方法相比，此方法提供给应试者的测验材料和作答都是通过书面形式来实现的，所以还能有效地测量应试者的写作能力。另外，文件筐测验不仅可以用来挑选有管理潜力的应试者，而且可以有效地训练应试者的计划、授权、时间管理、决策等方面的管理能力。研究表明，文件筐测验的结果与培训成功间的相关度为 0.18～0.36。由于文件筐测验所设情景与实际工作情景很相近，因此经过文件筐测验培训后的管理者可以在很大程度上提高其工作技能。

14.2 文件筐测验的实施

文件筐测验的实施步骤包括测评前的准备阶段、开始阶段、正式测评阶段和评价阶段，各阶段都有一些特定的要求，任何阶段出了问题，其他阶段都难以弥补。所以，在实施文件筐测验时，必须严格按要求对所有的应试者进行施测，以保证测量的标准化和公平性。本节前 4 个部分对非标准化文件筐测验的实施步骤进行了详细说明，第 5 部分则专门针对标准化文件筐测验的实施步骤进行了说明。

14.2.1 测评前的准备阶段

测评前的准备工作如何是文件筐测验能否顺利实施的关键。测评前的准备工作的范围很广，包括指导语的设计、各种材料的准备、测试场地的安排等，只有将这些工作做得周到细致，才能确保实施质量。

1．要有清楚、详细的指导语

指导语要说明应试者在文件筐测验中的任务与相关要求，其文字应通俗易懂，以保证每位应试者都能准确无误地理解测验的要求。典型的指导语可能是这样的：

这是一个文件筐测验，在这项测验中，你将作为一个特定的管理者，在两小时内处理一系列文件、电话记录、办公室的备忘录等。

这里为你准备了今天需要处理的全部资料，放在办公桌的塑料文件袋里。

在测验中，你需要使用以下工具：一本答题纸、相关背景材料、文件袋中的测验材料、铅笔、计算器。

请不要在文件袋中的测验材料上写任何东西，所有的问题处理都写在答题纸上。我们只对答题纸上的作答进行记分，在其他任何地方答题都将不予考虑。

在测试期间，为了不影响你的成绩，请关闭手机。

大家都听明白了吗？有问题的请举手……（若有问题，则加以解释；若没问题，则继续。）

2．测验材料充分而逼真

测验材料包括两类，即提供给应试者的背景材料和待处理的各种测验材料。

（1）背景材料一般包括应试者的特定身份、工作职能和组织机构等具体的情景设计。背景材料的多少随测验材料而定，其核心目的是为应试者处理文件筐测验中的各种问题提供一个背景情况，以保证应试者有足够的背景信息可以参照。

（2）各种测验材料包括信函、报告、请示、备忘录等。这些材料事先放在桌子上的文件袋里。为了突出文件筐测验的逼真性，上述文件可以通过多种方式来呈现，如不同的文件用不同规格和大小的纸张来呈现，文件可以既有打印稿又有手写稿，有些文件内容中甚至可以写上多位主管的批示，以表示文件已在多位主管中传阅过。

3．合理设计答题纸

答题纸专供应试者对材料写处理意见或回答指定的问题，是应试者唯一能在其上写答案的地方。评价者只对答题纸上的内容进行评分。

给每位应试者的测验材料和答题纸应事先编上序号，实施前要注意清点核对。答题纸一般由 3 部分组成：一是应试者编号、应试者姓名、应聘职位、文件序号；二是处理意见或处理措施；三是处理理由，如表 14-1 所示。文件序号只是文件的标识顺序，通常可以由易到难，但不代表处理的顺序；应允许应试者根据轻重缓急调整处理顺序，只要给所有应试者的文件顺序相同即可，以示公正。在某些特殊情况下，可能需要应试者就某个问题写一个报告，此时得另加上几页空白答题纸。

表 14-1　文件筐测验答题纸示例

应试者编号		应试者姓名	
应聘职位		文件序号	
处理意见一：		处理理由：	
处理意见二：		处理理由：	

4．事先编制好评分标准

根据各测评要素的定义，结合具体的测验试题，给出各测评要素的评分标准，必要时可给出好、中、差 3 种情况的作答特征描述。

5．事先安排一个尽可能与实际工作情景相似的环境

文件筐测验除要求环境安静、空气新鲜、采光好等条件之外，还要求测试环境与实际工作情景相似，至少应保证每位应试者有一张桌子和必要的办公用具。由于要处理大量的文件，因此桌面要足够大。应试者之间的距离也应远一些，以免相互干扰。为了保密和公平，最好所有的应试者在同一时间内完成文件筐测验。

14.2.2 开始阶段

在文件筐测验正式实施前，考官要把测验指导语从头到尾念一遍，并对测验要求进行简要介绍，同时强调相关注意事项。当应试者对测验指导语完全理解后，每位应试者才可以开始阅读相关背景材料，即应试者的身份和一个假定的时间与情景，通常包括工作职能说明、组织机构表、工作描述和部分工作计划等，阅读时间的长短随背景材料的多少而定，一般 10 分钟就足够了。这里的关键是让应试者尽快进入情景，明确自己的角色，以便正式开始作答。在这个阶段，应试者有任何不清楚的问题都可以向主考官提问。下面给出某公司选拔一位副总裁的文件筐测验背景材料。

今天是 20××年 12 月 7 日，你将有机会在以下两小时中担任 TQC 公司的执行副总裁。由于公司总裁于 20××年 12 月 4 日去国外考察，预期一个月左右，因此，你在这段时间里要全权处理公司的一切事务。

TQC 公司自 2008 年创办以来，从一个民办小公司发展成今天拥有 5 家分公司、3 家海外投资公司、员工 5 000 多人的现代化高科技大型企业，其产品行销全国，并已打入国际市场。

TQC 公司的机构设置（见图 14-1）：总裁有 4 位，一正三副，下设 9 个部门，它们分别是研发部、计划部、生产部、营销部、客户部、采购部、企划部、财务部、人力资源部。每位副总裁掌管 3 个部门。

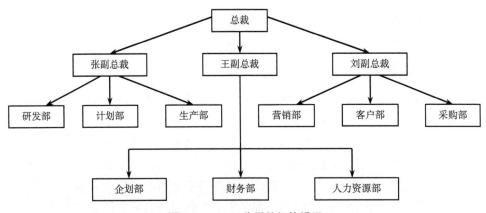

图 14-1 TQC 公司的机构设置

你所担任的王副总裁这个角色，毕业于清华大学计算机系，并获得北京大学光华管理学院工商管理硕士学位，自公司初创时就立下了汗马功劳，先后担任过研发部经理、企划部经理，担任公司副总裁已有 5 年。

现在是上午 9 点，在处理完一般的工作安排之后，你来到办公室。秘书已将今天需要处理的文件整理成册，并放在你的办公桌上。你必须在两小时内处理完所有文件中的问题，因为 11 点还有一个重要会议需要你主持。很抱歉，由于电话线路维修，你在处理文件的过程中，没有办法与外界通话，因此需要你以文件、备忘录或便条的形式将所有文件的处理意见或处理方法写出来，并把每个文件的处理理由也写出来（请将处理意见或处理方法写在专用的答题纸上）。记住：你被大家称为"王副总"。

现在可以开始工作了，祝你顺利。

为确保应试者理解指导语和相关背景信息，有时在应试者看完材料后还会要他完成一个测验（见表 14-2），特别是在文化水平比较低的群体中，这样做是很有必要的。

表 14-2　指导语和背景信息测验示例

应试者编号：	应试者姓名：	应聘职位：

指导语和背景信息测验题

1. 文件必须在两小时之内处理完

　A. 是　　　　　　　　B. 否

2. 有什么不清楚的地方，你可以打电话请示公司总裁

　A. 是　　　　　　　　B. 否

3. 对文件的处理意见或处理方法全部写在相应的文件上

　A. 是　　　　　　　　B. 否

4. 对文件的处理有时候可以凭直觉，不一定非写出处理理由不可

　A. 是　　　　　　　　B. 否

5. 你所在的公司下设 9 个部门

　A. 是　　　　　　　　B. 否

6. 你将代理总裁全权处理所有的文件

　A. 是　　　　　　　　B. 否

（答案：A，B，B，B，A，A）

（如自己的回答与答案不符，请对照指导语检查）

14.2.3　正式测评阶段

正式测评通常需要两小时左右的时间，为保证公平性，在正式测评前，应试者不得翻看测验材料。应试者对文件的处理意见或处理方法都要写在答题纸上，除非评价中心的总体设计中设定，否则应试者一般需要独立工作，没有机会与外界进行其他方式的交流。应试者在这个阶段有任何问题，都不得向考官进行提问。当测评结束时，应试者必须同时停笔，但考官可以提醒他们检查一下是否在每一页答题纸上写上了应试者编号。对于提前做完试题的应试者，不要让他们离开考场，因为下一个阶段考官可能还会对应试者进行必要的追问。还拿某公司选拔副总裁的例子来说，文件筐测验中可能会出现以下文件。

【文件一】

王副总：

　　这是刚才营销部副经理范近提交的辞职报告，他表示本周完成移交工作后就离开公司。您看如何处理？

秘书　文海民
20××年 12 月 6 日

辞职报告

　　我来公司 4 年了，在公司领导的信任和支持下，于去年 5 月开始担任营销部的副经理，在工作上自谓尽心尽职，公司的营销业绩有了显著的进步，公司也因此于去年年底重奖了我。部门经理可能觉得我能干，就让我分管工作最难开展的区域，这倒没什么，可近半年来，我经常感到部门内很多人不配合我的工作，甚至在背后给我拆台，这样下去不论对公司还是对我来说都是很不利的，我也感到很郁闷，所以想换个工作环境。

　　我已做好了移交工作的准备，如果由于我的辞职给公司及您本人带来不便，那么请您接受我诚挚的歉意。

营销部　范近
20××年 12 月 6 日

【文件二】

关于开发新产品的报告

王副总：

　　开发部研制并开发了一种新产品——汽车高级自动保护系统，这是第一次向您汇报。我们定于 12 月 11 日上午 9:00—10:00 在本部二楼召开一个产品检验会，希望您能参加。届时，美国国家专利局的官员和日本丰田汽车新产品试验部的主任都将到场。

　　请及时回复，便于我们做出安排。

研发部　王××
20××年 12 月 6 日

【文件三】

新闻采访

王副总：

　　今年，我公司在行业整体效益大幅度滑坡的背景下，销售额居然有较大的增长，这引起了许多媒体的关注。因此，《工商时报》记者王兵希望在 20××年 12 月 11 日上午采访您。这一报道对我公司的宣传很重要，我们希望该报能用较大的篇幅报道我公司新产品的有关情况，但记者认为这要根据对您的采访结果来决定。

　　您是否安排采访，请批示。

营销部　温××
20××年 12 月 5 日

【文件四】

客户需求

王副总：

我们客户部上周收到一封信，内容摘要如下："作为贵公司的客户，我们急需 100 台 TJX-2000 微型电路系统的计算机，须在明年 1 月 10 日前交货。鉴于贵公司的信誉及和我公司的长期合作关系，恳请给以最大的帮助，万分感谢。望复！"从信中可以看出客户的需要，但这种计算机的生产周期是 30 天，若要满足客户需求，我们需要动员相关部门全力协作，具体涉及的部门有生产部、采购部、财务部和营销部。此事如何处理，请批示安排。

客户部　金××
20××年 12 月 6 日

【文件五】

王副总：

现呈报给您周正中的辞职报告。他是公司研发部的业务骨干和重点培养对象。

人员流动性大始终是困扰我公司发展和经济效益的重大问题。根据最近 3 年的统计，有 15%的员工工作不满一年就辞职了，25%的员工来公司工作两年就辞职了，近 40%的员工在公司工作三年就"跳槽"到了其他同类单位。

从最近人员流动的情况来看，公司员工离职主要有以下几个方面的原因：

一是我们公司的员工素质总体比较高，许多人都具有计算机应用、微电子工程或工商管理等热门专业的硕士学位，他们在国内的就业机会很多，这在客观上为他们的流动提供了可能。

二是我们公司尽管很重视员工的培训，但员工提职的机会很少。由于公司中高层管理人员一直很"饱和"，近两年来全公司只有 14 名优秀的员工被提拔到中层管理岗位，所以一些员工因为看不到自己的发展希望而离开公司。

三是我们公司的薪酬不仅比外资公司低不少，而且与同类的民营企业相比也偏低。

此事您看如何处理，请批示。

人力资源部　张××
20××年 12 月 5 日

附：周正中给研发部王经理的辞职报告

辞职报告

王副总：

您好！

首先衷心地感谢您和公司对我的重视和培养，在公司工作的近两年时间里，我觉得自己在业务技术和管理方面都有了很大的提高。随着公司业务的不断发展，我感到自己的担子越来越重，同时觉得自己付出的劳动与得到的回报不太相称。为此，经过慎重考虑，我决定离开公司，去寻求一个更适合我的发展环境。

此事实在是出于无奈，请予以批准，谢谢。

研发部　周正中
20××年 12 月 4 日

【文件六】

新产品成本分析

王副总：

某企业试制成功了一种微型恒温器，这种产品的市场远景很好，且竞争对手已成功地以每只 800 元的价格在市场上进行了销售。目前的问题是，我们的实际成本超过了标准成本很多，无法与竞争对手抗衡。请您根据成本报告（见表 14-3）进行分析，找出成本控制中的主要问题及对策。

表 14-3 微型恒温器的成本报告　　　　　　　　　　　　　　　单位：元

项目	实际成本	标准成本
直接劳动力费用	59	52
直接材料费	340	194
生产管理费（按直接劳动力费用的标准成本的 438%计算）	228	228
生产总成本	627	474
损耗费（总成本的 10%）	62.7	47.4
销售与管理成本费（直接劳动力费用和生产管理费的 40%）	114.8	112
总成本	804.5	633.4

财务部　李××

20××年 12 月 5 日

【文件七】

合作商谈

王副总：

最近，我们收到日本 PHR 公司的一个邮件，邮件内容是希望与我公司合作。PHR 公司是日本本田汽车公司参股的一个专业开发汽车配件的公司，公司年销售额达 40 亿美元，在全球近 10 多个国家的 30 个城市设有销售部。该公司通过我公司的网站了解到我们的情况后，对我们很感兴趣。他们认为我公司很有发展潜力，希望能与我公司合作，共同开发中国市场。为此，他们希望能与我公司相关人员商谈一次，请我们尽快给予答复。下个月初，该公司副总一行 5 人来中国考察，如果可能的话，他们希望顺便拜访我公司。此事如何回复，请批示。

企划部　张××

20××年 12 月 4 日

当应试者在处理文件时，考官应注意对应试者进行观察，以了解他们在这种情况下是如何工作的：他们对这些文件的处理是否互有联系；他们是授权让别人来干工作，还是自己来干所有的工作；他们的紧张程度如何等。考官在观察应试者行为的过程中可以适当记录，记录的内容要详细，不要进行不成熟的评论，主要是通过客观的观察，为后面的评价提供补充信息。实践表明，一些以前没有当过管理者的人发现他们并不喜欢管理工作，因此他们拒绝接受这一工作。在选拔过程中，把这些人淘汰比在雇用后再淘汰，无论对他们还是对组织来说都有好处。

14.2.4 评价阶段

测试结束后，考官要立即对应试者的作答进行粗略的评价，因为只有这样，考官才能在感到应试者的回答模糊不清时，对应试者进行当面提问。如果未能及时进行评价，那也应该在现场翻看一下做的记录，以决定是否要对应试者进行必要的提问。考官一般在评价应试者的实际回答时，不仅要看应试者对文件的处理方法，还要结合应试者对每个文件的处理方法背后的理由说明。有时候，尽管两位应试者的处理方法相同，但不同的处理理由往往能反映出他们不同的能力水平。

14.2.5 标准化文件筐测验的实施步骤

以上我们介绍了非标准化文件筐测验的实施步骤，但有时我们也会采用具有常模的标准化文件筐测验进行施测，此时更要注意实施步骤的标准化，否则测验结果将会失效。下面以某个标准化文件筐测验为例来说明其实施步骤。

本文件筐测验包括 4 个分测验，每个分测验都有严格的时间控制，总计时间为 115 分钟。其中：

测验 1——计划：40 分钟

测验 2——预测：25 分钟

测验 3——决策：25 分钟

测验 4——沟通：25 分钟

该测验采用集体施测的方式，整个测验过程都会用录像机记录下来，考虑到录像的效果，每组人数以不超过 10 人为宜。如果能单独安排在模拟的经理室里进行测试，效果更好，具体过程如下。

1．依据预定的应试者人数，选择适宜的测验地点，并进行考场布置。考场环境应安静、整洁、无干扰，采光照明良好。由于要处理大量文件，因此桌面要够大。如果同一考场有多人参加，那么应试者之间距离要远一些，以免相互干扰。

2．准备好测验所用的材料及用品，如测验材料、答题纸、铅笔、橡皮，以保证每位应试者有以上完整的测验材料及用品。允许应试者自带计算器。

3．安排应试者入场，并宣布测验注意事项，指导语如下。

"请大家注意，为了不影响测验，请大家关闭手机，暂停使用。

请大家查看一下是否都拿到了测验材料和答题纸（测验主持人展示）各一份。首先请大家在答题纸的背面填写姓名等背景信息。在测验没有正式开始之前，请不要翻看测验材料。本测验分为 4 个部分，每部分都要用到这些测验材料。请注意，不要在测验材料上做任何标记，请在答题纸上回答问题。测验结束后，请把测验材料和答题纸一并交还给我们。

请大家翻开第一页答题纸，这是一个文件筐测验……（总指导语略）

如果有疑问请大家提出，我们现在给予解答。（停顿，主持人答疑）

如果大家没有任何问题，我们现在开始测试。"

测验 1：计划

指导语

这个测验要求你根据文件筐中的材料给出的工作做计划，请你用任何你认为合理的方式对这些材料进行分类。在这一部分中，你必须完成以下 3 项内容。

1.根据材料的主要内容对材料进行分类，并对每个类别进行命名。

2.确定材料或材料中事件的优先级。你必须根据材料的重要性和紧迫性，用下列表示优先级的字母确定材料处理上的优先顺序。优先级和字母的对应关系如下。

H=优先（材料极其重要，需立即处理）。

M=中等（材料不急不缓，可稍后处理）。

L=靠后（材料是平常的，可搁置一段时间再处理）。

3.请对每一份材料写出处理意见，并指出参考了文件筐中的哪些材料（请用材料右上角的编号来代表每一份材料）。

你有 40 分钟的时间来完成这项任务。请记住你现在的身份和今天的具体日期：瑞克有限公司市场营销部经理；20××年 2 月 8 日。若现在有疑问，请立即向考官询问，然后等待翻页和测验开始的指令。

测验 2：预测

指导语

这个测验要求你运用文件筐中的材料提供的有关信息，针对给定的两个问题分别做出预测。两个问题单独记分，分值相同。对每个问题你必须：

1．做出全面的预测（要求进行简单解释）。

2．列出预测所依据的主要因素或假设。

3．列出实现预测所需的实施方案。

你的答案应写在随后的两页答题纸上，我们只对这两页答题纸上的内容进行评估。你有 25 分钟的时间来完成这两个问题。若现在有疑问，请立即向考官询问，然后等待翻页和测验开始的指令。

测验 3：决策

指导语

这个测验要求你运用文件筐中的材料提供的有关信息，针对给定的两个问题进行决策。每个问题单独记分，分值相同。对每个问题你必须：

1．列出可供参考的备选方案，并综合考虑其优劣性。

2．综合文件筐中的材料信息，列出影响你决策的主要因素。

3．选择一种方案作为你的最终决策，并说明理由。

你的答案应写在随后的两页答题纸上，我们只对这两页答题纸上的内容进行评估。你有 25 分钟的时间来完成这两个问题。若现在有疑问，请立即向考官询问，然后等待翻页和测验开始的指令。

测验 4：沟通

指导语

这个测验要求你针对总经理的辞职报告起草一份备忘录，列出你计划要采取的行动。它将作为今天晚上会议发言的底稿。请把备忘录写在随后的两页答题纸上。我们只对这两页答题纸上的内容进行评估。我们将依据以下几点来评估你的备忘录。

1．范围，即备忘录参考了文件筐中的哪些材料信息。

2．结构，即要求文章结构严谨，内容简明扼要。

3．语言风格，即要求行文流畅，有严密的逻辑性。

你有 25 分钟的时间来完成这项测验。若现在有疑问，请立即向考官询问，然后等待翻页和测验开始的指令。

14.3　文件筐测验的设计与试题编制

试题编制是设计文件筐测验的核心环节，是直接影响测评效果的关键。如果这个环节的工作做得不好，那么测评实施与结果评定等环节也很难做好，文件筐测验的有效性和可靠性也就无从谈起。所以，如何设计和编制文件筐测验试题是学习和掌握文件筐测验的关键。

14.3.1　确定测评要素

测评要素的确定要依据以下两个方面来进行。一是通过工作分析或胜任特征分析来澄清拟任岗位的要求，通常需要分析岗位的职责与任职要求，这可以通过查阅有关职位的说明书来进行，同时要与任职者或其上级领导进行深入细致的访谈，以澄清拟任岗位的关键任务指标和胜任特征。如果可访谈的任职者数量比较多，还可以采用问卷的方式进行调研。通过上述方法，可以确定拟任岗位的素质要求，这是确定测评要素的立足点。二是要充分考虑文件筐测验的特点并进行取舍，如前所说，文件筐测验不一定对所有的测评要素都适合，这就需要根据测验本身的特点进行选择。通过这一步骤，可以确定文件筐测验要测评什么要素、哪些要素可以得到充分测评、各要素应占多大的权重。

文件筐测验通常可以考查以下多种能力。

（1）统筹计划能力。

（2）组织管理能力。

（3）向下属布置工作，并进行指导和监督的能力。

（4）分析和判断问题的能力。

（5）授权能力。

（6）决策能力。

（7）人际协调能力。

（8）文字表达能力。

为便于试题编制，通常要给出各测评要素的简要定义。例如：

决策能力

能对复杂的问题进行审慎的剖析；能灵活地搜索各种解决问题的途径，并做出合理的评估；能对各种方案的结果做出清醒的判断；能从全局的角度，提出高质量的决策意见。

14.3.2　编制文件

编制文件是文件筐测验设计的核心环节。编制文件要经过以下 3 个步骤。

1．得到文件素材

文件素材不能凭空杜撰，而应该从任职者的实际工作中得来，一种比较有效的办法是请一批比较好的任职者或他们的上级领导开个交流会，运用关键事件法，让他们回想自己在工作中处理过的印象比较深的各种事情，并要求他们写出来。一位任职者的回忆常会引起另一位任职者的回忆。

为了得到任职者的配合，对关键事件的回忆宜从正面事件开始，因为大多数人谈论自己比较成功的事情还是比较容易的，这样做能使他们很有信心，从而乐于去回忆关键事件。一般来说，每个人写上 5 ~ 10 件事是没有什么问题的。另外，要注意提醒任职者按事件发生的时间先后顺序来回忆，这样可以防止事件重复，同时便于回忆。至于征集事件总体数量的多少，要根据所需编制的文件数量而定，一般要按所需文件数量的 2 ~ 3 倍来征集。

为了不使他们写出的事情太离谱，应该事先将测评要素及其内涵告诉他们，让他们回忆能反映这些要素的事件，同时指导他们写下什么样的事件。一个好的事件应该具有以下特征。

（1）事件需要任职者提出一种处理办法，也就是说呈现一个需要解决的问题。

（2）事件具有一定的挑战性，即并不是每个人都知道最佳的处理办法。

（3）事件是现实发生的而不是凭空想象出来的。

（4）事件的处理必须有一种正确的解决办法，至少某些处理办法比另外一些办法好。

（5）事件提供了足够充分的细节，能使应试者做出一些行动方案。

（6）事件处理不需要过于专业的知识。

2．筛选、加工文件素材

运用关键事件法得到的大量文件素材中，有一些可能不符合你的要求。例如，有的事件根本反映不出任何的测评要素，那么这个事件就不能用；如果能反映出任一测评要素，则把这个事件归类到相应的测评要素上。经过这样一个过程，可以得到反映各测评要素的大量事件。

接下来要对各测评要素下的许多事件进行加工。因为任职者写出来的有些事件太抽象或不够完整，这就需要对事件进行适当补充和完善；有些事件包含了多个事件，这就需要对事件进行适当拆分；还有些事件描述得太烦琐或过长，这就需要对事件进行精简和加工。另外，完全真实的材料往往过于偏重经验的考查，而忽视了潜能的考查，据此选拔出来的人无疑是完全与招聘单位文化气氛相同的人，违背了引入外来人才，给单位输入新鲜血液的目的。同时，完全真实的材料，使选拔本身对单位外部的应试者不公平，因为素质相同的内部应试者被录取的可能性更大，结果给人留下"一切都是内定，测试不过是走形式"

的印象。这对真正想引进外来人才的单位尤其不利。所以，对文件素材的加工处理是很有必要的。

文件素材的加工还包括文字的加工，即试题的表述要清楚，文句要简明扼要，表意确切，不能使应试者费解或产生误解，但也要注意不可遗漏解题所依据的必要条件；要避免使用艰深的字词，除考查阅读理解等语言方面能力的文件之外，试题应尽可能使应试者不受语言能力的影响，否则文件筐测验就成了考查阅读理解能力的测试，而不是考查各种领导能力和管理能力的测试，其公平性就会受到影响。

3. 编制文件

在上述工作的基础上，可以根据各种事件组合文件素材，形成相关文件，如信函、备忘录、报告、请示、便条等。文件的类型通常包括 3 类：批阅类、决策类和完善类。批阅类文件要求应试者能区分文件的轻重缓急和性质，并提出处理意见。这类文件是常规性的公务文件，通常只需按部就班地处理即可，该阅知的阅知，该批复的要提出批复意见，需要请示的要向上级领导请示等。决策类文件往往是请示、报告、建议之类，阐述的往往是日常工作中遇到的非常规性决策问题。这类文件要求应试者在综合分析的基础上提出决策方案或从给定的几种方案中选择最佳方案。完善类文件往往是有缺陷的文件，尚缺少某些条件和信息，如材料不完善、观点意见不妥当等。这类文件是考查应试者是否善于提出问题和获得进一步信息。文件的签发方式及行文规定可以忽略，但文件的行文方向（对上与对下、对内与对外等）应有所区别。这一步要注意的是，文件的形式尽量与拟任职位中实际可能遇到的各种文件形式一致。

编制的文件应力求做到以下几点。

1）典型性

文件必须具有典型性，这里有两层意思：一是文件的内容涉及的是应试者在未来工作中最主要的、最关键的活动，而不是那些次要的、偶然的活动；二是文件涉及的事件不是原原本本地从实际原型中截取，而是把多种情况进行归纳、概括，然后集中在一个文件里。文件中的事件也许在实际中不会完全一样地出现，但类似情景在不同时间不同场合下都可能出现。要做到这一点，必须对事件进行典型化处理，这样才能高度浓缩工作原型，在很有限的测试时间内让应试者应付在未来多年工作中才能碰到的问题。

2）主题突出

一般来说，一个文件会涉及一个事件多方面的具体描述，短的有几行字，长的会有好几页。一个文件通常要考查应试者某方面的能力，文件的描述应以此为核心，所以文件的主题应突出。如果文件的核心问题抓得不准，应试者就会在不相干的细节上浪费宝贵的测试时间。

3）难度要适中

选拔性测试的目的是要区分能力不同的应试者，这就要求编制的文件不能太复杂或太简单，因为大家都会处理或大家都不会处理的文件不能有效地区分能力不同的应试者。这个道理说起来简单做起来难，由于国内许多机构没有系统科学的职位分类体系，对许多职位应具备何种水平的知识、经验和能力缺乏客观可靠的依据，因此难度的把握就比较困难，只能通过试测来估计。

文件编制出来以后，还要依据一定的管理情景和假定的应试者的身份对应试者提出问题或要求，并对各种文件进行组合，从而构成一个文件筐测验的整体。在文件组合过程中，要根据文件的难度安排一个合理的顺序，通常应该由易到难，形成梯度，从而避免应试者在一个很难处理的文件上耽搁太久而影响对后面文件的处理。另外，要注意对一个文件的不同处理可能体现不同的要素，同时可能会产生一些新的要素，例如，通过设置应试者参加的两个会议在同一时间，看看应试者是否觉察到时间上的冲突，以及能否区分事件的重要性程度，避轻就重；通过设置 3 个反映同类问题的事件，看看应试者能否觉察到它们之间的联系，并做出统一处理等。在设计文件时，还要根据管理情景对文件进行适当加工，并对文件的处理方法要有所控制，确定好记分标准，尽量避免出现多要素同时得分和由于无法归于某一要素而不得分的情况。最后，还要对文件筐测验的作答时间有一个大概的估计。

14.3.3 试测与收集答案

文件筐测验的文件编制完成以后，制定评价标准是最为关键的。为使评价标准具有针对性和实用性，就需要收集各种答案，即文件的各种处理办法。一个比较有效的做法是把编制好的文件提供给在职的管理人员来作答。这些在职管理（或领导）人员应该具有代表性，他们的总体状况必须与将来正式应试的团体具有相似的特征，他们所在的岗位就是应试者将来拟任的岗位，而且人数不能太少，通常应有几十人，否则难以获得有统计价值的数据。试测的实施过程与情景尽量与将来正式测试时相近，但时限可稍宽泛一些，以便使试测者把所有的文件都处理完，以收集较充分的资料，使统计分析的结果更为可靠。最后将这些人的答案进行汇总分类，列出表来。在试测中，要特别注意文件筐测验的保密性，这个要求需要对试测者明确提出来。

为了保证文件筐测验的应用效果，我们还可以通过一定的技术手段来提高测验的区分效度。一个理想的方法是将编制好的文件筐测验施测于一批优秀的任职者和一批无管理经验的一般人员，从理论上讲，前者对测验材料的处理应该明显强于后者。假如这两个群体之间的作答结果无显著差异，甚至一般人员对测验材料处理得更好，那么说明编制的文件筐测验可能存在什么问题，这时就需要对这样的文件进行进一步分析，并在此基础上进行修改或删除。不过，对于大多数文件筐测验来说，好的任职者会比无管理经验的一般人员的处理结果要好。美国电报电话公司曾经对此进行过研究，他们比较了有经验的管理者与那些接受管理培训的新手在文件筐测验上的作答情况，结果发现：相对于有经验的管理者来说，新手的处理意见更加冗长、烦琐；更少以问题的重要性为基础来采取行动；更少看到问题与整个组织机构的关系；更频繁地采取行动和做出最终决策，而不进行调查研究；更依赖于授权，而不是像有经验的管理者那样有所控制地授权；除了考虑高层领导，很少考虑别人。由此可见，有经验的管理者可以为文件筐测验提供更为合适的答案。

14.4 文件筐测验的结果评定

结果评定既是文件筐测验的重点，又是其难点所在，只有对应试者的作答进行准确合理的评定，才能有效地发挥文件筐测验的鉴别功能，也才能体现使用此方法进行人员选拔的客观公正性。但是，由于文件筐测验的作答的开放性，再加上测验背景的复杂性，其结果评定很难，因此对考官提出了很高的要求。

14.4.1 制定评价标准

让有经验的高层管理人员或主管对上述所有答案使用三级量表进行评定（好、一般、差），并进一步确认试题测试的要素及答案可能反映出的应试者的能力水平。在此基础上，把所得到的结果进行总结性的统计和组织，即可得出各文件的可能答案表及评价标准。下面给出一个计划能力评价标准的样例。

计划能力评价标准

好：能有条不紊地处理各种公文和信息材料，并根据材料事件的性质和轻重缓急对材料进行准确的分类处理；在处理问题时，能及时提出切实可行的解决方案，主要表现在能系统地事先安排和分配工作，注意不同材料间的关系，有效地利用人、财、物和信息资源。

一般：分析和处理问题时能区分事件的轻重缓急，能看到不同材料间的关系，但解决问题的办法不是很有效，在资源的分配与调用方面也不尽合理。

差：处理各种公文和信息材料时不分事件的轻重缓急，没有觉察到各材料间的内在联系；解决问题时没有考虑到时间、成本和资源方面的种种限制，以致提出的问题解决办法不可行。

14.4.2 评分标准的设计

评分标准的设计是文件筐测验的结果评定中的基础环节，文件筐测验的评分标准包含 3 方面的内容：一是参考标准，即处理各个问题的较理想的方式；二是等级水平，即各种不同的处理方式所体现的能力、素质或资格条件的数量水平或质量等级的量表系统；三是测评标准，即一定等级水平与参考标准之间的对应关系。文件筐测验的测评标准有 3 个方面的作用：一是提高考官对各测评要素的认识，提高其判断力；二是在文件筐测验的结果评定中应用，以保证评分的客观统一性；三是作为考官培训的指导性材料。要设计一个好的文件筐测验评分标准，需要在参考标准的确定和评分表的设计上下功夫。

1．参考标准的确定

参考标准的确定是评分标准设计的关键，因为只有明确了什么样的文件处理方式说明应试者在某方面的能力强、什么样的文件处理方式说明应试者在某方面的能力差，才可能有效地评价测验结果。那么怎样确定测评要素的测评指标呢？可以采用当前国际上盛行的行为定位法。这种方法不关注应试者之间的比较，而是有一个行为性的测评基准点，寻求有效的行为表现与无效的行为表现的区别及不同的行为表现所产生的效果。根据这一方法，我们要注意区分在各测评要素上水平高低的行为表现。例如，判断能力这个要素，我们可以先寻求判断能力强的人的 3 个方面的主要行为表现：一是能准确、全面地掌握问题所涉及的具体知识，这是判断的基础；二是能迅速且透彻地理解问题的内涵和性质；三是结论正确、全面。相应地，判断能力差的人的主要行为表现：不了解、无法掌握问题涉及的知识；对问题含义和性质中十分明显的方面也不理解甚至理解错误；提出的结论含糊、不全面、不合逻辑或根本提不出解决问题的方法。

上述行为表现标准的编写并不是凭空进行的，而是要通过认真的调查、分析和思考得出的。例如，关于判断能力的体现，我们可以提出这样的问题：我们说一个人的判断能力强，究竟是什么意思？判断能力强的人，在工作和生活中、在处理文件时，会有什么样的行为表现和特点呢？判断能力强的人和判断能力差的人，在行为表现上又有什么差别呢？为回答这些问题，可以通过文献调研的方式，同时征求一批在职的管理者或专家的意见，最后加以归纳整理。

2．评分表的设计

参考标准确定后，评分表的设计就比较简单了。这里首先要确定量表评定的等级，常用的有 5 点量表、7 点量表、9 点量表、10 点量表，其特点是将应试者的行为表现分成等距的几个等级。例如，在使用 5 点量表时，可以将应试者在某个要素上的表现分成很好、较好、中等、较差、很差 5 个等级。在使用 10 点量表时，常常会把应试者的行为表现先分成好（8~10 分）、中（4~7 分）、差（1~3 分）3 个等级，并对 3 个等级的行为表现做出具体的描述，然后考官根据应试者的具体表现在 3 个等级内再进行细分。下面给出一个比较简单的文件筐测验评分表示例（见表 14-4）。

表 14-4　文件筐测验评分表示例

序号：	姓名：		性别：		年龄：	
文化程度			报考职位			
测评要素		观察要素		满分/分	得分/分	备注
问题解决	洞察问题	察觉问题的起因，把握相关问题的联系，归纳综合，形成正确判断，预见问题的可能后果		10		
	解决问题	提出解决问题的有效措施并付诸实施，即使在情况不明朗时也能及时决策		10		
	计划统筹	确定正确、现实、富于前瞻性的目标安排和实现目标的有效举措和行动步骤，预定正确可靠的行动时间表		10		
日常管理	任用授权	给下属分派与其职责、专长相适应的任务；给下属提供完成任务所必需的人、财、物支持；调动使用下属的力量，发挥下属的特长和潜能		10		
	指导控制	给下属指明行动和努力的方向，适时地发起、促进或终止有关工作；维护组织机构的正常运转，监督、控制活动经费的开支及其他资源的消耗		10		
	组织协调	协调各项工作和下属的行动，使之成为有机的整体；按一定的原则要求，调和不同利益方的矛盾冲突		10		

续表

测评要素		观察要素	满分/分	得分/分	备注
日常管理	团结下属	理解下属的苦衷，在力所能及的范围内解决下属的困难；尊重下属，倾听下属的意见，维护下属的积极性，帮助下属适应新的工作要求；重视并在条件可能的情况下促进下属的个人发展	10		
个人效能	个人效能	注重实干、效率和行动，合理有效地使用、分配、控制自己的时间	10		
考官评语					

考官签字：

14.4.3　评定标准的把握

让考官掌握评定标准是文件筐测验结果评定的核心环节。评分表设计得再好，如果考官对评定标准没有把握好，那么结果评定也是没有可信度的。考官要把握评定标准，通常需要按以下程序进行训练。

1．让考官熟悉测评要素的内涵和拟任岗位的要求

在文件筐测验的考官中，通常有两类人员：一类是评价专家；另一类是具备拟任岗位工作经验的人（一般是拟任岗位的上级领导或人事组织部门的领导）。评价专家能很好地把握测评要素的理论界定和评价尺度，但往往对具体岗位的要求了解不够，从而对测评要素的实际内涵把握不够，所以评价专家一定要熟悉岗位要求，特别是要把握拟任岗位对应试者的具体能力要求。而参与评定的相关领导则正好相反，他们往往对岗位要求很了解，但由于在测量评价方面缺乏相应的专业知识，因此对测评要素的操作定义把握不好，同时在评价操作中对评价尺度的把握也比较欠缺，这就需要接受评价专家的培训，深刻领会各测评要素的内涵，掌握评价尺度。这一步是很重要的，评价专家应与参与评定的相关领导密切沟通，相互取长补短，以提高评价的客观性和有效性。

对于文件筐测验中经常涉及的要素，如计划、授权、决策等方面的能力，考官可以通过一些具体的行为表现对应试者进行评价。例如：

（1）是否每份材料都已经看过，并做出了答复。

（2）在有时间限制的压力下，应试者能否分清轻重缓急、有条不紊地处理这些公文。

（3）是否将每份书信按照其重要程度进行了分类，并做了答复。

（4）能否恰当地授权于下属。

（5）当信息不足以做出决策时，应试者是否提出要寻求相关的信息。

（6）是否过分拘泥于细节。

（7）解决问题的方法是否巧妙而有效。

（8）做出每项决策的理由是否充分合理。

2．评价练习

让考官熟悉测评要素的内涵和拟任岗位的要求，这一点仅通过讲解和交流的方式来进

行培训是远远不够的，因为评价技能的掌握不仅需要通过言语来沟通，而且需要通过评价实践来巩固。通常可以让多位考官同时对几份文件筐测验的应试者作答情况进行评价训练，评价前要把拟任岗位的工作职责和素质要求详细地介绍给考官，然后将事先准备好的比较详尽的评分表发给考官，并加以讲解，待各位考官基本把握了测评要素和指标后，让各位考官把应试者的文件处理结果与职位要求的测评指标相比较，最后对二者相一致的程度给出一个数量化的描述。在评分的实施过程中一定要注意，考官一般应该各自独立评分，然后交流评分结果，通常会发现不同考官的评价结果差异较大，此时就得让他们简述自己的评分理由，并据此对他们进行指导，使他们把握好统一的评分尺度，再独立进行第二次评分，直至达到预定的标准为止。

14.4.4　评价结果的内容

在文件筐测验的结果评定过程中，考官不要仅给出一个简单的分数，最好能就各测评要素写出对应试者的书面评语，这样做的意义在于：一是书面评语记录了文件筐测验中提供的难以从分数中体现出来的很多宝贵信息；二是书面评语可以使录用决策建立在更生动具体的评价信息的基础上；三是书面评语可以更明确地反映出考官对应试者的倾向性意见。

关于如何填写文件筐测验的评语，并没有很严格的限定，一般可以从以下方面着手。

（1）应试者的主要特点应与应试者在不同测评要素方面的得分相一致，即与对应试者某些测评要素得分的文字描述相一致。当然，考官也可以在此记录应试者在主要测评要素之外的突出之处。

（2）对应试者的不解之处，即文件筐测验后考官对应试者仍存在的疑点暂时没有办法确切了解，可留待其他测评方法进行印证，或者有必要提请有关人员今后注意。

（3）考核建议，即在评语中提出如何对应试者进行考核或考核重点的建议。下面给出一个文件筐测验评价结果的简要样例（见表 14-5）。

表 14-5　A 先生文件筐测验的总成绩

测评要素	满分/分	得分/分
计划	100	40
授权	100	30
问题分析	100	50

"在文件筐测验的 25 个文件中，A 先生处理了 18 个，但处理得比较深入。他过迟地觉察到自己来不及完成全部文件。

计划

他在解决问题时主要按时间的顺序而没有按紧迫性来进行。他在提出问题的处理意见时没有考虑到时间和资金的限制。

授权

对许多事情的认识不足，很多工作项目本来可以由他的下属或辅助人员去完成。他未让手下的人员去为其收集信息，以至于在面对一些事情时未能做好准备。

问题分析

他未能领会各种备忘录的含义，认为每个备忘录都是孤立的，因此把许多问题简单化，仅处理了备忘录上写得最明显的事情。

总体来说，A 先生作为一个管理者缺乏应有的管理能力。"

14.5　文件筐测验样例

下面是由笔者设计的在领导干部竞争上岗中使用的文件筐测验。

文件筐测验指导语

这是文件筐测验的模拟练习，目的是考查日常管理和业务管理的能力和经验。所有的文件都是杜撰的，但请你务必当作真实文件来对待。

你的角色是××市人力资源与社会保障局的王副局长，毕业于中国人民大学劳动人事学院，在人力资源与社会保障局已干了 10 多年，先后担任过考试录用处主任科员、职称处副处长、教育培训处处长、办公室主任。人力资源和社会保障局的有关工作职能和机构设置情况，请参见背景材料。

今天是 20×× 年 1 月 19 日，由于局长 20×× 1 月 15 日去国外考察，预期一个月左右，因此，你在这段时间里得全权处理局里的一切事务。局里另外两位副局长也出差在外，下周才能回来。

请注意：

（1）假定在 20×× 年以前发生的国内外事件都是真实的，你可将之作为分析判断和决策的依据。

（2）你对每份文件的处理意见和理由必须写在答题纸上，直接写在文件上不予记分。

（3）对同一份文件可以有多种处理意见，如果每种处理意见正确，则都可以得分。

（4）你必须在 1 小时内处理完所有的文件。

背景资料

人力资源与社会保障局有关人事工作的主要职能如下。

（1）贯彻国家人事人才工作的法规、规章、政策规定，研究起草本市人事人才管理方面的地方性法规、规章草案及人事制度改革的规划，并组织实施。

（2）负责本市国家公务员管理工作；研究拟订本市国家公务员职位分类、职位设置、考试录用、考核、奖励、纪律、惩戒、辞职、辞退等方面的政策规定，并组织实施；指导、协调各区、县和各部门实施国家公务员制度的工作。

（3）负责本市专业技术人员队伍的建设规划和管理工作；负责本市专业技术人员职称工作，研究拟订专业技术职务聘任工作的政策、规定，并组织实施；负责组织推行专业技术人员职（执）业资格制度；完善专业技术资格考试制度。

（4）负责本市人事人才工作的国际交流与合作；负责引进国外人才和来华在京定居的外国专家的管理工作；承担对有突出贡献的中青年专家和享受政府特殊津贴专家的管理工作；负责建立本市博士后站的管理和服务工作。

（5）负责本市人才市场的管理工作，建立和完善人才市场体系，规范人才市场活动；规划、指导本市人才市场信息网络建设；建立和完善人才市场中介机构业务许可制度；推动本市人事代理制度建设。

（6）负责协调、指导、推进事业单位的人事制度改革工作；负责本市机关单位、事业单位工资福利的综合管理和分配制度的改革工作；研究拟订本市机关单位、事业单位和派驻境外工作人员的工资福利、津贴、补贴等政策，并组织实施。

（7）负责本市国家公务员培训工作，研究制定培训计划，并组织实施；研究拟订专业技术人员继续教育的规划、政策、规定，并组织实施。

（8）指导、协调本市用人单位推进普通高等学校毕业生就业制度改革；指导普通高等学校毕业生就业社会化服务体系建设；负责本市普通高等学校毕业生接收和接收后的调整管理工作。

（9）研究制订本市军队转业干部安置政策、安置计划、培训计划，并组织实施；负责驻京部队军官的随军家属进京安置的相关工作。

人力资源与社会保障局的机构设置如下

××市人力资源和社会保障局有 7 位局长，一正六副，其中有关人事工作的处室有 9 个，它们分别是办公室、人才流动处、公务员管理处、专业技术人员管理处、工资福利与退休处、大中专毕业生就业处、专家与博士后工作处、军官转业安置处、教育培训处。3 位副局长分别管 3 个处室。另外，还有 3 个直属事业单位，即人事考试中心、培训中心、人才交流中心。

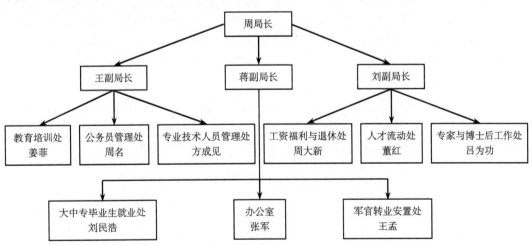

现在是下午 3 点，在处理完一般的工作安排之后，你来到办公室。秘书已将今天需要处理的文件整理成册，并放在你的办公桌上。你必须在一小时内处理好所有文件中的问题，因为今天下午 4 点还有一个重要会议需要由你主持。很抱歉，由于电话线路维修，你在处理文件的过程中，没有办法与外界通话。所以，需要你以文件、备忘录或便条的形式将所有文件的处理意见或方法写出来，并把每个文件的处理理由也写出来（请将处理意见写在专用的答题纸上）。记住：你被大家称为"王副局长"。

现在可以开始工作了，祝你顺利。

文件一　关于请您出席人才大厦落成仪式的请示

王副局长：

近年来，我市的人才交流业务发展很快，为更好地满足工作需要，经市政府有关部门批准，我们于去年1月开始动工兴建市人才大厦，上月底大厦已竣工。兹定于1月24日上午8:30举行大厦落成仪式，届时市政府有关部门领导将亲临现场，您能否出席并讲话。

人才交流中心　王建军

20××年1月19日

文件二　关于副处级领导职位竞争上岗实施方案的请示

王副局长：

去年12月29日局党组会议研究，拟对我局空缺的4个副处级领导职位实行竞争上岗。按照局领导要求，我起草了20××年副处级领导职位竞争上岗实施方案。

现将实施方案报上，请您审批。

附件《副处级领导职位竞争上岗实施方案》

办公室　张军

20××年1月19日

附件

副处级领导职位竞争上岗实施方案

为了进一步推进我局干部人事制度改革，提升中层干部队伍素质，促进机关作风建设和效能建设，增强广大中层干部服务经济、服务社会、服务群众的能力和意识，根据《党政领导干部选拔任用工作条例》，再结合我局的实际，经局党组研究，决定对中层空缺岗位实行竞争上岗。实施方案如下。

一、指导思想、原则

以习近平新时代中国特色社会主义思想为指导，通过公开竞争，择优选拔任用干部，进一步激发和调动广大干部职工的积极性和创造性，优化人才资源配置，全面提升干部管理能力和水平，增强工作活力，为我市经济、社会又好又快地发展提供坚强的人才人事保障。

中层干部竞聘上岗工作遵循以下原则。

（1）公开、平等、竞争、择优的原则。

（2）德才兼备、任人唯贤的原则。

（3）群众认可、注重实绩的原则。

（4）民主集中制的原则。

二、竞争职位及条件

1．竞争职位

本次竞争职位如下。

（1）人才流动处副处长。

（2）专业技术人员管理处副处长。

（3）工资福利与退休处副处长。

（4）专家与博士后工作处副处长。

2．竞争岗位的资格和条件

（1）竞岗人员应具备《党政领导干部选拔任用工作暂行条例》和《中华人民共和国公务员法》规定的基本条件，同时应具备国家公务员或参照（依照）管理机关工作人员身份。考虑到我局机关员工人数较少，形不成竞争，因此竞岗人员范围放宽至本局机关及所属事业单位在编人员。

（2）以邓小平理论、"三个代表"重要思想、科学发展观为指导，认真学习习近平新时代中国特色社会主义思想，有较强的政治意识、大局意识和责任意识，爱岗敬业。

（3）熟悉业务、能力强、善管理，有较强的率先争先和开拓创新的意识、能力，能积极完成各项任务。

（4）有较强的沟通能力、组织协调能力，能较好地发挥、调动其他干部的工作积极性，作风民主，求真务实。

（5）严格执行上级党风廉政建设的各项规定、本局的规章制度，遵纪守法，廉洁自律，做好自身表率作用。

（6）年龄不超过45周岁。

（7）具有大学本科及以上文化水平。

（8）在正科岗位工作三年以上。

（9）近三年年度考核为称职以上等级。

（10）身体健康。

三、竞争上岗的方法和程序

1．报名（2月13日）

凡符合条件的人员，均可在规定时间内报名考加竞争，每人限报两个职位。

2．资格审查（2月14日至2月16日）

由竞争上岗工作领导小组办公室负责按照竞争上岗的资格条件，对报名者进行资格审查，并公布审查结果。按有关要求，同一职位报名参加竞争上岗的人数必须在3人以上，如不满规定人数，则取消该竞争职位。取消后的职位，因工作需要，可由局党组研究后，按照干部管理权限直接上报市委组织部办理任职审批手续。

3．笔试（2月18日）

按照申论的有关要求，笔试为做一道岗位实践论述题。由专家组负责命题与阅卷工作。

笔试后，分职位按1∶5的比例确定面试人选。对于未达到1∶5比例的职位，经局党组研究，降低入围比例或取消该竞争职位。

4．面试（2月28日）

面试采取大会演讲和现场答辩的方式。召开全局大会，参加竞岗的人员在大会上进行演讲，邀请有关单位领导和本局有关人员组成考评小组，对竞岗人员的演讲进行提问并现场评分。演讲时间为5~10分钟，竞岗演讲的内容主要为介绍自己的工作经历，以及近三年来的理论学习、业务水平、工作实绩、遵纪守法、廉洁自律等情况及任职优势和工作设想，并对考评小组提出的有关问题进行现场答辩。演讲、答辩成绩占竞岗者总成绩的40%。

5. 民主测评、民主推荐（2 月 28 日）

演讲结束后，组织全局干部对参加竞岗的人员进行民主测评和民主推荐。民主测评和民主推荐的成绩占竞岗者总成绩的 40%（民主测评和民主推荐各占 20%）。在民主测评中得不到多数人拥护的人不能被任用。

6. 班子研究、呈报审批（3 月 10 日）

局党组根据竞岗者演讲、答辩成绩，以及民主推荐和民主测评的成绩，在征求各方面意见的基础上，集体研究（占竞岗者总成绩的 20%），提出竞争职位拟任职人选并公示，最后按照干部管理权限报市委组织部审批。

四、组织领导

本次中层职位的竞争上岗在局党组的领导下进行，由竞争上岗领导小组办公室具体负责，纪检组负责监督。

此事拟由人力资源和社会保障局研究，并提出初步意见。

19/1

文件三 市疾病预防控制中心关于参照公务员法管理的请示

××市长：

我单位是 2002 年 12 月 26 日经市机构编制委员会批准成立的全民事业单位，主要职能是行使法律法规授权的公共事务管理职能。根据最近市委组织部、人力资源和社会保障局"关于转发中共中央组织部、人力资源和社会保障部《关于印发〈关于事业单位参照公务员法管理工作有关问题的意见〉的通知》的通知"文件精神，我单位符合参照管理的相关条件，特申请参照公务员法进行管理。

一、基本情况

我单位共核定各类编制 104 个，副局级职位 2 个、正处级职位 4 个、副处级职位 12 个。现共有工作人员 97 名，其中，副局级干部 1 名、正处级干部 4 名、副处级干部 12 名，职员 94 名、工勤人员 3 名。

二、履行的主要公共事务管理职能

（1）疾病预防与控制。

（2）突发公共卫生事件应急处置。

（3）疫情报告及健康相关因素信息管理。

（4）健康危害因素监测与干预。

（5）实验室检测分析与评价。

（6）健康教育与健康促进。

（7）技术管理与应用研究指导。

特此请示，请批复。

市疾病预防控制中心 姜××

20×× 年 1 月 12 日

文件四　关于开设人力资源管理岗位资格考试的请示

王副局长：

根据市委市政府提出的人才强市战略，为满足我市社会经济发展对人才资源管理的客观需求，我们拟建议开设人力资源管理岗位资格考试。这项工作将有利于促进我市人力资源的开发，有利于提高企事业单位的人员管理的效能。

基于上述考虑，我们就开设此项考试的有关问题提出如下设想。

一、考试级别的划分

鉴于我市人力资源管理从业人员的整体状况，我们经过调查分析后认为，人力资源管理岗位资格考试宜分为初级（人力资源专员）、中级（人力资源主管）和高级（人力资源经理）3 个层次，考试合格者颁发相应等级的职业资格证书。

二、考试内容及考试方法

人力资源管理岗位资格考试关系到我市人才战略的具体实施、关系到我市人力资源的管理与开发、关系到人力资源和社会保障局的形象。因此，我们要从各方面确保此项考试的科学性和有效性，起点一定要高，具体从以下几个方面来实现。

1．考试内容的确定

人力资源管理涉及的学科范围很广，包括管理学、经济学、法学、心理学、社会学、人口学等，这对考试内容提出了较高的要求。作为现代人力资源管理者，究竟需要具备哪些方面的素质，是我们确定考试内容的重要依据。为此，我们打算召开专家研讨会进行研讨，同时组织专家对成功的人力资源管理者进行访谈和调研，以确保考试内容的针对性和有效性。

2．考试方法的选择

人力资源管理是一个新兴的领域，是集政策性、技术性与实践性于一体的领域，这就要求我们在人力资源管理岗位资格考试中，不仅要运用传统考查理论知识的方法，而且要关注运用知识处理实务能力的考查。为此，我们认为可以借鉴情景模拟技术，开发具有不同复杂程度的背景性例题，以确保人力资源管理岗位资格考试在方法与技术上的有效性。

三、管理与分工

人力资源管理岗位资格考试的主管部门是我处，所以此项考试业务宜由我处牵头，具体考试实施工作由人事考试中心承担。

以上请示，妥否？请批示。

专业技术人员管理处　方成见

20××年 1 月 18 日

文件五

王副局长：

今接到市政府办公厅电话通知，下周一上午 9 点，我局主管副市长将在市政府会议室主持召开我市事业单位人事制度改革的动员会，届时首批试点事业单位的负责人将会参加，我局谁去参会，请您决定。

办公室　张军

20××年 1 月 19 日

文件六　关于公务员招考中题目错误问题的处理

王副局长：

在我市 20××年公务员招考的笔试中，有一道行政职业能力测验题明显有误，以致目前成绩还未对外公布。我们已就此事对参与命题和审题的有关专家进行了严厉批评，要他们引以为戒，以后不要再出现此类问题。

公务员管理处　周名

20××年 1 月 19 日

文件七　关于企业军转干部生活困难问题的请示

王副局长：

去年，市委市政府出台了《关于××市解决企业军转干部生活困难问题工作方案》。方案规定，我市将为因基本养老金偏低造成生活困难的企业离退休军转干部发放生活困难补助金，并采取比照就业人员参保办法或困难企业参保办法，解决企业军转干部基本医疗保险待遇问题。该方案的出台，圆满解决了企业离退休军转干部的生活困难问题，但未对未到离退休年龄的企业军转干部予很多关注。

今天上午，有几位 40 多岁的企业军转干部来我处反映，由于企业效益不好，他们厂已停工半年之久，许多年轻的职工都纷纷找到了新的单位，但十多位企业军转干部由于受年龄、学历、技能等因素的影响，至今未实现再就业。目前他们实在坚持不下去了，连子女的教育费用也无力承担，要求我们能像帮助企业离退休军转干部那样关心他们的工作和生活。他们还说，在未得到我局的正式答复前，他们不会离开我的办公室。虽然我告诉他们，我只有向您请示之后才能给予正式答复，可他们的态度却很强硬，并表示，如果明天下午 5 点之前得不到满意的答复，他们十多人将一起去北京上访。

此事如何处理，请批示。

军官转业安置处　王孟

20××年 1 月 19 日

文件八　关于我市人才引进与任用政策有关问题的请示

王副局长：

由于我市的干部队伍的素质普遍偏低，在 2 000 多名处级干部中，全日制本科毕业的不到 1/3，研究生仅有几十多位，这与我市的经济发展状况很不相称。为此，市委市政府提出了人才强市战略。其中，一个重要举措是，从今年起，我市每年将采取委托招考或单独选拔的方式，从省内外高等院校应届毕业生中，公开选拔优秀本科生及硕士、博士研究生进入公务员队伍，进行重点培养。凡通过省市组织人事部门考试、考核的选调生，将被直接录用为国家公务员，选调的硕士生安置在街道或乡镇任副职，选调的博士生安置在县区或市直部门任副职。

根据市委市政府的上述决策，我处目前正在抓紧研究制定有关人才引进的条件、方式，以及人才引进后的日常管理与监督、生活待遇与奖励等问题的相应政策。

但是，最近我们面临的社会压力越来越大，许多公务员很不理解："这些年来，我们不也干得很好么，这几十个副县级的职位一定要由博士生来担任吗？"一些学者也在媒体上评论说："学历不等于能力，博士生在经验方面能否适应领导干部的需要，是个值得考虑的问题。"更糟糕的是，全国各地的媒体知道此事后纷纷给我们打电话质疑此事，严重影响了我们的正常工作。

此事如何对待，请您指示。

公务员管理处　周名

20××年 1 月 18 日

文件九　信访办转交的群众来信

王副局长：

近日，我们收到了一封反映你局有关问题的群众来信，信件内容如下。

市信访办领导：

我以非常愤怒的心情向您反映一件事情，我儿子大学毕业后分配到一家企业工作，去年 11 月他参加了市财政局面向社会的公务员招考。我儿子在申论考试和行政职业能力测验考试中表现都不错，面试表现也很突出，可最终却未被录用，而另一位各科成绩均不如我儿子的考生却被录用了。这显然违背了公务员考试"公开、公平、公正"的基本原则。经了解，此项工作是由公务员管理部门负责实施的。

由此，我怀疑该部门收受了一些考生的好处费，否则无法解释这一事实。请信访办领导为我主持公道，我将万分感激。

我急切地等待您的答复。

一位普通的市民

以上来信，请你局及时予以回复。

市信访办　周××

20××年 1 月 18 日

文件十　关于我处周兵同志安排问题的处理

王副局长：

在我局此次机构调整中，我处的周兵同志将被安排到一家事业单位工作。近日，局领导让我去做他的思想工作，可我的资历比他浅，而且他最近情绪又不好，似乎已经听到了什么风声，我担心找他谈了以后没有什么效果。

此事怎么办，请您指示。

人才流动处　董红

20××年 1 月 19 日

第 15 章

评价中心技术

评价中心是第二次世界大战后迅速发展起来的一种人员素质测评的新方法。由于可靠性和有效性都比较高，近几十年来评价中心已成为在西方企业中流行的一种选拔和评价高级人才，尤其是中高层管理人员的综合性人才测评技术。评价中心技术自 20 世纪 80 年代初被介绍到我国，近十几年来，在我国的企业和国家机关人员选拔和评价中得到了较多的应用。

本章导航

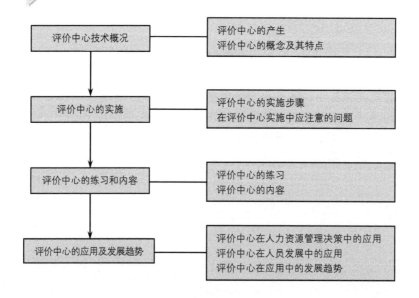

15.1　评价中心技术概况

> ### 壳牌（中国）有限公司的人员选拔与考核
>
> 壳牌（中国）有限公司（以下简称壳牌）在人员选拔与考核中最关注的就是人员的发展潜质。壳牌把人员的发展潜质定义为 CAR，即分析力（Capacity）、成就力（Achievement）和关系力（Relation），各占 1/3 的权重。这 3 个方面是壳牌对人员素质要求的核心内容。
>
> 壳牌的人员选拔与考核主要有以下 3 个环节。
>
> 第一步是应聘者填写应聘表，公司进行初步筛选。壳牌的招聘表格针对 CAR 设计，它是面试内容的素材。通过这一关，80%～90%的应聘者被淘汰。
>
> 第二步是 50 分钟的结构化面试。在面试中，主考官会就预先确定的几个方面进行提问，以考查应聘者分析和解决问题的综合能力。之后，应聘者决定是否继续应聘，公司决定是否推荐到评价中心流程。一般这一关的通过率为 25%。
>
> 第三步是通过结构化面试的人进入评价中心流程，接受为期一天的测试，测试内容包括小组讨论、议案（就一个议题进行陈述并接受质询，其实就是演讲）、商业模拟（处理成批的业务，其实就是文件筐测验）、面试（主要针对分析力，其实就是模拟面谈）。测试的结果交由公司最资深的经理进行评估。经过评价中心这一关，就基本可以确定招聘的人选了。

15.1.1　评价中心的产生

作为人才测评的新方法，评价中心起源于 1929 年德国心理学家建立的一套用于挑选军官的多项评价程序。在评价过程中，心理学家对军官的个性和领导才能给予明确的概念界定，并通过调查把这些特质细化为明确的目标、信心、有效的想法、精神上的适应性、数学头脑和诚实等性格特征（这项工作在一定意义上相当于评价中心的工作分析作业）。为了评价这些个性和领导才能，军事心理学家设计了许多独特的评价方法，具体如下。

（1）采用书面测验评估智力。

（2）任务练习：要求应试者按照详尽的指令，在一条复杂的、紧张的障碍道路上，完成一系列任务，在这个过程中，观察他们的首创精神、毅力和体力表现等。

（3）指挥系列练习：让应试者指挥一组士兵，他必须完成一些任务或向士兵们解释一个问题，在此基础上，评价者对他的面部表情、讲话的形式进行观察。

（4）深入面谈：了解应试者的经历、教育情况和观念等。

（5）一系列的五官功能测验和感觉运动协调测验等。

评价过程会持续 2～3 天，由两名军官、一名内科医生和三名心理学家主持（因为某些政治原因，德国由军事心理学家主持的军官评价活动在 1942 年停止）。德国军事心理学家的领导才能多项评价程序是最先采用多种评价方法和多名评价者来评价复杂行为的，之后的评价中心工作事实上都建立在这两条原则之上，并成为今天普遍应用的评价中心技术的主要特点，其创设的情景模拟测评形式更是成为评价中心的核心思想。

第二次世界大战期间，为了改变仅通过传统层面上的面谈挑选军官却经常失败的局面，英国军队在模仿德国评价活动的基础上成立了陆军部评选委员会（1942—1946）。两位英国精神病学家为该委员会制定了最初方案，内容包括精神病学面谈、智力测验及与德国模式非常类似的情景模拟测验等。据统计，先后有 14 万人接受过该评价，并取得成功。陆军部评选委员会的评选军官方案有所创新，评价程序分阶段在 3 ~ 4 天内完成，每 8 位应试者为一组，第一阶段的测评为小组练习，第二阶段是个人心理、精神测验和面谈，第三阶段为第二轮的小组练习。小组练习的基本原理是 "小组环境是评价领导才能的最好机会"。后来，英国心理学家拜恩又对上述练习进行了修改，综合应用了无领导小组讨论、团队任务、5 分钟的即兴演讲、角色扮演法、深度面谈及投射测验等。利用这些方法和技术，评价者对应试者进行广泛的心理调整评价，并试图集中评价那些对成功领导者极为重要的个性特征。

除此之外，美国中央战略情报局（Office of Strategic Services，OSS）也于 1943—1945 年建立了一套评价应试者个性的程序。这套程序包括以下 8 个步骤。

（1）对 OSS 的不同工作职位的工作内容和工作要求进行分析研究。

（2）列举导致工作成功和失败的所有个性决定因素，选择评价变量。

（3）给拟评价的个性变量下一个打分等级的定义，并对从事该工作的适应性下一个总体变量的定义。

（4）设计一个能反映拟评价的个性变量差异性的评价程序，引入情景模拟测验。

（5）在进行具体的评分、预测和推荐之前，对每位应试者的个性进行系统的阐述。

（6）用非技术性的语言描述这些个性的概况。

（7）召开评价者讨论会议，针对每位应试者的个性描述进行讨论修改，并根据评价结果进行打分、给出推荐意见。

（8）建立经验模型，对评价程序进行鉴定，从而可以系统地收集和记录解决战略问题需要的所有数据。

OSS 坚信对应试者工作绩效的预测应该主要依据模仿工作环境的练习来确定，因此 OSS 进行的评价程序非常重视情景模拟测验和绩效练习，也同样重视面谈、履历表分析、句子完成测验、健康调查和工作条件调查、词汇测验等传统方法。另外，OSS 有时也采用住宿安排的评价方式，即通过让评价者和应试者一起在某个场所（如宾馆）度过三天时间，一起工作、吃饭、睡觉、生活。这种安排可以给评价者创造更多与应试者进行非正式接触的机会，从而可以进行更为真实的观察评价。

第二次世界大战以后，评价中心技术从军用转向民用。现在有几百个著名的美国公司都建立了自己的评价中心，其中包括美国电报电话公司、国际商业机器公司（IBM）、通用电气公司（GE）、俄亥俄州标准石油公司、福特汽车有限公司、柯达公司、西尔斯百货商店及美国政府的农业部等。在美国，每年通过评价中心选拔的管理人员达数十万人。西欧国家的一些大型企业也采用了评价中心技术，如德国大众汽车有限公司专门设立了一个评价中心，由专人负责管理人员的选拔、培训与发展，是否能担任领导的职务要以评价中心的评定为准。

15.1.2　评价中心的概念及其特点

1．评价中心的概念

评价中心是一种包含多种评价方法和形式的测评系统。它通过创设一种逼真的模拟管理系统或工作场景，将应试者纳入该环境中，使其完成该系统环境下对应的各种工作，如主持会议、处理公文、进行决策、处理各种日常事务和突发事件等。在这个过程中，评价者采取多种测评技术和方法，观察和分析应试者在模拟的各种情景压力下的心理行为表现及工作绩效，以测量和评价应试者的各种管理能力和潜能等素质。评价中心本质上是一种综合的模拟测评技术，不是一个地点（中心）。评价中心不仅用于评价和甄选管理人员，还广泛用于培训，以提高管理人员的管理技巧等。

从上面的描述中，我们可以得到评价中心的概念有以下几个要点。

（1）针对多种能力的评估，强调潜能的评估。

（2）运用多种测评手段，同时以情景模拟技术为核心。

（3）有多位训练有素的评价者，评价者必须经过专业培训。

（4）有多位应试者参与，通常需要 4~6 位。

（5）针对这些能力对所有的评价数据进行综合，应试者的数据在所有评价者中实现共享，但在评价前，任一评价者不应拥有关于某应试者的所有信息。

2．评价中心的特点

（1）综合性。

评价中心是多种评价方法的有机结合，包括传统的心理测验、面试及新兴的情景模拟测验。评价中心不仅综合了各种测评方法的优点，而且每种测评方法从不同的角度对应试者进行观察，能对应试者各方面的特点进行较为全面的观察与评价。例如，当我们评估个体的沟通能力时，如果仅使用面试，那我们就只能看到其在一对一的模式下表现出来的沟通技能；如果再使用无领导小组讨论、演讲，则可以看到其在团队中或在一对多的模式下表现出来的沟通技能。综合应试者在这些情景中表现出来的沟通情况，才能对其沟通能力做出较为全面的评估。

此外，使用多种测评方法为评估优秀者具备的各种技能和胜任特征提供了机会。

（2）以情景测验为主。

"如果想知道一个人的能力和发展潜质，必须让他们处在特定的环境中并加以观察。"评价中心采取的测评方法很多是对真实情景的模拟，创设一种逼真的模拟管理情景或工作情景，将应试者放入情景中，要求其完成各种各样的工作。例如，在无领导小组讨论中，应试者与其他六七名应试者一起围绕一个管理案例深入讨论，相互沟通、协调，进行集体决策，达成一致意见；在文件筐测验中，应试者要处理一系列公文，对管理中的各类事件进行分析、归类、处理、预测；在角色扮演中，应试者面对一位难以应对的"下属"、"上级"或"客户"，与他们进行一对一沟通，影响并说服对方。在这些过程中，专业的评价者在一旁认真观察、记录应试者的行为表现，然后客观评价应试者的若干能力和素质。

在这种情景测验中，应试者的表现比较接近于真实情况。在复杂的任务之下，应试者也不易伪装，测评结果对应试者未来的表现有较好的预测性。此外，情景测验也是对简单的纸笔测验、面试的一种补充。以前，这些测评方法获得的大多是一些静态的信息，而情景测验使得动态的测评成为可能。在模拟的情景中，应试者之间（如无领导小组讨论中）、应试者与评价者之间（如演讲中）可以相互作用，应试者的某些特征会得到更加清晰的暴露。

（3）多位评价者从不同的角度观察。

多位评价者的参与能够提高测试的客观性和公正性。这些评价者应该是人力资源方面的专家、管理者或心理学家。评价中心的核心技术是情景测验，这种评价方式的主观性很强。为了避免评价者受个人因素的影响，应采取多名评价者观察应试者在不同测试情景中的表现的方式，分别对应试者做出评估。

（4）将多位评价者的观察结果汇总起来，达成对行为信息的综合结论。

由于不同的评价者具有不同的价值观、管理风格和技能，在评价环境中又难免有各自的情绪、偏见，因此在评价中心中不仅有多位评价者观察应试者的行为，而且评价决策也是由多位评价者组成的小组来确定的。他们汇集观察结果，对观察结果的正确性进行互相讨论，并互相帮助理解观察结果的含义和重要性。在此基础上，尽量达成对行为信息的一致结果。如果实在达不成完全一致的结果，就以多数人的意见为准。

（5）并非是一种单一的技术，而是一种测试的程序。

从上述几个特点中，我们可以看出，评价中心是一种程序，而不是一种具体的方法，它是多重测验组在逻辑上的延伸，是组织选拔管理人员的一项评价过程。在这种程序中，多个评价者针对特定的目的与标准，使用多种评价技术，如情景模拟、角色扮演等主客观人事评价方法，对应试者的各种能力进行评价，为组织选拔、提升、鉴别、发展和培训服务。评价中心是一种为组织判断和预测那些与组织的工作绩效目标相关联的个体行为，以测评应试者的操作能力及管理素质为中心，所进行的一系列标准化程序，是一种比较全面的测评方法和技术，具有较高的表面效度。

当然，评价中心也有缺点，主要表现在以下几个方面。

（1）在评价中心采用的情景测验中，由于评分的主观性程度较高，因此制定并执行统一的标准化评分标准比较困难。评价中心技术对评价者的要求很高，评价者需要接受系统的培训。

（2）评价中心为应试者提供的任务情景比较复杂，评价者往往要从应试者所表现出来的诸多行为中辨别、筛选、记录其典型行为，并做出最终评价。观察和评价的过程需要在很短的时间内完成，而一位评价者往往要同时观察多位应试者，这无疑增加了评价者的评分难度。因此，没有经验的评价者事先必须接受系统的培训。

（3）评价中心的技术成本较高。首先，评价中心中的任务情景的设置和题目的编制难度较大；其次，由于采用多种测评方法，因此施测时间比较长，往往需要1~3天。这些都造成了评价中心的技术成本比较高。

15.2 评价中心的实施

评价中心是一个测试程序，如何运用这个程序，其关键技术环节是什么，是所有应用评价中心的人无法回避的问题。

15.2.1 评价中心的实施步骤

1. 确定评价中心的目标

评价中心应该是企业人力资源管理中的一个辅助手段。在使用评价中心技术前，应该和企业的高层决策者进行沟通，确定是否要使用评价中心？应试者是哪个层级的？使用评价中心的主要目的是什么？

评价中心最好在缺乏一个人将来绩效数据的情况下使用。目标职位与现任职位的差别越大（如从推销员提升为销售主任），就越需要对应试者将来执行工作的胜任力进行评价。职务的管理工作成分越大，评价中心评价出来的管理潜力往往越准确。

在确定应试者的层级时，要注意以下几点。

（1）要有足够的应试者参加，以使评价中心最经济。

（2）要有足够的评价者参加，这些评价者至少比应试者高一级，最好高两级。

（3）涉及身份的一些问题。身份的差异会影响应试者在团体作业中的表现。

2. 确定目标岗位的胜任特征

所谓目标岗位，是指对于将要招聘和选拔的人才，我们将安置什么岗位给他，如销售经理岗位、副总经理岗位。至于胜任特征，我们已在第 2 章进行了详细介绍，从胜任特征的内涵可以看出，胜任特征主要是直接与个体的工作绩效表现紧密相关的内在因素，因此其是预测个体工作绩效的有效评价指标，评价中心也以此作为测评工作的基准。如果忽略这一环节，即使在测评上投入再多的精力也是无的放矢的。

在测评之前，要针对具体企业的目标岗位进行胜任特征分析，确定该岗位的岗位胜任特征模型，并界定有关胜任力的维度定义，作为测评的标准。

3. 设计测试方案

确定了目标岗位的岗位胜任特征模型后，接下来就要考虑怎么测量这些胜任力了。

首先，需要选择和完善测评工具和练习。针对目标岗位的胜任力要求，选择合适的测评工具和练习。选择测评工具和练习的原则如下。

（1）每个练习必须与测评的胜任力标准直接相关。

（2）每个练习的难度适中。

（3）内容丰富，具备与岗位相关的情景。

（4）测评方法和练习经过专家的精心设计，具有合理的信度和效度。

（5）针对测评单位的组织机构特点和时间、费用要求，对测评工具进行修正。

其次，设计胜任力评价矩阵。评价矩阵包括测评方法和胜任力两部分内容，每个素质维度必须通过多个测评方法进行观察，以保证测评的效度。例如，影响力可通过无领导小组讨论、角色扮演和演讲 3 种不同的测评方法进行评估。表 15-1 是评价中心设计中的评价矩阵。

表 15-1 评价中心设计中的评价矩阵

测评方法	影响力	协调能力	授权	决策	分析判断
无领导小组讨论	★	★		★	★

测评方法	影响力	协调能力	授权	决策	分析判断
文件筐测验			★	★	★
演讲	★				★
角色扮演	★	★			★
半结构化面试		★	★	★	★

从表 15-1 中可以看出，每种测评方法都测量了多种胜任力，而每种胜任力又至少可通过两种测评方法进行考查。

最后，制定评价行动计划，包括确认评价目标、设计测评流程和测试时间表、保证合理的测试程序。将测试时间表提供给每位评价者，测试应按时间表进行，以确保每位应试者在公平一致的条件下进行测试。表 15-2 是评价中心实施安排表。

表 15-2　评价中心实施安排表

日期	测评方法	时间	测评对象	评委组成	地点
3 月 30 日	无领导小组讨论	8:00 ~ 10:10	第 1 组应试者	A 组评委：李××、张××、王××、刘××、程××	212 室
			第 2 组应试者	B 组评委：姜××、任××、周××、韩××、耿××	304 室
3 月 30 日	无领导小组讨论	10:20 ~ 12:30	第 3 组、第 4 组应试者	第 3 组：A 组评委 第 4 组：B 组评委	212 室 304 室
		14:00 ~ 16:10	第 5 组、第 6 组应试者	第 5 组：A 组评委 第 6 组：B 组评委	212 室 304 室
		16:20 ~ 18:30	第 7 组、第 8 组应试者	第 7 组：A 组评委 第 8 组：B 组评委	212 室 304 室
3 月 31 日	案例分析	9:00 ~ 11:00			308 室
	文件筐测验	14:00 ~ 17:00			308 室
4 月 1 日	半结构化面试	8:00 ~ 8:45	1 号应试者	A 组评委：李××、张××	402 室
			2 号应试者	B 组评委：王××、刘××	406 室
			3 号应试者	C 组评委：姜××、任××	407 室
			4 号应试者	D 组评委：周××、韩××	404 室
		8:45 ~ 9:30	5 ~ 8 号应试者	……	
		9:30 ~ 10:15	9 ~ 12 号应试者	……	
		10:15 ~ 11:00	13 ~ 16 号应试者	……	
		11:00 ~ 11:45	17 ~ 20 号应试者	……	
		11:45 ~ 12:30	21 ~ 24 号应试者	……	
		14:00 ~ 14:45	25 ~ 28 号应试者	……	
		14:45 ~ 15:30	29 ~ 32 号应试者	……	
		15:30 ~ 16:15	33 ~ 36 号应试者	……	

续表

日期	测评方法	时间	测评对象	评委组成	地点
4 月 1 日	半结构化面试	16:15 ~ 17:00	37 ~ 40 号应试者	……	
		17:00 ~ 17:45	41 ~ 44 号应试者	……	
		17:45 ~ 18:30	45 ~ 48 号应试者	……	

注：评委注意事项如下。

1. 在测评开始前，请提前 10 分钟到达指定场地。

2. 在测评实施中，请关闭手机，不要走动。

3. 对测评中学员的表现及评价请务必做出记录，形成书面文字。

4. 评价者培训

评价中心的核心技术——情景模拟测验具有很强的主观性，测试效果的好坏在很大程度上依赖于评价者的技术水平。评价者要从专业人士中挑选，并且要具备丰富的测评实践经验，即使是最优秀的测评专家，在测试前也要接受有针对性的培训。培训内容包括：

（1）熟悉测评的素质维度（胜任力）和测评工具，了解特殊测试的一些操作实施细节。

（2）主持情景模拟测验的方法与技巧。

（3）测试过程中的行为观察、记录、归类和行为评估技巧。

（4）统一评价的标准和尺度，以提高评价者评价的一致性。

（5）评价者在培训中要将刚掌握的东西进行实际演练。

（6）评价者每年至少应参加 1 ~ 2 次评价中心，以保持状态。

5. 试测

在严格的测试程序中，在正式实施评价中心前，应该找一组与应试者类似的群体进行一次试测，尽量收集试测过程中的反馈信息，以便对测试的内容、程序进行修改和完善，再付诸实施。

6. 单独评价测评结果

在各项评价中心活动中，每位评价者都要对应试者进行观察，尤其要观察应试者所说的和所做的具体事情。在观察过程中，不允许评价者进行解释性说明。在一个评价练习结束后，每位评价者要将观察记录进行归类、评估，并按照各胜任力中成功行为的特征独立地评价其等级水平。通常每个行为特征分成以下 6 个等级。

5：显著高于成功管理行为的标准。

4：有些高于成功管理行为的定性和定量标准。

3：符合成功管理行为的定性和定量标准。

2：有些低于成功管理行为的定性和定量标准。

1：显著低于成功管理行为的标准。

0：没有足够资料表明等级。

7. 整合测评结果

在评价结束后，评价者逐一讨论应试者的所有测量和观察的结果，直到确定一个所有评价者都同意的等级为止。每位评价者要宣读他对应试者的观察记录结果，宣读的内容包括应试者在该测试中的行为表现、作用和地位等，尤其是与成功管理行为有关的行为表现和初步的等级。

宣读结果的一般顺序：面谈结果、纸笔测验结果、心理测验结果、情景模拟测验结果。一般来说，越是重要的评价技术，宣读时越靠后。最后，所有的评价者根据已宣读的该应试者的全部结果，共同讨论其行为等级。在讨论过程中，每位评价者可以改变他最初给出的等级，直到取得一致同意的等级为止。此外，有时根据评价的目的，评价者会做些额外的讨论，指出每位应试者的进一步发展需要和培养方法。

8. 撰写报告

评价者以书面形式写出最终的全面评价等级和进一步发展意见，并指出应试者在今后几年内的发展需要，然后将书面报告呈送给应试者所在的人力资源管理部门，为最终的人事决策提供依据。

只有做到以上几条，才能使评价中心成为一种科学有效的人才选拔和评估工具。

15.2.2 在评价中心实施中应注意的问题

1. 在有限的时间内，测评指标不宜过多

为了保证测评结果的准确性，测评指标不宜过多，否则可能因为评价者关注的内容过多而无法对关键指标进行深度挖掘，从而影响测评的效果。不同评价中心考查的测评要素数目差异很大，通常测评要素的数目为 5～27 个，如美国电报电话公司根据职位分析和公司的需要，选择了组织和计划能力、决策能力等 25 个初步的测评要素。但有学者在比较了3 个、6 个和 9 个评价维度对观察和评分的影响后发现，使用 3 个维度时，对行为进行分类和评分的准确性最高；使用 6 个维度时，对行为进行观察的准确性最高。有专家建议最多不要超过 14 个资质。

曾经有一家公司要求测评专家用一天的时间测量 21 个资质。客户想要提拔 3 名分公司的总经理，希望他们能在集团公司担任更加重要的职位，但是公司对他们的定位不是很清晰，希望通过评价中心来看看这些人的优势、劣势到底在什么地方。结果发现，测量结果一点也不准。其实这并不是评价者或测评工具本身的问题，测评指标太多才是根本原因。最后专家们通过对企业高层进行行为事件访谈，确定了关键的 6 项测评指标，并用了整整一天的时间使用评价中心完成了测评，使客户得到了满意的结果。

2. 要选取能够测评的指标进行施测

有些资质可以通过测评的方式在很短的时间内了解清楚，但有些资质如诚信正直，必须通过长时间的观察才能得出较为准确的结论。而后者往往难以通过测评方法进行考量。曾经有一家美资企业让国内某测评机构为他们测评诚信正直这项资质。这家企业通过猎头公司找到两个销售经理的应试者，他们希望了解一下这两位应试者的诚信正直品质。评价者告诉客户，诚信正直是一个很难通过测评得到正确结论的资质，可客户还是坚持要测。于是，该测评机构虽然同意尝试，设计的 3 个情景模拟活动也设置了很多的障碍，但对结果仍然觉得不是特别有把握。

3．对于不同的资质，选择最适宜的测评方式

对于不同的资质，往往有最适宜的测评方式。例如，分析思维能力最适合通过案例分析来测量，而团队领导能力则最适合通过无领导小组讨论来考查。

有些资质，则是难以通过情景模拟测验来考查的。例如，威信就是这样一种资质，因为在现实生活中，影响别人对自己尊重和敬佩的因素太多，威信的建立通常需要一定的时间，所以通过观察在模拟情景中短暂的外显行为很难看出这个人在现实生活中是否具有很高的威信。如果要考查这个资质，360 度评估中的同事评价及下属评价不失为一种好方法。在实践中，不少拥有高资质的人才不一定在企业中拥有很高的威信。例如，有一个国内做物流运输的知名企业曾经请测评专家考查两位高层管理人员的威信，其中一位管理者在情景模拟中表现得相当出色，在工作会议模拟（Business Meeting Simulation）中表现得很有号召力，大家都听他的；在角色扮演中也是一个人际关系很好的人，可是威信却不如另外一位管理者高。公司的老总告诉测评专家这样一个信息：表现出色的管理者刚进公司不久，大家对他还不是很了解；而另一位则是公司的老员工了。又如，成就动机就适合用结构化可记分的访谈（Structured Scorable Interview）进行测量；个人价值观就适合用心理测验中的自陈问卷法进行测量。

4．评价中心的设计随评价目的的不同而不同

评价目的有好多种，如招聘、晋升、培训发展、裁员、继任计划、薪酬设计等。在为裁员设计评价中心时，一定要格外慎重，测评要注重区分度和公平公正性，应让被裁的人感到心服口服。某跨国公司曾经因为裁员寻求测评专家的帮助，为了避免不必要的劳动纠纷，公司一再向专家强调要让参与的每个人觉得公平。由于在评价中心里，每个人都能看到自己的表现如何，以及和别人比自己的优势在哪里、弱势在哪里。通过这种方法，该公司顺利完成了大规模的裁员。

评价中心的报告设计也有两种分类方法。第一，按报告是给谁看的来分类，给个人看的报告措辞要委婉些，否则会带来不必要的麻烦，而给管理层、决策层看的报告可以明确一些。这里又可以区分出两种报告形式，一种是针对个人的（每个人的潜能和发展建议），另一种是针对集体的（公司整体管理层的素质状况）。第二，功能不同，报告的设计也不一样。如果是招聘用的，报告可以简单一些，告诉管理者什么人可以用，什么人该淘汰即可；如果是用于培训发展的，报告就要尽量详尽，要说明这个人哪些方面强，为什么强，在模拟情景中的哪些行为可以证明这一点等。

5．在条件允许的情况下，尽量提高测评环境的仿真程度

提高测评环境的仿真程度有利于测评对象在模拟情景中的充分发挥。例如，在一对一的角色扮演中，如果周围有好几个评价者在一旁记录，这样的效果显然不如通过单向玻璃或摄像头来观察的效果好。

国外某知名测评机构曾经为一家企业招募销售人员。有一位应试者在角色扮演中几乎什么话都没说，但在访谈时，他的表现却很好，而且他提到自己前面太紧张了，那么多由公司高层和咨询公司组成的评价者都看着他，他无法正常发挥。这个企业招聘的销售人员在大多数情况下都是单独与客户沟通的。于是，该机构就反省自己在情景设计中的失误，

并对这位应试者进行了重新测评。

6．测评对象在各项资质上的得分要经过评价者讨论以后得出

前面已经指出，评价中心的重要特点就是多个评价者同时测评多个测评对象。所以在评价中心施测完毕后要立即进行讨论，将大家观察到的行为和对测评对象的评价加以汇总，以提高测评结果的真实性。

咨询公司在为客户服务的时候经常会遇到这样的场景：评价中心施测结束，所有的评价者聚在一起开会讨论测评对象的表现。有一次，有两位评价者在某个测评对象的团队合作资质上的打分相差很大，于是，他们各自给出了自己的证据。其中一位评价者说，在访谈的过程中，测评对象提到他们子公司的广告一开始都是由集团公司下属的一家兄弟公司做的，但服务质量很不好，价格却比外面的广告公司高，于是他就另外找了一家物美价廉、服务质量好的企业为自己服务。这样的人怎么可能在团队合作上得高分呢？而另一位评价者指出，这个行为并不能证明他的团队合作资质不好，在这种情况下，企业的一把手首先考虑的当然是如何把自己的企业做好，在自己的企业利益受到损失的时候，要维护好自己的企业利益，这一证据还是可以在变革创新资质上加分。

7．尽量让企业高层参与到整个测评活动中

让企业高层参与评价中心的指标制定及施测过程，会让企业高层看到许多平时看不到的东西，因为没有一位领导会从平时的工作中这么清晰地看到自己的下属是怎么工作的，同时会让企业对整个项目更加认可。

有一家台资企业对咨询公司不放心，他们提出先试测一个人，如果觉得大家都认可，再大规模推广。咨询公司提醒人力资源部的人，在指标确认时最好和高层沟通一下，但他们认为反正是试测，关系不是很大。在最终的报告会上，公司老总对测评结果很认可，但对评价指标提出了质疑。所以，如果公司决策层能在指标制定时就参与，那么整个测评实施过程会更加顺利。

8．评价中心中各种任务的选择要遵循经济性的原则

有些任务在时间、人员及资金方面花费较少，而有的任务则需要较多的投入。我们在选择测评方法的时候，如果能通过一个所需时间和费用都比较少的测评方法较为清晰准确地考查应试者的某一特征，那么没有必要去采取一个比较昂贵的测评方法。而且，在使用一个测评任务的时候，应尽可能使在该任务中得到的信息得到更为有效的利用。

可以肯定的是，对于评价中心的操作原则远不止这些，但从客户服务的角度来看，这几点是评价中心实施者都应当熟悉并牢记于心的。遵守并合理运用这些原则不仅是评价中心质量的保证，也是客户服务成功的基础。

15.3　评价中心的练习和内容

15.3.1　评价中心的练习

评价中心综合了各种测评方法，包括前面介绍的能力测验、动力测验和人格测验等心

理测验方法，但这些方法并不是评价中心的主要组成部分。评价中心的一个重要特征就是在情景测验中对应试者的行为进行观察。最普遍使用的情景性测验主要有无领导小组讨论、文件筐测验、角色扮演法、演讲、模拟面谈及案例分析等。美国有专家粗略地统计了每种情景模拟技术在评价中心中的使用比率（1990 年），如表 15-3 所示。

表 15-3　各情景模拟技术在评价中心中的使用比率

	情景模拟技术	使用百分比/%
比较复杂的 ↓ 比较简单的	角色扮演法	25
	文件筐测验	81
	小组任务	未调查
	无领导小组讨论	分配角色 44
		未分配角色 59
	演讲	46
	案例分析	73
	搜寻事实	38
	模拟面谈	47

　　由表 15-3 可以看出，文件筐测验、无领导小组讨论、案例分析是在评价中心中应用得较多的情景模拟技术。

　　实际上，不同的情景模拟技术，其应用效果也是不一样的。表 15-4 从应用的效度、公平性、可用性和成本等多个方面显示了各种测评技术的优劣。

表 15-4　各种测评技术的优劣比较

测评技术	效度	公平性	可用性	成本
智力测验	中	中	高	低
性向和能力测验	中	高	中	低
个性与兴趣测验	中	高	低	中
面谈	低	中	高	低
工作模拟	高	高	低	高
个人资料	高	中	高	低
同行评议	高	中	低	低
自我介绍	低	高	中	低
推荐信	低	—	高	低
评价中心	高	高	低	高

　　从各种测评技术的效度比较来看（见表 15-5），评价中心的效果无疑是最好的。美国电报电话公司在建立了评价中心的考评、提升制度后，曾对此法的有效性进行了检验。该公司封存了几百名应试者通过评价中心得到的测评结果。8 年后，将封存的结果与实际表现情况进行对照，结果发现，当初评价中心判定适合进入中级管理层的应试者中，有 80%实际上正在中级管理层就职，而被判定不适合进入中级管理层的应试者中，有 95%实际上的确未得到提升。

表 15-5　各种测评技术的效度比较

测评技术	效度
评价中心—提升	0.68
结构化面试	0.62
工作取样	0.55
能力测验	0.54
评价中心—绩效	0.41
个人履历资料法	0.40
个性测验	0.38
非结构化面试	0.31
申请表	0.13
占星术	0
笔迹法	0

由于文件筐测验、无领导小组讨论、面试等测评技术在本书的前面几章已有专门介绍，因此这里主要介绍其他一些用得比较多的情景测验，并通过一些实例来进行说明。

1．搜寻事实

在搜寻事实测验中，首先给予应试者一个关于他要解决的问题的少量信息，然后他可以向一个能够提供信息的人询问一些额外的情况。如果应试者提出的问题比较模糊，那么他得到的答案也将是比较泛泛的；如果他能提出比较具体的切中要害的问题，那么他就会得到一些有利于问题解决的有价值的信息。在提问和回答之后，我们要求应试者给出解决问题的建议和原因。在搜寻事实的任务当中，我们主要评价应试者的问题分析能力、理解和判断能力及社会知觉能力，同时考查应试者的决策能力和对压力的容忍能力。

下面是搜寻事实的一些典型样例。

- 主考官告诉一个中层管理人员，他的预算计划已经被否决了，以此考查他将如何搜寻信息并做出解释。
- 主考官告诉一个初级管理人员，生产线上出现了不合格的产品，让他来了解和解决这一问题。
- 主考官告诉应试者有关客户的一些需求，看其如何反应。

在搜寻事实测验中，信息源必须非常详细，同时提供信息的人必须对这些信息十分熟悉，这样他才能及时提供应试者要求的各种信息。搜寻事实测验存在的一个不足是，提供信息的人很难对所有的应试者做出同样的反应，因此无法提供一种标准化的情景。

2．书面的案例分析

在书面的案例分析测验中，通常让应试者阅读一些关于组织中的问题的材料，然后让他准备出一系列的建议，以提交给更高级的管理部门。这种测评方法可以考查应试者的综合分析能力和判断决策能力，它既可以考查一些一般性的技能，也可以考查一些特殊技能。

当考官看到应试者撰写的报告时，他可以同时对这个报告的内容及形式进行评价。如果一个报告在写作形式或书面表达方面存在问题，那么撰写这个报告的应试者就需要接受有关业务方面的一些形式和规则方面的培训。如果应试者撰写的报告对所给的材料分析不当或缺乏对各种解决方案的系统性评价，那么他需要接受有关决策能力方面的培训。这种测验的设计非常灵活，可以为全面地测量各种胜任力而量身定做，其不足之处就是它很难找到客观的记分方法。例如：

你刚刚就任某旅游饭店的副总经理。你将会看到一些关于饭店目前情况的介绍，包括一些图表性材料（见表 15-6、表 15-7 和表 15-8）。应试者需要根据给出的材料，写一份关于该饭店的现状及其未来发展建议的报告。

表 15-6　咖啡厅损益表（每日平均）　　　　　　　　　单位：元

项目	营业时间	
	早 8:00—次日凌晨 2:00	凌晨 2:00—早 6:00
销售额	8500	735
固定费用	1800	500
可变费用	5325	265
费用合计	7125	765
利润	1375	亏损 30

表 15-7　韩国餐厅损益表（每日平均）　　　　　　　　　单位：元

项目	费用及损益
销售额	5700
固定费用	3260
可变费用	1500
费用合计	4760
利润	940

表 15-8　近年的人员流动情况　　　　　　　　　单位：%

年份	2011 年	2012 年	2013 年	2014 年	平均
管理人员晋升率	5.7	1.3	15.6	3.5	6.47
非管理人员晋级率	50	48	90.5	78	66.7
人员流动率	9.4	9.0	12.8	13.6	14.2

3. 演讲

演讲既可以是即兴的，也可以是有准备的。即兴的演讲可以在应试者抽到一道题目之后略做准备，5 分钟左右即可上台演讲；有准备的演讲可以给应试者 1 小时左右的准备时间，正式演讲的时间大约为 10 分钟。另外，还有 5 分钟左右的时间让考官对应试者的演讲内容进行提问，由应试者做出回答。还有一种形式是，几位应试者分别进行演讲，然后讨论他们的意见，最终选择最佳方案。

演讲的主题可以根据具体情况来决定，其实施起来也相对容易。例如，对于销售工作，演讲的主题可能是这样的：

（1）作为新任的销售经理，你将怎样完成公司确定的销售目标。

（2）一名好的销售人员应具备哪些素质。

（3）如何与客户打交道。

考官可以从以下几个方面进行观察：声音是否洪亮有力，口齿是否清楚；演讲是抑扬顿挫的，还是平平淡淡缺乏感染力的；举止是否自然、平静放松；目光是否与观众进行了交流，是否常望着天花板或某一处；演讲内容结构是否清楚，论点与论据的关系如何、层次如何，论据是否具有说服力；回答提问是对答如流，还是答非所问等。一个好的演讲有多个评价标准，具体如下。

（1）思路清晰，层次分明。

（2）观点明确，论据充分。

（3）内容吸引人，引人入胜。

（4）能用具体可信的事例说服人。

（5）声音响亮，抑扬顿挫。

（6）语言流畅。

（7）口头语少。

（8）上场镇静。

（9）动作自然。

（10）能与观众进行目光交流。

演讲可以考查应试者思维的敏捷性、系统性、条理性、创造性、说服能力及自信心等方面的素质。

4．商业游戏

商业游戏是一种复杂的测验形式，通常采用一些非结构化的情景，在应试者之间进行交互作用。商业游戏的典型例子如下。

（1）让 6 位应试者组成企业中 6 个部门的领导团队，让他们用两个小时的时间模拟企业的运作。

（2）让由 3 个人组成的团队进行股票交易，进行 4 小时的情景模拟。

（3）一个 8 小时的模拟电脑游戏，让 20 名经理运作一个大型的集团组织。

（4）分别由 4 个人组成的小组模拟仓储贸易中的情景等。

考官的主要任务：

（1）在游戏开始之前，向参加游戏的应试者进行简单的说明与介绍，以确保应试者了解整个游戏的过程。

（2）为应试者分配角色。

（3）在整个游戏过程中，必须随时处于应急状态，以便处理各种意外情况。

（4）对应试者的各种行为进行系统的观察与评价。

（5）对应试者的各种行为保持足够的敏感性。

这种游戏实际上综合了许多其他情景测验的内容。当一个复杂的游戏展开时，往往类似于一系列的情景演练：游戏中既会发生一对一的相互作用，也会出现类似小组讨论的场景，有时会出现一个人的演讲，有时需要对公文进行处理，然后整个团队在一起做决策等。

商业游戏的优点在于它能够比其他形式更好地再现组织中的真实情况，这种形式较复杂，但它更真实，并且能帮助有经验的管理者从中学习管理技能。商业游戏的缺点在于对应试者的观察和评价比较困难，而且费时。

15.3.2　评价中心的内容

评价中心旨在对管理人员进行评价，选择什么样的评价维度、依据什么样的评价标准进行测评是很重要的。评价维度和评价标准的制定随不同的企业、不同的职位而有所不同，因此各评价中心测量的指标也是各不相同的。一般要通过胜任特征分析确定一个职位有哪些素质要求，然后选择一些能够测量出这些关键性素质的测评方法。

对于管理人员来说，以下重要的胜任特征常常是评价中心的测评要素。

（1）责任心。为了实现公司的目标，敢于冒险，在没有明确方向的情况下可以采取行动，主动承担起项目，积极地解决问题，愿意为做出的决定及由这些决定带来的任何后果负责。

（2）分析能力。在问题解决前，能够理解问题的各组成部分，以及看到各部分之间的联系，全面地考虑问题；在对信息进行收集、处理、合成时，思维流畅，符合逻辑，能够从不同的渠道寻找信息，并将不同的信息进行合理的联系。

（3）商务理解力。在做出决策时，能考虑到长期战略和短期目标，能预见新的事件和情景怎样影响组织中的团体或个人。

（4）人际关系技能。能与他人建立良好的人际关系；能够与他人进行协商，调和个体间的分歧；在采取行动时，能考虑到他人的感情和需求。

（5）口头表达能力。在交流沟通时，能引起他人的注意和兴趣，对意料之外的问题能做出有效的反馈，捕捉到额外的信息；为了与他人更好地进行交流，能及时修正自己的语言和说话风格，善于聆听；表达问题清晰、明确，用词准确，具有说服力，能与他人共享或向他人提供信息和反馈。

（6）表达技巧。使用有效的、具有说服力的方式传递思想；使用适当的肢体语言和面部表情进行表达；使用不同的演讲模式强调不同的重要部分；对听众的理解具有敏感性，能改变自己的表达方式以适应听众的水平。

（7）决策能力。能明确问题的原因，找出问题核心，采取果断的行动，解决不同的问题；做出的决策合乎逻辑，能够把问题按照优先次序进行区分，并在规定的时间内解决问题；能识别额外信息，并在经过深思熟虑之后做出高质量的决策。

（8）团队精神。设立较为长远的团队目标，鼓励大家在工作时要作为一个整体，为团队做出贡献；在团队成员之间建立互相信任的、合作的团队氛围，为团队创造人人都参与解决问题的机会。

（9）对压力的承受力。面对压力不沮丧，在困难和有压力的环境下能够集中精力。

（10）领导力。给大家在领导方面做出示范，鼓励他人提高自己的业绩，重视高质量的团队工作；使用恰当的人际交往方式促进团队目标的达成，与团队成员分享信息，做出详尽的行动计划；在不同的情景下采取不同的领导方式。

（11）书面表达能力。能够通过书面的方式与他人进行很好的沟通，且书面语言简单易懂，没有拼写和语法上的错误。

美国电报电话公司选择了 25 个评价变量对每位应试者进行评价。这 25 个评价变量分别是组织和计划能力、决策能力、创造力、人际关系技能、行为的灵活性、个人活力、对不确定性和事物变化的容忍力、应变能力、压力的承受力、学习能力、兴趣的广泛性、内在的工作标准、工作绩效、语言表达能力、社会角色知觉能力、自我努力目标、精力、期望的现实性、遵守贝尔系统价值观的程度、社会目标、成长提高的需要、忍受延迟报酬的能力、受到上级称赞的需要、受到同事赞许的需要、目标灵活性和安全的需要。

在由 12 人组成的专门评价中心中，应试者用三天半的时间进行应试。在此期间，使用的测评方法包括纸笔测验、文件筐测验、投射测验、面谈、参与集体问题解决、无领导小组讨论。每位应试者还要填写一份个人履历调查表、简短的自传文章和一份由 70 个项目构成的调查表。之后，考官对每位应试者按照 25 个评价变量进行评价，并通过文字概括每位应试者的表现。

通过对评价变量的因素分析，产生 7 种要素，这 7 种要素是评价的基本内容。在这 7 种要素中，比较重要的是行政管理技能和人际关系技能，其次是智能、绩效的稳定性、以工作为定向的激励、职业导向和对他人的依赖性。这 7 种要素的重要性是相互平行的。下面是这 7 种要素的测评方法。

（1）行政管理技能：文件筐测验。

（2）人际关系技能：无领导小组讨论、制造问题法。

（3）智能：纸笔测验。

（4）绩效的稳定性：文件筐测验、无领导小组讨论、制造问题法。

（5）以工作为定向的激励：投射测验、面谈和模拟方法。

（6）职业导向：投射测验、面谈和个性测验。

（7）对他人的依赖性：投射测验。

15.4 评价中心的应用及发展趋势

15.4.1 评价中心在人力资源管理决策中的应用

在人力资源管理决策中，评价中心可以为组织的人员招聘、选拔、培训、薪酬确定、裁员等提供科学有效的帮助。评价中心在人力资源管理决策中的应用主要有以下多个方面。

1. 人员招聘

在组织中，管理人员的招聘失误可能会导致公司在财务、经营管理和发展规划上遭受巨大的损失，因此管理人员的招聘对企业来说至关重要。评价中心作为一种综合测评技术，其多方法多评价者的优势，无疑可以在管理人员的招聘中起到汰劣择优的作用。

在实践中，我们用评价中心技术为许多企事业单位提供人才招聘服务。例如，某银行的一个省级分行在刚成立时，面向全国公开招聘客户服务部、信贷部、办公室等 7 个部门的副职主管，结果通过简历筛选的候选人就达 200 人之多，为了保证人员选拔的质量，该分行领导请我们用评价中心技术为其服务。首先，我们让 200 名候选人参加了为期一天的笔试，内容包括银行综合知识、职业能力倾向测验、管理技能测验，由此淘汰了基本素质不过关的 138 名候选人；第二天，我们对剩下的 62 人进行了情景模拟测验，方法包括文件筐测验、案例分析和无领导小组讨论；第三天，我们又对最后剩下的 20 人采用半结构化的方式进行了分组面试；最后，我们为该分行此次招聘活动提供了录用决策建议。由于在整个测评过程中，该分行的高层领导始终参与其中，他们也清楚地看到了各候选人在评价中心中的表现，这使他们深深地感受到了评价中心的科学性和有效性。由于通过评价中心招聘的人员素质都不错，因此在实际工作中他们的工作绩效大都比较优秀。为此，该分行此后不仅在人员招聘方面请我们为其提供人才测评服务，而且在人员竞争上岗中也是如此。

2．人员任用与晋升

通常，对于一个管理人员往往有多个岗位可以安置，理想的情况是岗位胜任力要求与个人优势相匹配。在安置管理人员时，使用评价中心可以寻求最佳人职匹配岗位。例如，宏观思维能力比较强的人可以更多地参与到规划工作中，而那些计划能力差的人则可以安排到计划能力强的人手下工作。

当公司的一个重要岗位有了空缺，必须从内部选拔接替者时，经常是从工作表现好的管理者中选取，但事实上，在某个管理层次上干得好的人未必就是高一级管理岗位的合适人选。人员晋升的最可靠的办法就是采用评价中心技术考查候选人在目标岗位上的潜能。例如，美国科罗拉多州福特科林斯市的警察局曾设计了一个情景测验，即向候选人提出其在未来岗位上可能遇到的与人打交道的难题，如当与愤怒的市民对峙时，看他们能否保持镇静而不做出过激反应。由于评价中心的情景性极强，因此可以依据目标岗位设计活动，最后选择合适人选。有了这个客观、翔实的材料作为参考，组织就可以成功地找到合适的人选。

3．人力资源普查

人力资源管理的目的就是充分开发和利用组织系统中的人力资源，因此需要对公司内部人员的发展潜能、职业倾向、专业素质等有一个全面的了解。在多数情况下，直接上级往往通过面谈来评估下属，但这是很不够的。在这种情况下，评价中心可以用来评估员工的能力和潜能。国内某知名上市公司高层领导一直很重视人力资源的开发和利用，为了掌握公司内部的人力资源状况，该公司曾请我们应用评价中心技术为其现有的中高层管理人员提供人力资源普查服务。我们综合应用了履历分析技术、心理测验、文件筐测验、无领导小组讨论、角色扮演法及 360 度评估法，对该公司每位中层以上管理人员进行了全方位的测评，并为公司提供了每位受测者的测评报告，同时提供了公司人力资源状况的总体报告。该测评先后历时 6 个月，评价中心严格的设计要求和严谨的操作实施过程给该公司的高层管理人员留下了很深的印象。此后，该公司在面向全国招聘人力资源总监时也采用了评价中心技术。

4．培训

所谓培训，就是传授在组织内发挥作用所必需的个人知识、技能、能力和其他特征。培训是挖掘人才潜能的必要手段。评价中心可以用于诊断员工的缺陷，在对在岗员工进行综合素质分析的基础上，根据具体情况设计有针对性的培训计划；按计划开展相关的培训活动，培训后做出效果评价。例如，美国陆军战争学院设计了一系列包括自我评价在内的评价中心活动，通过此活动，高级军官们意识到了自己的发展需求，并以此为依据设计了一学年的学习安排。采用评价中心技术开展培训，要重视接受培训的员工的主动性，锻炼他们的思维能力和实际工作能力。培训方式包括敏感性训练、管理角色训练、事件处理训练和拓展训练等。评价中心有助于更好地体现员工的自身价值，使员工素质的提高与公司的发展紧密联系。

5. 裁员

当一个组织由于经济原因或结构性调整必须裁员时，让谁走让谁留是一个艰难的决定。霍夫曼公司的保安部曾用评价中心模拟部门重组后的工作要求，让每位员工都有机会展示自己胜任新任务的能力。参加评价中心的员工们都说，这种方法提供了展示相关技能的平等机会。与依据资历或依据直接上司对员工目前工作表现的评估做出的裁员决策相比较，员工们更能接受依据评价中心得出的测评结果。

15.4.2 评价中心在人员发展中的应用

评价中心也可以应用于人员培训与发展。评价中心一旦将测评结果反馈给应试者，对应试者而言，整个评价过程就是一个很好的培训过程。通过评估报告和具体行为表现的反馈，应试者便知道了自己的素质状况在人群中的位置，知道了自己的优势领域及有待发展的素质，知道了在今后工作中如何扬长避短，积极发挥自己的特长，并在行为层面改进自己，有意识地培养和弥补自己的劣势，成为更优秀的人才；同时对于在应试者中存在的共同问题，可以开设专题性培训课程。所以，评价中心技术不仅是一种有效的人才选拔工具，同时对人员培训、职业生涯规划等均有很强的应用价值。

从评价中心技术的发展趋势来看，以前主要侧重于人员甄选，现在则越来越侧重于人员培训与发展。评价中心与发展中心的区别如表15-9所示。

表15-9 评价中心与发展中心的区别

评价中心	发展中心
外部招聘	识别潜能
内部招聘	诊断与工作有关的优/劣势

玻姆在1977年提出了两种不同的发展中心类型：识别策略和诊断策略，其主要区别如表15-10所示。

表15-10 识别策略与诊断策略的区别

	识别策略	诊断策略
目标	对个体进行早期潜能识别，以帮助快速发展	改善现在工作绩效、动机和士气
目标人群	已被识别为高潜能者	对多数人
提名程序	邀请符合标准者	自愿或推荐
决策或结果	多数成功/失败决策是为了长远的发展	聚焦于有关优势和劣势
反馈报告	突出高层发展活动的需求	优/劣势的详细信息，以促进后续行动计划
组织监控的水平	高度集中化的监控	基层管理控制

评价中心报告往往可以为应试者提供许多有帮助的信息，下面以龚淼女士的评价中心报告为例，说明评价中心在个人职业发展中的作用（见表 15-11）。

表 15-11 评价中心报告样例

胜任力名称	在评价中心活动中的表现
沟通与交流能力（行为定义略）	对于从口头信息交流中提取信息的能力，龚淼女士被评定为高于平均水平。在管理问题练习中，她时常澄清别人的话，使它们容易被人理解，这表明她理解了发言人的思想意图。她还向他人提出了一些问题，这些问题对讨论的内容来说十分必要，说明她很仔细地听谈话的细节。在练习中，她能很快抓住发言中的重点，并做出反应。她还纠正了另一名参与者在金额上的计算错误。在销售战略练习中，她再一次澄清了其他小组成员提出的问题。在讨论中，她时常要求别人重申观点，试图知道他人在分析一个问题时所依据的具体理论基础
分析问题的能力（行为定义略）	在根据获得的有关信息，发现问题、找出造成问题的原因并提出解决问题的途径和方法方面，龚淼女士在大多数浅层次具体问题的解决能力上高于平均水平，但在一些较高层次的战略问题和深层次问题的分析把握上，仅处于平均水平。一般来说，龚淼女士在分析一般问题方面是很有成效的，但是当问题需要深入分析和深思熟虑时，她的成绩就不那么明显了。 她在文件筐测验和销售战略练习中未能达到规定的标准。她未能领会公文中各种备忘录的含义，认为每个备忘录都是孤立的。她似乎将许多问题简单化了，仅处理了备忘录上写得比较明显的事情。 在销售战略练习中，她做了一些毫无根据的假设（如年纪较大的销售人员知识肤浅，他们的工作动力是增加销售额的关键）。她还没有搞清楚一名参加者提出的建议的细节，那项建议会使销售甲和乙两种产品的批发商和公司的销售人员产生争执，令人遗憾的是，龚淼女士支持了这个不正确的建议
判断能力（行为定义略）	在判断能力方面，龚淼女士被评定为低于平均水平。在文件筐测验中，她给下属的指导是不够的，避开了很多重要或困难的项目。这种做法会给公司造成相当严重的问题。 在销售战略练习中，她提出的很多建议是根据在练习中毫无根据的假设做出的。例如，她建议延长顾客应付账单与推销员收账的时间间距。在做这项决定时，她并没有考虑到这会造成占用流动资金的问题
计划和组织能力（行为定义略）	在适当地选派人员和分配资源使用方面，龚淼女士被评为低于平均水平。 在文件筐测验中，龚淼女士未将工作项目按先后次序排列，或者即使排列了，她对各工作项目的重要程度的认识也是不足的。很多工作项目可以安排她的下属或辅助人员去完成，她却选择了自己亲自去做这些工作，而忽视了她应该优先处理的经营战略问题。她还不能有效地利用她的下属去为她收集足够的信息，以致她在面对一些困难时未能做好充分的准备
管理控制能力（行为定义略）	龚淼女士在采取行动去监督委派上和项目的结果方面被评定为低于平均水平

胜任力名称	在评价中心活动中的表现
总评价	根据工作说明书中对任职资格的规定，以及其现有的工作能力来看，龚淼女士在担任地区销售经理之前，还要接受几项重要的管理能力的培训

从表 15-11 可以看出，龚淼女士可以从评价中心报告中得到很多有价值的行为信息，包括个人的优点和弱点，在此基础上她还可以与公司的人力资源部共同制定有针对性的培训发展计划。

15.4.3 评价中心在应用中的发展趋势

总的来看，评价中心的发展有两大特点：一是越来越强调仿真程度，二是尝试使情景模拟变得更加结构化。仿真性的加强有利于准确地对测评对象进行行为取样，而结构化的尝试能够有效降低评价中心的评分难度和施测成本。评价中心在应用中的发展趋势如下。

1．采用整体情景

传统的评价中心是由独立的情景构成的，不同的情景采用毫无关联的背景材料。现在，越来越多的评价中心采用跨练习的材料，即所有情景采用相同的背景材料。这样做的优势是，测评对象不用花过多时间阅读新的材料，同时能够有效提升不同情景的仿真性和评分一致性。

2．对评价中心应用的强化

评价中心依据其施测目的的不同，会有不同的设计、容量和成本，也会结合其他人力资源管理技术。

（1）对于招聘或晋升决策，可以依据测评指标数量、岗位级别和效度要求等决定评价中心设计的复杂性。

（2）对于诊断或培训需求，通常会设计大容量的评价中心，以达到充分、全面地衡量测评对象的资质的目的。

（3）对于职业生涯规划、继任计划和人职匹配等环节，可以将才能—角色匹配技术融入评价中心的施测过程。

（4）评价中心越来越多地与建立岗位胜任特征模型、战略性工作分析、绩效管理等结合，并应用于人力资源的各个方面。

3．借用计算机和其他辅助设备进行测评

（1）将情景模拟的呈现计算机化（文件筐测验和案例分析）。

（2）使用录像设备等协助施测（通过录像呈现人际情景，并要求测评对象做出反应）。

（3）通过软件对评价者的评分进行自动汇总。

4．引入除情景模拟以外的技术

在评价中心的应用中，越来越多地引入了除情景模拟以外的技术作为补充，如行为事件访谈和心理测验。行为事件访谈可以用来测量一些通过情景模拟较难测评的资质，如成就动

机和坚忍性等。行为事件访谈也可以作为回顾测评对象在评价中心中的行为动机的手段。

　　商业化评价中心虽然经过了 50 多年的发展，但其内核仍然没有改变，包括以多个情景模拟为主体、有多名评价者参与整合讨论、注重情景的仿真性等。一直在变的是，在不违背评价中心的原则和内核的前提下，人们改进了其设计和操作流程，使它更符合人力资源管理发展的需要，也更符合企业自身的需求。随着人们对评价中心实质的理解更为深入，这种改进的步伐会越来越快，也会越来越有成效。

第 3 部分

人才测评应用

第 16 章

人才测评的流程

人才测评的根本目的是实现人职匹配，真正做到事得其人、人适其事、人尽其才、才尽其用。人才测评作为一种专业化的活动，与其他技术性活动一样，有其必须遵守的规范和流程。在实践中，只有遵守人才测评的规范和流程，才能保证测评的信度和效度。

本章导航

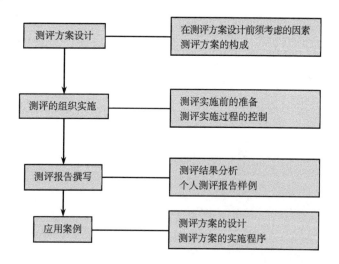

丰田公司的招聘体系

为招聘优秀的有责任感的员工，丰田公司做出了极大的努力，设计了由 6 个阶段构成的全面招聘体系，前 5 个阶段要持续 5~6 天。

第 1 阶段：丰田公司通常会委托专业的招聘机构对应聘者进行初步筛选。应聘者一般会观看丰田公司的工作环境和工作内容的录像资料，同时了解丰田公司的全面招聘体系，随后填写工作申请表。一小时的录像可以使应聘者对丰田公司的具体工作情况有个大概了解，初步感受工作岗位的要求，同时是应聘者自我评估和选择的过程，可以让许多应聘者知难而退。专业招聘机构也会根据应聘者的工作申请表和具体的能力和经验进行初步筛选。

第 2 阶段：评估应聘者的技术知识和工作潜能。通常会要求应聘者进行基本能力测试和职业态度心理测试，以评估应聘者解决问题的能力、学习能力和潜能及职业兴趣爱好。如果是技术岗位工作的应聘者，则需要进行 6 小时的现场实际机器和工具操作测试。通过第一阶段和第二阶段的应聘者的有关资料会转入丰田公司。

第 3 阶段：丰田公司接手有关的招聘工作。本阶段主要是评价应聘者的人际关系和决策能力。应聘者在公司的评估中心参加一个 4 小时的小组讨论，讨论的过程由丰田公司的招聘专家即时观察评估，比较典型的小组讨论可能是几位应聘者组成一个小组，讨论未来几年汽车的主要特征。实际问题的解决可以考查应聘者的洞察力、灵活性和创造力。同样在第 3 阶段应聘者需要参加 5 小时的实际汽车生产线的模拟操作，在模拟操作过程中，应聘者需要组成项目小组，负责计划和管理的职能。例如，如何生产一种零配件，以及人员分工、材料采购、资金运用、计划管理、生产过程等一系列生产考虑因素的有效运用。

第 4 阶段：应聘者需要参加一个 1 小时的集体面试，分别与丰田的招聘专家谈论自己取得的成就。这样可以使丰田的招聘专家更加全面地了解应聘者的兴趣和爱好，他们以什么为荣，什么样的事业才能使他们兴奋，这样才能更好地做出工作岗位安排和职业生涯规划。在此阶段也可以进一步了解应聘者的小组互动能力。

通过以上 4 个阶段，应聘者基本上被丰田公司录用，但是应聘者需要参加第 5 阶段的全面身体检查，以了解应聘者的身体状况和特殊问题，如酗酒问题。

最后在第 6 阶段，新员工需要接受 6 个月的工作表现和发展潜能评估，在此期间，新员工会接受监控、观察、督导、培训等。

16.1　测评方案设计

在第 2 部分介绍的内容中，我们已经知道人才测评的具体方式方法可谓多种多样，但在具体应用中，究竟通过哪种方式方法来形成测评方案，则取决于很多因素。这些因素主要包括测评的预算、测评的目的、测评指标、候选人的数量等。

16.1.1 在测评方案设计前须考虑的因素

根据我们的实践经验，在测评方案设计前，通常需要考虑以下因素。

1. 测评的预算

预算的多少直接关系到测评的精度，通常情况下，招聘一个人的平均预算越多，选用的测评方法往往越多，测评的效果当然也越好。这个问题与企业领导的认识有很大关系，如果企业领导觉得人才测评不值得花太多的费用，那么预算自然会定得比较低；反之预算定得就高。例如，某公司为了招聘几位部门经理，在测评环节才花了几千元，因为老板觉得凭自己的经验进行面试即可；而一家知名企业为了招聘两位副总经理，在测评环节居然投入了 20 万元之多。实际上，我国很少有人对测评的投入-产出比进行过系统的测算，美国有测评专家经过测算发现，在企业中层管理人员的测评中投入几千美元，其实际回报能达到几百万美元。

2. 测评的目的

在开展人才测评活动之前，活动组织者必须明确人才测评的目的是什么，即为什么要开展测评活动、要实现哪些管理目的、通过测评项目解决什么问题。人才测评的目的直接决定了测评指标，不同的测评目的对测评指标的要求不同。

在人才测评中，企业内部人力资源普查会比外部人员招聘需要更复杂的测评方案设计，因为人力资源普查需要全方位地了解、诊断企业员工的特点与不足，为企业的未来发展和员工的个人发展提供诊断报告，所以往往需要邀请外部的测评专家，综合运用心理测验、面试、无领导小组讨论、文件篮测验、360 度评估法等多种测评技术和方法。一般员工招聘采用履历筛选、笔试、情景模拟测验和面试即可。

3. 测评指标

前面我们已经谈到，岗位胜任特征模型是人才测评的基础，它可以保证人才测评的针对性和有效性。近几年来，许多大企业都请有关咨询公司为自己构建岗位胜任特征模型，这些模型可以为测评指标的确定提供很好的参考，同时要考虑到外部环境的变化、企业的未来发展、与目标岗位相关的团队构成等因素。一般来说，测评指标的数量在 7 个以内效果比较好，超过 7 个就很难对要素进行区分了。不过在应用评价中心技术进行测评时，测评指标往往会达到 10 个之多。国外研究发现，评价中心的测评指标平均是 11 个。

4. 候选人的数量

候选人的数量也是在测评方案设计前须考虑的一个因素。当一个职位有很多候选人时，用较少的测评方法即可达到理想的测评效果；相反，则需要选择更多的测评方法。因为初步筛选相对比较容易，当需要从最终的几个人中选两个人时，测评的精度要求更高，决策风险会加大。

5. 预期结果

测评的预期结果也会影响测评方案的设计。当只需根据岗位胜任特征模型对候选人进行简单的排序时，对测评方案的设计要求不高；当需要给每位候选人提供个人职业发展建议报告时，对测评方案的设计要求很高。

6．组织实施

在测评方案设计前，还需要考虑测评的组织实施。例如，如果在组织实施中评价人员的数量比较少，那么不可能分多个组同时对候选人进行测评，则测评实施可能需要好多天。在这种情况下，考虑到测评题目的保密性，就需要事先设计多套难度大体相当的测评题目。

16.1.2　测评方案的构成

测评方案一般包括测评的目的、测评的内容与方法、测评程序设计和测评费用构成等。下面以 A 公司在内部开展人力资源普查为例，给出测评方案。

1．测评的目的

根据 A 公司的要求，对公司在岗员工进行全面测评，了解每位员工的职业素质及其发展潜力，给公司提供每位员工的测评诊断报告，并根据公司人力资源部的总体状况提出咨询建议。

2．测评的内容与方法

（1）纸笔测试。纸笔测试分为知识水平测试（见表 16-1）和基本职业素质测试（见表 16-2）。

表 16-1　知识水平测试

职位类别	测试内容	测试方法	测试时间/分
中层管理人员	企业经营管理常识+汉英互译	考试	60
主管人员	企业经营管理常识+汉英互译	考试	60
技术人员	生产管理基本常识	考试	60
行政人员	行政管理基本常识	考试	60
一线工人	综合知识与企业员工行为规范	考试	60

表 16-2　基本职业素质测试

职位类别	测试内容	测试方法	测试时间/分
中层管理人员	基本认知能力	心理测验	90
	组织行为动机		20
	职业兴趣		15
	行为风格		20
主管人员	基本认知能力	心理测验	90
	组织行为动机		20
	职业兴趣		15
	行为风格		20
技术人员与行政人员	基本认知能力	心理测验	90
	行为风格		15
一线工人	机械能力	心理测验	30
	职业兴趣		15

（2）情景测验（见表 16-3 ）。

表 16-3　情景测验

职位类别	测试内容	测试方法	测试时间/分
中层管理人员	企业经营管理实务处理能力	文件筐测验	120
	团队协作及领导	无领导小组讨论	90
主管人员	企业经营管理实务处理能力	文件筐测验	120
	团队协作及领导	无领导小组讨论	90

（3）半结构化面试（见表 16-4 ）。

表 16-4　半结构化面试

职位类别	测试内容	测试方法	测试时间/分
中层管理人员	经营管理经验、问题分析判断、沟通和人际技能、业务技能	半结构化面试	60
主管人员	经营管理经验、问题分析判断、沟通和人际技能、业务技能	半结构化面试	60

3．测评程序设计

（1）胜任特征分析与测评方案设计。了解公司文化，根据公司的职位需求，通过行为事件访谈，构建各类职位的岗位胜任特征模型；确定测评要素和测评方法，形成本项目的测评方案。完成此阶段的工作约需 4 周。

（2）笔试准备及实施。依据双方议定的测评方案，组织进行各项笔试准备工作，并提供实施笔试的材料供公司组织实施测试。此阶段的工作在测评方案议定后 3 周内完成。

（3）情景测验、面试的准备和实施。根据测评方案，设计情景测验题目与面试题目。此阶段的工作在测评方案议定后 4 周内完成。对公司参加评估的有关人员进行测评培训，然后共同施测。

（4）综合分析与评价报告撰写。根据各职位的胜任特征的具体要求，对以上几项测试结果进行综合分析评估，撰写并提交各中层管理职位和主管职位候选人的评价报告，以及有关公司人力资源管理的综合建议报告。此阶段的工作在测评实施结束后 3 周内完成。

4．测评费用构成

测评费用包括固定费用项目（见表 16-5）和变动费用项目（见表 16-6）。

表 16-5　固定费用项目

项目名称	内容概要	单价/元	数量/项	费用合计/元	备注
方案设计费	胜任特征分析、测评方案设计	35 000	1	35 000	
笔试命题费	含命题费、制卷费	10 000	4	40 000	
情景设计费	含测试评估培训费	10 000	4	40 000	
面试设计费	含测试评估培训费	5 000	4	20 000	
固定差旅费	专家测试与咨询	5 000	4	20 000	2 人 2 次
合计				155 000	

表 16-6　变动费用项目

项目名称	内容概要	单价（元/人次）	备　注
笔试测试费	含印卷费、阅卷费	100	
测验测试费			
能力	测验使用	200	
动机	测验使用	200	
兴趣	测验使用	200	
风格	测验使用	200	
机械能力	测验使用	200	
综合评价与咨询	综合分析评估与撰写报告		
管理者	综合全部测试结果	1 000	
技术行政	综合笔试测试结果	500	
工人	综合笔试测试结果	200	
情景测验费	含 1 位应试者测试费用及结果整理	500	人均费用
面试测试费	含 1 位考官劳务费用及结果整理	500	

16.2　测评的组织实施

在测评方案设计完成后，可进入组织实施阶段。测评的组织实施可以从两个方面进行分析，即测评实施前的准备及测评实施过程的控制。

16.2.1　测评实施前的准备

测评实施前的准备包括测评资料准备，以及选择、布置测评场地和考官的分组与培训等内容。

1．测评资料准备

在测评活动开始前，活动组织者要准备好测评项目需要的各种材料。这些材料包括测试题目、答题纸（卡）、评分表。

1）测试题目

考官要给应试者提供测试题目。单个测验的测试题目要单独装订并统一编号。在开始测评时，考官将测试题目发给每位应试者。

2）答题纸（卡）

在测试过程中，要求应试者在专用的答题纸（卡）上作答。案例分析或文件筐测验通常需用答题纸，客观题和心理测验则要用答题卡，以便通过光电扫描仪直接生成应试者的成绩。需要注意的是，答题卡的使用方法及注意事项须事先向应试者说明。

3）评分表

评分表是考官记录应试者在测试过程中的语言和行为表现的专用表格。在测试结束后，考官常常要在评分表上对应试者的表现进行评价。

2．选择、布置测评场地

每种测评技术的实施对场地都有一定的要求，如光线充足、环境安静、场地宽裕、色调温和，不能让应试者产生视觉刺激或空间上的压抑感等。因为在一般的测评项目中，应试者通常要参加几个测试，所以在布置测评场地时应在每个测评室外的显著位置标明该房间的测试项目，如"面试室""小组讨论室""角色扮演室"等。如果需用多个相同功能的房间，那么还要对房间进行编号，以便应试者能够快速准确地找到测评场地。如果条件允许，还可以设立专门的引导人员对应试者进行引导。

如果参与测评的应试者人数较多，最好设立候考室。候考室应与测评室保持一定的距离，避免无关因素干扰应试者的测试过程。

3．考官的分组与培训

在测评实施过程中，通常需要多位考官对应试者的行为表现进行观察与评价，这就需要在测评实施前对考官进行组合与分组。在测评项目中，一般除测评专家以外，考官还包括企业高层管理人员和人力资源管理人员。高层管理人员能够从企业战略的角度对应试者与企业的匹配度进行评估；人力资源管理人员能够准确地理解不同岗位所要求的典型行为表现；测评专家则在测评要素与典型行为表现的对应关系、评价标准的把握、应试者行为表现的观察与评价等方面有专业素养。三方面组合的考官能够从战略文化、岗位胜任标准、评价练习中的行为表现等多个方面对应试者的素质特征进行准确、客观的评估。

另外，所有考官在测评实施前必须接受系统的技术培训。培训能够让考官准确理解岗位胜任标准、典型行为表现和评价标准，保证所有考官使用统一的评价尺度对应试者进行评估。培训工作一般由人力资源部负责，且由人力资源部负责人召集所有考官，集中向所有考官说明测评目的、测试维度（维度的定义、典型行为表现）、施测过程中的观察与记录要求、评价程序、出现分歧的解决办法、评价要求、测评报告结构与内容要求等。

很多企业对外部测评专家的评价结果持怀疑态度，这可能是因为外部测评专家没有接受企业的考官培训或企业根本就没有意识到在施测之前需要对考官进行统一培训。虽然测评专家熟悉测试的过程与技巧，但并不一定了解企业对测试维度个性化的理解。考官评价的客观性与准确性与否决定了测试的成败，系统的考官培训能够有效地提升测试的信度和效度。

16.2.2　测评实施过程的控制

1．测评时间的控制

由于应试者之间存在素质差异，因此他们的答题速度也不同。在测评实施过程中，可能会出现有的应试者在考官宣布测试结束后还没有答完所有试题的情况。为此，对于笔试项目，考官可以在测试结束前 15 分钟、5 分钟时给予提醒，以便应试者合理地控制时间。

当测试项目是公开招聘或内部竞争上岗时，测试结束后必须要求所有的应试者立即停止作答，以保证测试的公平公正性；当测试项目是基于培训和职业规划与发展时，对未答完题的应试者可以适度放宽时间要求。需要特别指出的是，在心理测验中，如果应试者没有答完全部题目，那么测验结果常常无法统计，因此应试者的个性特点就不能通过测验描述出来，这会给考官对应试者的综合评价带来困难。

2．考官评价的控制

许多测试项目包括无领导小组讨论、面试、角色扮演法等，往往在测试结束后，需要考官及时根据自己的观察记录对应试者的行为表现进行评价。首先由考官单独评价，然后集体讨论，对应试者在每个测试维度上的行为表现进行定性评价。如果考官们对应试者的评价未能达成一致性意见，那么持不同意见的考官就需要互相陈述评价的理由，应试者在测试过程中的行为表现可以作为行为证据来支持考官的评价意见。如果考官的观察记录存在差异，那么需要调用录像资料进行确认，然后进行讨论，最后确定评价结果。

在企业测评实践中，一般留给考官评价的时间比较短，这会直接影响各考官发表自己的见解。一个有效的处理方法是，为了让考官能够对应试者的评价基本达成一致性意见，考官可先通过集体讨论的方式，找出每个测评指标的表现最佳者与最差者，然后结合评价标准分别给表现最佳者与最差者打出分数，确定出该指标的分值区间，最后由各考官根据集体讨论的原则，再结合各维度上的分值区间独立打出分数。

16.3　撰写测评报告

在测评结束后，需要在定量和定性分析的基础上，撰写测评报告。

16.3.1　测评结果分析

测评结果分析包括个体测评数据分析和群体测评数据分析。在测评实践中，通常需要对应试者在各评价练习中的得分进行统计分析，然后对应试者形成总体评价。

1．单个评价练习的结果分析

应试者在单个评价练习中的得分统计有不同的方法。例如，在心理测验中，主要是把应试者的分数与常模进行分析比较得到最终分数；在小组讨论中，可能是计算所有考官的算术平均分。这里以面试为例，考官根据每位应试者在面试过程中的表现和面试指标的操作定义进行打分。面试评分常采用 10 点量表，每个面试指标还会赋予不同的权重。在面试成绩统计中，要根据每个面试指标的权重系数，换算出应试者在每个面试指标上的最后得分或总分（见表 16-7）。

表 16-7　面试成绩统计表

面试要素	言语表达能力	综合分析能力	组织协调能力	应变能力	人职匹配
权重	10%	30%	30%	20%	10%
满分	10 分	10 分	10 分	10 分	10 分
考官评分	8 分	8 分	7 分	6 分	7 分
总分	T=1×8+3×8+3×7+2×6+1×7=72 分（该应试者的面试总分）				
考官评价				考官签字：	

2. 测试数据整合

测试数据整合是根据综合原则，将不同测试项目的成绩进行组合分析。测试数据整合的目的在于全面深入地对应试者的素质特点进行把握。在测评数据整合中，通常越专业的考官给出的分数的权重越高。就特定测试维度来说，效度越高的测试方法越能对应试者的素质特点进行准确把握，其权重系数也应越高。下面举例说明从考官和测试方法两个角度，建立测试数据的整合模型。

表 16-8 根据考官差异建立测试数据整合模型

考官	权重	计划能力/分		团队协作能力/分		应变能力/分		沟通能力/分	
		原始	统计	原始	统计	原始	统计	原始	统计
姜总	0.3	5	1.5	2	0.6	2	0.6	3	0.9
刘经理	0.5	4	2	4	2	4	2	2	1
王主管	0.2	3	0.6	4	0.8	3	0.6	3	0.6
最终得分		4.1		3.4		3.2		2.5	

表 16-9 根据测试方法效度差异建立测试数据整合模型

	计划组织能力	目标管理能力	团体管理能力	激励下属能力	协调下属能力	主动性
能力测试	10%	10%	20%	20%	10%	0%
面试	40%	50%	20%	80%	30%	50%
无领导小组讨论	50%	40%	60%	0%	60%	50%
个人最终得分						

3. 数据整合结果

下面以笔者在某测评实践中就应试者的业务能力、管理素质和个性特点的数据整合结果进行说明。

1）业务能力（见表 16-10 和图 16-1）

表 16-10 业务能力测评结果

测评项目	成绩/分	最低成绩/分	最高成绩/分	平均成绩/分	名次
市场分析	37.6	37.6	50	44.646	8
风险分析	37.4	37.4	51	46.216	8
财务分析	16.6	16.6	44.4	28.425	8
资金运作	3.6	3.6	28.6	11.475	8

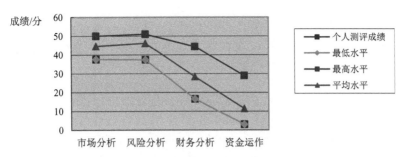

图 16-1　业务能力测评结果

2）管理素质（见表 16-11 和图 16-2）

表 16-11　管理素质测评结果

测评项目	成绩/分	最低成绩/分	最高成绩/分	平均成绩/分	名次
计划	8	7	10	8.25	4.5
控制	23	19.8	26.4	23.425	6
组织	10	3	10	7.125	1.5
判断与决策	43	43	52.5	48.228	8
表达与沟通	37.6	35	41.8	39.697	7
协调与合作	17.4	16.8	24.6	21.125	7

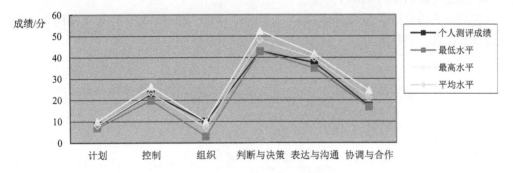

图 16-2　管理素质测评结果

3）人格特点（见表 16-12 和图 16-3）

表 16-12　人格特点测评结果

测评项目	成绩/分	最低成绩/分	最高成绩/分	平均成绩/分	名次
风险意识	3	3	10	6.875	8
求实精神	22.8	21.6	25.8	23.948	6
责任心	14	13.6	16	14.75	6.5
人格魅力	21	21	25.8	23.813	8
人职匹配程度	21	21	55.8	26.925	8

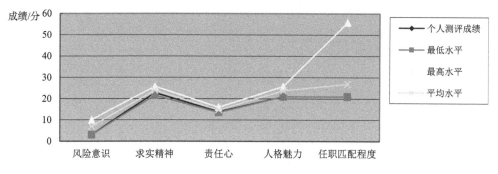

图 16-3　人格特点测评结果

16.3.2　个人测评报告样例

在实施人才测评之后，要撰写一份内容详尽、真实的测评报告。测评报告要有较好的结构性、逻辑性，应让应试者或委托方能够充分地理解、明白。个人测评报告的撰写格式如下。

1. 注明测评机构的名称和测评时间

一份精美、详尽的测评报告须注明测评机构的名称，这意味着测评机构要对提交的测评报告负责。测评时间也是测评报告的一个背景信息，必须注明。

2. 写明应试者的个人信息

应试者的个人信息通常包括编号、姓名、性别、年龄、教育程度、岗位（部门）、职务等，可根据具体情况进行取舍。

3. 注明测评项目

要注明应试者参加的各测评项目，每位应试者接受测评项目的数量和种类可能不一样，须如实填写。

4. 测评结果

测评结果指的是各项测试的结果，如数据、图表等，不包含书面解释。这部分有时可以作为附件放在测评报告最后。

5. 结果分析

结果分析指的是各项测评结果的书面解释。按照测评项目的内容逐一解释各项测试的维度含义和分数，并做出必要的文字阐述。

6. 总评

根据测评的目的和应试者各项测评结果的综合情况，评价该应试者的优势和特点、需要提高的方面及发展建议。

7. 注明报告撰写人的姓名和撰写日期

测评报告上要注明撰写人的姓名和撰写日期。拿到测评报告的委托方和应试者可以就任何不明白的地方向报告撰写人进行咨询。

下面给出一个简要的个人测评报告框架（略去有关背景信息），供读者参考。

1）个人基本信息（见表 16-13）

表 16-13　王××个人基本信息

姓名	王××	性别	男	年龄	36	学历	硕士	专业	MBA
应聘职位	总经理	现工作单位及职务			某信托投资公司总经理				

2）个人测评信息（见表 16-14）

表 16-14　王××个人测评成绩

测评项目	成绩/分	最低成绩/分	最高成绩/分	平均成绩/分	名次
专业考试	87.5	66.50	108.00	84.750 0	3
英语笔试	105.5	88.00	131.00	113.750 0	6
英语口语	3.5	2.00	10.00	5.625 0	7
无领导小组讨论	56.2	53.40	65.80	61.287 5	7
文件筐测验	50.5	50.00	95.00	71.625 0	8
面试	51.5	50.60	69.80	59.528 1	7
能力倾向测验	另附报告				
组织行为动机测验	另附报告				
行为风格测验	另附报告				

3）个人测评报告

（1）基本职业素质。

逻辑分析与判断推理能力比较强，能较好地把握事物间的量化关系，对文字材料的理解能力强于对图表材料的分析能力。涉及金融、投资方面的专业知识比较扎实，英语阅读理解能力和写作能力较好，口语表达能力比较强，发音一般。

（2）管理素质。

总体来说，对事务性工作有较强的管理能力，但缺乏企业经营管理和决策技能。相对来说，在行政机关事务的管理方面有较多的管理经验，熟悉行政管理决策程序。

明显缺乏财务分析、风险分析和资金运作方面的基本技能，对市场决策的程序所知不多，缺少独立决策的直接经验。

能够迅速准确地把握复杂事物的内在关系，从纷乱的现象中发现问题的本质和造成问题的症结；能够在综合判断分析的基础上权衡各种问题的解决方案，并做出最优选择。

计划意识强，做事有明确的目标，能区分事情的轻重缓急，重视设计实现目标的方法步骤。

组织能力强，能有效地分配资金、人员和物质条件，重视资源的高效利用和挖掘，能有效地授权下属协助解决问题，鼓励下属发挥工作的自主性和积极性，善于调动他们的积极性。

在控制方面，积极争取主动，预留余地，注意了解所采取的方案、行动或措施带来的后果，能预料到不可控事件的各种可能后果，并采取一切可能的办法预防不利后果的出现，注意监控事情的进展。

注意协调各种矛盾和冲突，能够维护部属的团结和合作，个人利益与集体利益结合较好。注重团队精神的建立与维护，必要时对破坏团队文化的人能够快刀斩乱麻地予以清除。

语言表达清晰准确、条理分明、富于逻辑。善于倾听他人讲述，能掌握讲述者的意思和感情，并做出恰当的回应，实现与人的良好沟通。

（3）人格特点。

具有积极、热情、友善、好奇的特点，热衷于与人交往，并从与他人的交往中得到快乐，希望与周围的人保持亲密友好的人际关系。考虑问题很理智，思路比较开阔，行事不墨守成规，喜欢探求解决问题的新方法，能很快地适应所处的新环境。在工作中，对目标的追求比较高，并且不怕目标执行中遇到的挫折和困难。

（4）建议。

业务技能和经营管理经验的缺乏是其从事总经理工作的重大障碍，在工作中影响和带动他人工作的意识不强。

16.4　应用案例

下面以笔者曾经参与过的一个测评项目（为一家基金管理公司招聘总经理，以下简称B 公司）为例，重点说明测评方案的设计与实施程序。

16.4.1　测评方案的设计

1．测评背景

B 公司是一家新成立的中外合资基金管理公司，该公司计划面向全球招聘一位总经理，并通过《人民日报》（海外版）等多家媒体发布招聘广告，有数百名有相关管理经验的高层管理者报名参加竞选。经过 B 公司的资格审查和履历分析，最终有 50 多位优秀人士进入了测评环节。

2．胜任特征分析

为了澄清基金管理公司总经理的胜任特征要求，我们通过行为事件访谈和问卷调查相结合的方式开展工作。下面是此次胜任特征分析中应用的行为事件访谈提纲和职位分析调查问卷。

1）行为事件访谈提纲

（1）访谈对象：同类基金管理公司的总经理（副总经理）。

访谈问题：

- 你在经营管理决策中的权限有多大？主要体现在哪些方面？
- 在你这个职位上，最重要的职责是什么？
- 在你任职期间，你一定做了不少成功的事情，能否给我们介绍一些具体事例。（根据STAR 行为事件访谈模式进行）
- 你认为一个优秀的总经理（副总经理）应该是什么样的？需具备哪些素质？（包括能力和个性品质）
- 在你的工作中，你觉得最令你头疼的事情是什么？

- 在你的工作中，你觉得哪些方面的失误可能会给公司带来很大的损失？

（2）访谈对象：同类基金管理公司的中层经理。

访谈问题：

- 总经理日常的主要工作有哪些？
- 总经理最重要的职责是什么？
- 一个优秀的总经理（副总经理）应该是什么样的？他需具备哪些能力和个性品质？
- 根据你的看法，像你们这样的公司总经理，在哪些方面的工作失误可能会给公司带来很大的损失？能否给我们介绍一些事例？
- 贵公司目前存在的主要问题和困难有哪些？（追问：你认为这种情况与公司领导班子有无直接关系？如有关系，原因是什么）

2）职位分析问卷

为了了解基金管理公司总经理的素质要求，我们还对同类公司的总经理和副总经理进行了问卷调查。问卷内容包括 4 部分，前两部分是关于该职位在工作职能方面的问题，后两部分是关于该职位对个人素质要求方面的问题。下面是问卷中的有关问题。

A．工作职能

说明：各题目选项中的"占用时间"是指在工作中履行该项职能占用时间的多少；"难度"是指履行该项职能的难度。

工作计划（提出工作计划和安排、分配任务、确定目标和完成时间）

1. 占用时间：① 很少　　② 较少　　③ 中等　　④ 较多　　⑤ 很多
2. 难度：　　① 很简单　② 较简单　③ 中等　　④ 较复杂　⑤ 很复杂

B．工作职能总评

各职能履行不好，对工作绩效的影响

1. 计划与安排：① 很少 ② 较少 ③ 中等 ④ 较多 ⑤ 很多
2. 信息处理：　① 很少 ② 较少 ③ 中等 ④ 较多 ⑤ 很多
3. 决策：　　　① 很少 ② 较少 ③ 中等 ④ 较多 ⑤ 很多
4. 沟通：　　　① 很少 ② 较少 ③ 中等 ④ 较多 ⑤ 很多
5. 人际行为：　① 很少 ② 较少 ③ 中等 ④ 较多 ⑤ 很多
6. 技术行为：　① 很少 ② 较少 ③ 中等 ④ 较多 ⑤ 很多

C．对个人素质的要求

请根据你的理解，评价以下能力对该职位的重要程度。

1. 计划能力：　　① 很重要　② 较重要　③ 中等 ④ 较不重要 ⑤ 很不重要
2. 独立决策能力：① 很重要　② 较重要　③ 中等 ④ 较不重要 ⑤ 很不重要

D．对个人素质的其他要求

问题：你认为胜任该职位需要什么样的学历和专业背景？需要哪些方面的专业培训？还需要哪些方面的相关经验？

3. 测评方法及内容

在胜任特征分析的基础上，设计本次测评的方案，如图 16-4 所示。

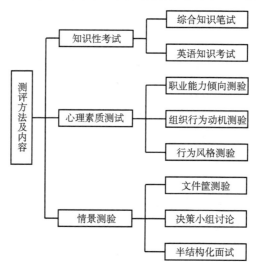

图 16-4　测评方法及内容

1）知识性考试

根据胜任特征分析结果，知识性考试主要包括综合知识笔试和英语知识考试两个部分。

综合知识笔试的内容为宏观经济、金融证券、资本市场的基本理论和相关法规，以及项目评审、投资管理、市场运作的方法和手段、金融工具的灵活运用等。英语知识考试主要考查其英语运用水平，重点考查阅读理解能力。

考试难度水平按较易题、中等难度题和较难题各占总题量的 1/3 掌握，以确保试卷的区分度。

考试题型分为客观题（包括单选题、多选题）和主观题（包括简答题、案例题）两大类。

综合知识笔试的时间为 2.5 小时，试卷包括客观题 70 道（单选题 50 道、多选题 20 道），主观题 4 道。英语知识考试的时间为 2 小时，试卷内容包括词汇、阅读理解和概括大意 3 个部分。

2）心理素质测试

心理素质测试是此次总经理招聘中重要的测评手段，共采用了 3 种心理测验，测试总时间为 2 小时。

（1）职业能力倾向测验主要考查应试者从事管理活动所必备的能力基础和管理潜力。该测验可反映应试者的思维反应速度、考虑问题的条理性和学习掌握新知识的能力等方面的状况。

（2）组织行为动机测验主要测量应试者在管理方面的动力特征。该测验可深入了解应试者从事管理活动的目的性和选择性，以及进行管理活动的积极性、主动性和风险决策意识等。

（3）行为风格测验主要测量应试者的个人行为风格。该测验通过测查应试者在管理活动中的一般心理倾向、接收和处理信息的方式、行为方式及情绪稳定性等个性心理特征，来判定应试者在管理活动中的工作方式、领导风格及适宜的工作环境。

3）情景测验

情景测验主要根据应聘职位的胜任力要求，设计情景测验方式，测量其与职位相关的胜任力，为人员录用最终决策提供充分的依据。情景测验包括文件筐测验、决策小组讨论、半结构化面试。

16.4.2　测评方案的实施程序

1. 考试、心理测验准备及实施

根据前面设计的测评方案，组织进行知识性考试和心理素质测试的准备工作，并依据笔试试卷和心理测验实施测评。

2. 情景测验、面试准备及实施

根据测评方案，设计文件筐测验、决策小组讨论和半结构化面试试题，对参加评估的有关人员进行测评培训，共同实施测评。

3. 综合分析与评价报告撰写

在测评结束后，对各项测试结果进行分析评估，撰写个人测评报告，并完成综合分析与评价报告的撰写工作，为用人单位提供有关人力资源管理综合建议报告。

下面给出我们设计的文件筐测验、决策小组讨论及半结构化面试试题，供读者参考。

1）文件筐测验

B 公司部门职能简介

董事会由 3 名董事组成，其中中方两名，外方一名。董事长由中方委派的董事中的一人担任，副董事长由外方委派的董事担任。

董事会下设总经理和副总经理各一名。总经理和副总经理的任期均为 3 年。

B 公司内部设行政管理部、资金财务部、市场开发部、投资部。

（1）行政管理部：负责公司一般行政业务、人事管理、员工福利、教育培训及文秘工作等。

（2）资金财务部：根据会计制度和准则，如实反映基金的运作情况和公司的运作情况，做好核算工作。

（3）市场开发部：进行市场研究分析调查，拟订发展计划，为公司决策层提供建议。

（4）投资部：负责执行投资计划、对项目进行评审、对基金投资项目进行追踪管理、监督项目的进展情况及赢利情况。

指导语

这是处理文件的模拟练习，目的是考查你在日常管理和业务管理方面的能力和经验。所有的文件都是杜撰的，但你务必当作真实文件来对待。

你的角色是 B 公司的总经理。B 公司的有关情况，请参见背景材料（公司组织结构简图、公司部门职能简介、投入资本明细表、基金资产构成表、基金增值表和公司章程）。

今天是 201×年 8 月 10 日，你出国考察回来，第一天上班。

现在是上午 8:00。

请注意：

1．假定在 201×年 8 月 10 日以前发生的国内外事件都是真实的，你可将之作为分析判断和决策的依据。

2．你对每份文件的处理意见和理由必须写在答题纸上，直接写在文件上不予记分。

3．你对同一份文件可以有多种处理意见，如果每种处理意见均正确，则都可以得分。

4．你必须在 135 分钟内处理完所有的文件。

另外，你的处境并不是很妙：

1．你的任期是从 201（×-1）年 2 月到 201（×+3）年 2 月。

2．由于前期投资的几个项目收益不理想，基金已出现 1 490 万法郎的亏损，因此你必须设法增大投资收益以实现任期内基金保值的目标。

文件材料：

文件一　关于北京实达电器公司有关问题的报告

总经理：

由 B 公司投资的北京实达电器公司扩建项目，已正式投入生产近半年，总体上进展比较顺利，公司的前景也日益较好。不过，近来我们从公司召开的董事会上了解到一些问题，其中一个较为突出的问题是，公司的财务报表和预算从来不作为董事会讨论和决议的内容。我们认为这样做是不规范的，这种做法难以保障股东的利益。昨天，我就此事与北京实达电器公司的董事会主席交换了意见，提出应将财务报表和预算作为董事会讨论和决议的重要内容的建议，但对方担心会议内容过多过细会影响董事会的决策效率和质量。我向他表示，财务问题是关系到股东利益的主要问题之一，应当列入董事会的正式议题，如果内容太多的话，可以将董事会上其他一些不重要内容简化。

特此报告。

投资部　项怀金

201×年 8 月 6 日

文件二　关于上海砷化钾生产项目资产评估
聘请会计师事务所问题的请示

总经理：

根据我们提供的招标通知，有 4 家会计师事务所于 8 月 2 日向我们提供了投标书，其报价情况如表 16-15 所示。

表 16-15　4 家会计师事务所的报价情况

名称	报价/元
海上资产评估公司	210 000
安庆会计师事务所	183 000
大华会计师事务所	125 000
明光会计师事务所	75 000

从报价情况看，前两家单位的报价较高，故本次暂不考虑选用。

明光会计师事务所的报价比大华会计师事务所的报价低 5 万元，有价格上的优势，但在时间保证方面，其同大华会计师事务所相比有较大差距。

1．评估开始时间：按照规定，项目资产评估需先在当地国有资产管理局办理立项。明光会计师事务所表示，立项手续由评估委托方办理。在立项批准之后，明光会计师事务所才可以开始进行实质性工作。而大华会计师事务所表示，资产评估工作和立项可同时进行，只要在出评估报告之前把立项办下来即可。另外，大华会计师事务所可以通过关系疏通在评估报告完成之前办下立项。

2．国有资产管理局确认批准时间：大华会计师事务所表示，可确保 3～4 周得到确认批准。明光会计师事务所承诺完成审核批准期限为一个月，但又表示，超过官方正常审核确认规程（45 个工作日，即 9 周的时间）才同意罚款，并声明因政府机构内部原因（调整、合并、分立委托等）或其他不可抗力造成的评估报告延迟获得批准，不在违约罚则之内。

据了解，目前上海国有资产管理局在进行机构改革，预计评估报告确认工作将受到影响。如果从最坏情况考虑，可能会因为资产评估时间和国有资产管理局确认批准时间的问题不能在下半年完成此项目的投资。

上述两家单位的情况各有所长。选取哪家评估，请领导定夺。

投资部 项怀金

201×年 8 月 3 日

附：两家会计师事务所的比较（见表 16-16）

表 16-16 大华会计师事务所与明光会计师事务所的比较

项目	大华会计师事务所	明光会计师事务所
评估方法	成本法和收益法	收益法
评估开始时间	签委托书后即可开始，与立项评估同时进行	立项批准之后开始评估工作
评估需要时间	15 个工作日（3 周）提供评估报告初稿，中英文同时提供	3 周提供资产评估结果和中文评估报告初稿，国有资产管理局批准后 3 天内提供正式中英文报告
国有资产管理局确认批准时间	确保15～20 个工作日内（3～4 周）得到确认批准	承诺完成审核批准工作的期限为一个月
若不能在承诺期限内得到国有资产管理局批准,是否同意罚款	在上述约定时间内不能完成评估结果的确认工作，同意委托方不支付部分费用，具体条款在评估业务约定书中规定	超过官方正常审核确认规程（45 个工作日）1～2 天可不支付全额费用的 5%，超过 4～5 天可不支付全额费用的 15%，超过 5 天可不支付全额费用的 50%，因政府工作机构内部原因（调整、合并、分立委托等）或其他不可抗力造成的评估报告延迟获得批准，不在违约罚则之内
评估费用	12.5 万元	7.5 万元

文件三至文件六略。

文件七　关于近期金融投资问题的请示

总经理：

近期国内外经济形势出现了一些新的动向，如财政部将发行200亿元国债、中央北戴河会议确定新的金融工作方针、阿根廷经济危机、欧洲主要工业国家经济低迷等，都会对金融市场产生影响。考虑到我公司的资产现状，以下几个问题请您指示：

1．是否将现有外汇都兑换成美元？拟用多少？

2．是否动用部分闲置资金购买国债？

3．为增大投资效益，我部近期应奉行什么操作方针？

另附部分资料供您参考。（略）

资金财务部　王财
201×年8月10日

文件八　关于北洋熟型铝材有限公司项目《合资合同和章程》的修改意见

总经理：

我公司对北洋熟型铝材有限公司的熟型铝材项目有积极的投资意愿，并拟定了《合资合同和章程》。根据我个人的经验，我提出了以下问题及修改意见。

1．现有《合资合同和章程》规定："在合资期限内，任何一方未经其他方事先书面同意及董事会一致决议，不得将其在合资公司注册资本中的全部或部分出资份额抵押、出质、支付、设置限制或予以处置。未经事先书面同意而进行的抵押、出质、支付、设置限制或予以处置，对合资公司无效。"因为我们的投资项目一般要求5~7年内将资金撤出，因此，资金的撤出不应以董事会的一致决议为条件。

2．为了保证资金从投资项目中撤出，拟增加一条条款："××资金在投资5年后，可向公司董事会提出由公司回购公司的全部或部分股份，回购金额不低于合资公司注册资金或股份比例的相应原投资额，回购实施应在公司正式提出书面申请之后一年内完成。"

妥否？请批示。

投资部　项怀金
201×年7月27日

附《合资合同和章程》（略）

文件九　人才流失报告

总经理：

现呈报给您范天海先生的辞职报告，他是市场开发部的业务骨干和重点培养对象。

人员流动性大始终是困扰我公司发展和经济效益的重大问题。根据最近3年的统计，有25%的职工工作不满一年就辞职了，39%的职工来公司工作两年后辞职，近50%的职工在公司工作3年就"跳槽"到其他单位。

我认为公司人员流动性大主要有以下原因。

一是我们公司的大部人具有硕士以上学历，学习专业是金融或管理，而且有些人是在西方发达国家拿到的MBA，他们目前在国内的就业机会很多。

二是我们公司从成立起就非常重视对员工的培养，定期派员工去美国或其他国家学习，或者请专门的培训机构对公司职员进行系统培训，一些职工培训后即离开公司。

三是我们公司规模小，只有 4 个部门，十几个人，许多业务骨干无法晋升。

四是我们公司的薪酬比同类的外资公司低。

五是我们公司在管理上还存在一些问题，如没有充分地做到以人为本、评价体制不尽合理、没有形成积极向上的企业文化、有些人之间的关系紧张等。

以上是我的个人看法，供您参考。

行政管理部　马行政

201×年 8 月 6 日

文件十　辞 职 信

总经理：

您好！

很抱歉，向您提出辞职申请。

我来公司 3 年，在您及前任总经理的关怀和本部同仁的支持下，也算有些工作成绩，自谓勉强称职。可近一年来，我经常对繁复的工作感到厌烦，时常有一种无价值感，心情压抑，所以想换个工作环境。

我已做好了移交工作的准备。如果因为我的辞职给公司及您本人带来不便，请您接受我诚挚的歉意。

顺祝

夏安！

投资部　项怀金

201×年 8 月 10 日

文件十一　有关预约记者采访的请示

总经理：

《中国金融时报》金融专题部记者李小明希望在 201×年 8 月 14 日上午采访您。这一报道对我公司的宣传很重要，我们希望在该报头版刊登，但记者坚持认为其中必须包括您本人的见解。

致

礼！

行政管理部　马行政

201×年 8 月 7 日

文件十二　请 柬

B 公司总经理：

我们很荣幸地邀请到金融界著名专家、诺贝尔奖获得者杰斐逊博士做关于"全球化与金融风险管理"的报告，敬请光临。

时间：201×年 8 月 10 日上午 10:00—12:00

地址：保利大厦三层彩虹厅

费用：200 美元/人

联系电话：010-64265410

联系人：张丹小姐

文件十三 研讨会通知

B 公司：

定于 201×年 8 月 10 日上午 9:00—12:00 在金融大厦礼堂召开"金融市场管理与发展前景高级研讨会"。希望贵公司派人参加。

　　致

礼！

中国人民银行金融司

201×年 8 月 1 日

文件十四 便条：华清智能有限责任公司投资损失调查

总经理：

有关今年 2 月对"华清智能有限责任公司"投资造成我公司损失 1 000 万元的调查已有初步结果。根据有关法律规定，大部分损失很难追回。据我的了解，主要原因是我们公司业务上出现了一些明显漏洞。

　　致

礼！

行政管理部 马行政

201×年 8 月 2 日

2）决策小组讨论

指导语

问题背景：

C 公司是一家新技术风险投资公司，创立于 2003 年，自有资金 3 亿元，融资已达 2 亿元。该公司主要为非上市中小型企业的高新技术项目提供资金支持，公司前期总体盈利状况是亏损的。该公司现有闲置资金 1.5 亿元，可用于资助一些有前景的高新技术项目。

现在由你和在座的其他几位人员组成投资决策委员会，讨论是否投资光纤预制棒项目。投资决策委员会直接对董事会负责，会议一结束就要向董事会汇报对该项目的投资意见，所以必须在本次会议上做出决定。

在考官说"讨论开始"之后进行自由讨论，讨论时间为 60 分钟。

附件《光纤预制棒项目可研报告》（略）

3）半结构化面试

指导语

你好，首先祝贺你顺利通过了前面几项测试，欢迎你参加今天的面试。今天面试的时间大约为 45 分钟，共有 6 个问题。希望你能实事求是地回答每个问题，在后面的考核阶段，我们会进一步核实你所谈的情况。在回答问题时，语言要简洁明了。

1．从你的简历来看，你具有多年的业务管理经验。请结合你做过的某个项目，谈谈你是如何做好该项目的市场分析和风险分析的。

测评要素：市场分析和风险判断能力。

2．在变幻莫测的外界环境中，管理决策不可能总是正确的。在你以前的工作中，你最不满意的一项决策是什么？请详细谈谈当时的情况（追问：决策失败造成了什么具体后果？决策失败的原因是什么？你从中得到了什么教训）。

测评要素：判断与决策能力。

3．在你以前的经营管理中，可能有过项目投资方面的经验，也可能有过项目管理方面的经验。在这些活动中，你必须对项目的实施过程进行监控，你认为对项目进行经营控制的关键是什么？请具体谈一谈你在这方面的成功事例。

测评要素：业务知识与经验、经营控制能力。

4．对于人民币对美元的汇率到今年 12 月的走势，在座各位持不同的见解，对此你持什么观点？请你用 5 分钟的时间说服大家接受你的观点。你可以参考我们提供的《金融投资参考》等材料，给你 2 分钟的准备时间。

测评要素：市场分析、风险分析、判断与决策能力。

5．你来应聘 B 公司总经理职位，请谈谈你对这一职位职能的理解和认识。对照岗位要求，你认为你具备哪些优势？存在哪些不足？

测评要素：人职匹配程度、求实精神。

6．你希望这一职位提供给你什么样的个人发展机会、薪资物质条件和人际环境？

测评要素：人职匹配程度。

第 17 章

人才测评技术在公务员录用考试中的应用

公务员录用考试从 1994 年正式实施以来，为各级党政机关选拔了一大批优秀人才。随着我国《中华人民共和国公务员法》的深入实施，公务员录用考试以其公平公正性和科学有效性得到了社会各界的广泛认可。人才测评技术在公务员录用考试中的应用，突出表现在两个方面：一是在笔试阶段应用行政职业能力测验；二是在面试阶段应用结构化面试、无领导小组讨论等测评技术。

本章导航

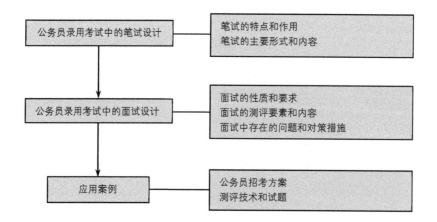

英国公务员的招考办法

英国选用公务员坚持"公开考试、择优录用"的原则。公务员的任用要经过公开考试（包括笔试和口试），按考试成绩，并参考个人资历、学历、品行和健康情况，择优录用。公务员考试包括文书级考试、执行级考试和行政级考试。行政级考试的报考条件和考试方法最为严格，也最受重视。行政级考试分两种，一种是副科长级和科长级的考试，报考者须大学毕业且成绩在乙等以上或成绩在丙等以上但获有更高学位；另一种是副司长级的考试，以口试为主。副司长级的考试分 3 个阶段，第一阶段为撰写论文的资格考试，合格者可进入第二阶段考试，考官由主席一人、心理学家两人及观察者一人组成。测试项目包括 7 个方面：一是鉴识，考生阅读有关问题的文件，在 150 分钟内给出至少 4 个解决办法及其优劣分析，并提出采取最好办法的建议和理由；二是文书起草，在 45 分钟内以明确肯定的语言答复一项来文；三是集体讨论 2~3 个重要问题，考官进行观察打分；四是模拟开会，考生轮流主持，就某个问题组织讨论，得出结论，这是考查考生的交涉能力、口才、常识和个性；五是智力测验，内容包括认知、辨别、口语、统计推理和常识等；六是由 3 名考官分别对考生进行 40 分钟的口试；七是由同组考生相互评分，以观察其识人的能力。如此过五关斩六将后，考生可进入第三阶段，即以口试形式进行的决选，以排列名次及决定是否录用。决选委员会的 7 名成员包括公务员委员会负责人、各部人事处长、副司长以上公务员、大学代表、妇女代表和工商界代表。

17.1　公务员录用考试中的笔试设计

17.1.1　笔试的特点和作用

在当前我国政府机关的公务员录用考试中，笔试起着重要的筛选作用。由于近年来就业竞争的不断加剧，以及公务员职业稳定性高、社会影响力大等特点，一个职位少则几十人、多则几百人报考，而进入面试的候选人往往只有三五人。由此可见，大多数应试者是在笔试阶段被淘汰的。所以，了解笔试的特点和内容很有必要。

1. 笔试的特点

我国是考试的故乡，其中主要是笔试。笔试有以下特点。

（1）题量大，测量的可靠性比较高。我们可以设想，一个通过律师资格考试的人（假如没有作弊），他一定掌握了相当多的法律知识。

（2）笔试的考核面广。笔试试卷可以考查应试者具备的各种知识技能，包括基础知识、专业知识、管理知识，以及综合分析能力、文字表达能力等。

（3）应试者的心理压力小，较易发挥出正常水平。由于没有互动，应试者在笔试作答时一般不会紧张，可以从容地发挥自己应有的水平。

（4）评分比较客观，考试结果能让应试者心服口服。

与任何测评方法一样，笔试也有其自身的局限性。笔试的局限性主要在于不能全面考查应试者的工作态度、实际管理能力、人际交往技能，以及口头表达能力等。

2. 笔试的作用

在公务员录用考试中，笔试最大的作用是其公平公正性。在强调以人为本、依法治国的今天，政府机关选人用人的公平公正性受到社会的广泛关注。分数面前人人平等，笔试可以有效地遏制用人制度上的腐败，坚持公开、平等、竞争、择优原则。

当然，要进一步提高笔试的公平公正性，须在实践中不断提高笔试试卷和试题的信度、效度。笔试的信度是笔试成绩的稳定性程度和一致性程度。笔试试题应该有足够的代表性和覆盖面，涵盖各测评要素中的知识和能力结构，考查点具有典型性，这样才能有效地刺激应试者，使其做出的行为反应符合测评要素的要求。笔试的信度不仅源于高质量的试题，而且源于高水平的组织管理、高素质的考官队伍等。笔试的效度包括两层含义：一是笔试实际测到了它所要测试的东西的程度；二是所要测试的东西反映笔试测试目标的程度。科学地设计笔试的内容和方法，合理地取舍、利用笔试成绩，使笔试结果与笔试目标更具有相关性，才能达到笔试的效度要求。此外，笔试必须具有一定的难度和区分度。在把握好笔试试题的广度、深度的同时，必须考虑试题的难度，并把难度分为若干等级。只有这样，才能把众多的应试者拉开档次，区分出素质和能力的优劣，选拔出符合职位要求的优秀人才。近几年来，国家公务员录用考试中"行政职业能力测验"的题量有所增加、试题难度不断提高，原因在于应试者的能力素质和应试水平的不断提高。如果不这样做，该测验就无法有效地区分应试者的水平，从而不能达到优中选优的目的。

17.1.2 笔试的主要形式和内容

在中央国家机关的公务员录用考试中，目前公共科目笔试有两门：行政职业能力测验和申论。这也是目前在全国各级机关公务员录用考试中普遍应用的两种笔试科目。因此，这里主要介绍行政职业能力测验和申论这两门笔试科目。

1. 行政职业能力测验

行政职业能力测验主要测试应试者从事公务员职业必须具备的潜能。该测验一般包括言语理解与表达、数量关系、判断推理、常识判断和资料分析 5 个部分，全部为四选一的客观性试题。考试时间通常为 120 分钟，满分为 100 分。

由于我们在本书第 4 章中已对行政职业能力测验的各种题型和样题进行了较详细的描述，因此这里不再介绍。需要特别说明的是，由于公务员录用考试关系到应试者的职业发展前途，因此许多大学生把行政职业能力测验的各种题型琢磨得很透，从而使一般能力测验已经难以考查应试者的潜力，同时大家的得分普遍较高会使测验的区分度偏低。在这种背景下，近年来公务员录用考试的难度明显增加，题量也有所加大，从长远来看，开发新的考试题型很有必要。

2. 申论

1）申论考试的由来

从 2000 年开始，中央国家机关在公务员录用考试中增设了申论科目，从此，申论几乎成为中央各部委、省、地、县各级公务员的必考科目。"申论"一词取自"申而论之",是根据所给材料引申开来,发出议论的意思。申论有申述、申辩、论述、论证之意。增加申论考试,是公务员录用考试所做的一种尝试。这种考试是根据目前机关工作的需要,对应试者的阅读能力、文字水平及分析能力、解决实际问题能力的一种综合考查方法。在市场经济条件下,国家公务人员更需要具备收集、分析、概括、解决问题的能力,而通常情况下的写作考试基本上已形成了固定的模式,很难真实地体现出应试者的实际能力。

1999 年,鉴于先前的公务员录用考试重知识轻能力的客观事实,人事部着手进行公务员录用考试科目的改革,改革的最大成果就是取消了基础知识和写作考试,增加了申论考试。申论主要通过应试者对给定材料的分析、概括、提炼、加工,来测试应试者的阅读理解能力、综合分析能力、提出和解决问题能力和文字表达能力。申论材料通常涉及某一个或某几个特定的社会问题或社会现象,要求应试者能够准确理解材料反映的主要内容,全面分析问题涉及的各个方面,并能在把握材料主旨和精神的基础上,形成并提出自己的观点、思路或解决方案,最后准确流畅地用文字形式表达出来。申论测试的能力与机关的工作性质对一个合格公务员的能力素质的要求是相统一的。

首先,公务员每天要接触或处理大量的文字材料。对于这些文字材料,公务员应该能很好地掌握所读材料的主旨大意及用以支持主旨大意的事实和细节,既能理解具体的事实,又能理解抽象的概念;既能理解字面意思,又能理解深层含义;既能理解某句、某段的意义,又能把握全文的脉络。

其次,公务员应具有全局观念和综合能力,具有全方位、多角度的思维方式,善于把多种事物、多种因素联系起来进行综合分析,具有较强的分析归纳能力。

最后,公务员应能够认识和掌握客观规律,有深邃的洞察力;能在对大量事实进行科学分析的基础上,透过纷繁的外在现象看到问题的本质;善于从微小的征兆中发现大的问题,并及时做出正确的判断和选择,然后提出很好的解决问题的方案和具体措施。申论考试把对公务员的这些要求集中在一个科目中进行测试,这就是申论考试产生的原因。可以毫不夸张地说,申论的产生是公务员考试,甚至是中国考试的一大创举。

2)申论考试的基本特点

(1)考试形式具有灵活多样性。相对于传统写作考试,申论考试的形式显得非常灵活。它由概括、方案、议论 3 部分组成。就文体而言,概括部分既可能属于记叙文、说明文、议论文中的某一种形式,又可能综合了多种文体形式,还可能是公文写作中的应用文写作。方案部分则纯粹是应用文写作。议论部分就不必说了。因此,从这个意义上说,申论既考查了普通文体的写作能力,又考查了公文写作能力,考试形式非常灵活、方便、实用,这样就更能考查出应试者的实际能力了。

(2)考试内容的广泛性和非专业性。目前,我国正在大力发展公务员队伍,提高公务员的综合素质。因此,作为选拔国家公务员主要途径的录用考试,就更加注重国家公务员的实际能力。为反映这一现实要求,申论考试的内容一般都侧重于考查应试者解决问题的能力。出于考查应试者综合素质和能力的需要,申论中给定材料的范围极其广泛,内容涵盖了政治、经济、法律、教育等社会问题的诸多方面,从这个意义上说,应试者再想像从前那样事先押题或对题目有充分的准备就很难了。因此,事先对考试的具体形式、内容结构等基本情况有所了解，就显得尤为必要。需要说明的是，申论中给定材料反映的问题一般都应当已有定论，主要立足于考查应试者的分析和判断能力，只要分析判断无误，就不会得很低的分数。同样，要想得到很高的分数，难度也不小。还存在这样一种可能，即给定材料反映的问题尚无定论或存在争议，让应试者以自己的理解来进行分析和判断并得出结论。这样恰恰最能考查出应试者的分析和判断能力。作为一种很严格的国家公务员录用考试，申论考试的试题一般不会出现偏差，主要表现在试题的表述标准明确，不论涉及哪方面的内容和观点基本上都无争议，可以让每位应试者均有话可说。因此对一些难以定论的问题，特别是那些争议激烈的问题，一般不会考。

（3）考查目标及考试题目具有较强的针对性。申论考查的目标是明确的，针对性很强，即主要考查应试者的阅读、分析、概括、解决问题的能力，体现在考试题目中主要是分析、概括两个方面，然后在此基础上进行论述，主要考查应试者的思辨能力。申论中的背景材料涉及面广、内容复杂，但重点突出是国家公务员录用申论考试命题的一个最大特点。

（4）解决问题的可行性。申论考试所给的材料，可能涉及面很广，但试题具有较强的针对性、合理性。也就是说，问题的解决一定是具有可行性的。例如，某年中央国家机关招考中涉及的网络建设问题，可以通过加强政府与企业的合作来解决网络建设中存在的问题。又如，某年的安全生产与伤亡事故问题，由于各类伤亡事故的频繁发生，该问题已成为社会关注的焦点，可以通过加强安全监督管理与相应法律法规建设，建立相应的应急和责任追究机制，理顺安全监督管理体制等措施来减少事故的发生，保障安全。申论考试不会引导应试者漫无边际地遐想，不管问题多么复杂、涉及面多广、人们的见解多么莫衷一是，但都是可以解决也能够解决的。这样的命题思路，是由公务员录用考试的性质决定的。

3）申论考试的发展趋势

近几年，随着公务员录用考试的发展，申论考试也在不断发展。就当前最有影响的中央国家机关公务员招考来说，申论考试出现了问题设计越来越开放的趋势。概括地讲，申论考试的大体变化趋势有以下几个方面。

（1）背景材料的文字量越来越大。2000 年申论考试的背景材料只有近 2 000 字，而近几年，其背景材料在 5 000 字以上，阅读量大大增加。阅读量的增加，无疑也增加了考试难度，很多应试者感觉申论的考试时间变得越来越不够用。

（2）背景材料更注重"原生态"。先前申论考试的背景材料都是经过出题者整理、筛选、修改、完善过的，应试者阅读起来比较顺畅，可读性比较强。现在申论考试的背景材料越来越接近材料本身的实际，越来越"原生态"，以前需要由出题者做的文字整理等方面的工作改由应试者来做。应试者在阅读材料的过程中，要去伪存真，要对原始的文字进行加工。

（3）测试重点越来越接近机关的工作实际。先前申论考试采用的问答形式是传统的"三段论"。相应的内容为，第一段，总结给定材料反映了哪些问题；第二段，就如何解决问题提出改革措施；第三段，要求写一篇文章。现在申论考试的问答形式非常灵活，内容也更接近机关的工作实际。例如，写一份宣传稿或总结报告，就如何解决某一方面的问题提出工作思路等。

（4）申论题目的切入点更加具体、细小。中央国家机关公务员招考的申论题目通常都和国家大事有关，关系到国计民生，都很"大气"，但题目的切入口往往比较小，通常与具体的给定材料紧密相连。如果应试者希望通过押题来投机取巧，实践证明这是徒劳的，因为一个大的主题可以从不同的角度创设许多完全不同的题目。所以，与其把时间花在押题上，不如踏踏实实地通过训练提高自己的阅读理解能力和分析问题的能力。

17.2　公务员录用考试中的面试设计

17.2.1　面试的性质和要求

面试作为公务员录用考试中必不可少的一个重要环节，日益受到人们的关注。笔试通常只是淘汰那些基本素质明显不符合要求的候选人，而面试才是最终确定公务员人选的测评方法。

1．面试的基本性质

现行的公务员录用面试从性质上来说是一种严格的结构化面试，这种面试的重要特点是面试的内容、形式、程序、评分标准及结果的合成都是按统一制定的标准和要求进行的。可以说，这种面试从形式到内容，都突出了标准化和结构化的特点。例如，要求面试题目对报考相同职位的所有应试者相同；面试实施程序有统一、规范的步骤；面试考官有严格的资格条件限制等。正因如此，公务员录用面试贯彻了公开、公平、竞争、择优的原则，保证了面试结果的客观公正，因此也受到社会各界的普遍欢迎。

2．面试的基本要求

公务员录用面试对应试者、面试考官、考场等方面的要求，主要体现在以下几个方面。

1）对应试者的要求

在公务员录用考试中，进入面试的应试者是这样选拔出来的：一是由政府人事部门向用人部门推荐；二是按规定比例选拔候选人，一般要求进入面试的应试者是拟任职位录用人数的 3～5 倍；三是按应试者的笔试成绩，由高分到低分进行排序来确定进入面试的应试者。应试者笔试成绩合格是具备进入面试的基本条件。

2）确定面试测评要素的要求

面试测评要素的确定是确定面试方法、编制面试试题、实施面试的前提。面试要测试哪些要素，要根据招考公务员的拟任职位、应试者的状况、测评的可行性等确定。例如，某省规定县级机关国家公务员招考面试的测评要素为政策、理论水平，敬业与求实精神，组织协调能力，应变能力和语言表达能力。

3）对面试考官的要求

面试考官应具备较高的政治素质和业务素质，以及高度的责任感和使命感。面试主管机关要负责面试考官的业务培训，使其掌握面试的内容、方法、操作要求、评分标准、面试技巧等。面试考官资格管理制度建立后，原则上只有经规定的程序取得面试考官资格的人员才能担任面试考官。

4）制定面试实施方案的要求

面试主管机关在组织实施面试前，要制定面试实施方案，以确保面试工作有组织、有计划、按程序进行。面试实施方案的内容一般包括：面试的组织领导；考官评委（小组）的组成和培训；面试的方法、程序；面试题目的编制和印制；面试的时间、场所；有关面试的其他工作。

5）对面试考官小组的要求

面试考官小组一般由 5～9 人组成，在年龄上，最好老中青结合；在专业上，应吸收有业务实践经验或业务理论研究经验丰富且面试技法方面有经验的权威人士。省级以上面试考官小组的组成一般由负责考录工作的代表、用人单位的主管领导、业务代表和专家学者等组成；市、县级面试考官小组一般由组织部门、人事部门、用人部门、纪检部门、监察部门，以及业务骨干等组成。

17.2.2　面试的测评要素和内容

1. 面试的测评要素

测评要素是指对应试者进行测评的项目。在现行的公务员录用面试中，通常有多个测评要素，主要包括综合分析能力、言语表达能力、应变能力、计划与组织协调能力、人际交往的意识与技巧、自我情绪控制、求职动机与拟任职位的匹配性等，现分别予以说明。

1）综合分析能力

（1）一般定义：综合是在头脑中将事物的各个部分或各种特征联合为整体；分析是在头脑中将事物的整体分解为部分。综合和分析在思维活动中起着重要作用，是思维的智力操作的重要组成部分。在公务员的日常工作中，经常涉及对问题的宏观理解与把握和事物间矛盾关系的理解，因此综合分析能力十分重要。

（2）操作定义：

- 对事物能从宏观方面进行总体考虑。
- 对事物能从微观方面对其各组成成分予以考虑。
- 能注意整体和部分之间的相互关系及各部门之间的有机协调组合。

2）言语表达能力

（1）一般定义：以言语的方式针对不同的听众采用不同的方式、风格将自己的思想、观点准确无误地表达出来，并试图让听众接受。

（2）操作定义：

- 理解他人的意思。
- 口齿清晰，具有流畅性。
- 内容有条理，富于逻辑性。
- 他人能理解并具有一定的说服力。
- 用词准确、恰当、有分寸。

3）应变能力

（1）一般定义：在有压力的情景下，思考、解决问题时能够迅速而灵巧地转移角度、随机应变、触类旁通，做出正确的判断和处理。

（2）操作定义：

- 有压力状况。

- 思维反应敏捷。
- 情绪稳定。
- 考虑问题周到。

4）计划与组织协调能力

（1）一般定义：对自己、他人、部门的活动做出计划、排出日程、调配资源，并根据一定的标准对冲突各方的利益进行协调。

（2）操作定义：

- 依据部门目标，预见未来的要求、机会和不利因素，并做出计划。
- 看清互相依赖的冲突各方的关系。
- 根据现实需要和长远效果做出适当选择。
- 及时做出决策。
- 调配和安置人、财、物等有关资源。

5）人际交往的意识与技巧

（1）一般定义：

- 建立和维持自己与他人、团体的关系。
- 这些关系是有目的的、与工作相关的，包括与他人的沟通，以及组织中的服从、合作、协调、指导、监督活动。

（2）操作定义：

- 人际合作的主动性。
- 对组织中权属关系的意识（包括权限、服从、纪律等意识）。
- 人际间的适应。
- 有效沟通（传递信息）。
- 处理人际关系的原则性与灵活性。

6）自我情绪控制

（1）一般定义：在受到较强刺激或处于不利的情景中时，能保持自己情绪的稳定，并约束自己的行为反应（主要根据面试时应试者对一定问题的反应，预测应试者日常生活中的表现）。

（2）操作定义：

- 在较强的刺激情景中，表情和言语自然。
- 在受到有意挑战甚至有意羞辱的场合，能保持冷静。
- 为了长远或更高目标，抑制自己当前的欲望。

7）求职动机与拟任职位的匹配性

（1）一般定义：求职动机是指在一定需要的刺激下，直接推动个体进行求职活动以达到求职目的的内部心理活动；当个人的求职目的与拟任职位能提供的条件一致时，个体胜任该职位工作并稳定地从事该工作的可能性较大。

（2）操作定义：

- 现实性需要（解决住房、户口迁移、专业对口等）与岗位情况。
- 兴趣与岗位情况。

- 成就动机（认知需要，自我提高、自我实现、服务他人的需要，得到锻炼等）与岗位情况。
- 对组织文化的认同。

2．面试的内容

测评要素的考查是通过面试题目来实现的，但这并不是说面试题目要与测评要素一一对应。有的测评要素不需要专门的题目来考查，如言语表达能力，还有的面试题目可以同时考查两个测评要素。另外，不同招考部门的要求不同，面试测评的重点也会有差异。一般来说，面试需要 4 ~ 6 道面试题目。下面给出一个公务员招考面试题本样例。

公务员招考面试题本

指导语

你好，祝贺你顺利地通过了笔试，欢迎你参加今天的面试。请你来，是希望通过面谈，增进我们对你的直接了解。我们会问你一些问题，有些和你过去的经历有关，有些要求你发表自己的见解。对于我们的问题，希望你能认真地、实事求是地回答，尽量反映自己的实际情况和真实想法。在后面的考核阶段，我们会核实你所谈的情况。对你所谈的个人信息，我们会为你保密。面谈的时间为 30 分钟，在回答每个问题前，你可以先考虑一下，不必紧张。在回答问题时，请注意语言要简洁明了。好，现在我们开始（稍做停顿）。

1．从大学跨入社会，是人生的一次重要选择，你在选择单位，单位也在选择你。请你简单介绍一下自己的基本情况、主要经历及目前的求职意向。

出题思路：背景性问题，用于导入。用一位应试者非常熟悉的话题很快进入面试情景，同时使考官能够多了解一些应试者的背景情况，为后面的提问收集信息。另外，通过了解应试者的求职意向，可以考查应试者的求职动机。

参考评分标准如下。

好：情绪稳定，从容自然，言语流畅，条理清晰，主次分明，能有意识地突出与应聘职位有关的经历。

中：情绪经控制能逐步稳定下来，叙述比较清晰，但不很流畅，或者可能过于详尽，分不清主次。

差：情绪紧张，言语混乱，有虚夸成分，求职动机与拟任职位不匹配。

2．假定你是某市学联的工作人员，领导交给你一项了解本市大学生求职意愿的任务，你准备怎样完成这项工作？

出题思路：情景性问题，重点考查应试者的计划与组织协调能力。应试者应考虑到明确的工作目标和要求，据此选择工作方法，安排工作流程，调配人、财、物资源，协调组织各方共同完成任务。

参考评分标准如下。

好：有较周全的计划安排和切实可行的调研方法；组织协调各方共同完成任务。

中：有计划安排；有协调意识；但计划安排不够周全。

差：计划安排漏洞较大，可行性较差；缺乏协调意识；夸夸其谈，不中要害。

3．如果在工作中，你的直接上级很器重你，经常分配给你做一些属于别人职权范围内的工作，对此，一些同事对你很不满并疏远你，你将如何处理这个问题？

出题思路：情景性问题。将应试者置于两难情景中，考查其人际交往的意识与技巧，主要是处理上下级和同级权属关系的意识及沟通能力。

参考评分标准如下。

好：感到为难，但能从有利于工作、有利于团结的角度考虑问题，稳妥地说服直接上级改变做法，积极与有关领导交流沟通，消除误解，同时对一些同事的不合适的做法有一定的包容力，并适当进行沟通。

中：感到为难，但又怕辜负直接上级的信任，愿意与有关领导说明情况，并私下与有意见的同事进行沟通，希望能消除误会。

差：不感到为难，并认为自己的特殊待遇是领导信任自己的必然结果，所以对此没有必要采取任何行动。

4．当前，许多地区和单位都在积极地引进归国留学人员，与此同时，许多单位已有的专业人才却没有发挥应有的作用，对这个问题你怎么看？

追问：你觉得应该如何解决这个问题？

出题思路：智能性问题。通过应试者对人才引进这一热点问题的分析和判断，重点考查应试者的综合分析能力。既看到事情好的一面：归国留学人员能给单位带来新的技术和理念等。同时要看到不好的一面：引进归国留学人员的成本毕竟比较高，而且许多单位内部已有人才但没有很好地发挥作用。所以对归国留学人员的引进问题应具体问题具体分析，以单位业务发展是否需要为原则。

参考评分标准如下。

好：善于抓住问题的实质与要害，深刻全面地分析事情产生的原因和可能带来的影响；观点鲜明，论据充分，并具有很强的说服力。

中：基本抓住问题实质，有自己明确的观点且言之有理。

差：仅泛泛而谈，或者没有自己的明确见解；提出偏激的观点而没有论据的支持。

5．在一次重要的会议上，由你代领导起草的大会报告中有一项数据明显错误，参会代表都知道此数据有误，而且领导的报告刚刚开始，文中多次提到该数据，你该怎么办？

出题思路：情景性问题。此题给应试者制造突发意外情景，考查其面对压力的应变能力。

参考评分标准如下。

好：镇定，能认识到问题的严重性，然后果断、机智、迅速地寻求应变措施予以弥补。例如，可利用给领导倒水的机会带一张纸条予以提醒等。

中：基本镇定，但不能很快地找到解决问题的途径或给出的办法不够巧妙。

差：情绪紧张，对突发事件不知所措，被动承受，或者只会检讨自己。

6．请你对自己今天的面试情况做一个评价。

出题思路：此题重点考查应试者的自我认知和求实精神，对应试者的综合能力和素质进行全面的了解和把握，与上述测试表现互相验证和补充。

参考评分标准如下。

好：能客观地评价自己，非常清楚地认识到自己的长处与不足，对自己的努力方向有足够的了解和准确的把握；态度诚恳、务实。

中：基本能看到自己的长处和不足，态度也比较诚恳，但没有指出自己的努力方向。

差：看不到自己的不足或长处，对自己没有信心或过分自大，态度不诚恳。

很高兴你对我们的问题——做了回答，今天我们就谈到这里，谢谢！

17.2.3 面试中存在的问题和对策措施

在当前的公务员录用面试中，结构化面试因其形式公正、操作简便而被广泛采用。但由于结构化面试的模式化倾向越来越严重，现在的应试者对这种面试的琢磨越来越多，对各种题型也越来越熟悉，相对来说，面试的设计和命题工作滞后。为此，国内有专家提出，应大力开展面试命题的研究和改进工作。以下是改进这一现状的一些具体技术措施。

1．在结构化面试中引入文件筐测验和角色扮演法的思想

把文件筐测验和角色扮演法的思想引入到结构化面试中来，可以有效地改变结构化面试的模式化倾向。例如，对于计划与组织协调能力的考查，过去的试题一般都比较宏观，应试者的回答也过于原则。

假如单位派你到基层了解中小学是否存在乱收费情况，你将如何开展工作？应试者一般会回答：理解领导要求，明确调查任务，制定调研方案，认真组织实施，并根据调查结果写出调研报告等。

考官很难区分应试者的能力差异。把文件筐测验引用到计划与组织协调能力命题中来，较好地避免了试题过于原则、笼统的问题。

假如你是某海关的一名工作人员，处长和副处长有事外出，让你临时负责处里的工作。今天有以下 5 件事需要处理，你准备怎么处理？为什么（准备时间为 2 分钟）？

1．后天将召开"严厉打击走私犯罪活动，为经济实现跨越式发展保驾护航"工作会议，需要把会议通知发到下属的 10 个海关。

2．为海关关长准备一份"严厉打击走私犯罪活动，为经济实现跨越式发展保驾护航"工作会议上的讲话提纲（至少需要半天才能完成）。

3．通知退休的老处长，明天海关组织老干部体检（老处长家没人接电话，他也没有手机，你必须想办法联系上）。

4．税务局有关部门通知你今天务必去一下，说有一份关于联合执法的文件需要和你一起研究修改一下。

5．外省海关对口处室要来你处学习交流，今天下午 3 点乘飞机到达，需要做接待工作。

该题借鉴了文件筐测验，主要考查应试者在完成任务的过程中，是否根据任务的重要程度区分轻重缓急、是否处理好原则性与灵活性的关系、是否善于借助他人的帮助完成难以完成的任务。由于应试者在回答这个问题时，必须针对任务做出具体回答，从而较好地避免了应试者说套话、说空话的情况。例如，对于人际交往的意识与技巧的考查，过去的试题设置的情景过于简单，应试者一般只是表态式的回答。

假如领导安排你和一位平时与你有矛盾的同事一起完成一项任务，你怎么和他一起工作？应试者一般会按中庸之道，以和为贵的思想回答：尊重对方，主动协调，严于律己，宽以待人，求同存异，顾全大局等。应试者虽然是这样说的，但并不能证明他一定会这样做，

而考官又不好判断。

角色扮演法是模拟仿真技术中常用的方法之一，它形象、真实、直观。这种方法不是只听应试者怎么说，而是看应试者怎么做（也包括怎么说）。把这种技术应用到人际交往的意识与技巧中来，避免了空洞的表白，而且真实地再现了人际交往的过程。

假如你是某处的一名工作人员，副处长非常关心你，创造各种机会锻炼你。你们处长退休后，通过公开竞争，你当上了处长，副处长心里十分沮丧。请问你当上处长之后将如何处理与副处长的关系？

追问：假如你担任处长之后，要和副处长谈一次话，你准备怎么谈？假如我（考官）现在就是那位副处长，请你现场示范一下。

该题利用角色扮演法，考查应试者在处理复杂人际关系时，能否抓住主要矛盾，讲究沟通的方法与技巧，取得最佳效果。

2．无领导小组讨论在面试中的应用

无领导小组讨论是评价中心常用的一种技术，是一种对应试者进行集体施测的方法。通过给一定数量的应试者一个与工作相关的问题，不指定谁是领导，让他们自由进行一定时间长度的讨论，来检测应试者的组织协调、综合分析、洞察应变、人际关系处理、非语言沟通等方面的能力，以及个性特征和行为风格，以评价应试者之间的优劣。

近几年一些国家部委和省市把这种测评方法引入到公务员面试中来，并结合我国国情和本土文化，对西方无领导小组讨论的模式进行了改进和创新，且收到了非常好的效果。由于无领导小组讨论具有形象直观、便于比较、节省时间等优点，因此受到用人部门和应试者的欢迎。

无领导小组讨论的评价维度要从内容维度和过程维度两个方面把握，内容维度指认识和分析问题是否全面透彻、有说服力；过程维度指在讨论中应试者的各种行为表现。

背景材料

据报道，因为急于将一名重伤员送往医院，出租车司机闯红灯被警察罚了款。为此，在社会上引起了争论：有人认为现在强调以人为本，出租车司机为救人闯红灯情有可原，不应该罚；也有人认为现在强调依法治国，既然是闯红灯违反了交通法，就应该罚。

身份任务

某报社就此要发表一篇评论文章。假如你们是某报社的记者，请发表自己的看法，并达成一致性意见，再给评论文章赋一个标题。

讨论程序

1．在主考官宣布讨论开始后，你们必须就题目要求轮流表达自己的意见。每个人的发言时间不得超过 3 分钟（超时考官会酌情减分）。

2．轮流发言以后，可以就题目的要求展开自由讨论，每人每次发言时间不宜超过 3 分钟。

3．经过讨论，小组必须形成一致性的意见并提出评论文章的标题。

4．在讨论结束前，小组必须推选出一名代表，在讨论结束后，这名代表向考官组报告

讨论的情况和结果。

5．讨论结束。

注意事项

1．注意把握时间，如果你们小组在规定时间内没有达成一致性意见或没有完成规定任务，那么你们各自的成绩将受到很大的影响。

2．选出的代表报告完讨论结果之后，其他小组成员可以补充。

3．你们必须积极发言，表明自己的看法，提出自己的意见，这对你的成功很有帮助。

无领导小组讨论的评价维度如表 17-1 所示。

表 17-1　无领导小组讨论的评价维度

内容维度	过程维度
应试者提出观点的内容和质量	当别人的观点与自己的观点发生矛盾时怎么办
应试者参与有效发言次数的多少	应试者怎样说服他人接受自己的观点
应试者能否提出自己的见解和方案，同时敢于发表不同意见，并支持或肯定别人的意见	应试者能否随时消除紧张气氛，说服别人、调节争议，并最终使众人达成一致意见
应试者的语言表达、分析问题、归纳总结不同方面意见的能力	应试者能否倾听他人意见，并互相尊重
	应试者能否引导讨论的方向
应试者反应的灵敏性、概括的准确性等	应试者能否经常进行阶段性总结

从上面的例题可以看出，无领导小组讨论在面试中的应用与西方传统的无领导小组讨论有 3 方面不同：

（1）内容设计贴近工作、贴近生活，便于应试者理解。

（2）身份任务和程序要求明确，便于应试者把握。

（3）从内容维度和过程维度进行观察，便于考官评价。

3．采用结构化小组面试的方式

近些年来，中央机关有关部门开始尝试采用结构化小组面试的方式。这种面试本质上是一种群体面试的方式，也就是一位考官组同时对竞争一个职位的所有应试者进行集体面试。在结构化小组面试中，通常是 3～5 位应试者分先后顺序对同一问题进行回答，并要求应试者之间进行评价和回应。每位应试者在结构化小组面试中要与其他应试者进行面对面交锋，听取其他应试者的答题，接受其评价并对其他应试者进行评价。这有助于对应试者的心理承受能力、抗压能力进行考查，同时由于面试的不可预测性大增，需要应试者有更全面的思考和更灵活的应变能力，因此可以有效地防范面试应试培训。

结构化小组面试的流程相对复杂，做好操作实施细节对面试的公平公正性至关重要。在结构化小组面试中，答题及点评完全由应试者自主展开，考官一般不干预应试者的答题与点评过程。结构化小组面试的操作流程可分为备考阶段、答题阶段、点评和回应阶段。

（1）备考阶段：要求每组应试者在备考室看题，每人有题本、草稿纸和笔，一般不允许在题本上做任何记号；备考时间设置，3 道题目一般为 10～15 分钟，4 道题目一般为 15～

20 分钟, 5 道题目一般为 20 ~ 25 分钟, 剩余 3 分钟时提醒, 提醒后会收回题本, 草稿纸可以带出考场; 备考期间不允许应试者相互讨论。

（2）答题阶段: 每组应试者需要事先抽签决定每道题目的作答顺序; 以 3 位应试者为例, 回答第一题的应试者顺序是 1 号、2 号、3 号, 第二题是 2 号、3 号、1 号, 第三题是 3 号、1 号、2 号, 即每位应试者的机会均等; 每位应试者都可以完整地作答每一道题目, 每道题的答题时间为 2 分钟, 3 位应试者依次作答完第一题之后, 再依次作答第二题、第三题。

（3）点评和回应阶段: 每位应试者要对前后两位应试者的问答进行点评（点评的内容可以是全部回答, 也可以是一个问题的回答, 甚至是某个观点）, 被点评的应试者分别作出回应。还是以 3 位应试者（A、B、C）为例, 所有题目答完之后, 应试者评价其他同组应试者, 被点评的应试者做出回应, 即 A 点评 B、C, 点评完之后, B、C 分别做出回应; B 点评 C、A, 点评完之后, C、A 做出回应; C 点评 A、B, 点评完之后, A、B 做出回应。一般点评时间不超过 2 ~ 3 分钟, 回应时间不超过 1 ~ 2 分钟。

结构化小组面试的试题命制和评价相对比较复杂, 这里就不进行介绍了。下面是笔者设计的一套结构化小组面试的模拟题, 仅供有兴趣的读者参考。

一、组织激励对调动员工的工作积极性非常重要。组织激励的方法有很多, 通常包括职业发展、成就感、工作环境、组织文化、人际关系、薪酬福利、领导认可等。请从上述激励方法中选择你认为比较能调动员工工作积极性的两个, 并说明你的理由。

评分参考（略）: 主要考查综合分析能力。

二、假如你所在的学校承办全省高校足球比赛, 你带领 10 多位学生干部负责比赛期间球场的安保和秩序维护工作。比赛还没有开始, 就发生了以下多起事件。

1、足球场进口处人流比较集中, 检票速度慢, 许多学生因在门口等候多时而开始躁动, 他们强烈要求能尽快进场。

2、场内前几排的同学为了给自己的球队加油而打起了横幅, 影响了后面的同学观看比赛, 很多同学要求他们清理横幅, 从而发生口角导致冲突, 引起了不少同学的围观。

3、多位同学反映在挤进球场的途中手机被盗了, 希望尽快找回。

4、你校的几个球迷与客队的几个球迷因为都高喊自己的球队必胜, 导致双方对骂, 冲突正在不断升级。

5、有个同学在进场时不小心摔了一跤, 胳膊上流血不止, 需到医院包扎。

由于时间急、人手紧, 你将如何处理好上述事件?

评分参考（略）: 主要考查计划组织与应变能力。

三、某社区最近的财产安全问题比较突出, 主要表现在两个方面: 一是多位老人买到假保健品; 二是以高回报率为诱饵骗取钱财的事件时有发生。假如该社区属于你管理和服务的片区, 现在领导派你到该社区做好群众的资金安全警示教育, 面对近百位社区居民, 请你做一个 3 分钟的讲话。

评分参考（略）: 主要考查应变能力。

4. 情景模拟在结构化面试和专业科目考试中的应用

情景模拟是工作取样测评的一种具体运用, 又称模拟作业、仿真测评或模拟测验。情景模拟是通过设置一定的工作模拟情景，让应试者扮演一定的角色，在模拟的情景中按考官的要求，完成一个或一系列任务、活动，从而测评应试者在拟任岗位工作上的实际能力和水平。考官根据应试者在模拟情景中的实际表现或模拟结果对其做出评价。

情景模拟的优点：与实际工作场景相似；信度和效度较高；容易被用人单位接受。

1）情景模拟在结构化面试中的应用

近年来，就业形势一直让人难以乐观。教育部的数据显示，20××年全国普通高校毕业生共 834 万人，再创历史新高，而用人单位的人才需求量并没有明显增加。据教育部统计，20××年高校毕业生的就业率在 70%左右，也就是说，当年有很多大学生落实不了工作岗位。

北京各大高校 20××届毕业生在当年 4 月中旬之前的签约率比往年同期低 10%~40%。

在西部省份甘肃，据兰州大学、兰州理工大学、兰州商学院等院校就业指导中心介绍，新型冠状病毒肺炎疫情暴发以后，除个别本地单位和非疫区单位到学校举行过一些小型招聘会以外，基本没有用人单位到学校开展招聘活动。

20××年广东省内毕业生的签约率同比下降了 10%。据统计，当年该省大学毕业生的一次就业率在 50%左右，再加上省外高校返粤就业的毕业生，估计 20××年有不少大学生在毕业后没有很快落实工作岗位。

……

考生阅读完材料后，针对资料内容和测评要素提出以下问题。

1．请你结合实际谈谈当前大学生就业难的原因。

测评要素：综合分析能力。

2．从你的个人条件和报名资料看，我们觉得你到西部去、到基层去会更受欢迎，报考我们部门似乎不太合适。对此你怎么看？

测评要素：应变能力和求职动机与拟任职位的匹配性。

3．假如你已与一家用人单位签订了就业合同，这次又被我们录用了，你打算什么时间告诉他们？怎么向他们解释？如果用人单位不同意解除合同怎么办？

测评要素：人际交往的意识与技巧。

4．假如让你策划实施一次"大学毕业生择业倾向调查"，你准备怎样做？

测评要素：计划组织能力。

2）情景模拟在专业科目考试中的应用

（1）考查文字综合能力（略）。

（2）考查外语翻译专业（略）。

（3）考查听写能力，如表 17-2 所示。

表 17-2　考查听写能力的模拟方法

模拟方法	做审讯笔录
招考职位	全省检察院和人民法院招考书记员
测评时间	30 分钟
测评目的	听写能力

续表

模拟方法	做审讯笔录
操作程序	1. 制作一个审讯犯人的录像带或录音带 2. 向考生介绍做审讯笔录的要求和注意事项 3. 在考场播放录像或录音 4. 考生按要求做笔录
评价方法	1. 制定评分规则和评分要点：字迹清晰、容易辨认、无错别字、五大要素记录完整 2. 由检察院和人民法院指定有经验的人员进行评阅

（4）考查审计专业知识，如表 17-3 所示。

表 17-3　考查审计专业知识的模拟方法

模拟方法	查账
招考职位	省审计厅财务审计
测评时间	90 分钟
测评目的	财务知识、审计法规
操作程序	1. 设计一本账务账簿（共 4 页），其中有 10 处错误 2. 要求考生找出错误，说明理由，并提出改进措施
评价方法	1. 设计标准答案和采分点 2. 由专业人员进行审阅

17.3　应用案例

下面以 2015 年 D 市面向社会公开选拔国家公务员为例，说明人才测评技术在公务员录用考试中的应用情况。

17.3.1　公务员招考方案

2015 年 D 市国家公务员招考方案已于近日正式出台，网上报名日期为 2014 年 10 月 15～24 日，考生在报名时必须按要求如实填写《D 市国家公务员考试报名信息表》。据了解，2015 年 D 市招录国家公务员总数为 2 000 多名，与 2014 年基本持平。该考试已成为每年岁末 D 市考试中的热门话题，且引起了社会各界的广泛关注。

1. 笔试科目 2+4

笔试科目包括公共科目和专业科目两大部分，在 12 月 5 日一次性完成。公共科目为必考科目，考试内容为行政职业能力测验和申论；专业科目为选考科目，考试内容分别是政法、综合管理、经济管理、信息技术四大类，考生可根据自身情况及职位要求选报。

各专业科目主要考查考生从事相关职位的专业知识和能力，全部为客观性试题，题型为单项选择题、多项选择题和判断题；考试时限为 60 分钟，满分为 50 分。

据了解，专业考试以大纲为依据，招考机构不指定考试和复习用书，不组织也不委托任何机构进行考前培训，考生可根据自己报考的职位要求，选择相应的考试大纲进行考前准备。

2．面试比例 1：3

笔试结束后，笔试成绩将在网上公布，考生可通过网络或电话查询考试成绩。合格者可以在规定的时间内参加网上职位报名。各招考单位依据报考条件和具体职位要求，对考生提供的报名资料进行审查，两日内答复。对符合报考条件的，不得拒绝报名。

根据笔试总成绩，从高分到低分排序，按每个职位 1：3 的比例确定面试人员名单；不足 1：3 的，由市人力资源和社会保障局安排在同类专业考试成绩合格人员中统一调剂。据了解，面试以结构化面试为主，各招录单位也可根据实际需要，增加情景模拟，无领导小组讨论，专业能力和外语测试、计算机应用能力测试等方面的内容。

面试考官一般由 5 名或 7 名招录单位的人员组成，考官组设主考官 1 名，也可聘请 1～2 名有关专家任特邀面试考官。面试考官与考生有《国家公务员暂行条例》所列亲属关系的，应实行回避。招录单位应在面试结束后的 15 日内，将面试结果通知考生。

3．体检比例 1：1

各用人单位根据由考生面试成绩的 60%+笔试成绩的 40%得到的总成绩，从高到低按 1：1 的比例确定拟体检人员名单，经市主管机关审核同意后，按照市人力资源和社会保障局规定的统一标准，到指定的本市二级甲等以上医疗机构体检。对部分机关职位有特殊要求的，还须进行体能测试。

考生体检和体能测试合格后，还要对其任职资格等进行全面考核。根据考生的总成绩、体检和全面考核结果，各招录单位确定拟录用人员名单，分别报送市委组织部、市人力资源和社会保障局审核备案，经审核合格后，在网上公示。经公示无异议的拟录用人员名单，办理公务员拟录用手续。

17.3.2　测评技术和试题

与目前大多数公务员招考一样，D 市在公务员招考中主要在笔试和面试环节应用有关测评技术。

1．笔试

在招考方案中，D 市招考 2 000 多名公务员，而通过资格审查的报考人数有 5 万多人，录取比率为 1：25，竞争激烈程度可想而知。如果按照 1：3 的比率进入面试，这就意味着要通过笔试从 5 万多人中选拔 6 000 多人进入面试。这里，我们对公共科目进行如下介绍。

1）行政职业能力测验

行政职业能力测验主要测试应试者从事国家机关工作必须具备的潜能，包括言语理解与表达能力、数理能力、判断推理能力，以及公共管理知识与能力等。行政职业能力测验的考试内容全部为客观性试题，在机读答题卡上作答，时限为 120 分钟，满分为 100 分。

2）申论

申论主要通过应试者对规定材料的概括、提炼和加工，测试应试者提出问题、分析问题和解决问题的能力，以及文字表达能力。申论的考试内容全部为主观性试题，要求应试者按题目要求在指定位置上作答，时限为 150 分钟，满分为 100 分。申论题目样例如下。

申论试卷

一. 注意事项

（1）申论考试与传统作文考试不同，它是对分析驾驭材料的能力与表达能力同样重视的考试。

（2）作答参考时限：阅读材料 30 分钟，作答 120 分钟，共 150 分钟。

（3）仔细阅读给定的材料，按照后面提出的"申论要求"依次作答。

二. 材料

（1）今年，某市一家知名企业拟招聘优秀人才，他们从人才市场上千名应聘者中挑出了百名本科生和研究生并进行了一场公开面试，面试结果出乎人们的意料，评委们对数十名本科生的评价反而高于对 20 多名研究生的评价。

（2）近年来，研究生遭遇职业困境已成不争的事实。调查显示，跨国公司对于研究生的录用往往慎之又慎，换句话说，他们喜欢本科生而不太愿意录用研究生，并且有着一套自己的人力资源理论。尽管跨国公司都不太愿意公开承认这一事实，但有人认为存在就必有其合理的因素。

（3）据某公司的人事部主任介绍，有一次招聘面试，许多本科生一大早就等在了公司门口，有的还是专门从外地赶来的；相比之下，研究生就显得"不够重视"招聘面试，许多人都姗姗来迟。由于面试人数较多，整个面试过程持续了近 6 个小时，评委们注意到，有好几名研究生在"熬了"两个多小时后终于忍不住抬腿走人，这与许多本科生在面试结束后仍坚持到底的精神相比，不免令人感慨。有位评委坦率地告诉记者，虽然他明知道许多本科生是有意识地坚持到底，但他仍然很欣赏这种做法，这至少表明这些求职的本科生很在乎这份工作。由于面试的题目早在一周前就通知了所有的应聘者，因此大家也都做了充分的准备，而在正式面试那天，该企业突然宣布，演讲时间临时改为 3 分钟。这本来是为了考查应聘者的应变能力，但没想到，这一改变意外考查出了应聘者的素质。记者在现场也发现，除某大学法学院一位研究生在台上表现不错之外，其余应聘的研究生均表现平平，有的甚至时间到了还没讲完，慌作一团。倒是不少本科生能够抛开原先的演讲稿，迅速切入主题，并且提出了不少新颖的观点，得到了评委们及包括公司总裁在内的所有人的好评。

（4）曾有人用千军万马过独木桥来形容高考，过了桥的便是幸运儿。遗憾的是，这些幸运儿并没有因此而"天地宽"。4 年以后，摆在他们面前的是另一座宽松不了多少的独木桥。为此，他们为扩大选择范围而考研，而研究生毕业后常常选择范围更小。

（5）据有关机构调查，2014 年研究生录用比例较往年有大幅增加的大多是国有企业和中学。2014 年 3 月 20 日，一家媒体报道，某公司在招聘会上公开表示："我们只招本科生，请研究生退场。"理由是本科生比研究生年轻，更有闯劲。一向重视人才的很多外资企业也不再高看研究生，给研究生开出的薪水和给本科生的一样多。

（6）许多跨国公司更喜欢录用本科生，其有自己的一套理论。首先，现在各大公司都开始重视员工培训，其中职前培训是不可或缺的。对于重实际而非重理论的行业或职位，学校里学到的东西并不能直接应用在工作中，所以，对两者进行培训的风险投资相同，而研究生多费的两三年时间和拥有的知识使他们的边际收益率降低，毕竟使用他们所需支付的人力成本更高。其次，对于很多跨国公司而言，他们认为，与本科生相比，研究生有其相对的劣势。例如，"对事物有先入为主的见识，不易培训""要求的待遇太高""自视甚高，不能很好地同其他员工合作"等。

（7）有专家认为，目前高学历者找工作遇到一些难处只是暂时现象，主要原因还是教育的问题。现在一些重点大学研究生扩招了 30%左右，虽然给更多学生提供了深造机会，但也有负面影响，就是师资力量、教学质量跟不上。另外，还有一些学生深造就是为了文凭，甚至出现了假文凭。一部分手持博士学历证书、硕士学历证书的人，无法在社会上表现出与学历相称的素质，一些企业便认为高学历贬值了，不愿意为这些人才出高价。

（8）一家企业的人事主管认为，现在用人单位只愿意招聘有用的人、合适的人，在考核应聘者时看中的是诚信正直、创新精神、团队精神、敬业等素质，工作需要的是实际经验，学历只是升职的垫脚石。至于一些外企不愿意录用高学历者，主要是觉得从整体上看，硕士、博士的团队精神比本科生要差，他们对自己报酬的期望值相对较高，这里的报酬包括薪水、职位等。调查表明，现在高学历者的职业稳定性越来越低，5 年之内，有近 60%的人对第一份工作不满意，想离开。企业能接受一定程度的人才流动，但并不喜欢"花心"的员工。

（9）2014 年，全国高校研究生入学考试吸引了 100 多万人报考。有人认为，这说明社会对高素质人才有大量需求，还有人认为，这是知识经济时代的一个特征。然而，近期的一项网友调查，让人怀疑上述说法的可靠性。调查的问题是：你认为全国考研人数年年上升的真正原因是什么？在列出的"就业形势严峻""充电提高能力""学位证书越高越好""盲从者众多"4 个选项中，"就业形势严峻"点击率最高，约占 60%，"充电提高能力"的点击率不过 10%。

三．申论要求

1．概括出上述材料反映的主要问题。要求：简洁，明确；不超过 100 字。（20 分）

2．根据材料，请你对目前的研究生教育提出对策建议。要求：条理清晰，有针对性，切实可行；不超过 300 字。（30 分）

3．请自拟标题，就提出的对策建议写一篇论述文章，既可全面论证，也可就某一方面重点论证。要求：论点鲜明，论证合理，论据恰当，语言简洁、流畅；1 000 字左右。（50 分）

2．面试

面试是由 D 市各局按照招考方案的要求组织实施的，这个测评环节最终将从 3 位候选人中录用一人。下面是 D 市人力资源和社会保障局的公务员招考面试题。

D 市人力资源和社会保障局 2015 年公开招考工作人员
情景模拟面试题

指导语

你好，祝贺你顺利通过了笔试，欢迎你参加今天的面试。请你来是希望通过面谈，增进我们对你的了解。在回答每个问题前，你可以稍做考虑，不清楚的，可以问。面谈的时间为 30 分钟，共 5 个问题，请把握好时间。好，现在就让我们开始。

A．材料（先让考生读一段书面材料）

D 市人力资源和社会保障局近日发出通知，要求 2015 年 D 市高校毕业生就业接收工作遵循以下原则：一是优先解决 D 市生源高校毕业生的就业；二是优先接收 211 工程院校的非 D 市生源本科以上高校毕业生；三是优先接收 D 市地区高校本科以上毕业生。

给予这 3 类高校毕业生"优先就业"的特殊待遇，D 市人力资源和社会保障局方面的初衷在于：降低人才引进成本，提高人才引进效率，促进 D 市地区高校发展。然而有关人士分析，此政令的出台从某种程度上来说，其实是一种"就业歧视"，违背了就业竞争的公平原则。

实际上，早在 2002 年年底，教育部、公安部、人事部、劳动和社会保障部就联合下发通知，要求各地取消进入指标、户口指标等限制高校毕业生合理流动的政策规定，允许高校毕业生跨省、市、区就业。下发这个通知的目的，就是打破人才招聘上的区域壁垒和条块分割，实现高校毕业生的自由流动，在"全国一盘棋"之下促进劳动力资源的优化配置。D 市给予 3 类高校毕业生"优先就业"的特殊待遇，显然不符合国家四部委通知的精神。

优先就业降低了 3 类高校毕业生在 D 市的就业门槛，同时意味着其他类高校毕业生在 D 市的就业"门槛"被抬高了。让一部分高校毕业生优先就业，必然导致另一部分高校毕业生"滞后就业"。外地生源和本地生源、D 市高校毕业生和外地高校毕业生在人才市场上被区别对待，这显然有失公平。

从另一个角度讲，用人单位在人才市场上应该具有充分的自主选择权，对于招收谁与不招收谁及优先招收哪类高校毕业生，应该由用人单位根据需求自行决定。况且，政府部门想限制恐怕也限制不了。如果用人单位看中并招收了外地高校毕业生，或者在本地生源中找不到满意的招聘对象，又当如何？用人单位总不能放弃自身利益去迎合政府部门的不合理要求吧。

在市场经济条件下，政府部门可以对劳动力市场适当加以引导，却不宜过多地横加干预。政府部门需要做的，是打破原来人才市场条条框框的限制（如取消进入指标、户口指标限制等），给用人单位和就业人才创造一个宽松的、公平合理的市场环境。政府部门制定的政策应该有助于消除就业市场上的不公平竞争，而不应该给已存在的"就业歧视"火上浇油。这也应该是在市场经济条件下政府职能转换的题中应有之义。

B．面试问题

一、你认为造成 D 市 3 类高校毕业生"优先就业"的主要原因是什么？

测评要素：综合分析能力。

评价参考要点如下。

1．降低人才引进成本。

2．提高人才引进效率。

3．促进 D 市地区的高校发展。

4．有利于 D 市产业结构的优化。

二、请你谈谈"优先就业"的条件限制将如何影响学生对所学专业及高校的选择及相应高校对学生的选择。

测评要素：综合分析能力。

评价参考要点如下。

1．增强学生的近利观念，为了日后"优先就业"，选择原本并不想读的专业或学校。

2．符合"优先就业"条件的专业和高校可能会进一步抬高入学门槛，并背后高价出售其"准入证"。

三、结合你的体会，谈谈高校毕业生自由、合理流动的好处及在目前体制下存在的隐患。

测评要素：创新、应变能力。

评价参考要点如下。

1．打破了国家重点发展哪儿，哪儿就重点发展的局面，使各地区经济的发展循着市场的轨迹运行，减少了政策影响的因素，让人们看到了国家改革的信心和勇气。

2．打破人才招聘上的区域壁垒和条块分割，有利于建立市场化的人力资源市场，实现公平的就业竞争。

3．用人单位在人才市场上有了充分的自主选择权。

4．在转型的近期，可能会导致人才朝着不符合国家规划的方向流动，从而增加调整的成本。

考生的回答应做到观点新颖，有说服力。

四、假设你是一名不符合"优先就业"条件的应届高校毕业生，考官在现场同时面见了你和另外一位正好符合"优先就业"条件的应届高校毕业生，在各自进行自我介绍之后，让你们互相评价对方的优缺点，你会怎么说？

测评要素：综合分析能力及人际交往的意识与技巧。

评价参考要点如下。

对方的优势并不在于他符合"优先就业"的条件，而应该从所应聘工作的需要出发，看他有哪些有利条件，以及哪方面是值得自己学习的。

对于对方的缺点，也应该从所应聘工作的需要出发，真诚地建议对方能避其短。

五、如果由你来负责"优先就业"的社会调查，你会怎么做？

测评要素：组织与计划协调能力。

评价参考要点如下。

制订方案；落实人员与经费；编制问卷；人员培训；实施调查；结果分析；形成报告。

第 **18** 章

人才测评技术在事业单位公开招聘考试中的应用

自《事业单位公开招聘人员暂行规定》颁布实施以来，事业单位公开招聘工作在全国各地全面展开。随着事业单位公开招聘制度的推行和完善，公开招聘考试作为事业单位选拔人才的主要手段，以其公平公正性得到了社会各界的广泛认可。人才测评技术在事业单位公开招聘考试中的应用前景非常广阔，由于事业单位招聘岗位的多样性和复杂性，因此包括情景模拟技术在内的各种人才测评技术都将得以广泛应用。

本章导航

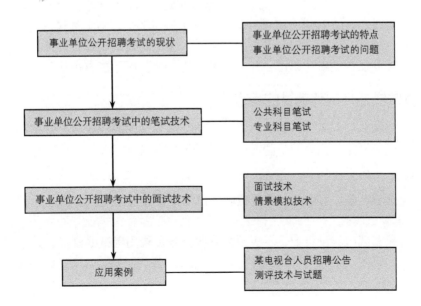

美国大学教师的招聘过程

美国大学教师的招聘过程通常分为4步。

第1步，申请人的初步筛选。想成为大学教师的申请人需要提供详尽的申请材料，通常包括申请人的简历、申请信、三封推荐信、成绩单原件、一篇代表性的学术论文及教学评估结果等。美国大学一个教师职位，通常会有100~300个申请人寄来申请材料。美国大学的校方招聘委员会（一般由3~5位教授组成）将开会审阅这些申请材料，然后从中筛选出5~10位候选人进行电话面试。

第2步，电话面试。在电话面试中，校方招聘委员会成员会围绕候选人的简历进行提问，问题涉及候选人的背景、教学经验、研究兴趣等，主要是为了了解更多关于候选人的信息，并核对申请材料中的内容是否属实。通常每位招聘委员会成员提一个问题，整个电话面试的时间约为30分钟。招聘委员会成员通过电话面试考查所有的候选人，之后进行讨论和商议，最终锁定3位有竞争力的候选人进行校园面试。

第3步，校园面试。在通常情况下，校园面试有一个正式的流程表，包括4个环节：招聘委员会成员向候选人介绍学校的情况，并对候选人提一些问题；候选人试讲一堂课；候选人面向申请院系的教授进行一次学术演讲；候选人与申请院系的院长见面，了解工资、福利待遇及其他相关情况。

第4步，做出录用决策。当招聘委员会成员根据候选人的面试表现确定最终人选后，申请院系的院长会打电话通知候选人或向候选人发出正式的录用通知。如果候选人没有异议的话，就可以与校方签订合同，获得美国大学的教师职位。

18.1 事业单位公开招聘考试的现状

事业单位公开招聘考试工作是伴随着事业单位人事制度改革的不断深化应运而生的。自2006年《事业单位公开招聘人员暂行规定》颁布实施以来，事业单位公开招聘工作如燎原之火，迅速全面展开。自2014年7月1日起，国务院常务会议审议通过的《事业单位人事管理条例》开始施行，这标志着公开招聘制度进入了法制化的轨道，公开招聘的理念深入人心。目前每年参加各类事业单位公开招聘考试的应试者预计在500万人以上。

18.1.1 事业单位公开招聘考试的特点

根据人力资源和社会保障部人事考试中心面向全国开展的事业单位公开招聘考试调查情况，我们认为当前事业单位公开招聘考试有以下几个特点。

1. 评价内容多种多样

从评价内容来看，各地事业单位公开招聘考试的评价模式不一，主要有以下3种。

1）公务员类考试模式

在考试科目和考试内容设置上，不少地方参照公务员录用考试的模式，设置"行政职业能力测试"和"申论"两科，具体考查内容包括常识、逻辑推理、言语理解和表达、资料分析、写作及数量关系等（见表 18-1）。

表 18-1　事业单位公开招聘考试的考查内容情况

考查内容	比率
常识掌握及运用能力	15%
逻辑推理能力	14%
言语理解和表达能力	14%
写作能力	13%
数据资料理解分析能力	12%
数量关系解决能力	11%
创造性思维/问题解决能力	6%
人际关系协调能力	5%
学习能力	4%
心理健康素质	3%
其他（请标明）	3%

　　由表 18-1 可知，比率在 10%以上的考查内容，基本上都是公务员录用考试涵盖的内容，这说明不少地方的事业单位公开招聘考试的考查内容基本参照和模仿了公务员录用考试的模式。

　　2）综合类考试模式

　　有些地方探索建立了区别于公务员录用考试的其他模式。例如，安徽、陕西等地考公共基础知识，内容包括时事政治、道德、科技、法律、经济及社会和生活常识等综合性知识，安徽还加入了英语和计算机知识的考查内容，题型基本为单选题、多选题、判断是非题、案例分析题和综合分析题等；浙江、贵州等地将基础知识、能力测试和写作整合成了综合试卷。

　　3）专业类考试模式

　　有的地方根据不同类别的招聘岗位的要求组织开展考试。西部一些省市，往往要根据事业单位公开招聘的岗位特点命制几十套甚至几百套不同专业的考试试卷。例如，在招聘中小学教师时，首先按小学、初中、高中进行分层，再按语文、数学、英语等科目划分专业，最后分别进行命题制卷。这种模式的优点是针对性比较强，但由于专业门类多，要依赖于不同专业领域的专家进行命题制卷和阅卷，成本较高，组织实施比较复杂和困难，而且有时考试的公平公正性不好把控。

2. 评价方法主要采用笔试和面试

　　从评价方法来看，目前笔试和面试是事业单位公开招聘考试中应用比较广泛的方法。

　　笔试是当前事业单位公开招聘考试中应用最为广泛的评价方法。究其原因，一是笔试作为选拔人才的重要手段，其测试分数客观可信，给广大应试者创设了完全相同的公平竞争机会，对于维护社会的公平正义具有重要的作用；二是符合公开招聘职位条件的候选人往往很多，而笔试可以在同一时间让成千上万的应试者在同等条件下进行测试，具有经济高效的独特优点。所以，笔试在公开招聘中确实有其他评价方法无法比拟的优势。

面试也是事业单位公开招聘考试中应用比较普遍的评价方法。这也比较容易理解，因为用人单位在没有见到一位应试者前，很难决定是否聘用他。另外，面试还能针对性地考查应试者是否具备岗位所需的胜任力。所以，面试也是事业单位公开招聘考试中很常用的评价方法。面试的缺点是评价比较主观，有时会有暗箱操作的嫌疑，因此面试与笔试相比，较难赢得社会和应试者的信赖。

3．考试的组织方式主要有集中组织与分散组织两种

从事业单位公开招聘考试的组织实施来看，目前考试的组织方式有集中组织和分散组织两种。其中，集中组织又有两种方式：统一考试方式和联合招考方式。

1）统一考试方式

用人单位参加由政府人力资源和社会保障部统一组织的公开招聘考试服务平台。例如，四川等省规定，省属事业单位在公开招聘工作人员时，对一些通用性岗位或初级岗位必须采取统一考试的方式进行招聘，所有进入省属事业单位的人员必须参加省级考试机构统一组织的考试。

2）联合招考方式

人事考试部门定期提供集中的考试服务平台，事业单位自行决定是否参加。例如，北京等地通过搭建公共服务平台的方式，为各级各类事业单位公开招聘提供考试命题和考务组织一条龙服务。一般每年举办 2～3 次联合招聘考试，年初在公共服务平台上将年度考试计划向用人单位、考生和社会发布，用人单位可根据实际情况自主选择考试时间进行考试。

除集中组织的招聘考试方式之外，还有大量的招聘考试是根据单位性质和岗位特点自行命题并组织实施的。例如，许多高校招聘教师和科研人员，以及许多文艺体育类单位在招聘特殊人才和艺术类岗位的人员时，往往由用人单位根据具体情况对考生针对性地进行测试。

18.1.2 事业单位公开招聘考试的问题

事业单位公开招聘制度的推行受到各界的广泛赞赏和支持，一大批高素质的优秀人才充实进来，成为事业单位的骨干和中坚力量，事业单位选人的公平公正性得到了切实加强。与此同时，随着全国事业单位公开招聘制度的全面推行和实践探索的不断深入，事业单位公开招聘考试中存在的问题和难点也逐渐凸显出来。

1．公平公正性体现得还不够充分

招聘考试是推行公开招聘制度的一个重要手段，而目前公开招聘制度推行中的公平公正性体现得还不够。例如，县级事业单位公开招聘制度推行缓慢，在招聘制度中还存在缺位问题，公开招聘工作中信息公开、过程公开、结果公开的范围和程度不够，监督管理不到位，招聘单位的各种违规、违纪现象还时有发生，事业单位公开招聘的社会公信力还有待进一步提升。

2．科学化水平有待提高

目前，有的省市事业单位公开招聘考试的模式不够科学，没有体现事业单位的工作特点和用人需求；还有的省市在科目设置和考试内容选择上随意性较大，缺乏科学依据，没有体现"干什么、考什么"的原则。调查显示，考试内容等考试模式问题已成为目前用人

单位普遍认为事业单位公开招聘考试最需要改进的方面（见表 18-2）。探索建立既区别于公务员录用考试，又体现事业单位特点和用人需求的考试模式，是迫切需要解决的一个重点和难点问题。

表 18-2　用人单位对事业单位公开招聘考试的改进意见

需要改进的方面	比率
考试内容	45%
考试形式	24%
考试程序	10%
无须改进	21%

3．管理制度有待完善

目前，事业单位公开招聘考试还处于起步阶段，各项制度还不够健全。一是收费缺乏依据。在事业单位公开招聘考试中，由于政府没有专项经费，因此各地往往面向考生收费，而面向考生收多少费又没有统一的规定和依据。二是对违纪考生的处理缺乏依据。在考务组织中，对违纪考生的处理等方面尚没有统一的制度规定，各地在实际操作中，多数参照公务员录用考试规定执行，也有的参照专业技术资格考试规定执行，还有的省市自行制定标准（见表 18-3）。由于没有统一的制度规定，导致一些地方的考务实施操作不够规范。

表 18-3　事业单位公开招聘考试中的考务实施操作依据

实施依据	比率
参照公务员录用考试规定	78%
参照专业技术资格考试规定	4%
根据情况自行制定	18%

18.2　事业单位公开招聘考试中的笔试技术

根据笔试的功能和特点，可以将事业单位公开招聘考试中的笔试划分为公共科目笔试和专业科目笔试两大类别。

18.2.1　公共科目笔试

在事业单位公开招聘考试中，公共科目笔试是淘汰应试者的主要手段。如前所述，各地的公共科目笔试的内容不一，但主要内容一般不会超出公共基础知识、职业能力测验和材料作文（小申论）3 个科目的范围。不同地方的事业单位公开招聘考试，其公共科目笔试的内容只是科目选取和内容结构比例不同而已。

社会上广泛应用的公共科目笔试问题很多，最大的弊端是没有根据招聘岗位的性质进行分类，科目设置过于随意和简单，笔试的针对性和有效性远远不够。正是在这种背景下，人力资源和社会保障部人事考试中心从 2012 年开始，经过 3 年的广泛调研和研究，提出了公开招聘分类考试的框架体系。除管理岗以外，基于事业单位不同招聘岗位对人的能力素质的不同要求，将专业技术岗区分为自然科学类和社会科学类，同时从组织实施的角度，又把中小学教师和医护人员两大行业的岗位单列。这样在事业单位公开招聘考试中，将岗位分为综合管理类（A 类）、社会科学专技类（B 类）、自然科学专技类（C 类）、中小学教师类（D 类）和医疗卫生类（E 类）五大类别，并就每类岗位的应聘人员设置了相应的事业单位"职业能力倾向测验"和"综合应用能力"两个考试科目，其中医疗卫生类的"综合应用能力"科目又细分为中医、西医、药剂、护理、医学技术和公共卫生管理等 6 个子类（见表 18-4）。这两个科目的很多题型都是经过全新设计的，形成了符合国情、独特有效的考试大纲，并得到了国家知识产权局的产权保护。

表 18-4　事业单位公开招聘分类考试类别划分

一级分类	二级分类	考试科目设计	
		事业单位职业能力倾向测验	综合应用能力
综合管理类（A 类）	综合管理岗位	A 类	A 类
社会科学专技类（B 类）	社会科学专技岗位	B 类	B 类
自然科学专技类（C 类）	自然科学专技岗位	C 类	C 类
中小学教师类（D 类）	小学教师岗位	D 类	D 类小学岗
	中学教师岗位		D 类中学岗
医疗卫生类（E 类）	中医临床岗位	E 类	E 类中医临床岗
	西医临床岗位		E 类西医临床岗
	药剂岗位		E 类药剂岗
	护理岗位		E 类护理岗
	医学技术岗位		E 类医学技术岗
	公共卫生管理岗位		E 类公共卫生管理岗

从 2015 年开始，我们面向全国部分省（区、市）开展了事业单位公开招聘分类考试公共科目笔试试点工作，并于 2018 年正式推行。在近 5 年的招聘考试中，我们每年都在上半年和下半年各开展一次考试服务，通常每次提供 5 个类别的 10 多套试卷。截至 2019 年底，我们已顺利完成了 10 次事业单位公开招聘分类考试，应试总人数达 350 多万。此项考试赢得了用人单位、事业单位行业主管部门及应试者的广泛认可。一是分类考试服务推动了各地事业单位公开招聘考试工作的规范化，公共科目笔试分类命题大大提高了事业单位公开招聘考试的针对性、适用性和科学性。二是分类框架合理，笔试设计科学。从考后试题分析、应试者问卷调查和用人单位效度追踪的结果来看，分类考试试卷的信度较高、区分度良好、各类特色明显、针对性强。三是探索了事业单位公开招聘分类考试的实施模式。我们按照年度工作计划主动提供考试服务，各省（区、市）及用人单位是否参加完全自愿，参加何种类别的科目也由用人单位根据岗位性质自行决定。人力资源和社会保障部人事考试中心与各省（区、市）人事考试机构分工明确、紧密协作，发挥各自的职能优势，形成了独特的分类考试合作运行模式，迄今已有 10 多个省（区、市）全面应用了这一分类框架和合作模式。

18.2.2　专业科目笔试

专业科目笔试主要考查应试者在某一领域的知识深度，了解其对专业知识的掌握程度。具备一定的专业知识是从事各种专业工作的前提条件。例如，一个不懂法律知识的人不可能担任律师；一个不懂医学知识的人不可能担任医生。在各类事业单位公开招聘考试中，往往有与职位相关的专业科目笔试，重点检测应试者运用专业知识分析解决工作中的实际问题的能力，其目的是测试应试者是否具备胜任选拔职位工作所必需的专业素质。

在事业单位公开招聘考试中，专业科目笔试通常安排在公共科目笔试之后，只有通过公共科目笔试的应试者才有资格参加专业科目笔试。当然，对于一些特殊职位和特殊专业人才（如表演人才），公共科目笔试可能会淘汰一些专业能力很强的人。在这种情况下，专业科目笔试可以与公共科目笔试同时进行，甚至可以先进行专业科目笔试，有一定专业素养的人才有资格参加公共科目笔试。

从面向全国人事考试部门的调研情况来看，各地事业单位公开招聘考试的服务主体主要是教育、卫生、文化、科技、农林牧渔水、广电、新闻出版、体育八大行业（见表 18-5）。这些行业对应试者都有一定的专业性要求，因此在招聘考试中往往需要设置专业科目笔试。

表 18-5　事业单位招聘考试行业类型情况统计表

行业类型	比率
教育	31%
卫生	28%
文化	9%
科技	6%
农林牧渔水	6%
广电	5%
新闻出版	3%
体育	2%
其他（请标明）	10%

当然，按行业类型划分来设置专业科目还不够具体，更有针对性的专业科目应该按岗位类别进行细分。例如，在行业内的专业技术岗可进一步细分为财会、审计、统计、法律、经济、计算机、英语等，并据此设置相应的专业科目笔试。

18.3　事业单位公开招聘考试中的面试技术

如前所述，面试技术是事业单位公开招聘考试中应用较广泛的一种测评技术。如果说笔试的功能更多地在于淘汰，那么面试的功能无疑就是择优。因此，面试的重要性是不容置疑的。这里的面试是指广义上的招聘面试，它包括考官与应试者之间的问答式面试，也包括各种情景模拟测验。

18.3.1 面试技术

近年来，随着社会对事业单位公开招聘的关注度越来越高，各地人社部门不断加强对事业单位公开招聘面试的监管力度，并进行了一系列改进和创新，提高了面试的公平性和科学性。例如，有的地方在事业单位公开招聘面试中引入了"市民旁听制度"，力求面试过程透明，避免舞弊；有的地方在事业单位公开招聘面试中引入了全程电子化的面试评分系统，从考生确认、抽签到考官抽签、评分、成绩汇总等各个环节全部实现了计算机操作，系统后台还可以实时监控面试进度及评分情况等。总体来说，我国事业单位公开招聘面试的起点还比较低，科学性和规范性还不够，面试实践中存在的问题还不少。

1. 面试实践中的问题

（1）手段单一，尚未形成符合事业单位公开招聘特点的面试办法。

由于缺乏理论探索与研究，各地事业单位公开招聘面试实践多是直接照搬公务员面试的模式：形式以结构化面试为主，测试内容以岗位通用基本能力为主。在评价方法上，除教师、医疗卫生等特殊行业的面试会采用说课、实际操作等形式之外，大多面试以问答形式为主。这种模式在一定程度上有利于解决公平性问题，但难以体现出事业单位公开招聘的特点和用人单位的招聘需求。

尽管结构化面试通过采取一些客观化、标准化的措施，整体上显著提高了面试的信度和效度，但大规模的结构化面试也带来了一些极端的问题。例如，面试程序僵化，考官在面试中不敢追问，片面追求形式上的公平而牺牲了内容的科学性等。因此，未来有必要探索符合事业单位公开招聘特点的多元化面试手段。

（2）考官的水平参差不齐，考官队伍建设有待加强。

面试的有效性往往取决于考官的水平。考官的认识水平、专业素养、个人偏好、责任心等因素决定了面试评分的个人主观倾向比较强。目前，各地考官的水平参差不齐，主要表现在：一是提问缺乏技巧，如提问随意、不敢追问、追问缺乏技巧或侵犯个人隐私等；二是缺乏人才选拔方面的专业训练，如不理解测评目标，对评分标准掌握不好；三是评分技巧欠缺，特别是一些经验不足的考官会受到如晕轮效应、刻板印象等的影响，从而影响评价效果。

考官队伍的内行化、专业化建设难度很大。目前，我国只有北京、江苏等少数省市对事业单位公开招聘面试的考官实行了培训持证上岗制度，大多数地方考官队伍建设还有待加强。

（3）面试试题的科学性水平有待提高，培训效应难以克服。

面试试题也是影响面试有效性的重要因素。现阶段，面试试题的科学性水平有待提高，主要体现在3个方面：第一，试题的测评目标缺乏设计。测评目标和测评维度划分没有建立在工作分析的基础上，没有与岗位要求很好地结合。第二，评价标准缺乏设计。评价标准应该基于对典型工作行为的分析，对不同级别的工作行为给出准确的描述和解释，但目前的评价标准缺乏工作行为分析，缺少客观依据。第三，试题的设计缺乏科学性。首先，试题不科学，主要表现在问题随意，甚至出现歧视性问题；试题答题空间较小，区分度差；试题的语言表述不严谨，问题不明确，造成考生理解偏差。其次，同一套面试试题中的题目组合缺乏设计，如考查要素重复等。最后，试题与测评目标不符，无法实现对岗位必备测评要素的测量，如问题与工作不相关等。

此外，由于试题创新不足，考生通过短期培训，掌握了应对策略，一些语言表达能力较强的考生或善于伪装的考生可能取得高分，而一些有思想但不善表达或性格内向的考生可能被忽略。

（4）组织实施不规范，违纪行为影响面试公信力。

一些用人单位对面试环节的重视程度不够，面试的组织实施程序不规范，如试题保密措施不严、面试顺序随意、题目难易不同、面试时间长短不统一、评价标准不一致等，这些都在一定程度上影响了面试的公平性，带来了不良社会影响。

此外，在事业单位公开招聘面试中，时有乱象见诸报端，违纪行为严重影响了面试的公信力。2013 年某市群众艺术馆的一个报考职位，出现了不用笔试且面试仅一人的情况，而此人已在该单位工作多年，该考试岗位被质疑涉嫌"量身定做"。对此，该群众艺术馆相关人士表示，涉事的报考岗位当时共有 3 人报名，最后两人弃考，所以仅剩的一人按规定免笔试直接进入面试，并最终被录用。2014 年 8 月，有媒体报道，当年 7 月底举行的黄山市某事业单位公开招聘面试中，主考官临时更改面试试题导致一名参加面试的考生发挥失常。此事经报道后，黄山市人力资源与社会保障部取消面试成绩，并于 2014 年 8 月 23 日举行了第二次面试。这些乱象的出现表明，当前事业单位公开招聘面试的组织实施中还存在着各种问题，急需研究解决。

2．面试的对策措施

基于当前我国事业单位公开招聘面试的现状，针对面试中存在的主要问题，我们认为应该从重视面试的技术研发与设计、加强面试考官的管理与培训、完善面试的组织实施等方面入手，全面提升事业单位公开招聘面试的针对性、科学性和有效性。

1）重视事业单位公开招聘面试的技术研发与设计

（1）探索建立事业单位公开招聘分类面试的框架体系。如前所述，在现有的事业单位公开招聘面试实践中，大多采用类似于公务员招录的结构化面试模式，面试的针对性和有效性远远不够。为此，迫切需要改变同一面试测评要素、同一面试试题测查所有岗位考生的办法，针对不同类别的人员研究建立面试测评要素框架，探索和实施按岗位类别测查不同测评要素，充分体现因岗择人、人职匹配的评价理念。首先，从类别的划分上，管理人员可以作为一类，专业技术人员很复杂，可以按教育、卫生、文化、科技等大类进行划分，再根据岗位类别进行细分，如信息技术、财务管理、法律、外语、统计等。其次，围绕每个类别的岗位胜任力要求，研究适合事业单位公开招聘面试考查的测评要素。这里所说的测评要素，不仅包括基本能力素质方面的，同时包括专业素质方面的。需要注意的是，在专业素质的考查方面，不宜考查纯知识性的内容，因为用笔试考查知识更有效且成本更低，而面试更适合用来测量知识的应用能力。最后，针对各类岗位的测评要素，研究相应的面试评价方法。

（2）创新面试命题技术。目前事业单位公开招聘面试的命题模式太单一，而且长期沿用一些固定不变的命题思路来设计试题，使得不法培训机构通过对考生进行短期培训，即可基本掌握面试应对策略，导致面试考查了应试者的应试能力而非岗位胜任力。为此，我们只有不断地创新面试命题技术，才能保证面试的效果。这里，我们提出一些可以对现有的命题技术进行创新的尝试。

一个办法是细化面试问题的背景信息。传统的面试试题太笼统、太原则，所以容易形成回答的套路。而当我们把问题的背景信息细化之后，考生就需要根据具体情况回答应对措施，如果仅是原则性地回答就不合题意。例如，我们想考查应变能力，传统的面试试题可能会是这样的：

"假如你在主持会议时，参会各方僵持不下，你怎么办？"

显然，这是很笼统的问题，背景信息很不完备，考生很容易按套路回答。要避免这一倾向，可以细化问题背景信息。例如，将问题改为：

"假如你在主持征求奖金分配意见的会议时，业务部门和后勤支持部门为了各自的利益发生了激烈的冲突，他们互不相让，都认为自己的部门工作量大，希望拿到最高的人均奖金。你清楚地意识到，要同时满足他们的要求是不可能的，但你又不想影响各部门的工作积极性，面对这种情况，你怎么办？"

问题背景信息细化之后，考生必须针对具体情况提出应对办法，从而有效地考查考生的协调能力和应变能力。

另一个办法是突破传统面试的问答模式，把文件筐测验、角色扮演法、无领导小组讨论等测评技术引入面试命题中，设计情景模拟试题，改变以往考生总是作为旁观者谈看法、认识的模式，由其直接担任角色，在类似真实的情景中考查考生的反应能力、应变能力、分析问题及解决问题的能力。这种题型让考生无法通过培训获得应试技巧，或者说考生要是真能通过培训提高自己分析问题及解决问题的能力，那也是好事，因为要做好工作正需要这样的能力。

（3）丰富面试评价模式。目前的面试评价结果通常就是一张评分表，上面有 3~7 个面试测评要素及其定义、各要素的权重及满分，每位考官对每位考生的各要素进行打分，最后把所有考官的评分结果去掉最高分和最低分求平均分，得到考生的最终面试分数。这种设计理论上是可行的，但现实中考官对测评要素内涵的理解、对试题回答模式与要素得分之间的关系的把握常常偏差比较大，导致评分结果很不可信，有的甚至还不如直接打个总分更有效。基于上述情况，可以针对每个测评要素，根据面试的具体试题，给出可操作的结构性评价要素，以便考官理解和把握。例如，对于团队管理能力，传统的面试评分表可能会给出这样的维度定义：

"能够带领大家团结协作，共同完成团队目标的能力。"

这个定义在面试中很难把握，我们可以把它细化为 4 个结构化测评要素：

- 关注团队共同目标（操作定义略）。
- 协调内部成员之间的不同意见（操作定义略）。
- 推动团队工作进程（操作定义略）。
- 主动承担责任并发挥示范作用（操作定义略）。

这样把理论定义具体化为可操作的多个评价要素后，考官就比较容易理解和把握。

2）加强事业单位公开招聘面试考官的管理与培训

在事业单位公开招聘面试中，考官的作用十分重要。试题设计得再科学合理，如果考官的素质跟不上，面试也不可能达到理想的效果。在实践中，由于种种原因，考官的建设和管理方面还有很多问题。一是在考官的组织上，普遍存在着考官队伍不够稳定、流动性大的问题，有的领导甚至没有任何经验就被临时抽调担任面试主考官，这种状况很不利于考官队伍素质的提高；二是在考官队伍的建设与管理上，存在着忽视考官培训的倾向，或者只是象征性地做一下面试前的临时培训，而且培训内容只是停留在人才测评及面试基本内容的了解和操作上，造成了考官专业水平不高的问题。为此，我们提出以下两方面的改进措施。

（1）实行考官的分级资格认证制度。长期的面试实践工作表明，考官的评价水平直接关系到面试的最终效果。面试评价不仅需要考官具备丰富的实践经验，而且需要考官掌握一定的测评理论知识和行为评价技术。为此，建议建立事业单位公开招聘面试考官分级资格认证制度，由相关的行业协会出台相关的资格要求，通过考试和实际水平确定考官的级别和资格。例如，C 级为初级考官，B 级为高级考官，A 级为面试专家等。实行考官持证上岗的制度，建立考官的激励机制和退出机制，优胜劣汰，保持考官队伍的专业性和稳定性。

（2）加强考官的培训工作。要提高考官的素养，加强培训是关键。培训包括常规的考官培训和面试前的培训。常规的培训可以根据每位考官的级别，每年进行一定时间（如一周）的培训，培训内容包括测评理论、面试原理和面试技术等。面试前的培训则主要针对招聘岗位的胜任力及其内涵、面试操作实施过程及面试评价技术来进行，在时间允许的情况下可以进行面试演练，以考查每位考官在面试操作实施中行为的合适性及面试评分的信度和效度，在此基础上对每位考官的演练状况进行反馈和点评，以取得更好的面试效果。

3）完善事业单位公开招聘面试的组织实施

前面谈到的对策建议主要针对面试的针对性、有效性和科学性问题，而事业单位公开招聘面试的组织实施则关系到面试的公平公正性和规范性问题。从当前的招聘实践来看，社会和广大考生对笔试的公平公正性的认可度要明显高于面试。因此，我们认为可以从以下几个方面来完善面试的组织实施。

（1）严格规范面试的实施程序。事业单位是经济社会发展中提供公共服务的主要载体，公开招聘制度是事业单位选人的主要制度。规范事业单位公开招聘面试的实施程序，对于维护社会公平正义具有重要意义。一要严格落实政府有关事业单位公开招聘管理制度的规定，做到程序公开、过程透明、结果公开。例如，关于参加面试的考生人数、面试形式和面试时间，能公开的就公开。二要采取各种措施，最大限度地保证面试对广大考生的机会公平。例如，在考官组选取和考生场次确定时，最好采用双抽签的办法，让考官、考生随机进入某一面试组。如果只设一个考场，那么最好通过差额抽签确定考官。

（2）加大外派考官的人员比例。目前，事业单位公开招聘面试中的考官通常是用人单位的有关领导，有些单位出于公平性的需要会象征性地邀请面试专家担任考官。用人单位的人员担任考官，其最大的优势是他们对用人需求和岗位工作非常清楚，但他们最让人担心的就是能否坚持公平公正的原则。另外，他们是否具有考官的专业技能也是社会和考生所关注的。在这种情况下，最好的办法就是加大外派考官的比例，在理想的情况下，可以让外派考官的人员比例达到 40%，这样无论是面试的公平性还是有效性方面都会有明显的提高。当然，外派考官可能对用人单位的岗位需求了解不够，所以事先应让他们尽可能多地了解这方面的信息，以保证面试结果符合用人单位的要求。

（3）加强纪检监察部门和社会各方面的监督。加强监督是保证面试过程和面试结果公平公正的重要手段。一要加强纪检监察部门的监督，主要监督面试的各个重要环节是否按规定执行，包括面试题本的印制与保管、面试实施的程序、面试成绩的生成等；二要加强社会各方面的监督，如在面试题本开启前，由两名考生现场签字确认；让考生代表参与监督面试分数的统计汇总过程；在公布面试结果时，公开考生举报电话等。

18.3.2 情景模拟技术

前面我们指出了现有面试中存在的问题，提出要突破传统面试的问答模式，以下几种情景模拟技术可以在事业单位公开招聘面试中发挥独特的作用。

1．背景性面试技术

在第 10 章中，我们比较详细地介绍了背景性面试技术。通过给应试者创设一个面试背景，让应试者围绕特定的角色和任务，回答考官的提问。背景信息可以是文字材料，也可以是录像材料。下面给出一个由笔者设计的背景性面试试题。

小张是清华大学计算机应用专业的一名研究生，2013 年 7 月经过层层选拔进入某事业单位从事信息服务与管理工作。小张所在的信息服务处共有 5 人，包括处长姜新、副处长周明、资深技术骨干李远，以及借用人员刘丽娟。工作两年多来，虽然小张能在工作中发挥专业特长，特别是在信息技术应用方面，但小张也存在一些问题，甚至由于经验不足还在工作中出过一些差错，突出表现在以下几件事情上。

事件一：对于领导布置的任务，小张能按时完成，但当领导安排的任务不多时，他就会闲着。例如，去年七八月，由于领导直接安排的工作不饱满，小张常常闲着用手机上网看视频，而处里其他人却忙得团团转，这在同事中造成了不良影响。

事件二：今年 1 月，单位开始应用新的信息化办公管理系统，姜新处长让小张重点负责本部门的系统应用技术支持工作，并让刘丽娟协助他开展工作，以确保完成任务。小张因为工作任务较多，就让刘丽娟承担系统应用中的答疑和问题解决任务，可是刘丽娟的技术水平不高，小张事前又没有与她进行沟通，所以没有完成好任务。有关业务处室对此表示强烈不满，姜新处长为此严厉批评了小张。

事件三：最近，姜新处长在外出调研前，安排小张起草一份上季度工作情况报告，后因上级领导催促，小张便把未经姜新处长审改的报告草稿直接交给了领导。由于报告中出现了一些明显与事实不符的低级错误，因此姜新处长调研回来后，上级领导对他进行了严厉的批评，并责成他当天加班完成报告并重新提交。

问题一：根据以上材料，请你谈谈小张身上存在哪些问题？你认为作为一名应届毕业生，应该如何尽快地适应工作？

问题二：在事件一的情景中，你觉得小张应该怎么做？请给他提出一些建议。

问题三：假如你是事件二中的小张，为防止出现事件中的不良后果，你事先会采取哪些具体举措？

2．角色扮演法

在第 13 章中，我们介绍了角色扮演法。在事业单位公开招聘面试中，角色扮演法也是很有效的情景模拟技术。例如，为了考查应试者的沟通说服能力，给应试者创设以下情景，并要求他按角色行事。

情景：你是某报社办公室的王主任。最近，因工作需要，你社需抽调多名管理岗位工作人员到一线工勤岗位工作。根据社领导的指示，你主管的办公室也需要转调一名工作人员。

你主管的办公室现有 6 人，考虑到工作需要和职工的年龄、资历、工作表现等因素，你打算将承担大量事务性工作的小张转调出去，尽管他工作很主动，经常加班加点，但他的工作大家都能干，而其他员工有的文字功底很好，有的组织协调能力很强，所以很难替代。社领导也同意你的这一意见，你准备就此与他进行一次面谈。

你的任务：你的任务是通过 15 分钟的面谈，让小张知道社里的这一决定，并说服他心平气和地接受组织的决定，不要给社里留下任何后患，所以这次面谈对你来说是很重要的。

3．其他情景模拟技术

设计情景模拟题，改变以往考生总是作为旁观者谈看法、认识的模式，在类似真实的情景中考查考生的反应能力、应变能力、分析问题及解决问题的能力。无领导小组讨论就是一种很好的情景模拟技术。在第 12 章中，我们已经对这种测评技术做了比较详尽地介绍。这里介绍另外两种可用于情景模拟面试的测评技术：口头呈现和事实搜寻。

1）口头呈现

口头呈现作为一种情景模拟技术，来源于日常工作与生活中的演讲技术。在口头呈现中，一般需要应试者扮演指定角色，并按照给定的背景材料及相关信息，以口头形式向听众进行陈述。该测评技术可以有效地考查应试者的口头表达能力、承压与应变能力和分析判断问题的能力。下面给出一个口头呈现测试的指导语样例。

现在给你 30 分钟的准备时间，在这段时间里，你需要阅读一些背景材料和一项改革计划。30 分钟后，假设你是某部门的负责人，事先已经知道员工对此项改革存在异议，但你仍然需要在 20 分钟之内向整个部门的员工解释并推行这项改革计划。在准备阶段，你可以利用我们提供的计算机来制作 PPT 以便呈现个人的观点，但不允许询问与请教他人，必须独立完成。

好，现在可以开始了。

2）事实搜寻

事实搜寻也称口头事实搜寻练习（Oral Fact Finding Exercises）。在测试开始前，考官给应试者提供一个简单的背景描述，这个背景描述可能是一个需要做出决策的工作场景，也可能是一个决策受到挑战和质疑的工作场景。在测试开始后，应试者要在有限的时间内，通过提问的方式向"信息员"收集详细信息。"信息员"（由一名考官扮演）掌握着该工作场景中的丰富信息，如果应试者提出的问题具体、恰当，他们会给应试者提供相应的信息。

最后，应试者要做出决策并阐述理由。如果受到"信息员"补充信息的质疑，应试者还要为其决策进行辩护，或者重新修改个人决策并阐述理由。

事实搜寻可以考查应试者的问题分析能力、决策判断能力、压力应对能力和倾听沟通技能等。下面是一个事实搜寻测试样例。

指导语：这段介绍之后，你将有 10 分钟的时间阅读一个关于在一家小型手机软件开发公司中发生的情形的简要描述，你需要通过提问的方式向指定的"信息员"收集更详细的信息。你将扮演独立咨询顾问的角色，受雇为公司未来要采取的一系列行动提出建议。"信息员"由考官扮演，他是客观信息的提供者，掌握了大量的有用信息，他会回答你的问题。"信息员"是公正的，不扮演任何其他角色，仅向你提供事实的信息陈述。如果你的问题过于笼统或与本任务无关，他将不予回答。你有 15 分钟的时间进行提问和做出决策，然后"信息员"会对你的决策提出相关问题，你需要决定是否修改自己的决策并阐述理由。

背景描述：幻科天地是一家小型的手机软件开发公司，已经开发了很多手机应用软件。张明是公司的项目经理之一，目前在进行一个新软件的开发规划，主要是手机联网条件下的应用。他的上司李森决定中止这个项目，并把张明调往另一项目。张明向总经理提出对此决策的异议。总经理现在要求你来调查情况，并请你给出建议：是否应当进行这个项目的开发规划。

18.4　应用案例

下面以某电视台人员招聘项目为例，说明人才测评技术在事业单位公开招聘考试中的应用情况。

18.4.1　某电视台人员招聘公告

1．报考条件

（1）全国重点高校统招统分的 2015 年应届毕业生或初次就业的海外留学生，具有大学本科及以上学历。

（2）在 2015 年 7 月底之前，国内毕业生应取得毕业证、学位证、就业报到证；海外留学生应取得教育部出具的学历（学位）认证证书。

（3）政治合格，身体健康，积极上进，热爱电视事业，能承受较强工作压力，个人素质符合我台"诚信、团队、知识、创新"的新员工核心素质要求。

（4）年龄在 28 岁以下（在 1986 年 10 月 13 日之后出生）。

2．招聘岗位

1）编辑记者岗位

新闻类：所学专业包括新闻学、传播学、广播电视新闻、哲学、经济学、法学、国际政治、国际关系、外交学、社会学、中文、历史学等。

外语类：所学专业包括英语、西班牙语、法语、阿拉伯语、俄语、波斯语、印地语、希腊语、斯瓦希里语等。

专题类：所学专业包括计算机科学与技术、物理学、生物学、基础医学、数学、哲学、经济学、法学、外交学、社会学、中文、历史学等。

文艺类：所学专业包括导演（戏剧管理方向）、文艺编导、广播电视艺术学等。

2）管理岗位

法律类：所学专业包括法学及相关专业。

审计类：所学专业包括法学、审计、会计、财务管理等。

人力资源类：所学专业为人力资源管理。

财务类：所学专业包括财政学、会计学、金融学、财务管理等。

3）网络制播岗位

网络制播人员所学专业包括计算机科学与技术、计算机网络、通信工程、视频技术及相关专业。

4）新媒体岗位

新媒体人员所学专业包括艺术设计（新媒体方向）及计算机相关专业。

5）摄像岗位

摄像人员所学专业为电视摄像相关专业。

3．考试测评

通过简历筛选的应聘人员，拟于 2014 年 11 月下旬进行笔试，笔试科目为职业能力测验、外语和材料作文。面试测评拟于 2015 年 1 月上旬举行。

18.4.2　测评技术与试题

1．职业能力测验

职业能力测验拟定为 80 题，参考时限 60 分钟，着重测试的是考生的职业能力，即不是已具备的现实能力，而是其经过适当训练或被置于适当的环境下完成某项任务的可能性，是一种潜能。职业能力测验更多地被用作一种劣汰的工具，通常配合其他考试和测评方法一起使用。

考虑到新闻媒体行业的特点，职业能力测验宜突出综合知识模块，并突出阅读理解、材料分析、逻辑推理等方面能力的考查。综合知识模块涵盖时事、政治、经济、管理、历史、人文、自然、科技等方面的知识，同时需根据行业特点融入一些新闻职业道德、专业精神方面的试题。

2．外语测试

外语测试拟定为 35 题，参考时限 50 分钟，难度不低于大学英语六级水平。外语测试的试题除一篇完形填空之处，其他均为阅读理解，题材侧重政治、经济、外交、文化、社会等通用题材，应避免偏专业的题材。

3．材料作文试题

材料：

（1）随着互联网网络新技术、新业务的不断应用，互联网受到广泛欢迎，网络媒体随之迅速崛起和壮大，越来越多的人在工作中、生活中已经无法离开网络。网络媒体的地位和作用已日显重要。下一代互联网研发应用云计算、物联网等已经不是简单的概念，而是已经进入了技术研发阶段。今后网上信息的获取、发布、利用将更加便捷、多样，但是网络媒体发展中的许多问题也令人担忧。一是虚假新闻多。有些网站片面追求商业利益，为了提高点击率，不管什么内容，只要能够吸引大量受众的注意力，能够迎合受众的庸俗趣味，就极力渲染、制造轰动效应。把未经核实的传闻编发上网，从而降低了内容的文化品位，使网络媒体应该具有的新闻报道、文化教育和趣味培养功能逐渐减弱。二是炒作跟风多，即恶意炒作社会的阴暗面，暴露社会中不健康的东西。网络媒体喜欢炒作跟风，尤其是对娱乐新闻中的"绯闻""艳遇"等低级庸俗的内容广为传播。三是有害信息多。为了追求商业利益，在网络页面的显著位置放置大大小小、形形色色的广告条，让人不胜其烦，削减了媒体的有效信息量。甚至有些网络媒体为了经济利益，播发虚假商业广告、黄色短信息等有害信息，使网络上不健康的内容广为传播。

网络媒体是中国互联网事业健康发展的骨干力量，只有承担社会责任、弘扬主旋律、成为传播先进文化的主阵地，弘扬社会正气，引领时代潮流，贴近实际、贴近生活、贴近群众，才能赢得社会信任，走向成熟。

（2）互联网的崛起给报纸、电视及杂志等传统媒体带来了巨大挑战。中国媒体经营自2005 年起便遭遇拐点，报纸、杂志两大平面媒体的广告收入呈现一路下滑趋势。另外，虽然电视的广告收入一直有较大幅度的增长，但"广告蛋糕"也正被互联网、户外媒体等新媒体所瓜分。在网络媒体的冲击下，传统媒体被迫转型，寻求新的出路。报纸、杂志等传统媒体在建立自己的网站的同时，纷纷投资开发新媒体，其中最为人们熟知的是手机报。手机报已经成为传统报业继创办网络版报纸、兴办网站之后，跻身电子媒体的又一举措。此外，报纸在满足读者需求的同时，积极与门户网站和搜索引擎进行合作，以建立跨媒体平台，获得最大的收益。与此同时，广播和电视媒体也不甘示弱，纷纷加快迈向互联网的步伐。例如，凤凰卫视于 1998 年建立了自己的网站——凤凰网，2006 年，中国移动入股凤凰卫视，标志着凤凰卫视开始从传统电视平台向多元化发展。

网络媒体虽然具有诸多优势，但传统媒体同样具有专业化的新闻队伍、长期形成的品牌影响力、广阔的信息渠道及丰富的经验等优势，这是网络媒体在短期内难以超越的。另外，全球各大门户网站的内容来源其实都离不开传统媒体。中国人民大学新闻学院喻国明教授认为，传统媒体的内容、品牌和客户的稳定性及忠诚性都是互联网等新媒体无法比拟的，但是新媒体的互动及信息海量等特点也可以转换成竞争优势，这也是传统媒体所需要的。

（3）不久前有媒体报道，"电视行业似乎正在走向穷途末路，最新数据显示，北京地区的电视开机率从三年前的 70%下降至 30%"。报道指出，年轻人拥有个人 PC 等多种视听平台，选择更加自由，电视行业正经历"黄昏"。而事实上，相关媒体报道的北京地区的电视开机率大幅度下滑的说法并不准确。央视-索福瑞媒介研究有限公司的监测数据显示，在2008—2012 年的 5 年里，北京地区的电视开机率总体处于 26%～29%，虽逐年略有降低，但总体降幅低于 3%。

央视-索福瑞媒介研究有限公司的副总经理郑维东介绍，电视开机率一般指的是平均每天每分钟开启电视的家庭数占全部拥有电视的家庭数的比重。以 2012 年为例，当年全国电视市场日均开机率为 23.74%，这表明当年平均每天每分钟有 23.74%的家庭在收看电视。以我国有 4 亿多家庭拥有电视计算，这个数据说明平均每天每分钟大约有一亿个家庭在收看电视。郑维东指出，依据电视开机率来判定电视影响力的方法并不准确，包括电视开机率在内的收视率指标体系是用来反映收视行为的，并不能直接说明电视影响力的变化。

郑维东介绍，尽管北京地区的电视开机率没有显著变化，可监测数据显示，电视收视高峰时段的总收视率在持续下降。电视开机率反映的是多少家庭开着电视，总收视率则反映了具体有多少人在看电视。

"直观的理解，黄金时段总收视率的下降就是黄金时段看电视的人数在减少。"郑维东介绍，以北京在黄金时段总收视率为 40%左右为例，这就意味着 100 人中约有 40 人在同时看电视。他认为，网络等新媒体增加了民众的选择空间，这无疑分流了电视的收视人群。"只要家里有一个人在看电视，那就要计算电视开机率。"郑维东认为，选择网络等新媒体的大多是年轻人，但家中仍有老年人在看电视，这使得电视开机率没有大幅度变化，但总收视率却受此影响持续下滑。

央视-索福瑞媒介研究有限公司的数据显示，近 4 年来，15～34 岁观众的人均收视分钟数均在下降，但中老年群体的人均收视分钟数呈现稳中有升。"总体来看，近几年，人均收视分钟数的平均值并无明显变化，青少年观众的收视时间持续减少，但中老年观众看电视的时间却在增加。"郑维东介绍。

业界与学者认为，新媒体提供给观众越来越多的选择，年轻人对于电视的依赖程度逐渐减少。中国社科院新闻研究所所长尹韵公介绍，近来发现身边年轻人开始使用手机等设备收看电视节目，对于电视的依赖有所减少。

郑维东也指出，当前年轻人可以通过更多的媒介来接触传播内容。随着移动互联网、平板电脑、手机的发展，年轻人开始认为"电视不是必需的"。然而专家也指出，电视的影响力依旧不容小视，尤其是在重大事件、大型活动直播、文娱活动等方面，电视仍然拥有独特的权威性及很强的影响力。郑维东以时下受到年轻人追捧的歌唱竞技节目为例，指出电视节目依旧塑造着观众的收视行为与习惯，能营造出"定时去看某个节目"的收视氛围。这说明电视在塑造社会议题方面有着独特的作用，这是网络等其他媒体很难取代的。

对于新媒体冲击下的电视行业的前景，社科院文化研究中心主任张晓明认为，随着竞争加剧，电视部门将会转变为一个内容提供机构，其发布平台也将是多样化的，不再局限于向电视频道提供内容。

"从国际电视行业的发展来看，电视行业应对挑战做出了诸多尝试。"郑维东介绍，国外电视台不仅在传统电视频道播出内容，而且在抢占互联网平台、视频播放网站及移动终端的制高点。他认为，网络让传统电视节目的传播范围更广，这实际上也是在扩大电视行业的影响力。

题目要求：

参考给定材料，以"新媒体时代下关于电视媒体发展问题的思考"为主线，自拟标题，写一篇议论文，字数为 800~1000 字。

4．半结构化面试试题

指导语：

你好，欢迎你参加今天的面试。面试分两个阶段，第一阶段有 3 个问题，时间控制在 15 分钟内；第二阶段为考官自由提问，时间控制在 5 分钟内，请注意把握好时间。

好，现在就让我们开始。

一、当前，对于媒体反映出来的公共服务问题，相关单位不掩盖、不推诿，往往果断采取措施加以解决，应该说这种诚恳的纠错态度是值得称道的。但是，也有人指出，媒体监督不应成为某些单位解决问题的必然程序，否则，如果没有媒体介入，这些问题将得不到及时解决。对此，请谈谈你的看法。

考查要素：综合分析能力。

二、假如你被我台录用后，台里推出一项新的内部管理制度，你负责在本部门推行这项制度，结果大家对此很不欢迎，推行阻力很大。这时你怎么办？

考查要素：沟通协调能力。

三、假如你被我台录用后，一次偶然的机会，你在互联网上发现不少人对你所在部门的工作表示强烈不满，主要问题是工作效率太低、工作不严谨。这时你怎么办？

考查要素：责任意识。

人才测评技术在企业人员招聘与选拔中的应用

在西方发达国家，企业很重视人才测评技术在人员招聘与选拔中的应用，IBM、诺基亚、英特尔等世界知名的大公司都有自己的人才招聘测评体系。近十多年来，我国的企业越来越多地将人才测评技术应用于人员招聘与选拔中，一方面用于员工的招聘，另一方面用于中高层管理人员的选拔。

本章导航

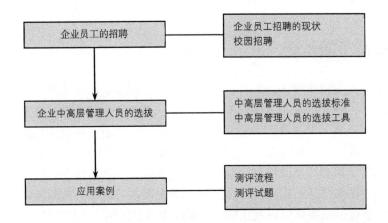

普华永道的招聘体系

一个成功被普华永道录取的应聘者需要历经大大小小 5 道关。从接收简历到最后录用，应聘者的录取率不到 7%。

应聘者的简历都是在网上提交的。普华永道的网站上有对简历要求的详细描述，应聘者按照要求填好电子表格，然后发到普华永道的网站上，这算第一关。

应聘者的第二关是英语关，英语的考试形式类似于大学课堂中的考试，至于口语能力则会在后面的面试中进行考核。

大约 10 天以后，要通过第三关：参加第一轮面试。面试主要是介绍自己，整个面试过程都用英语来完成，由各业务部门经理作面试考官。

普华永道的招聘程序中最重要的一个环节是群体评估，即第四关。这是该公司招聘流程中最有特色的一点。应聘者以 10 个人（或 12 个人）为一组，让这 10 个人就某个问题自由发挥讨论，而考官则在一旁观察每个人的表现，并且给他们评分。所有的讨论都要用英语来完成。

以近年的招聘为例，群体评估的第一部分是介绍同伴。这主要是为了测试交流沟通技巧。第二部分是主题讨论。考官会给应聘者几个选题让他们挑选，然后应聘者有 10 分钟的准备时间，接着是 3 分钟的陈述时间。

群体评估的第三部分是案例解决。考官会给应聘者一个案例，让小组的 10 个成员共同来解决。每位应聘者会得到一张纸条，上面是考官提供的几条相关信息——可能是有用信息，也可能是无用信息，需要应聘者自己判断。10 个成员不能相互交换纸条，只能向别人提供自己手上的信息。这个环节主要是考查团队合作能力和领导能力。

经过这一轮考核，应聘者所剩无几，他们要参加最后一次的面试，即第五关。这时，不会再去考核应聘者的英语能力或专业能力，而是要看他们的最终素质，胜利者将成为普华永道的正式员工或候补员工。

19.1 企业员工的招聘

企业员工招聘是人力资源管理的入口，人员招聘的准确性直接关系到企业人力资源管理的成本与管理效率。企业员工招聘明显不同于机关、事业单位招聘，一是企业以追求利润和效益为目的，而机关、事业单位以公共服务为目标；二是企业在员工招聘方面的自主权很大，招聘多少人员、什么时候招聘、工资待遇如何，企业基本可以自行决定，而机关、事业单位的人员招聘计划必须经政府相关部门审批同意后方可开始操作；三是企业员工招聘的方式方法更加灵活多样，所用的测评技术种类最全最多。就拿心理测验来说，由于其评价过程的复杂性和评价结果难以直观比较，一般很少用于机关、事业单位的人员招聘中，而在企业的人员招聘中却应用非常广泛，并发挥了其独特的作用。

19.1.1　企业员工招聘的现状

1．企业员工招聘的特点

根据中国善择人才测评公司 2011—2012 年面向全国 300 多家公司及企业开展的中国选才情况调查，企业员工招聘有以下几个方面的特点。

（1）在招聘网站上发布用人需求信息是寻求职位申请人的首选方式。

在员工招聘中，如何吸引和找到职位申请人是很关键的一步。通常可供组织招募吸引职位申请人的方法有很多，从 2011 年的调查数据来看，招聘网站（87%）是运用最广泛的途径，还有员工推荐（78%）和公司网站（70%）的途径也非常普遍（见表 19-1）。对比 2011 年和 2010 年的调查结果可以看出，企业通过政府设立的职介中心和人才市场来寻求申请人的途径明显减少。

表 19-1　吸引和寻求职位申请人的途径

招募方法	用此方法的组织所占的比例	
	2010 年	2011 年
招聘网站	90%	87%
员工推荐	76%	78%
公司网站	67%	70%
校园及综合招聘会	52%	61%
政府设立的职介中心和人才市场	70%	45%
报刊广告	47%	43%
公司实习/学徒计划	29%	41%

（2）普通面试和简历筛选是评估员工职位匹配性使用率较高的手段。

在 2011 年员工招聘中，使用率较高的评估方法（超过 50%）有 4 种，分别是普通面试（非结构化）达 91%，简历筛选达 89%，电话面试达 59%，申请表（企业设计的标准表格）达 52%。相对而言，仅有 7%的组织在员工招聘时使用评价中心。

（3）企业在招聘员工时比较看重的因素。

在招聘员工时，企业比较看重的因素不外乎责任意识、人际沟通技能及业务能力等。根据 2011 年的调查数据，企业在录用应届毕业生时，比较看重的因素依次为学习能力（81%）、勤奋（69%）、人际/团队合作技能（67%）、问题解决能力（56%）。另外，适应性（48%）、内驱力和动机（45%）、技术知识（37%）、创造力（37%）等因素也受到比较多的关注。

2．企业员工招聘的问题

从企业员工招聘的实践来看，当前招聘工作中还存在以下问题。

一是招聘观念不正确。在实际的招聘工作中，一些企业盲目追求优秀人才，而忽视本企业的现实情况，忽视企业能否为员工创造良好的工作平台，导致员工和岗位不能匹配，造成新员工流失。例如，有的企业在员工招聘时单纯要求高学历、高职称等条件，忽视岗位实际需求，造成人才浪费和用人成本的上升。其实，人才的条件并非越高越好，而是适合为好。

二是缺乏长远的员工招聘计划。有的企业缺乏战略性人力资源管理的眼光，对人力资源的重要性认识不够，缺少科学、长远的人力资源规划和招聘计划。很多招聘都是在人员缺乏的情况下临时进行的，人员结构和配置不合理，不能很好地适应企业的未来发展。根据中国善择人才测评公司 2011 年的调查数据，当问及是否会"事先制订全年招聘计划"的问题时，22% 的企业根本不做，另有 35% 的企业做得不正规，只有 44% 的企业做得比较正规而系统。

三是岗位定位不够清晰。不少企业的岗位招聘条件过于笼统，对各岗位的能力需求、工作内容、职责要求等缺少深入的分析和梳理，导致在员工招聘时出现针对性不强的问题。在中国善择人才测评公司的调查中，当问及是否"通过职位分析以全面了解职位所需"的问题时，17% 的企业根本不做职位分析，43% 的企业的职位分析做得不正规，只有 40% 的企业做过比较正规和系统的职位分析。

四是测评技术不够科学合理。从前面的调查结果看，普通面试（非结构化）的使用率高达 91%，简历筛选也是在评估员工中使用率很高的手段（89%），而结构化面试和基于胜任力的面试的使用率仅为 39%，一般认知能力测验的使用率为 46%。由此看来，企业普遍使用的测评技术是效度比较低的，而效度比较高的测评技术（如能力测验）反而使用率不够高，这说明许多企业在测评技术的应用上更多地依据主观感觉，缺少系统性的科学评估方法。

19.1.2 校园招聘

高校是一个人才聚集的地方，学生们经过几年的专业学习，具备了系统的专业理论功底，尽管还缺乏丰富的工作经验，但他们年轻、富有活力、学习能力强、善于接受新事物，更为重要的是，他们作为"白纸"一样的"职场新人"，可塑性极强，更容易接受公司的管理理念和文化。正是大学毕业生身上的这些特质，吸引了众多企业的眼球，使校园招聘成为企业员工招聘的重要渠道。

1．校园招聘的特点

相对于社会招聘来说，校园招聘具有如下几个特点。

一是时间集中。校园招聘的时间一般从每年的 9 月中旬开始，主要集中在当年的 10 月、11 月、12 月和次年的 3 月、4 月。从大学毕业生的最后一个学年开始，为了抢到更加优秀的人才，许多知名企业越来越早地进入校园，通过校园宣讲会的形式提前进入校园招聘活动中。10 月、11 月、12 月是目前校园招聘比较繁忙的旺季，春节后的 3 月、4 月会再现一次校园招聘的小高潮。

二是竞争激烈。由于高校扩招等多方面的原因，大学毕业生的就业压力大已成为不争的事实。为了找到理想工作，大学毕业生一般都采取"全面撒网"的策略，企业也在不断地扩大招聘范围。在这种背景下，企业之间争夺优秀大学毕业生的竞争非常激烈，大学毕业生之间的就业岗位竞争也非常激烈。一个知名企业的热门岗位往往会有几十名乃至几百名大学毕业生来竞争。

三是网络招聘是校园招聘的重要方式。网络已经成为大学生学习和生活中不可或缺的重要工具。网络招聘因其传播范围广、查询方便、速度快、信息量大、成本低而深得大学生的喜爱。校园招聘的各个环节，从公司发布校园招聘计划、招聘职位信息，到学生在网上填写申请表或投递简历，到企业对简历进行初步筛选，再到企业通知学生笔试、面试时间，最后企业确定录用意向等都可以通过网络来进行。

四是对评估方法要求高。应届大学毕业生缺乏工作经验，而企业又很难仅凭其专业方向和专业成绩就确定其是否具备某个职位要求的基本素质，这就要求评估方法要有针对性和有效性。另外，许多大学生缺乏明确的职位定位和规划。据调查，50%的大学生对于自己毕业后的发展前途感到迷茫，没有目标，很多应聘者不清楚自己能够胜任或适合从事哪些类型的工作。这就要求企业制定专门的校园招聘策略和笔试面试方法，否则很难招到企业需要的人员。

总体来讲，校园招聘以其集中、快捷、高效、针对性强等特点越来越受到企业的青睐，因此校园招聘是招聘年轻后备人才的首选渠道。

2．校园招聘的程序

校园招聘的主要环节包括校园宣讲、选择确定招聘信息发布渠道、接受报名与简历投递、组织招聘笔试、实施招聘面试、签订用人协议等。限于篇幅，这里重点讲述与测评技术有关的接受报名与简历投递、组织招聘笔试及实施招聘面试 3 个环节。

1）接受报名与简历投递

接受报名与简历投递一般都是通过网络报名系统完成的。应聘者通常只需登录到企业的招聘网站上，按照招聘要求如实填写网上申请表，有时还需要回答相关问题。应聘者报名成功后，只需等待企业的审查结果的通知即可。

目前，网上申请报名已成为许多用人单位的一个筛选环节。根据笔者的经验，许多用人单位会通过资格审查来淘汰掉大部分应聘者。例如，有的品牌公司可能只招几十人，而报名者却达 1 万多人，企业通过资格审查只有几百人可以进入下一轮测试。企业淘汰应聘者的原因多种多样，一种情况是硬性的条件不符合，如年龄、专业、学历等，这种情况可通过软件进行自动筛选；另一种情况是软性的条件，如学校的知名度、个人兴趣和特长、实习经历等，这种情况通常是通过人工审核来进行筛选的。

2）组织招聘笔试

通过报名资格审查的应聘者可以获得参加招聘笔试的机会。在校园招聘中，不同企业的笔试内容各不相同，但大体上不外乎以下两个方面。

（1）一般知识技能和能力测试。该测试方案内容包括各种通用的知识、外语技能、计算机技能、写作技能，以及阅读理解能力、逻辑思维能力、数量分析能力等。

（2）专业知识与技能测试。根据应聘者报考的职位要求，测试相关的专业知识与技能，如报考财务部的可能会考查财会专业知识、财务分析能力和资金管理与运作技能等。

由于笔试本身也是专业性比较强的行业，涉及命题制卷、考务实施、阅卷出成绩等多个环节，哪个环节出了问题都会影响考试的公平性和选人用人的有效性，甚至会败坏用人单位的声誉，因此，对于大规模的笔试，通常应交给相关专业考试服务机构去做，企业只需根据笔试结果对应聘者进行排序，并据此确定哪些应聘者可进入下一轮的测试。

3）实施招聘面试

通过笔试的应聘者很幸运地获得了面试的机会，通常几个人中只有一人能成功获得工作岗位。不同企业的面试方式差别很大，通常采用半结构化面试的方式，考官会根据事先设计好的问题考查应聘者的综合分析能力、人际沟通技能、应变能力等基本素质，也会根据应聘者报考的职位考查其岗位专业能力。除传统的面试之外，无领导小组讨论、角色扮演法及案例分析也是面试阶段常用的测评技术。

以宝洁公司为例，其校园招聘程序如下。

1. 前期的广告宣传：派送招聘手册。

2. 邀请大学生参加宝洁公司的校园招聘介绍会：方式为播放招聘专题片、公司高级经理介绍公司概况、具有感召力的校友谈亲身感受、答学生问题。

3. 网上申请：全球通用的自传式申请表。

4. 笔试：能力测试、英文测试、专业知识与技能测试。

5. 面试：初试一对一；复试由各部门高层经理亲自面试。

面试过程：互相介绍并创造轻松的交流气氛；交流信息；面试结束；面试评价。

面试方法：以行为性面试为主，面试问题在第 9 章开篇的案例中已进行了详细介绍。

6. 公司发录用通知书给本人及学校：从参加招聘到被通知录用需一个月左右的时间。

具体测评方法因公司不同而做法不同，某知名公司在校园招聘中，对于通过资格审查的应聘者需要进行的各项测试，其中的面试就有 3 次之多，分别为电话面试、一对一面试和高管面试，整个测试过程前后历时 3 个月之久（见表 19-2）。

表 19-2　某知名公司在校园招聘中的测试项目表

测试项目名称	测试日期
在线逻辑测试	9 月 1 日—10 月 15 日
电话面试	9 月 16 日—10 月 21 日
商业案例分析	10 月 8 日—29 日
一对一面试	10 月 8 日—29 日
商业游戏	10 月 30 日—11 月 5 日
高管面试	11 月 7 日—12 月 15 日
发放录取信	12 月 1 日—15 日

19.2　企业中高层管理人员的选拔

企业中高层管理人员的选拔对企业的生存与发展有重要影响，因此知名的大公司都越来越重视中高层管理人员的选拔。这种选拔分内部选拔（相当于竞争上岗与组织任用）和外部选拔（相当于对外招聘），这里重点讨论外部选拔。

19.2.1　中高层管理人员的选拔标准

中高层管理人员可以从管理潜力、管理能力素质和业绩 3 个方面进行评价。管理潜力包括价值观、动机、管理风格、学习能力和情商等多个方面，涵盖了管理人员的内在潜质和行为风格的主要方面，能够很好地判断一个人是否拥有成为更高级别管理者的可能性。管理能力素质和业绩主要是考查管理者当前的胜任情况。要想成为更高级别的管理者，必须在现任的岗位上表现出超出岗位要求的胜任力。

从管理人员的通用岗位胜任特征模型来看（见表 19-3），冲击与影响力、成就导向是比较重要的两种胜任力，其定义如下。

1．冲击与影响力

冲击与影响力表明了一种试图支配和统率他人的倾向，这种倾向使一个人采取各种劝诱说服甚至强迫的行动来影响他人的思想、情感或行为。冲击与影响力也称战略影响力、目标说服等。

2．成就导向

成就导向是希望更好地完成工作或达到一个优秀的绩效标准。这个绩效标准可能是个人过去的表现（积极的改进），可能是一种客观的衡量标准（结果导向），可能是比他人做的更好的业绩（竞争力），也可能是自己设定的具有挑战性的目标，甚至是任何人从未做过的事（创新）。

成就导向也称结果导向、关注标准、专注改善等。

表 19-3　管理人员的通用岗位胜任特征模型

胜任特征	权重	胜任特征	权重
冲击与影响力	★ ★ ★ ★ ★ ★	自信心	★★
成就导向	★ ★ ★ ★ ★ ★	直接/果断性	★★
团队合作精神	★ ★ ★ ★	信息收集	★★
分析式思考	★ ★ ★ ★	团队领导力	★★
主动性	★ ★ ★ ★	概念式思考	★★
培养他人	★ ★ ★	专业知识/专业技术（对组织的了解与关系建立）	基本要求

从表 19-3 中可以看出，团队合作精神、分析式思考、主动性也是管理人员需要具备的重要胜任力。

1．团队合作精神

团队合作精神是指成为团队中的一部分，与他人通力合作，而不是分开工作或相互竞争。团队成员的身份不需要正式定义，只要是来自不同层级和部门的人员彼此相互沟通，以便解决问题或完成计划，就是以团队形态运作。团队合作精神也称群体管理、群体促进等。

2．分析式思考

分析式思考指通过将一个事物分解为若干部分，或者通过采用层层因果关系描述事物内在联系的方式来理解该事物。分析式思考表现为系统地组织与拆分事物的各个部分，然后通过系统的比较，确定相互间的因果关系与时间顺序等。分析式思考也称实际智力、分析问题、推理等。

3．主动性

主动性的重点在于采取行动，即在没人要求的情况下付出超出工作预期和原有层级需要的努力。通过这些付出可以改善并增加效益，避免问题的发生或创造出一些新的机会。其他可以代表主动性的名称有行动、未来战略导向等。

对于中高层管理人员来说，上述胜任力同样重要，特别是冲击与影响力、成就导向都是非常核心的胜任力。我们可以想象，假如一个部门经理没有冲击与影响力，那么这个部门将是一片"散沙"；假如一个部门经理没有成就导向，那么这个部门也将一事无成。

19.2.2　中高层管理人员的选拔工具

基于中高层管理人员的素质要求和选拔标准，可用作选拔的工具通常包括履历分析技术、案例分析、心理测验、面试和情景模拟技术。但这些工具的评价重点和用于普通工作人员时有重大区别，下面分别加以介绍。

1．履历分析技术

履历分析技术原指有关个人历史且可证实的一系列信息，现已成为一种评价方法的代名词，是指以问卷形式获取个人传记材料，并以这些传记材料为基础对求职者进行系统筛选的方法。这些传记材料涵盖的内容通常是个人的历史背景与生活经验，包括家庭状况、受教育经历、健康状况、早期工作经验与态度、兴趣、价值观等。履历分析技术的最基本的原理是，一个人过去的行为特征是未来绩效最好的预测指标。

履历分析技术通常需要根据岗位的职责和任务，分析岗位的要求，选择一些与岗位胜任力密切相关的素质能力，建立岗位胜任特征模型，再将这些素质能力量化到履历分析表中，设置若干选项，由应试者填写；根据事先设计的计算方法和应试者填写的内容及选择的选项，对这些内容进行量化统计，由测评人员来决定应试者每项测评要素的得分，再根据不同能力要素的不同权重进行汇总，最终根据常模转化为履历分析的总分，以此来评估应试者与空缺职位的适宜性或匹配度。举例来说，对于某大型企业的中层管理人员来说，有关年龄、工作经验、教育背景等履历信息的得分可能会是这样的：

① 年龄：A. 30 岁以下（记 1 分）　　B. 31～39 岁（记 4 分）
　　　　 C. 40～49 岁（记 5 分）　　D. 50 岁以上（记 2 分）
② 工作经验：A. 10 年以下（记 1 分）　　B. 11～15 年（记 5 分）
　　　　　　 C. 16～20 年（记 4 分）　　D. 21 年以上（记 3 分）
③ 教育背景：A. 名牌大学（5 分）　　B. 普通高校（3 分）
　　　　　　 C. 职工大学（2 分）　　D. 未上过大学（1 分）

需要特别指出的是，以上每个选项的赋分不是事先随意设定的，而是根据过去高绩效人员的有关履历信息特征总结出来的。这样把每个项目的得分相加，总分最高的人，最可能是在未来工作岗位上绩效最高的人。

2．案例分析

在企业中高层管理人员的选拔中，一般不考查其基本知识和基础能力，而主要考查应试者分析问题、解决问题的实际能力。用得比较多的考查方法是案例分析，也称问题分析测验，通常需要应试者阅读一系列材料，然后对材料进行分析，并按要求回答问题。案例分析中的材料通常包括组织的背景信息和组织中的复杂情景，以及与问题相关的数据信息。例如，类似预算和损益报告之类的财务信息，以及其他一些对解决问题有用的信息或无用的干扰信息。

3．心理测验

心理测验在企业中高层管理人员的选拔中具有独特的价值，特别是职业价值观测验、动机测验和管理者行为风格测验对中高层管理人员的选拔具有重要的参考作用。人力资源和社会保障部人事考试中心组织全国心理学界和管理学界的一流专家，先后开发了具有我国自主知识产权的大型人才测评工具"企业管理人才测评系统"和"中国成人心理素质测评系统"，并采集了全国常模，其中就有适合中高层管理人员选拔的 3 种测验。

1）职业价值观测验

价值观代表一系列基本的信念，它影响个人的知觉和判断及态度与行为，反映个人关于正确与错误、应该与不应该的观念。对于职业价值观的研究，是在 20 世纪 70 年代中期以后才较多地出现在心理学及管理学的文献中的。参照恩格兰德（England）、霍夫斯泰德（Hofstate）等人的理论及国内外大量的研究成果，确定了本测验的 5 个特质。

（1）个体与群体取向。个体与群体取向是指个人在态度和行为上表现出对群体的独立性或依赖性的特征。例如，个体是否能意识到自己是群体中的一员，是否重视群体意见，是否遵从群体规范，以及对个人目标与群体目标的权衡等。

（2）工作与生活取向。工作与生活取向是指个体对工作、家庭及个人生活等因素的选择偏好。这是职业价值观上一个较新的观念，个体在这方面花费的时间和精力及进行的利益上的分配常常会受到这种偏好的影响。

（3）等级关系取向。等级关系取向是指个体对机构或组织内的权力分配的认可程度，以及对权威的尊重程度等。

（4）风险意识。风险意识是指个人对风险的认知与接受程度，其反映在知觉的成分和行动意愿的判断中。

（5）创新观念。创新观念是指个人或组织不受陈规陋习的限制，灵活运用经验解决问题的能力与相应的观念。通常心理学研究比较强调创新观念，以及创新人格特征的内容。其实，创新观念也反映了价值观念的因素，尤其在现代管理活动中，如何认识环境的变化，并主动使自己适应这种变化的要求，已成为组织管理工作乃至个人职业生涯发展的核心内容。

2）动机测验

动机是激发、维持和指引人们从事某种活动的内在心理过程或内在动力，是人类行为动力系统中调控机制的重要组成部分。动机是人类行为的原动力，指引着个体行为的方向、任务选择、注意分配，决定着行为动力强度的大小、努力的程度及行为的坚持性、克服困难的程度，并可以用来解释或说明个体行为发生的原因和理由。参照麦克利兰（McCleland）的动机理论、德维克（Dweck）的成就目标理论及课题组大量的前期研究，确定了动机的 5 个特质。

（1）成就愿望。成就愿望是指个体所具有的希望在从事对他有意义的、有一定难度的、具有挑战性的活动中追求完美的结果和优异的成绩，并希望超越他人的倾向。

（2）权力愿望。权力愿望是指个体在工作和生活中，试图以自己的思想和意图影响、控制他人和周围环境的意愿。权力愿望包括自主意愿、支配他人意愿和组织意愿。

（3）亲和愿望。亲和愿望是指个体愿意与他人交往并建立亲密关系，愿意归属于一个群体，与他人合作共事的意愿。亲和愿望包括交往意愿、防卫倾向和合作意愿。

（4）目标偏好。目标偏好是指个体对追求目标的性质和原因的知觉，以及个体对目标达成的评价。目标偏好有 3 个维度：掌握目标的趋近偏好、成绩目标的趋近偏好和成绩目标的回避偏好。

（5）内部动机与外部动机。内部动机是指由个体内在的需要激发的行为动力，这种需要的满足在活动之内，个体感兴趣的是活动的过程，行为表现出自我决定的倾向；外部动机是指个体在外界的需求与外力的作用下产生的行为动力，这种需要的满足在活动之外，个体感兴趣的是活动的结果，行为表现出外界决定的倾向。

3）管理者行为风格测验

管理者行为风格测验包括一般心理倾向、知觉方式、判断与决策方式、行动方式、情绪稳定性和社会称许性 6 个分量表。一般心理倾向、知觉方式、判断与决策方式和行动方式为 2 分量表，它们分别区分内倾-外倾（E-I）、感觉-直觉（S-N）、理性思维-感性思维（T-F）、判断-知觉（J-P）等 8 种不同的基本心理类型。根据心理动力学原则，这 4 个量表的类型组合构成 16 种行为风格类型。情绪稳定性（ES）和社会称许性（SD）为连续性特质量表，用于刻画一般情绪反应倾向和心理防卫倾向。

4．面试

在前面介绍人才测评的流程时，我们指出其中一个环节就是通过岗位胜任特征模型来确定测评指标。对于中高层管理人员来说，关键测评指标通常都已经通过岗位胜任特征模型确定，面试的设计者只需从中选择更适合通过面试来考查的指标即可。例如，对于"职业价值观"方面的胜任力，面试并不是很有效的测评方法，而心理测验更有效；对于"人际沟通能力"这样的胜任力，面试就是很有效的测评方法。

在中高层管理人员的面试中，用得最多的面试方式是半结构化面试，最有效的面试技术是行为性面试。由于行为性面试已在本书的第 9 章进行了专题介绍，因此这里不再具体阐述。需要说明的是，中高层管理人员往往有比较丰富的管理实践经验，通过行为性面试可以知道应试者在过去的管理工作中是如何考虑问题、分析问题和解决问题的，从而准确地判断其在未来的工作情景中分析问题、解决问题的能力。行为性面试可以考查的胜任力很多，包括管理决策能力、组织协调能力、人际沟通能力、应变能力及领导力等。

5．情景模拟技术

在中高层管理人员的选拔中，本书前面介绍的所有情景模拟技术都可以采用，包括无领导小组讨论、角色扮演法、文件筐测验、口头呈现、事实搜寻等。这里再介绍一种在中高层管理人员选拔中用得比较多的一种情景模拟技术——管理游戏。

管理游戏又称商业游戏，是一种以完成"实际任务"为基础的标准化模拟活动。通常先虚拟一个组织，在组织中有许多需要处理的问题，如营销问题、财务问题、人员配置问题等，然后由应试者组成团队，根据他们在组织中被指定的角色，共同推进虚拟的组织任务，而考官通过观察应试者在游戏中的行为表现，对预先设计好的某些能力与素质指标进行评价。下面就是一个管理游戏的典型案例。

管理游戏：玻璃制造公司

玻璃制造公司要求应试者扮演一个模拟的玻璃制造公司的管理者。这个游戏可以有 20 人参加，20 位应试者分别被指定扮演 20 个高层管理者的职位，这些管理职位涉及从董事长到生产经理等一系列职位等级和管理职责，应试者的任务是以任何他们认为合适的方式相互合作进行公司经营，模拟时间为一天。

这个玻璃制造公司存在很多管理问题和需要处理的事务，需要应试者去应对（如果应试者认为合适，也可以对某些问题不予关注）。这些问题涉及的领域很广，包括：

（1）当前有一个组建新产品线的机会，他们需要考虑是否要抓住这个机会。

（2）有一项与重要客户相关的法律事务需要去处理。

（3）企业面临技术革新和淘汰落后产能的问题。

将应试者分成 3 个小组，3 个小组在同一个玻璃制造公司，但面临不同的外部商业环境和生产任务。

（1）第一小组：生产前沿产品——为电子通信企业生产产品，处于一个高度不确定和快速发展的商业环境中。

（2）第二小组：生产商业玻璃——制造灯管和平板玻璃，面对一个相对稳定的市场。

（3）第三小组：生产工业玻璃——生产的产品种类多样，从安全玻璃（市场稳定）到航天器窗户玻璃（市场不稳定），因此面临一个复杂的市场。

游戏开始的前一天下午进行准备工作，包括用幻灯片向应试者介绍公司的组织结构、给每位应试者分配角色、让应试者熟悉模拟的工作环境、发放职位说明书和公司年报等模拟情景的相关材料。第二天早上，游戏正式开始。应试者首先用 45 分钟的时间在办公桌前查看今天的邮件，45 分钟以后开通网络和电话线路，这时"管理者们"就可以正式开始"工作"了，如自由组织会议、发邮件、打电话等，应试者可用电话与公司内部和外部的任何人联系。

在实际应用中，管理游戏的形式非常灵活，可以模拟的情景也多种多样，并不限于上述例子中的形式。

19.3　应用案例

下面简要介绍一个由笔者参与测评框架设计及测评工具开发的高层管理者的选拔案例，供读者参考。

19.3.1　测评流程

项目名称：F 市公用事业控股有限公司全国公开选聘总经理

公司背景和项目任务：F 市公用事业控股有限公司（以下简称公控公司）是经 F 市人民政府批准设立的、由市国务院国有资产监督管理委员会（以下简称国资委）监管的国有独资公司。公控公司注册资本 6 亿元，下辖水业、发电、气业、轨道交通、物业资产、海外投资 6 个子公司，下设党委办公室、行政办公室、财务审计部、资产管理部、投资发展部 5 个部门。截至 2014 年，公控公司资产总额达 127 亿元，下属一、二、三级企业总数为 33 家，企业职工总数近 5000 人。公控公司资产总额在 F 市国企中所占比率达 27.76%。

为了做大、做强公控公司，全面提升国资企业的知名度，F 市市领导决定打破旧的做法，面向全国公开选聘公司总经理。

项目组的主要工作如下。

1．前期沟通与行为事件访谈。首先，与 F 市市领导、国资委领导进行专题访谈，了解领导和管理部门对公控公司经营管理的目标要求，以及他们对公开选聘总经理的总体考虑；其次，与公控公司现任董事长、前任总经理、两位副总经理、监事会主席进行行为事件访谈，了解公司的发展目标与方向、经营管理中的问题及对总经理职位的素质要求；最后，与公控公司主要部门的负责人及下辖水业、发电、气业、轨道交通、物业资产、海外投资 6 个子公司的总经理进行行为事件访谈，了解公司主营业务的具体运营情况及他们对公控公司总经理的期望。先后共访谈了 24 名领导，包括市政府领导 1 名、国资委领导 6 名、公控公司有关领导 17 名。

2．建立公控公司总经理的岗位胜任特征模型。在大量访谈的基础上，项目组的测评专家与有相关资深管理经验的人员共同研讨，形成岗位胜任特征模型，其主要要求如下。

1）基本任职资格

（1）具有国家承认的硕士研究生及以上学历。

（2）年龄 50 周岁以下，身体健康，具有良好的心理素质。

（3）有担任大型企业中层正职以上领导职务或中型企业高层正职领导职务经验，或者任大型企业中层副职领导职务 3 年以上经验。

（4）熟悉国有企业运作机制，具有突出的工作业绩。最好有大型上市公司的高层管理工作经验，有推动公司上市的成功案例者优先考虑。

2）专业素质要求

（1）行业政策与法规。

（2）财务管理。

（3）资本运作。

3）核心素质要求

（1）战略规划能力。

（2）决策能力。

（3）影响力。

（4）沟通协调能力。

（5）执行力。

（6）关系建立与维护能力。

（7）开拓能力。

4）心理素质要求

（1）职业倾向性。

（2）职业价值观。

（3）行为风格。

3．根据公控公司总经理的职位要求，项目组拟定运用专业化的评价中心技术对每位应试者进行全方位的评估与考查。所使用的评价中心技术主要包括：

（1）履历分析技术。

（2）综合素质笔试。

（3）无领导小组讨论。

（4）文件筐测验。

（5）心理测验。

（6）面试。

4．按照测评流程组织实施测评。

5．测评专家组对应试者的岗位胜任力、个性特征、职业价值观等进行综合评价，针对测评结果撰写《F 市公用事业控股有限公司全国公开招聘总经理测评项目总报告》，并为综合得分排名靠前的推荐候选人撰写个人素质综合测评报告，供 F 市国资委领导作决策参考。

19.3.2　测评试题

限于篇幅，下面简要介绍由笔者设计的上述总经理选聘中的综合素质笔试试题。考虑到这个职位的要求很高，为防止在笔试时错误地将合适的人选淘汰出局，本次笔试直接考查职位的核心胜任力，在试卷的试题设计上，将申论与情景模拟技术进行了有机结合。事实证明，这一独创性的做法取得了超预期的成效，无论是委托方还是应试者，都被这次考试所折服。

笔试说明

本试卷由给定材料（包括背景材料、总公司有关情况材料、子公司过去一年的总结报告）与作答题目两部分构成，考试时间为 210 分钟。其中，阅读给定材料参考时限为 60 分钟，作答参考时限为 150 分钟。

给定材料目录

第一部分：背景材料
- 背景材料一：中央经济工作会议精神
- 背景材料二：G 省经济形势——经济困难蕴含巨大发展机遇
- 背景材料三：G 省受金融危机影响的特点
- 背景材料四：省委书记在调研时要求 F 市着力推进"两转型一再造"
- 背景材料五：F 市国资委机构概况——从数字看国资

第二部分：总公司有关情况材料
- 总公司有关情况材料一：F 市公用事业控股有限公司组建大会
- 总公司有关情况材料二：市政府、国资委有关领导的访谈记录
- 总公司有关情况材料三：F 市公用事业控股有限公司简介

- 总公司有关情况材料四：F 市公用事业控股有限公司的特色和现状
- 总公司有关情况材料五：F 市公用事业控股有限公司总经理的管理位置

第三部分：子公司过去一年的总结报告

- 子公司过去一年的总结报告一：F 市电建集团有限公司
- 子公司过去一年的总结报告二：F 市气业集团有限公司
- 子公司过去一年的总结报告三：F 市水业集团有限公司
- 子公司过去一年的总结报告四：F 市轨道交通发展有限公司
- 子公司过去一年的总结报告五：F 市物业资产经营有限公司
- 子公司过去一年的总结报告六：F 市海外投资有限公司

作答题目

一、请根据以上材料，概述公控公司今年面临的机遇和挑战。

要求：紧扣给定材料，全面、有条理，不必写成文章，不超过 400 字。

二、假如从现在开始，你担任公控公司总经理，请谈谈你将如何尽快进入工作角色？今年你的工作思路和未来公司的经营战略是怎样的？

要求：观点明确，思路清晰，字数不少于 800 字。

三、请针对公控公司总经理职位，立足于你过去的经历和经验积累，谈谈你的个人优势。

要求：简明扼要，3～5 条即可，字数不超过 400 字。

第 4 部分

压力与心理健康测量

第 20 章

压力的测量与管理

随着科学技术的迅猛发展和竞争的不断加剧，人们的工作越来越忙碌，生活节奏越来越快，压力与日俱增。可以说，我们生活在一个充满压力的时代，如何评估和管控压力已成为新时代每个人都需关注的重要问题。

本章导航

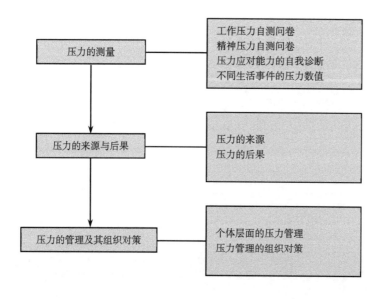

20.1　压力的测量

压力的定义最早由舍利提出，他认为压力就是"身体为满足需要所产生的一种非特定性反应"或"生活环境不能满足个人需要、个人学习和经验无法与现实生活的要求相互配合所导致的生理或心理失去平衡的一种紧张状态"。其实，压力是一种复杂的身心历程，这种身心历程包括 3 个方面：一是有压力来源，即任何情景或刺激具有伤害或威胁个人的潜在因素，如一场车祸、一次失败的求职面试、一次与朋友的冲突——所有这些都可能是你生活中的紧张性刺激；二是当事人对威胁的知觉，当人们认为上述刺激或情景对于个人确实有所威胁时，才构成压力；三是引起焦虑反应，即当事人意识到其生理健康、身体安全、事业成败或自尊的维护等正处于危险的状况或受到威胁时的反应。

根据全美家庭医生协会统计，目前，找家庭医生就诊的病例中有 2/3 是与压力相关的，压力是死亡率较高的六大杀手之一——是产生冠心病、癌症、肺病、意外事故、肝硬化和自杀的主要原因。现代社会每个人都有比较重的压力，能否承受和管理这些压力，不仅关系到每个人的心理健康，而且关系到其事业的发展和生活的幸福。正因如此，压力及由此带来的心理健康问题已引起社会的高度关注。

有关自杀情况的简述

最近 15 年的有关自杀的数据显示，中国总的自杀率及自杀流行病学特征相对稳定。费立鹏等将国家卫生和计划生育委员会死亡率数据推算到全人群，得出中国的自杀率为 23/100 000，自杀死亡人数为每年 28.7 万。基于此估计，自杀是中国排名第五的死亡原因，是 15~34 岁人群首位重要的死亡原因。

农村自杀率是城市的 3 倍，女性自杀率比男性高 25% 左右。国家卫生和计划生育委员会报告，每年至少有 200 万人自杀未遂。费立鹏等通过分析 1.4 万自杀未遂者的材料发现，农村地区综合医院急诊的自杀未遂人数占急诊总人数的 1.65%，而城市仅为 0.34%。这提示自杀未遂与自杀死亡一样，也是农村显著高于城市。各类医院诊治的女性自杀未遂人数与男性自杀未遂人数之比为 2.5:1，且 2/3 的自杀未遂者的年龄分布在 15~34 岁。

北京回龙观医院和中国疾病预防控制中心在全国 23 个疾病监测点，总共调查了 895 例自杀案，结果发现死前一年比较常见的负性生活事件为经济困难（40%）、严重躯体疾病（38%）及夫妻矛盾或不和（35%）。对 882 个自杀案例进行分析，发现 10 个相互独立影响的自杀危险因素（按相对重要性大小排列）：死前两周抑郁程度严重、有自杀未遂既往史、死亡当时的急性应激强度大、死前一个月的生命质量低、死前两天有剧烈的人际冲突、慢性心力压力大、朋友或熟人曾有过自杀行为、有血缘关系的人曾有过自杀行为、从事没有薪金的工作，以及死前一个月社会交往少。个体面对的危险因素越多，自杀的危险性越高——在收集变量的所有案例中（1567），暴露于上述 0~1 个、2~3 个、4~5 个、6~10 个自杀危险因素的案例，死于自杀的比率分别为 1%、20%、72% 和 94%。

20.1.1　工作压力自测问卷

今天的年轻人与他们的父辈相比，在工作和生活中承受着各种压力，从快速的生活节奏、业绩导向、人际关系处理到房贷、车贷，压力场无所不在。正如美国国家精神健康研究所的菲利浦·戈尔德博士所说："世界上不存在任何没有压力的环境。"适度的压力有许多积极意义，它促进我们积极上进，从失败中振作起来，但长时间和过强的心理压力又是有害的，它会使人产生一些消极行为，对人的身心健康产生不良影响。重庆市对 528 名领导干部的心理健康测查结果进行了分析，发现 57%的领导干部觉得工作压力较大，47.1%的领导干部认为工作压力比以前更大。北京市对 1055 名局级干部进行心理健康测查发现，机关领导干部恐惧感强，事业单位领导干部焦虑度高，企业领导干部倦怠感高，他们感受到的工作难度、知识更新、社会交往压力大。

以下问题将帮助你检查自己承受工作压力的程度。请仔细阅读每一个问题，并与自己的实际情况相对照，然后从备选答案中选择一个答案。

1.你是否曾经为消除紧张情绪而在午餐时间饮酒？
A.经常　　　　　　B.有时　　　　　　C.从不

2.你认为同事们背地里笑话你吗？
A.经常　　　　　　B.有时　　　　　　C.从不

3.你怀疑部下反对你吗？
A.经常　　　　　　B.有时　　　　　　C.从不

4.你怀疑老板想抓你的"小辫子"吗？
A.经常　　　　　　B.有时　　　　　　C.从不

5.你是否认为自己的工作得不到认可？
A.经常　　　　　　B.有时　　　　　　C.从不

6.你是否认为公司的奖惩制度不合理？
A.经常　　　　　　B.有时　　　　　　C.从不

7.你是否发现自己不愿意接受新事物？
A.经常　　　　　　B.有时　　　　　　C.从不

8.你觉得自己被工作紧紧束缚吗？
A.经常　　　　　　B.有时　　　　　　C.从不

9.你害怕上班吗？
A.经常　　　　　　B.有时　　　　　　C.从不

10.你讨厌本职工作吗？
A.经常　　　　　　B.有时　　　　　　C.从不

11.你后悔自己对职业的选择吗？
A.经常　　　　　　B.有时　　　　　　C.从不

12.你容易生气发怒吗？
A.经常　　　　　　B.有时　　　　　　C.从不

13.你上班需要服用镇静剂吗？
A.经常　　　　　　B.有时　　　　　　C.从不

14.你是否会因为工作问题而彻夜难眠？
A.经常　　　　　　B.有时　　　　　　C.从不

15.你曾经试图自杀吗？

A.经常　　　　　　　B.有时　　　　　　　C.从不

16.你觉得孤立无援吗？

A.经常　　　　　　　B.有时　　　　　　　C.从不

17.你是否会因电视节目中的观点不合自己的胃口而大叫？

A.经常　　　　　　　B.有时　　　　　　　C.从不

18.你考虑过辞职不干另谋出路吗？

A.经常　　　　　　　B.有时　　　　　　　C.从不

19.你认为如果你不在办公室，部下们会消极怠工吗？

A.经常　　　　　　　B.有时　　　　　　　C.从不

20.你感觉自己受着沉重压力的煎熬吗？

A.经常　　　　　　　B.有时　　　　　　　C.从不

记分方法

每一道题选 A 得 3 分，选 B 得 2 分，选 C 得 0 分。将所有题目的得分相加，即可求得总分。

结果解释

51～60 分：生活在沉重的压力与焦虑中，应尽快向职业心理专家咨询。

36～50 分：情绪不佳并有每况愈下的趋势。

35 分以下：比较正常。

20.1.2　精神压力自测问卷

每个人都会有不同程度的精神压力，长期比较高的精神压力可能会引发生理、心理疾病。美国有一位医生曾调查了 250 名患者，其中 159 人在发病前曾有过严重的心理压力。在胃肠道疾病的患者中，大约有 50%的人长期情绪不佳。大量的研究表明，被诊断为癌症的人都遭受了剧烈的压力，漫长的癌症治疗及疾病造成的家庭、工作和社会生活的中断，会导致长期的压力，这些紧张性因素会压制身体抵抗包括癌症在内的多种疾病的能力。所以，精神压力调适不及时，会影响人们的身心健康，从而影响人们的生活质量。

下面是一个精神压力自测问卷。请回想一下自己在过去一个月内是否曾出现过下述情况，然后据此从备选答案中选择一个适合你的答案。

1.觉得手上的工作太多，无法应付。

A.从未发生　　　　　B.偶尔发生　　　　　C.经常发生

2.觉得自己不应该享乐。

A.从未发生　　　　　B.偶尔发生　　　　　C.经常发生

3.觉得没有时间消遣，终日记挂着工作。

A.从未发生　　　　　B.偶尔发生　　　　　C.经常发生

4.遇到挫败时很容易发脾气。

A.从未发生　　　　　B.偶尔发生　　　　　C.经常发生

5.担心别人对自己工作表现的评价。
A.从未发生　　　　　　　B.偶尔发生　　　　　　　C.经常发生

6.觉得上司和家人都不欣赏自己。
A.从未发生　　　　　　　B.偶尔发生　　　　　　　C.经常发生

7.担心自己的经济状况。
A.从未发生　　　　　　　B.偶尔发生　　　　　　　C.经常发生

8.有头痛、胃痛的毛病，难于治愈。
A.从未发生　　　　　　　B.偶尔发生　　　　　　　C.经常发生

9.需要借助烟、酒、药物、零食等抑制不安情绪。
A.从未发生　　　　　　　B.偶尔发生　　　　　　　C.经常发生

10.需要借助安眠药帮助入睡。
A.从未发生　　　　　　　B.偶尔发生　　　　　　　C.经常发生

11.与家人、朋友、同学相处时，令你发脾气。
A.从未发生　　　　　　　B.偶尔发生　　　　　　　C.经常发生

12.与人倾谈时，打断对方的话题。
A.从未发生　　　　　　　B.偶尔发生　　　　　　　C.经常发生

13.上床后觉得思潮起伏，牵挂很多事情，难以入睡。
A.从未发生　　　　　　　B.偶尔发生　　　　　　　C.经常发生

14.做太多工作，不能每件事做到尽善尽美。
A.从未发生　　　　　　　B.偶尔发生　　　　　　　C.经常发生

15.当空闲时，轻松一下也会觉得内疚。
A.从未发生　　　　　　　B.偶尔发生　　　　　　　C.经常发生

16.做事急躁、任性，事后感到内疚。
A.从未发生　　　　　　　B.偶尔发生　　　　　　　C.经常发生

记分方法

每一道题选 A 得 1 分，选 B 得 2 分，选 C 得 3 分。将所有题目上的得分相加，即可求得总分。

结果解释

40～48 分：有较重的精神压力与焦虑，应尽快向职业心理专家咨询。

28～39 分：有一定的精神压力，应注意适当调节。

16～28 分：没有什么精神压力。

20.1.3　压力应对能力的自我诊断

人们对压力的反应不尽相同，有些人只要生活中稍微有点不顺利就会认输，而有些人则充满动力，努力寻找解决个人问题的办法，甚至有的人自己适应了极其困难的境遇。压力的应对策略可以分为积极的认知策略、积极的行为策略和逃避的策略。下面分别介绍上述 3 种策略。

1．积极的认知策略

（1）祈祷获得指引或力量。

（2）做最坏的准备。

（3）努力看到事物积极的一面。

（4）考虑多种解决问题的办法。

（5）利用过去的经验。

（6）总有一天要处理这些事。

（7）尝试从困境中退出来，更加客观地看待它。

（8）在头脑中反复思考面对的压力，从而努力理解它。

（9）对自己讲一些能让自己感觉好的事情。

（10）告诉自己，下一次事情就会变好。

（11）接受现实，什么都不做。

2．积极的行为策略

（1）努力找出有关情况的更多信息。

（2）与爱人或其他亲人谈论这个问题。

（3）与朋友谈论这个问题。

（4）与专业人士探讨（如医生、律师）。

（5）使自己忙于其他事情来分散注意力。

（6）做出行动计划并实施。

（7）不草率或不会跟着感觉行事。

（8）暂时不理会那些困难的事。

（9）了解什么是必须做的事情，而且努力让事情做得更好。

（10）不管怎样，先让感情宣泄出来。

（11）从有相同经历的人或群体那里寻求帮助。

（12）谈判或妥协，以从中获得有利的东西。

3．逃避的策略

（1）当生气或沮丧的时候，发泄到别人身上。

（2）感受只留给自己。

（3）不肯接受现实。

（4）以多喝酒来减轻压力。

（5）以多吃食物来减轻压力。

（6）以多抽烟来减轻压力。

（7）以多吃镇静药来减轻压力。

下面的测试题可以帮助你测量应付压力的能力大小。请根据自己的情况如实回答。

1.你有一个支持你的家庭吗？如果有的话，请记 10 分。

2.你是否以积极的态度执着追求一种爱好？如果是，请记 10 分。

3.你是否参加每月一次的社会团体集会活动？如果是，请记 10 分。

4.根据你的健康状况、年龄、骨骼结构状况，如果你的体重保持在"理想"范围内，请记15分。

5.你经常做一些所谓的深度放松吗？至少一周做3次，包括安神、静思、想象、做气功等。如果是，请记15分。

6.如果你每周坚持锻炼身体，每次在半小时以上，每锻炼一次，请记5分。

7.如果你每天吃一顿营养丰富的饭菜，请记5分。

8.如果你每周都做一些你真正喜欢的事，请记5分。

9.你在家中备有专门供你独处和放松的房间吗？如果有，请记10分。

10.如果你在日常生活中会巧妙地支配时间，请记10分。

11.如果你平均每天抽一盒香烟，请减10分。

12.你是否依赖饮酒或吃安眠药来帮助入睡？如果你每周有一个晚上是这样的，请减5分。

13.你是否在白天靠饮酒或用镇静药来稳定急躁情绪？如果你每周有一次是这样的，请减10分。

14.你是否经常将办公室的工作带回家中"开夜车"？如果是，请减10分。

结果分析：

理想的得分应该是115分，得分越高，说明你应付压力的能力越大。如果你的得分在50~60分或60分以上，说明你已具有应付一般压力的能力；得分在50分以下，提示你应该增强应付压力的能力。

20.1.4 不同生活事件的压力数值

根据美国华盛顿大学霍姆斯与拉赫的研究，各种生活事件会对人造成不同程度的压力，他们据此编制了"社会再适应评定量表"。本量表作为广泛粗略的侦测工具，主要用来估计个人承受的压力大小。

请根据测验（见表20-1）中所列的事件，看看在过去的12个月内，哪些事件曾发生在你身上，并在相应的题号上打"√"。

表20-1 社会再适应评定量表（国外）

题号	压力来源	平均分值/分
1	配偶死亡	100
2	离婚	73
3	夫妻分居	65
4	监禁	63
5	家庭成员死亡	63
6	受伤或患病	53
7	结婚	50
8	解雇	47
9	夫妻重新和好	45
10	退休	45

题号	压力来源	平均分值/分
11	家庭成员健康变化	44
12	妊娠	40
13	性障碍	39
14	家庭中出现新成员	39
15	企业调整	38
16	财务状况发生变化	38
17	亲密朋友死亡	37
18	改换不同行业的工作	36
19	夫妻争吵次数的变化	35
20	抵押或借贷在一万美元以上	31
21	抵押或借贷的取消	30
22	工作岗位的变化	29
23	儿女离家	29
24	婚姻纠纷	29
25	个人突出成就	28
26	妻子就业或停止工作	26
27	上学或毕业	26
28	生活条件的变化	25
29	个人习惯的改变	24
30	与上级发生纠纷	23
31	工作时间或条件的变化	20
32	住宅的变化	20
33	学校的变化	20
34	文娱活动的变化	19
35	学校活动的变化	19
36	社会活动的变化	18
37	抵押或借贷在一万美元以下	17
38	睡眠习惯的变化	16
39	家庭收入的变化	15
40	饮食习惯的变化	15
41	假期	13
42	圣诞节（春节）	12
43	轻度违法	11

记分方法

把每一道打"√"的题后面的平均分值加起来，即可得到你的压力总分。

结果解释

总分在 150 分以下，无重大问题。

总分在 150～199 分，会有轻度的人生危机，第二年出现健康问题的可能性达 35%。

总分在 200～299 分，会有中度的人生危机，第二年出现健康问题的可能性达 50%。

总分超过 300 分，会有重度的人生危机，第二年出现健康问题的可能性达 80%。

另外，我国学者苏东平、卓良珍根据研究编制了更适宜于国人的"社会再适应评定量表"（见表 20-2），其中以"结婚"带给一个人的压力为 50 的标准，衡量了其他生活事件的压力大小，最高可给 100 分，最低 0 分。

表 20-2　社会再适应评定量表

题号	压力来源	平均分值/分
1	配偶死亡	86
2	家族近亲死亡	77
3	牢狱之灾	72
4	离婚	68
5	个人身体有疾病或受到重大伤害	61
6	事业上有重大改变	60
7	分居	56
8	家人健康有重大改变	55
9	负债没还，抵押物被没收	53
10	工作变动	53
11	财务状况有重大改变	51
12	结婚	50
13	家庭成员相聚人数有重大改变	45
14	个人有杰出成就	45
15	儿女离家	44
16	负债超过 40 万元	44
17	好友死亡	43
18	性行为困难	43
19	怀孕	42
20	与配偶重归于好	41
21	改变行业	40
22	与配偶发生重大争吵	40
23	家中有新成员产生	40
24	职务上责任有重大改变	38
25	居住条件有重大改变	37
26	与上司发生冲突	36
27	与公婆或岳父岳母有摩擦	36

续表

题号	压力来源	平均分值/分
28	退休	33
29	负债少于 40 万元	33
30	轻微触犯法律	32
31	睡眠习惯有重大改变	29
32	搬家	29
33	开始或停止接受学校教育	27
34	个人习惯有重大改变	26
35	饮食习惯有重大改变	26
36	工作时间或方式有重大改变	25
37	太太开始或停止上班	25
38	宗教信仰活动有重大改变	25
39	长假期	24
40	消遣活动有重大改变	21
41	过新年（春节）	21
42	转学	21
43	社交活动有重大改变	19
44	圣诞节	12

利用上述量表来评价一个人一年的生活压力事件，如果压力分数总和快要达到 300 分，那就要多加警惕，因为这通常是一个人承受压力的极限，超过这一极限，很可能产生严重的疾病。

20.2　压力的来源与后果

20.2.1　压力的来源

压力的来源是多方面的，我们曾经对 30 多位来自企事业单位的管理者和员工进行压力因素调查，结果发现他们的压力主要源于以下一些方面。

（1）工作量太大。

（2）工作要求高。

（3）人际关系紧张。

（4）就业竞争的压力。

（5）相对于快速发展的社会来说，个人知识更新太慢。

（6）领导对自己的不理解和不信任。

（7）工作与家庭的角色冲突，包括孩子上学问题、爱人的不支持等。

（8）多种疾病产生的压力。

（9）经济收入相对不高的压力。

（10）体制性变革的风险带来的压力。

尽管我们的调查人数有限，但调查结果还是能说明一些问题的，至少可以由此看出，当前造成人们心理压力的因素是多种多样的。就压力中的工作压力来说，其来源主要有 3 个方面：环境因素、组织因素和个人因素。

1. 环境因素

环境的不确定性是引起工作压力的重要因素。

政治体制改革和经济体制的变化会给员工带来工作压力。例如，国有企业改制，有些人不适应新体制下的工作，从而在心理上易产生一种不稳定的感觉，诱发压力感。

新技术革新会使员工的技术和经验在很短的时间内过时，从而引发压力感。信息化、自动化、人工智能及其他形式的技术创新均会威胁到许多人，从而使他们产生压力感。

国家的宏观经济环境也是使许多人产生工作压力的影响因素。经济紧缩时，各类机构不得不裁员，导致失业人员增加，人们会因为担心自己的安全保障而承受比较大的工作压力。20 世纪 30 年代经济大萧条时期，自杀率达到顶峰绝非偶然，经济衰退导致许多人工作压力上升。

2. 组织因素

组织内部有许多因素会引起压力感。例如，所做的事不是自己愿意做的或在有限的时间内完成的工作，以及工作负担过重、同事令人讨厌、老板难以相处等，都会给员工带来工作压力。美国《华尔街日报》曾就此问题做过调查，结果如表 20-3 所示。

表 20-3　工作压力产生的主要原因

因素	回应百分比
所做的不是自己愿意做的事	34%
在有限的时间内完成的工作	30%
工作负担过重	28%
同事令人讨厌	21%
老板难以相处	18%

我们可以从任务要求、角色要求、人际关系要求、组织结构、组织领导作风、组织生命周期等方面，对组织因素进行分类。

（1）任务要求是指一些与个人从事的工作有关的因素，包括个人工作的设计（自主性、任务的丰富性、自动化程度）、工作条件、体力消耗程度等。当自动化生产线速度过快时，会给员工带来工作压力；个人工作与其他人的工作之间相互依赖性越强，个人就越可能产生工作压力，但是工作自主性能减轻工作压力。如果工作环境的温度、噪音和其他条件令人不满意，那么员工的焦虑感会增强。如果让员工在一个干扰较多的透明空间或一个过于拥挤的房间里工作，员工的焦虑感也会增强。

（2）角色要求是指个人在组织中扮演的特定角色给他带来的压力。角色冲突会带来一些难以协调又难以实现的个人预期；当员工被要求去做很多事，但又没有足够的时间保证时，他就会产生角色过度负荷感；当角色预期不清楚，员工不知道他该做什么时，他就会产生角色模糊感。

（3）人际关系要求是指由于其他员工而带来的压力。如果个人缺乏同事的社会支持、与同事的关系紧张，那么员工会产生相当大的压力感，对于那些社交需要较高的员工来说，这种情况尤为普遍。

（4）组织结构是指组织层次分化的水平、组织规章制度的效力、决策在哪里进行等。如果组织规章制度过多，员工缺乏参与决策的机会，那么员工在工作中就会因此受到影响。这就是组织结构因素可能成为压力源的例子。

（5）组织领导作风是指组织高层管理人员的管理风格。有些公司的首席执行官的管理风格会形成一种以员工的紧张、恐惧和焦虑为特征的组织文化，他们会使员工在短期内产生幻觉式的工作压力。他们对员工的控制过分严格，并经常解雇达不到他们的要求标准的员工。

（6）组织的运行是有周期的，要经过初创、成长、成熟、衰退这 4 个阶段组成的生命周期。这个过程会给员工带来许多不同的问题和压力，尤其在初创和衰退阶段，员工更是压力重重。初创阶段的主要特点是，新鲜的东西很多，不确定性很强；衰退阶段一般伴随着生产规模的缩小、解雇员工和新的不确定性；在成熟阶段，组织的不确定性处于最低点，员工的压力感一般也处于最低水平。

3. 个人因素

员工每周的工作时间一般在 30~40 小时，员工在每周的非工作时间里的经历及碰到的各种问题也会影响到员工的工作。因此，在考虑工作压力的同时，应考虑到员工的个人因素，这些因素包括家庭问题、经济问题、员工的个性特点等多个方面。

调查表明，人们把家庭和家庭成员关系的地位看得很重。婚姻破裂、某种亲密关系的消失，以及管教孩子中的麻烦事，这些都是家庭成员关系方面出现问题的例子。这些问题会给员工带来压力感，而且使员工在工作时也对此耿耿于怀。

员工因开支过大而出现的经济问题也会给他们带来压力感，并使他们在工作时无法安心。不管收入高低（年收入 15 万元的人与年收入 50 万元的人相比，两者在理财问题上遇到的麻烦事没有什么差异），房贷都可能超过自己的承受能力。有些人的花钱欲望总是超出他们的挣钱能力。

研究发现，员工在开始工作前呈现出的压力症状，与工作 9 个月后呈现出的压力症状差异不大。因此得出结论：有些人天生喜欢注意现实中的负面因素。如果真是这样，那么影响工作压力的一个重要个人因素就是个人的性格特点。也就是说，工作时呈现的压力症状可能源于员工的个性特点。大量研究表明，A 型性格的人（具有喜爱竞争、好争斗和急躁的特点）比与其相反的 B 型性格的人更易感受到压力并导致身体不适。

20.2.2　压力的后果

如前所述，适度的压力有许多积极意义，但长时间的或过强的压力又是有害的，而且其表现形式多种多样。例如，承受压力过多的人可能造成血压升高、尿频、易怒，做例行性的决策有困难，缺乏食欲，易出事等。这些症状可归纳为 3 种类型：生理症状、心理症状和行为症状。

1. 生理症状

压力感出现初期，使人先注意到的是其生理症状。这主要是因为，生理症状是最明显的，而且比较容易描述。压力感会使患者的新陈代谢紊乱，心率、呼吸频率加快，血压升高、头疼，易引发心脏病。加拿大学者舍利（Hans Selys）曾研究持续的高压力对身体的影响，结果发现身体会产生适应性生理反应，舍利称之为一般适应症状。他认为这个症状包括 3 个阶段：警觉（alarm）阶段、抗拒（resistance）阶段和耗竭（ehaustion）阶段。

（1）警觉阶段。个体的生理反应会产生各种改变，以使受威胁的个体迅速恢复正常。不论压力来源是生理性的（如睡眠不足）还是心理性的（如被爱人遗弃），它们都会产生相同的生化改变，出现相同的症状，如头痛、发烧、没有胃口等。

（2）抗拒阶段。如果个体在压力环境中持续生活，就会进入抗拒阶段。此时，警觉阶段的生理反应渐趋正常，对原先的刺激抗拒增加了，但对其他压力来源的抗拒却反而降低了。

（3）耗竭阶段。当伤害性压力源持续过久，个体无法抗拒下去时，就进入耗竭阶段。个体无法再适应这些压力，第一阶段的许多症状又重新出现，如果压力源再继续，个体就会得病甚至死亡。美国医学界认定 7 种与心理压力有关的疾病：甲状腺功能亢进、支气管气喘、风湿性关节炎、神经性皮肤炎、胃溃疡、溃疡性结肠炎及高血压。

心理学研究表明，在所有疾病中，有一半以上与压力有关。心理学家对动物的实验研究表明，面临压力而长期情绪紧张，将影响个体消化系统的功能，产生溃疡病。研究显示：医学院的学生在期末考试前的一周之内，其免疫系统的功能与平时相比大为降低，但存在较大的个别差异。一项对 117 位住院的心脏病人所做的调查显示，有 20% 的病人在心脏病发作时并没有明显的器质性疾病，但他们在发病前 24 小时内都曾体验突发性的心理困境，如愤怒、恐惧、过于激动等情绪反应。这说明压力与人的生理与心理疾病密切相关。现在人们越来越重视身心疾病的研究。身心疾病是指心理因素在疾病发生、发展、变化过程中占据主导作用，并产生明显的生理结构和功能障碍的疾病，而压力引发的持续紧张状态常常是致病的主要原因。一般身心疾病的诊断依据以下 5 个基本条件。

（1）心理方面的压力源出现在任何身体症状显现之前。

（2）个体知道情绪兴奋，却无力去改变。

（3）压力源促成的自主神经系统的活动是长期的、无效的。

（4）在调节高压力的生活情景上，通常有效的防御机制已经衰退，或者无效的防御被过度使用，从而造成压力增高。

（5）个体器官组织有某些构造上的弱点，这些弱点来自遗传或早期经历的创伤。

2. 心理症状

压力的生理反应是自发的和可测的，我们通常不能用意识来控制它。而心理反应则不同，它常决定于我们的知觉、对事件的解释和处理能力。由压力引起的心理反应有警觉、注意力集中、思维敏捷、精神振奋，这是适应的心理反应，其有助于个体应对环境。但过度的压力则会产生消极的情绪，如焦虑、愤怒、沮丧、抑郁等，从而使人的思维狭窄、自我评价降低、记忆力下降、注意力分散、缺乏自信心。

工作压力的心理症状的主要表现如下。

（1）焦虑、紧张、迷惑和急躁。

（2）疲劳感、生气、憎恶。

（3）情绪过敏和反应过敏。

（4）感情压抑。

（5）与人交流的效果降低。

（6）退缩和忧郁。

（7）孤独感和疏远感。

（8）厌烦和对工作的不满情绪。

（9）精神疲劳和低智能工作。

（10）注意力分散。

（11）缺乏自发性和创造性。

（12）信心不足。

总体来说，上述症状主要表现在情绪和认知两个方面。

（1）情绪症状。压力往往会带来不愉快的情绪，表现为忧郁、焦虑、紧张，也可表现为易怒、暴躁。当受过一些过度压力事件的刺激（如空难）后，个体甚至会产生情绪性的创伤及心理异常。

（2）认知症状。当一个压力源被认定对个人有威胁时，个人智力的功能就会受到影响，而且压力越大，认知的功能和理性思考就越差。压力会干扰问题解决、判断和决策的能力，因为在压力状况下，我们的知觉范围缩小了，思维比较刻板、固着，所以很难会有创意的反应。

3．行为症状

压力感的行为症状包括饮食习惯的变化、嗜烟、嗜酒、生产率降低，同时压力会使人产生重复、刻板的动作，以及对环境的反应力减弱。在压力状况下，人们在工作中往往会出现以下行为症状。

（1）拖延和避免工作。

（2）工作绩效和生产能力下降。

（3）嗜酒和嗜烟。

（4）工作完全被破坏。

（5）去医院的次数增加。

（6）为了逃避，饮食过度，导致肥胖。

（7）由于胆怯，吃得少，可能伴随抑郁。

（8）没胃口，瘦得快。

（9）冒险行为增加，包括不顾后果的驾车和赌博。

（10）侵犯别人、破坏公共财产、偷窃。

（11）与家庭成员、朋友的关系恶化。

（12）自杀或试图自杀。

许多研究者对压力和工作绩效的关系进行了研究，结果发现了两者间的倒 U 型关系模型（见图 20-1）。

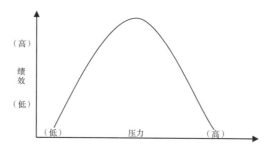

图 20-1　压力和工作绩效的关系

上述关系模型的含义：当压力感处于中等水平时，它有助于刺激机体，增强机体的反应能力。这时候，个体的工作会做得更好、更快，并且个体也更具有工作热情。当对个体施加过大的压力，对员工提出过多的要求和限制时，会使员工的工作绩效降低。

压力还会对工作满意度产生影响。英国心理学家曾对不同压力人群的工作满意度进行了研究，发现高压力人群的工作满意度普遍要比低压力人群的工作满意度低，具体结果如表 20-4 与表 20-5 所示。

表 20-4　高压力人群的工作满意度

高压力人群	工作满意度
教师	41%
护士	32%
管理者	28%
司机	22%
建筑工人	16%

表 20-5　低压力人群的工作满意度

低压力人群	工作满意度
美发师	100%
搬运工	95%
饮食业	93%
林业	92%
流水线工人	92%

库伯曾提出 6 种工作应激源及可能引发的后果，如表 20-6 所示。

表 20-6　主要工作应激源及引发的后果

工作应激源	引发因素	引发的后果
工作条件	数量工作超载	体力和精神疲劳
	质量工作超载	

续表

工作应激源	引发因素	引发的后果
工作条件	生产线歇斯底里症	筋疲力尽
	人的决定	烦恼和紧张增加
	物理危险	
	多变的工作	
	技术应激	
	角色不稳定	焦虑和紧张增加
角色应激	性别偏见和性别角色陈规	工作成绩低
	性骚扰	对工作不满意
	不理想的工作和社会支持体系	压力增加、血压上升
人际关系因素	政治竞争、嫉妒或生气	工作不满
	缺乏对工人管理的关心	
降职	低生产能力	
升职	失去自信	
职业发展	工作安全性	焦虑增加
受挫的抱负心	工作不满	
僵化和非个人结构	低动力和生产力	
政治斗争		
组织结构	监督不足或训练不足	工作不满
不参与决策		
人口过剩	精神冲突和疲劳增加	
家庭工作	夫妇缺少支持	
相互影响	婚姻冲突	低动力和生产力
	双重工作应激	婚姻冲突增加

20.3　压力的管理及其组织对策

20.3.1　个体层面的压力管理

1. 压力的预防

压力的预防是最关键的，同样的外部环境，对有预防措施的个体可能不会产生什么压力，但对无预防措施的个体可能会产生持久的压力。

1）养成良好的工作习惯

（1）工作要有计划。有的人没做太多的事，但整天还忙个不停，其实就是缺乏计划性，一旦需要这类人同时做几件事，他会显得比较忙乱，而且容易给自己添加心理压力。所以，注意工作安排的轻重缓急，使工作井然有序地进行，有助于预防心理压力。

（2）及时处理问题。随身携带一本记事本，记下各种任务、进度与生活琐事等，以便随时处理，减轻心理负担。

（3）有效利用时间。

- 在晚上临睡前，不妨将次日的事项一一列出，并按其重要程序排列。
- 中午小睡片刻，以提高下午和晚间的工作效率。
- 每项工作应有拟定的完成期限。

2）坦然面对不感兴趣的人和事

（1）在遭受上司责难时，不妨持一种"骂得对，我是该挨骂，立即改正"或"骂得不对，骂得不是我，又何必在意呢？"的心理，以减轻情绪反应。此外，也可针对上司的缺陷，从中学习一些东西，如学习如何忍耐、如何实事求是、如何避免犯与上司同样的错误，以及如何沟通协调等。

（2）如果与别人发生冲突，或者听到一些流言蜚语，不要任由自己的情绪受到干扰，而是找出问题的症结，与有关的人员进行诚恳的沟通。

（3）当面对没有兴趣的事情时，不妨抱着"试试看"的心理，或者当完成一件没有兴趣的事情时，给自己一点奖赏，也许这样反倒能发现其中的乐趣。

3）降低期望值，放慢你的节奏

如果你对自己的期望过高，而你的能力、个性、机遇却又不相称，此时你只有降低期望值，以减少心理压力。在人的一生中，发展比别人晚几年没有什么关系，反而让我们有更充裕的时间去体验人生。别人用兔子的方式跑，你则用乌龟的速度走，只要方向正确、持之以恒，同样可以达到目的。

2．压力的调节与缓解

一旦产生了压力，如何调节与缓解便成了很现实的问题。压力的调节与缓解可分成两部分：一是针对压力源造成的问题本身去处理；二是处理压力造成的反应，即情绪、行为及生理等方面。

1）把握问题处理技巧

当一般人面对自己无法顺利处理的压力源时，通常采取不太理想的处理方式，如逆来顺受、逃避、紧张或鲁莽行事，然而这样的态度，往往无法有效地处理问题，有时还会惹来更大的麻烦。由于问题的处理过程是压力调节最重要的把关者，因此一旦处理过程出了问题，压力可能会大增或持续时间更久，即可能对情绪、生理及行为造成严重的伤害，导致各种身心疾病的发生，甚至引发精神病体质，形成各类的精神病。

较理想的处理问题的态度为冷静面对并加以解决。问题处理过程的标准步骤如下。

（1）认清压力事件的性质。

（2）理性思考及分析问题事件的来龙去脉。

（3）确认个人对问题的处理能力。

（4）寻求能帮助解决问题的资讯，包括如何动用家庭及社会环境支持系统。

（5）运用问题解决技巧，拟定问题解决计划。

（6）积极处理问题。

（7）若已完全尽力，但问题仍没有在短时间内解决，则表示问题本身的处理难度较高，有可能需要长期奋战不懈，除必须培养坚忍不拔的斗志之外，可能还需要其他的精神力量支持。

2）压力反应处理

无论问题处理的结果如何，在处理问题的过程中产生的压力都会对人的心理、生理造成明显的反应，因此如何适当处理压力的反应，也是压力管理中相当重要的一环。

（1）情绪缓解。情绪的不恰当表现常会干扰问题的处理过程，甚至会使问题本身恶化。如果无法有效地处理情绪，那么认清或解决问题会变得更加困难。如何有效地缓解情绪也成为问题处理过程中相当重要的关键，否则即使拟好理想的问题解决计划，也可能遇到情绪失控的情况，使成效大打折扣。在接受任何形势的心理治疗初期，缓解情绪是很重要的步骤，只有情绪缓解了，才有办法逐渐进入问题的核心。情绪缓解的方法如下。

- 认清并接受情绪的发生。情绪的发生是相当正常的，因此察觉自己的情绪，并接受自己情绪的过程，会使自己正面去看待情绪本身，从而采取较为适当的行动。因此，问题不在情绪本身，重要的是当事人对情绪的扭曲及压抑心理，以及之后产生的种种问题。如果没有正视情绪的存在，则可能为情绪所奴役。
- 情绪调节。适当的情绪宣泄，有助于恢复情绪的平衡，如寻找忠实的聆听者诉苦，对方可以给予精神上的支持与关怀。另外，也可以在不干扰别人的前提下，痛哭一场或打枕头，把情绪适当宣泄出来，以避免在解决问题的重要时刻把不适合的情绪表露出来。
- 正向乐观的态度。危机也是转机，之所以会遇到困难，一方面可能是自己的能力不足，因此整个问题处理过程就成为增强自己能力、成长发展的重要机会；另一方面可能是环境或他人的因素，这时可以通过理性沟通来解决。如果无法解决，也可以宽恕一切，尽量以正向乐观的态度去面对每一件事。有人研究所谓的乐观系数发现，当一个人常保持正向乐观的态度处理问题时，他就会比一般人多出百分之二十的机会得到满意的结果。因此正向乐观的态度不仅能平息紊乱的情绪，也能使问题导向正面的结果。

（2）行为上的调适。应该避免不恰当的行为习惯，如滥用药物、酗酒、大量抽烟及涉足不良场所等，而培养正当的休闲娱乐，如与朋友聚会、登山、参加公益活动及技艺学习、团体活动等。特别是运动，可以有效地使生理、心理状态平静下来，因为压力会促使肾上腺素分泌及流动性增加，而运动则可以消散其作用。因此，建立长期规律适当的运动习惯，是对抗压力相当重要的方式。

有人针对各种各样的压力，提出了以下种种对策。

- 学会洞察自己受到压力后的警报信号，以便采取相应措施。
- 当你感到有压力时，不妨散散步，这有利于恢复你对事物的洞察力。
- 不要养成每天晚上都把工作带回家的习惯，避免长时间地工作到深夜及在周末加班。
- 当你受到压力时，去买一些你想买但又舍不得买的东西。
- 每周抽出 1~2 小时独处，尽量不要受到工作和家庭的任何干扰。
- 学会与关系亲密的朋友和知己畅谈你的情绪和感受。
- 注重自己的工作价值，以此保住你的工作。
- 在接受任何新工作前，考虑一下担任该项工作需承受的压力并依据自己的实际能力逐渐增加你每天的工作量及工作的复杂程度。

- 在前一天晚上整理好写字桌，使你能轻松开始一天的工作。
- 准备一种益智玩具，在工作间隙用于消遣。
- 每工作一个小时，休息 5 分钟，每完成一件工作就划掉一件，看着要做的事一件件地减少是非常有成就感的。
- 如果某些人或环境迫使你做你不愿做的事，那么避开这些人或环境。
- 给受到压力的同事一些放松的暗示。
- 当你有时间去帮助别人时，再去帮助别人。
- 告诉你的同事，把问题看成机会，鼓励全体员工互相支持。
- 当同事看出你正受到压力时，让他直言相告。
- 用公开讨论工作中存在的问题的形式来减轻压力。
- 经常自问：其他人与你一起工作时是否有压力感。
- 只接受有用的新观点——而不是那些仅仅流行的观点。
- 找到志同道合的同事，和他们一起工作，以适应工作环境的变化。
- 最好不要急切地、过多地表现自己。
- 清楚任何事都不可能尽善尽美。
- 体育锻炼是快速抑制发怒的一种方法。
- 欣赏你喜欢的喜剧演员的作品，欢笑能帮助你放松。
- 临睡前不要吃喝太多，消化道的运作会降低你的睡眠质量。
- 早餐要吃得像皇帝，午餐要吃得像王子，晚餐要吃得像乞丐。
- 给自己放一天假，让自己去追求一种兴趣爱好。
- 别睡懒觉。
- 学会说"不"，顾虑不要太多，凡事不要斤斤计较。
- 勤听音乐放松自己。

（3）生理反应的调和。当一个人在沉思、冥想或从事缓慢的松弛活动时，如肌肉放松训练、瑜伽、打坐等，他的体内会产生一种宁静气息，使得心跳、血压及肺部氧气的消耗降低，从而使身体各器官得到休息。对于常不自觉使自己神经紧绷，或者下班后仍满脑子工作的人而言，这是相当重要的方法。下面列出一些具体的办法。

① 肌肉放松法。

a. 握紧右拳以紧缩肌肉，持续半分钟，慢慢松弛拳头，直到手部相当放松。

b. 弯曲肘部，将手臂上举于肩膀上，使得手臂与肩膀紧缩，持续一分钟，然后将手臂下垂，恢复原状。

c. 以相同的方法，收缩、放松左手肌肉，直到两手相当放松。

d. 收缩脸部与颈部的肌肉，皱紧眉头，紧闭双眼，咬紧牙齿，低下头使下巴置于胸前。放松脸部与颈部，使得所有肌肉感到放松。

e. 深深地吸气，停留几秒，再慢慢吐气，让胸部肌肉放松，继续慢慢地深呼吸。

f. 继续运用收缩与放松的原则，让腹部、臀部、脚部肌肉彻底放松。

g. 让背部的肌肉在深呼吸中放松，此时你就可以感觉有一道放松的暖流遍布全身。

② 自我放松法。

a. 在黑暗的房间里放一把舒适的椅子坐下来。

b. 闭上眼睛放松一下。

c. 开始做缓慢而有规律的深呼吸。

d. 将心里的一切杂念完全抛开，尽量使你的心"一片空白"。

e. 注意力向内心集中，把你的心想象成一个幽静的湖。整个过程约 15 分钟，之后你将会有"心静如止水"的感觉。

③ 深呼吸法。

a. 先握紧拳头，深呼吸……呼——吸。

b. 呼气。呼——呼——呼，慢慢地呼到你有像瘫痪一样的感觉。

c. 再开始打哈欠，伸懒腰。

d. 重复上述 3 个步骤，直到你感到相当轻松为止。

④ 想象法。

a. 闭上眼睛，用手掌将眼睛捂住，但是不要压迫、按摩、揉搓眼球，使眼睛能够有效地离开光线。

b. 头脑中想象一个使自己感到愉快的景象或事件，将眼睛依次移动到这一景象或事件的各个部位。例如，想象自己看到了北京的北海公园，首先想象看到了近处的湖岸，再看到了湖面，湖面上的游船、白塔，然后看湖边的树木，最后看远处的景山。

在运用想象法时，眼睛的移动是十分重要的。大概只需要几分钟，你就可以身心放松了，无论什么时候感到紧张了，都可以使用这个方法。

20.3.2　压力管理的组织对策

1．识别、改变或消除压力源

从压力管理的组织对策来说，可以通过以下方式识别、改变或消除压力源。

（1）改善工作条件。

（2）工作再设计。

（3）重新分派工作。

（4）结构重组。

（5）改变工作负荷和最后期限。

（6）实行目标管理。

（7）员工参与计划。

（8）通过澄清角色和分析角色的研讨会，重新界定角色。

下面是某组织进行压力管理的项目示例。该组织先通过员工调查的方式进行压力"审计"；然后开展员工支持项目，向员工提供组织的有关信息，以增加员工的控制感；通过工作再设计使员工的能力与工作相匹配；在工作中及时处理工作事故，消除其对员工的影响；确定员工拥有做好工作的工具和训练。

在设计压力管理项目时，要尽可能地减少压力的有害影响，具体方法如下。

（1）确定并修正或消除工作压力源。

（2）帮助员工修正其对工作压力的知觉和理解力。

（3）帮助员工有效地处理工作压力带来的后果（见图 20-2）。

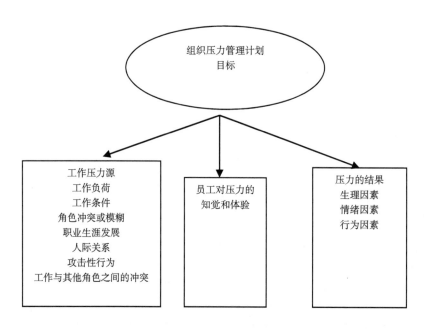

图 20-2　压力管理示例图

2．减轻压力带来的不良后果

以压力知觉、压力体验和压力结果为目的的压力管理措施包括团队建设、行为塑造、事业咨询、帮助员工处理精神衰竭、实行放松训练、提供健康项目。在做这些工作时应注意：

（1）个体差异。

（2）压力管理措施应随压力源的不同而改变。

（3）鼓励个体或群体积极参与压力管理措施的设计与修改。

（4）不要把压力管理措施建立在害怕或偏见的基础上。

（5）让员工一起处理压力。

（6）让员工的家庭成员投入减少压力训练。

（7）保持信息的准确性和及时性。

（8）正确评估压力管理措施效果。

3．员工帮助计划

在现代组织管理中，员工的职业心理健康状况对员工个人和组织带来的消极影响已受到越来越多的关注。其实，任何与个人生活和个人工作相关的事件都可能影响到员工的职业心理健康。典型的职业心理问题可以归纳为以下 3 类。

（1）认知障碍：不能集中注意力，难以承受工作压力，情绪困扰，自卑和受歧视。

（2）焦虑抑郁：忧虑和失落感，职业前途黯淡，缺乏自我控制力。

（3）不良爱好，如嗜烟和酗酒等。

针对这些问题，国际上许多企业心理服务组织也相继诞生。例如，美国通过实行员工帮助计划（Employee Assistant Program，EAP）来解决企业员工的心理问题。历经多年发展，员工帮助计划被证明是解决企业员工心理问题的优秀方案。有数据表明，在美国 500 强企业中，有 80%的企业使用了员工帮助计划。美国《财富》杂志评选出的世界 500 家大企业中，80%以上的企业设置了心理服务项目，从心理的角度分析员工在沟通、职业心理健康、人际冲突和激励等方面存在的问题，取得了很好的效果。目前，国内已有企业开始尝试实施员工帮助计划，这应该会成为组织者对员工进行压力管理的有效举措。

第 **21** 章

心理健康的测量

随着社会发展、生活节奏的加快，无论是学校的学生，还是在职场中拼杀的人，其心理健康问题日渐突出，甚至抑郁症、神经分裂症的患者也比以前增加了不少。心理健康问题不仅会对人们的工作质量和职业发展产生不利的影响，而且会使人们的生活质量大打折扣。

本章导航

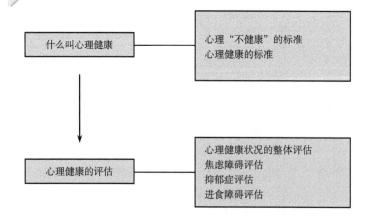

什么叫心理健康

心理"不健康"的标准
心理健康的标准

心理健康的评估

心理健康状况的整体评估
焦虑障碍评估
抑郁症评估
进食障碍评估

21.1　什么是心理健康

人人希望心理健康，但什么是心理健康，不同的人却有不同的理解，学者的观点也各不相同。事实上，关于心理健康的定义涉及两种不同的界定途径，一种是从反面进行界定，即确定"不健康"的标准，从而间接界定心理健康；另一种是从正面进行界定，即确定心理健康的积极品质。我们认为，要判断一个人的心理是否健康，不仅要注意他是否存在心理症状，而且要注意他是否存在积极、健康的表现或经验。

> **9·11 恐怖袭击事件造成的心理创伤**
>
> 2001 年 9 月 11 日，纽约市世界贸易中心大厦和华盛顿五角大楼遭恐怖分子袭击，3000 多人丧生。纽约的消防队员有 343 人死于救火，在随后的 9 个月里，许多消防队员充当志愿者在大楼废墟里搜寻受害者，援助者的严重精神创伤是恐怖感且是长期的，有超过 5000 名消防队员和工人请求防火部门解决恐怖袭击带来的问题。据此不到两年的时间，已有 120 多位消防员被诊断出患有创伤后应激障碍（PTSD）。
>
> 港务局工人达芬·卡里索是世界贸易中心大厦袭击事件中的生还者之一。一年后，他说："9·11 之前，我曾经是个开朗外向的人，一年后，我经历了……多次抑郁，害怕响声、飞机和高楼，每天都有烧焦血肉的幻觉困扰着我。"
>
> 除了达芬·卡里索，恐怖袭击还造成了包括死难者的家人和亲友在内的许多人的心理创伤。克丝汀·布雷茨维萨尔年仅 30 岁，一天早上她丈夫打电话给她报平安。就在此刻，他看见窗外巨大的火球，正是他所在的这栋楼。当她转到"今日"电视节目时，正好赶上看到南楼爆炸，她知道他就在 94 层楼上。之后几个月，克丝汀·布雷茨维萨尔开始出现入睡困难，夜间表现出婚后生活的程序性动作：她常常慢慢地取出丈夫的牙刷，深情地把牙膏挤上，然后坐下来等他回家。

21.1.1　心理"不健康"的标准

心理健康的直接定义是"非不健康状态"或"没有症状的心理状态"。这个界定虽然值得商榷，但是它明确给出了心理"不健康"的标准，也就是说凡是有心理疾病的人，都可以被认为是心理"不健康"的。通常所说的心理疾病包括 3 类，即神经病、精神病和神经症。

1．神经病

神经病主要包括由于脑部的器质性损害（如大脑外伤、颅内感染、肿瘤等病变）产生的心理异常，以及由于大脑发育不全出现的心理异常。例如，由脑部弥漫性、暂时的病变所引起的心理问题称为急性脑病综合征，其以意识障碍为主要特征，常有昼轻夜重的特点；患者出现对外界感知困难，对接触过的事物往往不能正确回忆或完全不能回忆；一般病情发展较快，病程较短暂，病变可逆，愈后较好。

当脑部的不同部位发生器质性损害时，可能会出现一些特征性的精神症状。例如，大脑额叶损伤后，常有人格改变，患者一反常态，变得特别自私自利，贪图个人享受，对别人的利益置之不顾，不讲信用；也有人行为放纵，待人过于亲昵，常伴有幼稚的诙谐语言和行为，或者神情淡漠、反应迟钝、动作笨拙、注意力涣散、定向不佳；过去可能是一个认真负责、严格要求自己的人，现在却变得敷衍塞责，使旁人感到他与过去判若两人；智力可无明显损害，但抽象思维、想象力和生动性均有所减退；有时可出现重复动作、模仿言语及动作，甚至有大小便失禁等情况。

2．精神病

与神经病不同的是，精神病是在大脑没有任何损伤的情况下出现的严重心理异常，包括神经分裂症、躁狂-抑郁症及反应性精神病等。精神病的主要特点如下。

（1）重度精神病的症状包括错觉、幻觉、思维障碍、幻想、情绪情感障碍及意志行为障碍。

（2）社会适应能力丧失，从专门的工作、技能到一般的人际交往和饮食起居都受到严重的影响。

（3）明显的人格改变，即心理异常者与他们以往的人格特点有着明显的不同。例如，原来很勤奋、有条理的人可能变得懒散、不修边幅；原来热情、善良的人可能变得冷漠、孤独等。

（4）没有自知力，这是重度精神病患者的显著特点，也是区别于其他心理异常者的重要特点。严重心理异常的人尽管存在重度精神病症状，但他们对此并无判断能力，且不认为自己存在任何障碍，不觉得自己有病，因此不会主动求治。

（5）最常见也是最严重的精神病是精神分裂症，这里的"分裂"是指患者的精神活动和他生活的现实世界是分离的。也就是说，一个正常人想什么、说什么、做什么，都会受到一定的环境影响，但是精神分裂症患者的言行与其生活的环境无关。

3．神经症

神经症属于轻度的心理异常，包括焦虑症、强迫症、癔症、神经衰弱等。神经症的主要特点如下。

（1）轻度神经症包括头疼、睡眠障碍，易激惹、情绪波动、注意力不集中，中枢神经系统功能紊乱，以及癔症性表现，如发作性痉挛、抽搐等。

（2）部分的社会适应不良，包括在社会工作过程中感到负担加重、日常人际关系紧张等。

（3）部分的人格改变。这种变化因人而异，虽不如精神病那样严重，但会对心理异常者产生明显的影响。

（4）有自知力，对自己的心理异常有判断能力，且一般能主动就医。

神经症与神经病、精神病相比，病情是比较轻的，大家经常听说的就是抑郁症，包括情绪低落、做什么事都没有兴趣等，严重的时候会自杀。还有恐惧症，即害怕某种东西，如有些人害怕登高；还有强迫症，如早上把门锁上就走了，但是反复多次又回来检查门是否锁好，不然不放心。

21.1.2　心理健康的标准

与上述观点相反，很多学者认为，定义心理健康必须给出心理健康的标准，而不是给出不健康的标准。王登峰在《心理卫生学》一书中提出"心理健康是个体在良好的生理状态的基础上的自我和谐及与外部社会环境的和谐，以及表现出来的个体的主观幸福感"。这一定义的核心是将心理健康看作是个体的一种主观体验，是身心和谐的结果。主观幸福感是心理健康的最终表现，也是个体良好的生理状态及个体内部和外部和谐的结果。

1. 良好的生理状态

良好的生理状态对心理健康的影响主要表现在以下 4 个方面。

（1）个体的遗传、生物化学等因素会影响到个体对生活中的应激压力的敏感程度。对于有心理障碍的个体来说，通常可以找到他们的直接精神刺激因素，还可以发现其有脑损伤或其他神经系统缺陷的情况。

（2）身体需要的剥夺（如睡眠、饮食、疲劳等）也会降低个体对应激压力的抵抗力。对志愿者的实验研究表明，剥夺睡眠 72～98 小时，心理障碍的出现会随着剥夺睡眠时间的增加而增加，包括时间、地点定向困难，出现躁狂和幻觉及个人解体感。伯格曾总结说："至少我们可以肯定一件事……要想不发疯就必须得睡觉。"

（3）智商在 80 以上。智力正常是正常生活的基本心理条件，是心理健康的重要标准。一般常用智力测验来诊断个体智力发展水平，智商低于 70 者为智力落后者。

（4）躯体残疾也是心理健康的重要影响因素。躯体残疾与心理健康并无直接关系，很多躯体残疾的人不仅通过努力可以发挥正常的躯体功能，而且能够保持良好的精神状态和旺盛的生命力。但总体来说，存在躯体残疾的人要想达到心理健康的水平，他们要比普通人付出更大的努力。

2. 个体的内心和谐

个体内心和谐的含义很广，包括内在动机和需要之间的和谐、对自我的认识和接受、对现实的认识和接受，以及人格的完善与和谐等。

（1）个体的内在动机和需要与过去经历、对现实的认识，以及对未来的期望密切相关。心理健康的人能从过去的经验中汲取精华以策划未来。他们很重视现在，并且有能力预期即将来临的困难而设法事先解决，因此他们能够平衡过去、现在和未来的比重，并对生命做出最好的利用。心理健康的人还能健康地体验各种情形，而且愉快、乐观、开朗、满意等积极情绪总是占优势的，同时能保持喜不狂、忧不绝、胜不骄、败不馁的理性状态。

（2）妥善处理心理冲突。心理冲突的产生往往发生于难以做出选择的情景。这种冲突情景在很多情况下会对个体的心理和身体健康产生不良的影响。例如，如果一个人对某人很不满，但又不想得罪对方，因此不能直接表达自己的负面情绪，这时就处于一种心理冲突状态。大量的临床研究表明，一个人如果长期不能表达自己的愤怒和攻击情绪，就会对他的心理和身体健康产生消极的影响。

（3）了解和接受自我。一个心理健康的人对自己有充分的安全感，他们能体验到自己存在的价值，并能恰当地评价自己的能力；能悦纳自己，也能被他人悦纳。同时，心理健康的人对自己、周围的事及环境有较清楚的知觉，不会迷惑和彷徨。而心理不健康的人缺乏自知之明，并且总是对自己不满意，心理状态永远无法平衡，无法摆脱心理危机。

（4）接受他人，善与人相处。心理健康的人乐于与人交往，不仅能接受自我，也能接受他人，悦纳他人，能认可别人存在的重要性和作用，因而在社会生活中有较强的适应能力和足够的安全感。

（5）人格完整和谐。心理健康的人，其人格结构包括气质、能力、性格、理想、信念、动机、兴趣等各方面平衡发展。人格是指人的整体精神面貌，人格完整和谐的人思考问题的方式是适中和合理的，待人接物能采取灵活的方式，对外界刺激不会有偏颇的情绪和行为反应，能够与社会的步调合拍。

3．与外部的和谐

心理健康的人不仅能保持内心的和谐，而且能与外部保持和谐，两者是相互依存的。与外部的和谐的核心是人际关系的和谐。

（1）心理健康的人具有良好的社交能力和社会关系，在与人交往时感到舒服自在，而且能满足自己的需求；他们善于建立比较密切的关系，而不仅是泛泛之交；他们不见得有很多朋友，但可以与亲近的人维持密切关系，共同分享和分担生活中的喜怒哀乐。

（2）热爱生活，乐于工作。心理健康的人一般都从事自己喜欢的、有意义的工作，这对心理健康的影响很重要，因为人生的主要阶段（18～60 岁）大部分时间是在工作中度过的。心理健康的人在工作中能尽情地发挥自己的个性和聪明才智，并从工作的成果中获得满足和激励，把工作看作是乐趣而不是负担。他们还珍惜和热爱生活，积极投身于生活，并在生活中尽情享受人生的乐趣，而不会认为是负担。

（3）心理行为符合年龄特征。在人的生命的不同阶段，都有相应的不同心理行为表现，从而形成不同年龄阶段独特的心理行为模式。心理健康的人应具有与多数同龄人相符合的心理行为特征。如果一个人的心理行为经常严重偏离自己的年龄特征，自然就会与环境发生冲突，从而不能适应环境要求。这一般都是心理不健康的表现。

4．主观幸福感

心理健康的核心表现是个体的主观幸福感。不仅要对自己满意，对自己的工作满意，对自己的人际关系满意，而且这些积极感受是建立在对自己、他人、环境的客观认识的基础之上的。令人遗憾的是，幸福感在现代人的整个生活中好像离我们越来越远了，其实幸福感与我们的身份、地位、工作、工作状态、房子大小等，好像没有太直接的关系。各个国家的人们几乎都认为生活满足感和幸福感比生活中的金钱和物质更为重要。美国有调查研究表明，年收入由 5 万美元涨到 100 万美元的人群，并不觉得自己在加薪后的一年中，比过去一年里更加快乐。只要有足够的钱来购买生活必需品，极其富有的人并不比那些仅能购买自己必需品的人更为幸福。即使是在印度、巴基斯坦的贫民窟中，他们对自己的生活的满足感也比别人想象的好得多。

21.2　心理健康的评估

美国精神病学学会在《精神障碍诊断与统计手册》（DSM-IV-TR，第四版修订版）中描述了 17 种主要类别的心理障碍和 200 种特别障碍。心理障碍的主要类别及具体描述如表 21-1 所示。

表 21-1　心理障碍的主要类别及具体描述

心理障碍的主要类别		具体描述
轴 I：除人格障碍和精神发育迟滞之外的所有诊断的种类	儿童和青少年精神障碍和交流障碍	包括青年期之前出现的障碍，如注意缺陷多动障碍、自闭症、学习障碍
	焦虑障碍	特点是运动紧张、多动、忧虑，包括广泛性焦虑障碍、惊恐障碍、恐怖症、强迫症和创伤后应急障碍
	躯体形式障碍	心理症状以躯体形式表现出来，即使没有身体上的病因，包括疑病症和转换障碍
	做作性障碍	患者故意编造一种具有生理或精神障碍的症状，但不是为了外部利益（如伤残权）
	分离性障碍	特点是突然失忆或身份改变，包括分离性身份识别障碍、分离性遗忘和分离性神游症
	谵妄、痴呆、失忆及其他认知障碍	包括意识和认知问题的精神障碍，如物质引起的谵妄或痴呆（如阿尔茨海默病）
	心境障碍	主要是情绪混乱，包括抑郁症和双相障碍（情绪由抑郁到兴奋和烦乱的急剧改变）
	精神分裂症和其他精神病	特点是扭曲的观点和思想、古怪的交流方式、不合适的情感和其他不寻常的行为
	物质滥用相关障碍	包括酒精相关障碍、可卡因相关障碍、迷幻药相关障碍和其他药物相关障碍
	性和性身份识别障碍	包括 3 种主要的障碍，即性别认同障碍（患者对自己的性别感到不自在）、性反常行为（患者用异常性行为的喜好来刺激性欲）、性功能障碍
	进食障碍	包括神经性厌食症和神经性贪食症
	睡眠障碍	主要包括睡眠混乱，如失眠、嗜睡及普通医疗引起的睡眠障碍
	冲动控制障碍，DSM 专门类别	包括盗窃癖、纵火狂和强迫性赌博
	适应障碍	特点是对明确的应急源产生情绪上或行为上的苦恼症状
轴 II：人格障碍和精神发育迟滞	精神发育迟滞	低智能，无法适应日常生活
	人格障碍	人格特点不易改变，社会适应不良
	临床上关注的其他状况	包括人际关系问题（如与父母、兄弟姐妹的关系），由于被虐待或忽视而产生的问题（如虐童）或附加的条件（如丧亲、学术问题、宗教或精神问题）

限于篇幅，本章后面重点介绍几种目前具有一定发生率的焦虑障碍、抑郁症和进食障碍等 3 种心理障碍。

21.2.1　心理健康状况的整体评估

在心理健康状况自评量表中，SCL-90（Symptom Check-List 90）是较为常用的一个症状自评量表。该自评量表有 90 个评定项目，症状体验包含比较广泛的症状内容，从感觉、情感、思维、意识、行为直至生活习惯、人际关系、饮食睡眠等均有涉及，能准确刻画受测者的自觉症状，较好地反映受测者的问题及其严重程度和变化，是应用较广的自评量表之一。

以下列出了某些可能会出现的问题，请仔细阅读每一条，然后根据自己最近一星期的实际感觉，选择最符合你的一种情况，并在相应题号的选项上打"√"（本量表摘自林泽炎等编著的《现代职业人素质测评与训练》）。

1. 头痛。
A.没有　　　B.较轻　　　C.中等　　　D.较重　　　E.严重
2. 神经过敏，心中不踏实。
A.没有　　　B.较轻　　　C.中等　　　D.较重　　　E.严重
3. 头脑中有不必要的想法或字句盘旋。
A.没有　　　B.较轻　　　C.中等　　　D.较重　　　E.严重
4. 头昏或昏倒。
A.没有　　　B.较轻　　　C.中等　　　D.较重　　　E.严重
5. 对异性的兴趣减退。
A.没有　　　B.较轻　　　C.中等　　　D.较重　　　E.严重
6. 对旁人责备求全。
A.没有　　　B.较轻　　　C.中等　　　D.较重　　　E.严重
7. 感到别人能控制自己的思想。
A.没有　　　B.较轻　　　C.中等　　　D.较重　　　E.严重
8. 责怪别人制造麻烦。
A.没有　　　B.较轻　　　C.中等　　　D.较重　　　E.严重
9. 记性差。
A.没有　　　B.较轻　　　C.中等　　　D.较重　　　E.严重
10. 担心自己的衣饰整齐及仪态的端正。
A.没有　　　B.较轻　　　C.中等　　　D.较重　　　E.严重
11. 容易烦恼和激动。
A.没有　　　B.较轻　　　C.中等　　　D.较重　　　E.严重
12. 胸痛。
A.没有　　　B.较轻　　　C.中等　　　D.较重　　　E.严重
13. 害怕空旷的场所或街道。
A.没有　　　B.较轻　　　C.中等　　　D.较重　　　E.严重
14. 感到自己的精力下降，活动减慢。
A.没有　　　B.较轻　　　C.中等　　　D.较重　　　E.严重
15. 想结束自己的生命。

A.没有　　　B.较轻　　　C.中等　　　D.较重　　　E.严重

16. 听到旁人听不到的声音。

A.没有　　　B.较轻　　　C.中等　　　D.较重　　　E.严重

17. 发抖。

A.没有　　　B.较轻　　　C.中等　　　D.较重　　　E.严重

18. 感到大多数人都不可信任。

A.没有　　　B.较轻　　　C.中等　　　D.较重　　　E.严重

19. 胃口不好。

A.没有　　　B.较轻　　　C.中等　　　D.较重　　　E.严重

20. 容易哭泣。

A.没有　　　B.较轻　　　C.中等　　　D.较重　　　E.严重

21. 同异性相处时感到害羞不自在。

A.没有　　　B.较轻　　　C.中等　　　D.较重　　　E.严重

22. 感到受骗、中了圈套或有人想抓住你。

A.没有　　　B.较轻　　　C.中等　　　D.较重　　　E.严重

23. 无缘无故地突然感到害怕。

A.没有　　　B.较轻　　　C.中等　　　D.较重　　　E.严重

24. 自己不能控制地大发脾气。

A.没有　　　B.较轻　　　C.中等　　　D.较重　　　E.严重

25. 害怕单独出门。

A.没有　　　B.较轻　　　C.中等　　　D.较重　　　E.严重

26. 经常责怪自己。

A.没有　　　B.较轻　　　C.中等　　　D.较重　　　E.严重

27. 腰痛。

A.没有　　　B.较轻　　　C.中等　　　D.较重　　　E.严重

28. 感到难以完成任务。

A.没有　　　B.较轻　　　C.中等　　　D.较重　　　E.严重

29. 感到孤独。

A.没有　　　B.较轻　　　C.中等　　　D.较重　　　E.严重

30. 感到苦闷。

A.没有　　　B.较轻　　　C.中等　　　D.较重　　　E.严重

31. 过分担忧。

A.没有　　　B.较轻　　　C.中等　　　D.较重　　　E.严重

32. 对事物不感兴趣。

A.没有　　　B.较轻　　　C.中等　　　D.较重　　　E.严重

33. 感到害怕。

A.没有　　　B.较轻　　　C.中等　　　D.较重　　　E.严重

34. 情感容易受到伤害。

A.没有　　　B.较轻　　　C.中等　　　D.较重　　　E.严重

35. 感到旁人想知道你私下的想法。

A.没有　　　B.较轻　　　C.中等　　　D.较重　　　E.严重

36. 感到别人不理解你、不同情你。

A.没有　　　B.较轻　　　C.中等　　　D.较重　　　E.严重

37. 感到人们对你不友好、不喜欢你。

A.没有　　　B.较轻　　　C.中等　　　D.较重　　　E.严重

38. 做事必须做得很慢以保证做得正确。

A.没有　　　B.较轻　　　C.中等　　　D.较重　　　E.严重

39. 心跳得很厉害。

A.没有　　　B.较轻　　　C.中等　　　D.较重　　　E.严重

40. 恶心或胃部不舒服。

A.没有　　　B.较轻　　　C.中等　　　D.较重　　　E.严重

41. 感觉比不上别人。

A.没有　　　B.较轻　　　C.中等　　　D.较重　　　E.严重

42. 肌肉酸痛。

A.没有　　　B.较轻　　　C.中等　　　D.较重　　　E.严重

43. 感觉有人在监视你、谈论你。

A.没有　　　B.较轻　　　C.中等　　　D.较重　　　E.严重

44. 难以入睡。

A.没有　　　B.较轻　　　C.中等　　　D.较重　　　E.严重

45. 做事必须反复检查。

A.没有　　　B.较轻　　　C.中等　　　D.较重　　　E.严重

46. 难以做出决定。

A.没有　　　B.较轻　　　C.中等　　　D.较重　　　E.严重

47. 怕乘公共汽车、电车、地铁或火车。

A.没有　　　B.较轻　　　C.中等　　　D.较重　　　E.严重

48. 呼吸有困难。

A.没有　　　B.较轻　　　C.中等　　　D.较重　　　E.严重

49. 一阵阵发冷或发热。

A.没有　　　B.较轻　　　C.中等　　　D.较重　　　E.严重

50. 因为感到害怕而避开某些东西、场合或活动。

A.没有　　　B.较轻　　　C.中等　　　D.较重　　　E.严重

51. 脑子变空了。

A.没有　　　B.较轻　　　C.中等　　　D.较重　　　E.严重

52. 身体发麻或刺痛。

A.没有　　　B.较轻　　　C.中等　　　D.较重　　　E.严重

53. 喉咙有梗塞感。

A.没有　　　B.较轻　　　C.中等　　　D.较重　　　E.严重

54. 感到前途没有希望。

A.没有　　　B.较轻　　　C.中等　　　D.较重　　　E.严重

55. 不能集中注意力。

A.没有　　　B.较轻　　　C.中等　　　D.较重　　　E.严重

56. 感到身体的某一部分软弱无力。

A.没有　　　B.较轻　　　C.中等　　　D.较重　　　E.严重

57. 感到紧张或容易紧张。

A.没有　　　B.较轻　　　C.中等　　　D.较重　　　E.严重

58. 感到手或脚发重。

A.没有　　　B.较轻　　　C.中等　　　D.较重　　　E.严重

59. 想到死亡的事。

A.没有　　　B.较轻　　　C.中等　　　D.较重　　　E.严重

60. 吃得太多。

A.没有　　　B.较轻　　　C.中等　　　D.较重　　　E.严重

61. 当别人看着你或谈论你时，感到不自在。

A.没有　　　B.较轻　　　C.中等　　　D.较重　　　E.严重

62. 有一些不属于自己的想法。

A.没有　　　B.较轻　　　C.中等　　　D.较重　　　E.严重

63. 有想打人或伤害他人的冲动。

A.没有　　　B.较轻　　　C.中等　　　D.较重　　　E.严重

64. 醒得太早。

A.没有　　　B.较轻　　　C.中等　　　D.较重　　　E.严重

65. 必须反复洗手、点数目或触摸某些东西。

A.没有　　　B.较轻　　　C.中等　　　D.较重　　　E.严重

66. 睡得不稳不深。

A.没有　　　B.较轻　　　C.中等　　　D.较重　　　E.严重

67. 有想摔坏或摔破东西的冲动。

A.没有　　　B.较轻　　　C.中等　　　D.较重　　　E.严重

68. 有一些别人没有的想法或念头。

A.没有　　　B.较轻　　　C.中等　　　D.较重　　　E.严重

69. 感觉对别人神经过敏。

A.没有　　　B.较轻　　　C.中等　　　D.较重　　　E.严重

70. 在商店或电影院等人多的地方感到不自在。

A.没有　　　B.较轻　　　C.中等　　　D.较重　　　E.严重

71. 感到任何事情都很困难。

A.没有　　　B.较轻　　　C.中等　　　D.较重　　　E.严重

72. 一阵阵恐惧或惊恐。

A.没有　　　B.较轻　　　C.中等　　　D.较重　　　E.严重

73. 感到在公共场合吃东西很不舒服。

A.没有　　　B.较轻　　　C.中等　　　D.较重　　　E.严重

74. 经常与人争论。

A.没有　　　B.较轻　　　C.中等　　　D.较重　　　E.严重

75. 单独一人时神经很紧张。

A.没有　　　B.较轻　　　C.中等　　　D.较重　　　E.严重

76. 别人对你的成绩没有给出恰当的评介。

A.没有　　　B.较轻　　　C.中等　　　D.较重　　　E.严重

77. 即使和别人在一起也感到孤独。

A.没有　　　B.较轻　　　C.中等　　　D.较重　　　E.严重

78. 感到坐立不安，心神不定。

A.没有　　　B.较轻　　　C.中等　　　D.较重　　　E.严重

79. 感到自己没有什么价值。

A.没有　　　B.较轻　　　C.中等　　　D.较重　　　E.严重

80. 感到熟悉的东西变得陌生或不像真的。

A.没有　　　B.较轻　　　C.中等　　　D.较重　　　E.严重

81. 大叫或摔东西。

A.没有　　　B.较轻　　　C.中等　　　D.较重　　　E.严重

82. 害怕会在公共场合晕倒。

A.没有　　　B.较轻　　　C.中等　　　D.较重　　　E.严重

83. 感到别人想占你的便宜。

A.没有　　　B.较轻　　　C.中等　　　D.较重　　　E.严重

84. 为一些有关"性"的想法而感到苦恼。

A.没有　　　B.较轻　　　C.中等　　　D.较重　　　E.严重

85. 你认为应该因为自己的过错而受到惩罚。

A.没有　　　B.较轻　　　C.中等　　　D.较重　　　E.严重

86. 感觉要赶快把事情做完。

A.没有　　　B.较轻　　　C.中等　　　D.较重　　　E.严重

87. 感觉自己的身体有严重问题。

A.没有　　　B.较轻　　　C.中等　　　D.较重　　　E.严重

88. 从未感到和其他人亲近。

A.没有　　　B.较轻　　　C.中等　　　D.较重　　　E.严重

89. 感到自己有罪。

A.没有　　　B.较轻　　　C.中等　　　D.较重　　　E.严重

90. 感到自己的脑子有毛病。

A.没有　　　B.较轻　　　C.中等　　　D.较重　　　E.严重

测验记分

每个项目分 5 级评分，选 A 得 1 分，表示没有症状体验；选 B 得 2 分，表示症状体验很轻；选 C 得 3 分，表示有中度的症状体验；选 D 得 4 分，表示症状体验偏重；选 E 得 5 分，表示症状体验严重。积分表如表 21-2 所示。

表 21-2 积分表

F1 项目	F1 评分	F2 项目	F2 评分	F3 项目	F3 评分	F4 项目	F4 评分	F5 项目	F5 评分	F6 项目	F6 评分
1		3		6		5		2		11	
4		9		21		14		17		24	
12		10		34		15		23		63	
27		28		36		20		33		67	
40		38		37		22		39		74	
42		45		41		26		57		81	
48		46		61		29		72		合计	
49		51		69		30		78			
52		55		73		31		80			
53		65		合计		32		86			
56		合计				54		合计			
58						71					
合计						79					
						合计					

F7 项目	F7 评分	F8 项目	F8 评分	F9 项目	F9 评分	F10 项目	F10 评分	结果处理 因素项	结果处理 原始分	结果处理 标准分
13		8		7		19		F1		
25		18		16		44		F2		
47		43		35		59		F3		
50		68		62		60		F4		
70		76		77		64		F5		
75		83		84		66		F6		
82		合计		87		89		F7		
合计				88		合计		F8		
				90				F9		
				合计				F10		
								总分		

阳性项目数： 　　　阳性总值： 　　　阳性水平： 　　　总症状指数：

结果解释

1. SCL-90 主要提供以下分析指标

（1）总分和总均分：总分是 90 个项目各单项得分相加，最低分为 90 分，最高分为 450 分。总均分＝总分÷90，表示总的来看，受测者的自我感觉处于 1～5 范围内的哪个值。

（2）阴性项目数：表示受测者"无症状"的项目有多少。

（3）阳性项目数：表示受测者在多少个项目中呈现"有症状"。

（4）阳性项目均分：表示"有症状"项目的平均得分，可以看出受测者自我感觉不佳的程度究竟在哪个范围。

（5）因子分：SCL-90 有 10 个因子，每个因子反映受测者某方面的情况，可通过因子分了解测试的症状的分布特点及问题的具体演变过程。

2. 10 个因子的定义

表 21-2 所列的 10 个因子，每个因子将其所属各项目的得分相加即可得到各因子的累计得分（合计）；将各因子的累计得分除以其相应的项目数，即可得到因子的因子分。例如，若 F1（躯体化因子）合计分为 24，题目数为 12，那么因子分为 2。

（1）F1（躯体化因子）：主要反映主观的身体不适感，包括心血管、肠胃道、呼吸道系统主诉不适和头痛、脊痛、肌肉酸痛，以及焦虑的其他躯体表现。

（2）F2（强迫症状因子）：主要指那种明知没有必要，但又无法摆脱的无意义的思想、冲动、行为表现等，还有一些比较一般的感知障碍（如脑子变空了、记忆力不行等）也在这一因子中反映。

（3）F3（人际关系敏感因子）：主要反映某些个人的不自在感与自卑感，尤其是在与其他人相比较时更为突出。自卑感、懊丧，以及在人事关系方面明显处理不好的人，往往在这一因子上得高分。

（4）F4（忧郁因子）：反映的是与临床上忧郁症状群相联系的广泛的概念。忧郁苦闷的感情和心境是其代表性症状，它还以对生活的兴趣减退、缺乏活动的愿望、丧失活动力等为特征，并包括失望、悲叹、与忧郁相联系的其他感知及躯体方面的问题。

（5）F5（焦虑因子）：通常包括一些临床上明显与焦虑症状相联系的症状与体验。一般指那些无法静息、神经过敏、紧张，以及由此产生的躯体征象（如震颤）。那种游离不定的焦虑及惊恐发作是本因子的主要内容，它还包括一个反映"解体"的项目。

（6）F6（敌对因子）：主要反映病人的敌对表现、思想、感情及行为，包括从厌烦、争论、摔物，直至争斗和不可抑制的冲动暴发等各个方面。

（7）F7（恐怖因子）：与传统的恐怖状态反映的内容基本一致，恐惧的对象包括出门旅行、空旷场地、人群，或者公共场合及交通工具。此外，还有反映社交恐怖的项目。

（8）F8（偏执因子）：偏执是一个十分复杂的概念，偏执因子只是包括了它的一些基本内容，主要指思维方面，如投射性思维，包括敌对、猜疑、关系妄想、被动体验和夸大等。

（9）F9（精神病性因子）：包括幻想、思维播散、被控制感、思维被插入等反映精神分裂症倾向的项目。

（10）F10（附加量表因子）：反映睡眠及饮食情况。

3．SCL-90 的全国常模

与物理测量不同，心理健康测量需要进行相对比较才能对结果进行有意义的解释。例如，你的 F2（强迫症状因子）的因子分为 4 分，这很难说意味着什么，但如果知道健康人群的平均得分为 1.69，标准差为 0.61，那么你的得分已经远远高于健康人群平均分的 3 个标准差，据此可以认为你存在较严重的强迫症问题。这里用作比较的参照群体在心理测量学上称为常模。下面给出 SCL-90 在国内 18～29 岁人群的全国性常模（见表 21-3）。

表 21-3　正常人 SCL-90 的因子分布

因子	平均分+标准差（SD）	因子	平均分+标准差（SD）
F1	1.34+0.45	F6	1.50+0.57
F2	1.69+0.61	F7	1.33+0.47
F3	1.76+0.67	F8	1.52+0.60
F4	1.57+0.61	F9	1.36+0.47
F5	1.42+0.43	阳性项目数	27.45 ± 19.32

一般来说，当某因子的分数偏离常模群体平均分达两个标准差（SD）时，即可认为是不太正常的。例如，在对某大学生进行心理健康测量后，发现其 F3、F8 的因子分分别为 3.4、3.7，即可认为其在这两个方面有异常，应建议其进行必要的心理咨询，甚至心理治疗。

21.2.2　焦虑障碍评估

除非你非同寻常，要不然你一定有感到焦虑的时候，这是一种扩散的、模糊的、不愉快的害怕和忧虑情绪，但这种焦虑通常不会破坏你的正常社会生活和工作。被诊断为焦虑障碍的患者会有明显的痛苦感觉，机体功能受到严重损害。焦虑障碍有 5 种，包括广泛性焦虑障碍、惊恐障碍、恐怖症、强迫症和创伤后应急障碍。在美国 18～54 岁的成年人中，有 13.3% 的人曾被诊断为患有某一种焦虑障碍。

焦虑自评量表有 20 个项目，分为 4 级评分，主要评定项目定义的症状出现的频度，适用于具有焦虑症状的成年人。焦虑自评量表如下。

针对下面的每一个问题，请你根据自己的实际情况做出选择，并在相应的选项上打"√"。

1．我感到比往常更加神经过敏和焦虑。
A.很少有　　　　　B.有时有　　　　　C.大部分时间有　　　　　D.绝大多数时间有
2．我无缘无故感到担心。
A.很少有　　　　　B.有时有　　　　　C.大部分时间有　　　　　D.绝大多数时间有
3．我容易心烦意乱或感到恐慌。
A.很少有　　　　　B.有时有　　　　　C.大部分时间有　　　　　D.绝大多数时间有
4．我感到身体好像被分成几块，支离破碎。
A.很少有　　　　　B.有时有　　　　　C.大部分时间有　　　　　D.绝大多数时间有
5．我感到事事都很顺利，不会有倒霉的事情发生。
A.很少有　　　　　B.有时有　　　　　C.大部分时间有　　　　　D.绝大多数时间有

6. 我的四肢抖动和震颤。

A.很少有 B.有时有 C.大部分时间有 D.绝大多数时间有

7. 我因头痛、颈痛和背痛而烦恼。

A.很少有 B.有时有 C.大部分时间有 D.绝大多数时间有

8. 我感到无力且容易疲劳。

A.很少有 B.有时有 C.大部分时间有 D.绝大多数时间有

9. 我感到很平静，能安静地坐下来。

A.很少有 B.有时有 C.大部分时间有 D.绝大多数时间有

10. 我感到心跳很快。

A.很少有 B.有时有 C.大部分时间有 D.绝大多数时间有

11. 我因阵阵的眩晕而不舒服。

A.很少有 B.有时有 C.大部分时间有 D.绝大多数时间有

12. 我有阵阵要晕倒的感觉。

A.很少有 B.有时有 C.大部分时间有 D.绝大多数时间有

13. 我呼吸时吸气和呼气都不费力。

A.很少有 B.有时有 C.大部分时间有 D.绝大多数时间有

14. 我的手指和脚趾感到麻木和刺痛。

A.很少有 B.有时有 C.大部分时间有 D.绝大多数时间有

15. 我因胃痛和消化不良而苦恼。

A.很少有 B.有时有 C.大部分时间有 D.绝大多数时间有

16. 我必须频繁排尿。

A.很少有 B.有时有 C.大部分时间有 D.绝大多数时间有

17. 我的手总是温暖而干燥的。

A.很少有 B.有时有 C.大部分时间有 D.绝大多数时间有

18. 我觉得脸发烧发红。

A.很少有 B.有时有 C.大部分时间有 D.绝大多数时间有

19. 我容易入睡，晚上休息得很好。

A.很少有 B.有时有 C.大部分时间有 D.绝大多数时间有

20. 我做噩梦。

A.很少有 B.有时有 C.大部分时间有 D.绝大多数时间有

评分标准与结果解释

每道题选 A 得 1 分，选 B 得 2 分，选 C 得 3 分，选 D 得 4 分，把各题的得分相加为总分。总分乘以 1.25，四舍五入取整数即得标准分，临界值为 50 分，分值越高，说明焦虑倾向越明显。一般来说，总分低于 50 分者为正常；50～60 分者为轻度焦虑；61～70 分者为中度焦虑；70 分以上者为重度焦虑。

21.2.3 抑郁症评估

1. 普通人群的抑郁倾向测验

普通人群的抑郁倾向一般较为漫长，成人患者在大多数时间内情绪低落至少持续两年，儿童或青少年患者则至少持续一年。在两年的情绪低落期内最多有两个月是情绪正常的。在以下 6 个症状中必须具备两个或更多：食欲不佳或吃得过多、睡眠问题、缺乏精力或疲倦、低自尊、注意力难集中或是无法做决定、感到绝望。

抑郁十分普遍，以至于被称为"心理感冒"，美国每年有超过 25 万人因抑郁症入院治疗，学生、教授、公司经理、工人等无一幸免，包括海明威、林肯都经历过抑郁。下面给出一个流行病学调查用抑郁自评量表（CES-D），如表 21-4 所示。该量表适用于普通人群或可能有抑郁症状的特定群体的流行病学调查，可以筛查出有抑郁症状的对象，但不能用于临床目的及对治疗过程中抑郁严重程度变化的检测。

表 21-4 抑郁倾向小测试

以下可能列出了你在上一周的感受或做过的事情，请在符合你的感受的条目上打"×"	很少或无（少于 1 天）	有时或较少（1~2 天）	偶尔或一般（3~4 天）	绝大多数或一直有（5~7 天）
1.我为通常不会烦恼的事而感到烦恼				
2.我不想吃东西，食欲不好				
3.即使有家人和朋友的帮助，我也感到无法排遣沮丧的心情				
4.我感到自己与他人一样优秀				
5.我无法专注于自己要做的事情				
6.我感到抑郁				
7.我感到自己做所有事情都很费劲				
8.我对未来充满希望				
9.我认为我的人生很失败				
10.我感到害怕				
11.我睡不踏实				
12.我很快乐				
13.我比平时说话少				
14.我感到孤独				
15.我感到人们不友善				
16.我会享受人生				
17.我哭过				
18.我感到难过				
19.我感到他人不喜欢我				
20.我无法行动				

评分标准与结果解释

对于第 4、8、12、16 题，你的选择是"很少或无"得 3 分，"有时或较少"得 2 分，"偶尔或一般"得 1 分，"绝大多数或一直有"得 0 分。其余每题，选择"很少或无"得 0 分，"有时或较少"得 1 分，"偶尔或一般"得 2 分，"绝大多数或一直有"得 3 分。然后将 20 道题的得分相加。

如果得分在 7 分左右，说明你与一般男性上周所经历的抑郁程度相当；得分在 8 分或 9 分左右，说明你与一般女性上周经历的抑郁程度相当。如果得分低于一般男性或女性，说明上周你可能无抑郁倾向。如果得分在 16 分以上，则说明你受情感困惑，可能需要专业咨询和帮助。

2. 病人健康问卷

贝克抑郁量表（Beck Depression Inventory）是调查个体抑郁症状的自评量表，由美国临床心理学家贝克于 1967 年编制。他把抑郁分为 3 个维度：一是消极态度或自杀，即悲观和无助等消极情感；二是躯体症状，即表现为易疲劳、睡眠不好等；三是操作困难，即感到工作比以前困难。该量表通常由 21 项抑郁症患者的常见症状和态度构成，如抑郁、失败感和自杀想法等。该量表具有简洁有效的特点，操作简单，用时仅需 5 分钟，且具有良好的信度和效度，已在国内外广泛使用。

病人健康问卷（Patient Health Questionnaire-9，PHQ-9）是一个简明的抑郁倾向自我评定量表，主要包括抑郁、焦虑、物质滥用、饮食障碍及躯体化障碍五大部分。该量表作为一种筛查工具已广泛应用于基层医疗机构。

PHQ-9 由 9 个项目组成（见表 21-5，源自姚树桥 2018 年主编的《心理评估》），采用 0～3 的 4 级评估，各级的评估标准：0 表示完全不会；1 表示几天；2 表示一半以上的日子；3 表示几乎每天。评定时间范围为过去两周内。

表 21-5　PHQ-9 抑郁量表

在过去的两周内，以下情况烦扰你有多频繁？ （在你的选择下打"√"）	完全 不会	几天	一半以上 的日子	几乎 每天
1.做什么事都提不起劲或没有兴趣	0	1	2	3
2.感到心情低落、沮丧或绝望	0	1	2	3
3.入睡困难，很难熟睡或睡眠过多	0	1	2	3
4.感觉疲倦或无精打采	0	1	2	3
5.胃口不好或吃太多	0	1	2	3
6.觉得自己很糟，很失败，或者让家人失望	0	1	2	3
7.注意力很难集中，如阅读报纸或看电视时	0	1	2	3
8.动作或说话速度缓慢到别人已经觉察的程度，或者烦躁、坐立不安、动来动去的情况比平常更严重	0	1	2	3
9.有不如死掉或用某种方式伤害自己的念头	0	1	2	3

结果解释

总分（0~27分）：反映抑郁的严重程度，总分越高，病情越重。0~4分为正常范围，表示无抑郁表现；5~9分为轻度抑郁；10~14分为中度抑郁；15~19分为中重度抑郁；20分以上为重度抑郁。

PHQ-9是抑郁倾向自我评定量表中应用较广泛的量表之一，具有良好的心理测量学特性。国外有研究显示，其在诊断抑郁障碍方面显著优于其他抑郁筛查工具。目前，PHQ-9在我国已被广泛应用于各类躯体疾病病人抑郁症状的诊断评估，以及社区老年人、青少年群体及其他健康人群的抑郁症状评估。

21.2.4　进食障碍评估

节食减肥是许多人关心的问题，特别是女性。非常遗憾的是，很多人是不应该进行节食减肥的，但由于社会审美观的引导，许多年轻的女性，如女大学生或女中学生，想让自己本不肥胖的身体变得更加消瘦，结果一些女孩得了神经性厌食症，因此而死亡的病例也时有发生。下面给出一个饮食态度和行为评价量表。

根据自身实际情况选择适合的选项。
□我常常考虑自己的饮食、体重和体型问题。
□吃东西时我会感到不安。
□我惧怕体重增加。
□我不知道什么时候是真的饿了。
□我感觉无论我怎样做，都不能做得足够好。
□我一直狂吃直到我感到不舒服。
□进食后我常感到气胀或不舒服。
□我常花大量的时间用在对食物的幻想上。
□每天我都会多次测量自己的体重。
□对于吃掉的东西，我经常撒谎或找借口。
□我的运动量过大，并严格执行我的运动计划。
□我通过服用泻药和催吐来避免体重增加。
□心情抑郁时我会限制自己的饮食。
□吃得过多时，我会感到内疚或生气。
□我焦虑、孤独、抑郁时都会吃东西。
□我认为我的衣着打扮并不好看。
□我觉得在具有吸引力的人面前，我会因为我的体重而感到不舒服。
□我清楚我吃的食物的热量和脂肪含量。
□作为女性，我已经3个月或更久没有来月经了。
□我不能控制自己的饮食。
□当我限制饮食时，我能很好地自我控制并且精力充沛。
□我觉得自己很胖，虽然别人都说不胖。
□我运动的目的是燃烧脂肪而非保持健康。

□对询问我饮食习惯的人，我会感到生气。

□我拒绝参加那些提供食物的社交活动。

□我认为如果我能再瘦些，我的生活将会更加美好。

□家人和朋友都很关心我的体重和饮食习惯。

□我认为我有进食障碍。

□我有以下一种或多种症状：怕冷；心跳加快；晕厥/晕眩/头疼；呕吐物和排泄物中有血；皮肤、头发、指甲的质感发生变化；牙齿问题（珐琅质侵蚀）；便秘。

评分标准与结果解释

这项测验可以用来判断年轻人是否患有进食障碍。如果你在测验中选择了 3 个或 3 个以上的描述，则表明你可能已经进食失调或已经有进食障碍的征兆了。如果有这种情况，则需要寻求专业咨询与帮助。

1. 神经性厌食症

神经性厌食症是一种进食障碍，患者通过长期饥饿来寻求减肥效果。这是一种严重的进食障碍，可能会导致死亡。神经性厌食症有三大特征：

（1）体重低于符合年龄和身高的正常体重的 85%。

（2）非常惧怕体重增加，而且恐惧感并不会随体重的减轻而减少。

（3）对自己体型的认识是扭曲的。即使已经非常瘦了，患者仍然认为自己很胖。他们从未满足自己瘦的程度，尤其是腹部、臀部和大腿。他们一般会频繁地称体重，测体态，并照着镜子对自己品头论足。

神经性厌食症是由于"瘦就是美"的社会观念导向造成的。"你永远不可能足够有钱，也不可能足够瘦"，这句话反映了这样的观念。媒体通过对时尚模特的选择将瘦刻画为美，而这些模特正是许多年轻女性争相模仿的对象。

2. 神经性贪食症

厌食症患者通过限制进食来控制饮食，而多数贪食症患者却无法控制自己的饮食。神经性贪食症也是一种进食障碍的表现，患者长期坚持暴食后清肠的饮食方式。他们在大吃大喝之后采用催吐或服用泻药的方法将体内食物清空。

与神经性厌食症患者一样，神经性贪食症患者也处处留意自己的饮食，十分惧怕体重增加，情绪非常焦虑和抑郁。但与神经性厌食症不同的是，神经性贪食症患者的体重通常在正常范围内，这也使得神经性贪食症患者很难被发现。在美国，1%～2%的女性被确诊为神经性贪食症患者，并且 90%的神经性贪食症患者是女性。

参考文献

R E F E R E N C E S

[1] 刘远我. 人才测评：方法与应用（第3版）[M]. 北京：电子工业出版社，2015.

[2] 刘远我. 招聘面试：优秀面试官必读手册[M]. 北京：电子工业出版社，2017.

[3] 刘远我，等. 人员招聘面试：当前事业单位招聘面试面临的挑战及对策[J]. 中国考试，2015（8）：46-52.

[4] 刘远我. 县处级正职领导干部的职务分析研究[C]. 全国教育与心理统计与测量学术年会暨第八届海峡两岸心理与教育测验学术研讨会论文摘要集，2008.

[5] 刘远我等. 事业单位招聘考试的分析与思考[J]. 中国考试，2018（12）：63-67.

[6] 刘远我. 人才测评的几个认识误区[J]. 中国人力资源开发，2003（10）：32-34.

[7] 刘远我. 评价中心技术刍议[J]. 中国人力资源开发，2007（5）：57-59.

[8] 刘远我. 招聘面试中的主要问题[J]. 中国人力资源开发，2003（12）：63-65.

[9] 刘远我等. 职业总动员——择业、求职与就业指导[M]. 北京：经济管理出版社，2003.

[10] 刘远我. 面试核心教程[M]. 北京：研究出版社，2003.

[11] 刘远我. 职业心理健康：自测与调节[M]. 北京：经济管理出版社，2004.

[12] 刘远我. 面试[M]. 北京：新华出版社，2002.

[13] 刘远我，张厚粲. 面试评分中的误差分析研究[J]. 心理科学，1999（5）：447-448+450.

[14] 刘远我. 人事选拔面试的心理测量学研究[D]. 北京：北京师范大学博士学位论文，2000.

[15] 刘远我，吴志明，章凯等. 现代实用人才测评技术[M]. 北京：经济科学出版社，1998.

[16] 闫巩固等. 重新定义人才评价[M]. 北京：机械工业出版社，2019.

[17] 郑日昌. 心理测量与实验（第2版）[M]. 北京：中国人民大学出版社，2013.

[18] 周帆. 变革中政府组织的人才测评——基于实践智力的应用[M]. 北京：科学出版社，2014.

[19] 田效勋等. 发现领导潜能——情景模拟技术应用手册[M]. 北京：人民邮电出版社，2011.

[20] 谷向东. 无领导小组讨论[M]. 北京：电子工业出版社，2015.

[21] 杰夫·威克利，罗伯特·普罗哈特. 情景判断测验：理论、测量与应用[M]. 刘桓超，罗凤英，李婷玉，等，译. 上海：复旦大学出版社，2013.

[22] 人力资源和社会保障部人事考试中心. 事业单位公开招聘分类实施研究. 2014.

[23] 田效勋等. 过去预测未来：行为面试法[M]. 北京：中国轻工业出版社，2008.

[24] 王登峰. 党政领导干部个人素质与心理健康[M]. 杭州：西泠印社出版社，2010.

[25] 车宏生. 心理测量与人才选拔[M]. 海口：南海出版公司，2004.

[26] 吴志明等. 人事测评理论与实证研究[M]. 北京：机械工业出版社，2009.

[27] 张厚粲，刘远我. 试论我国人才测评事业的发展[J]. 心理学探新，1999（1）.

[28] 王世潮，韩飞麟. 公务员录用考试：管理实践与理论研究[M]. 北京：中国人事出版社，2014.

[29] 寇家伦. HR 最喜欢的人才测评课：人才测评实战[M]. 广州：广东旅游出版社，2014.

[30] 乔治·C·桑顿三世. 评鉴中心在人力资源管理中的应用[M]. 李峰，译. 上海：复旦大学出版社，2004.

[31] PERVIN L A. 人格科学[M]. 周榕，译. 上海：华东师范大学出版社，2001.

[32] 苏永华. 现代人才测评在中国企业中的应用及发展[M]. 中国人力资源开发白皮书.

[33] 谷向东. 人才测评的误区[C]. 新世纪首届中国人力资源开发与管理论坛上的发言.

[34] 李雅林. 申论科目的由来和发展趋势[EB/OL]. 新浪网，2006-10.

[35] 凌文辁. 心理与行为测量[M]. 北京：机械工业出版社，2003.

[36] 钱铭怡. 变态心理学[M]. 北京：北京大学出版社，2013.

[37] 姚树桥. 心理评估（第 3 版）[M]. 北京：人民卫生出版社，2018.

[38] 朱敬先. 健康心理学[M]. 北京：教育科学出版社，2002.

[39] 王重鸣，陈民科. 管理胜任力特征分析：结构方程模型检验[J]. 心理科学，2002（5）：513-516.

[40] 漆书青，戴海琦. 情景判断测验的性质、功能与开发编制[J]. 心理学探新，2003（4）:42-46.

[41] 才尚库. 人才测评技术在公务员录用考试中的应用[C]. 人事部全国人才流动中心——中国浦东干部学院领导研究院：2005 年人才测评高层论坛.

[42] 人力资源和社会保障部人事考试中心. 企业管理测评系统研究主报告. 1998.

[43] 人力资源和社会保障部人事考试中心. 中国成人职业心理素质测评系统总体研究报告.2002.

[44] 北京市双高人才发展中心. 领导人才选拔评价研究与实践[M]. 北京：北京出版集团公司北京出版社，2009.

[45] 张爱卿. 人才测评[M]. 北京：中国人民大学出版社，2005.

[46] 王垒等. 实用人事测量[M]. 北京：经济科学出版社，1999.

[47] 马欣川等. 人才测评：基于胜任力的探索[M]. 北京：北京邮电大学出版社，2008.

[48] 中国企业聘用测评状况调查报告 2008，China Select（中国善择）.

[49] 中国企业聘用测评状况调查报告 2009—2012，China Select（中国善择）.

[50] CASCIO W F. 人力资源管理中的应用心理学[M]. 吕厚超，译. 北京：北京大学出版社，2006.

[51] John Toplis 等. 心理测验[M]. 李中权，等，译. 北京：中国轻工业出版社，2008.

[52] John W. Santrock. 心理调适[M]. 王建中，等，译. 北京：高等教育出版社，2008.

[53] RICHARD J. GERRIG. 心理学与生活[M]. 王垒，等，译. 北京：人民邮电出版社，2003.

[54] JOHN ARNOLD. 工作心理学[M]. 沈秀琼，等，译. 北京：经济管理出版社，2006.

[55] TAYLOR P J 等. 结构化面试方法[M]. 时勘，等，译. 北京：中国轻工业出版社，2006.

[56] ANASTASI A.(1988) Psychological Testing(6th ed).New York: Macmillan.

[57] ANASTASI A. Applied Psychology，Second edition，McGraw-Hill，1979.

[58] CASCIO W F. Applied Psychology in personnel managemant，Prentice Hall，1991，270-277.

[59] CAMPION M A. & CAMPION G E. A review of structure in the selection interview，Personnel Psychology，199750(4)，926.

[60] DESSLER，GARY. Human Resource Management，7th ed. Prentice Hall，1997.

[61] HARRIS M J. Reconsidering the employment interview. Personnl Psychology，1989 42: 691-727.

[62] HANSEN C P. A handbook of Psychological Assessment In Business，New York: Greenwood Publishing Group，1991.

[63] Huffcutt A I，WINFRED A J. Hunter and Hunter revisited: Interview validity for antry-level jobs[J].Journal of Applied Psychology，1994，79(2):184-190.

[64] McDaniel A Hitt，et al.Organizasional Behavior: A Strategic Approach，John Wiley & Sons，2006.

[65] McDaniel M A，et al.The validity of employment interviews: A comprehensive review and meta-analysis[J].Journal of Applied Psychology，1994，79(4):599-616.

[66] Webster E C.The employment interview:A social judgment process[M]. Schonberg，Ontario，Canada:S.I.P. Publication，1982.

反侵权盗版声明

　　电子工业出版社依法对本作品享有专有出版权。任何未经权利人书面许可，复制、销售或通过信息网络传播本作品的行为；歪曲、篡改、剽窃本作品的行为，均违反《中华人民共和国著作权法》，其行为人应承担相应的民事责任和行政责任，构成犯罪的，将被依法追究刑事责任。

　　为了维护市场秩序，保护权利人的合法权益，我社将依法查处和打击侵权盗版的单位和个人。欢迎社会各界人士积极举报侵权盗版行为，本社将奖励举报有功人员，并保证举报人的信息不被泄露。

举报电话：（010）88254396；（010）88258888

传　　真：（010）88254397

E - m a i l：dbqq@phei.com.cn

通信地址：北京市万寿路 173 信箱

　　　　　电子工业出版社总编办公室

邮　　编：100036